북경일기

북경일기

어느 한국인 가족의 북경 생활 20년 분투기!

글 송훈천

서교출판사

| 추천사 |

중국 사업 노하우 담긴
중국 생활 20년의 기록

송훈천 사장과의 첫 인연은 내가 북경에 부임한 해인 1994년에 시작됐다. 당시는 아직 한국산 자동차를 중국에서 구입할 수 없던 시절이라 대기업 고위 주재원들은 유럽산 대형 승용차를 구입해 쓸 때였다.

그러나 나는 작은 애국심을 실천하고 싶어 현대자동차 그랜저를 어렵게 구입했는데 운이 나빠서인지, 구입한 자동차의 고장이 끊이지 않았다. 결국엔 문까지 개폐되지 않는 상황이 되었다.

그 차를 판매한 사람이 당시 현대차 지점장인 송훈천 사장이다. 송사장은 미안해하며 정성껏 서비스를 해 주었는데 고객 한 사람 한 사람에게 최선을 다하는 그의 모습이 정말 인상적이었다.

그 몇 년 후 본사로 귀임한 송사장은 회사를 그만두고 북경으로 다시 나왔다. 식당을 운영하는가 하면 작은 가게를 차리면서 열심히 사는 모습이 그답다고 느껴졌다. 이미 그는 대기업 지점장의 과거는 깨끗하게 잊은 듯했다.

그렇게 성실하게 생활하던 그가 이제 중국에서 안정된 사업가로 자리를 잡아가는 모습을 보면 역시 사람은 삶에 대한 자세와 마인드가 중요하다는 것을 새삼 느낀다.

지난달 한·중 수교 20주년을 맞이한 올해에 그의 중국 사업 노하우와 중국생활 20년 이야기를 담은 책이 나온다니 누구보다 반가운 마음이다. 한중 양국의 경제 협력 일선에서 대소사를 모두 겪은 그의 경험담은 이제

막 중국 사업을 구상하고 중국 생활을 고려하는 많은 분들과 그 가족들에게 친절한 길잡이가 되어 줄 것이다.

- **노용악**(전 LG그룹 중국사업 총괄 부회장 겸 중국 총재 · 중국 호남성, 산동성, 산시성 등 중국 성시(省市) 경제고문)

| 추천사 |

중국인도 알고 싶은 중국 속의 한국인 이야기

현대자동차 중국 수석대표를 역임한 송훈천 선생은 중국 초창기에 가장 먼저 진출한 자동차 사업 전문가였다. 당시 그는 중한 양국의 경제 협력과 현대자동차의 대중국 수출을 위해 열심히 노력하고 공헌했다. 1990년대 초 업무 관계로 송 선생과 인연을 맺은 지 이미 20년이나 됐다. 나는 그의 일과 배움에 대한 태도, 생활 등 많은 점에서 깊은 인상을 받았고, 그와 그의 가족과도 깊은 우정을 나누어 왔다. 20년이 세월이 쏜살같이 흘러간 지금 그동안 우리가 함께했던 수많은 추억들이 눈에 선하다.

송 선생의 '한국 가족의 북경생활 20년 기록'은 그와 그의 가족이 북경에서 일하고 공부하고 생활해 온 이야기, 중국 각계각층과 만나고 교류해 온 이야기, 그의 중국에 대한 생각들, 그리고 어떻게 중국 인맥을 만들고 유지하는지, 중국 시장은 어떻게 개척하고 중국에서의 기업 경영은 어떻게 해야 하는지 등 그가 20년 중국 생활을 통해 직접 경험하고 실천하면서 증명해 온 것들에 대한 기록이다.

지난 20년간 그에게 시련이 없었다면, 그리고 그런 고난을 이겨내기 위한 그의 부단한 노력이 없었다면 그가 몸으로 중국을 느낄 수는 없었을 것이고 오늘의 성공도 없었을 것이다. 이 책에는 송 선생의 중국 생활 20년의 사연과 의미가 압축되어 있다고 생각된다.

이 책은 중한 양국의 독자들에게 한국과 중국에 대한 이해와 중국에 사는 한국인들이 어떻게 사업하고 공부하고 생활하는지에 대해 소중한 정보를 제공해준다. 이 책이 중한 양국 간 민간문화와 경제 교류에 훌륭한 촉진제 역할을 해 줄 것으로 확신한다.

― 동지엔쥔(시노트랜스 그룹 부총재)

宋勵千先生是原韩国现代汽车公司驻中国首席代表,也是中韩两国建交以来在华最早从事汽车贸易的专业人员。在担任现代汽车公司首席代表期间为中韩两国的经贸发展,为现代汽车公司汽车出口中国市场做出了不懈的努力和贡献。

九十年代初期因工作关系我结识了宋勵千先生,在长达20多年时间里,宋勵千先生无论是在现代汽车公司工作还是至今的工作、学习和生活都给我留下了非常深刻的印象,同事我们也结下了深厚的友谊,不仅是和他本人也包括他的家人,光阴似箭,20多年时间已经过去,但是在此期间里,对于我的所见所闻都仍记忆犹新,历历在目。

宋勵千先生即将出版的"一个韩国家庭的北京生活20年纪录",不仅记载了他和他的家人在中国北京工作、学习、生活,同事也记载了他在工作、学习、生活中的接触和遇到的中国各个层面的任务,通过长期交往与实践,使宋勵千先生形成了独有认知和总结,从而使宋勵千先生进一步加厚了对中国文化和中国历史的了解和理解,同时他还学会了如何对待中国的人脉关系和处理人脉关系,如何在中国开拓市场、经营企业等。这些宝贵的经验是他长达20多年在中国北京工作、学习、生活的写照,也是资源积累的过程,实践证明,没有这20多年风风雨雨,没有这20年的认知和长期不懈努力,也不可能有这样的亲身感受,也不会有今天的成功。

20多年的时间过去了,回顾过去,使我们深深体会到世间万事,知其所来方知其所在,知其所在方知其所往,而这正是宋勵千先生在这本书里所想表达的东西。展望未来,我们深信,宋勵千先生这本书的出版,不仅使中国大众了解韩国和韩国人在中国北京给的学习、工作、生活,更重要的是韩国民众更加深入的了解中国。本书必将在促进中韩两国的民间文化、经济交往发挥积极的作用。

― 董建军(中国外运长航集团副总裁)

| 들어가기 전에 |

한중 국교 수립 20주년이 됐다. 우리 가족이 북경에 온 후 국교가 수립이 됐으니 우리가 중국 와서 산 지 20년이란 이야기다. 많은 언론매체가 한·중의 20년을 뒤돌아보고 중국의 발전상과 양국 관계에 대해 이야기하는 걸 보면서 나는 그동안 뭘 했나, 어떻게 살아왔나 생각하지 않을 수 없었다.

마침 한가한 참이었는데 중국 전문가이면서 중국 관련 책도 많이 쓴 술친구 홍순도 기자와 같이 오신 서교출판사 김정동 사장님과 돼지고기에 소주로 얼큰해진 가운데 중국에 대한 이런 저런 책 이야기가 나왔다. 그리고 갑자기 화제를 나에게 돌려 20년이나 중국에 살고 있는 한국인도 거의 없을 텐데 이 기회에 우리 가족 얘기를 한번 책으로 내보는 게 어떻겠느냐는 말이 나왔다. 듣고 보니 나도 나름대로 남기고 싶은 이야기들이 있었고 그런 경험이 누군가에게는 도움이 될 수도 있겠다는 생각도 들었다.

20년 전에서 시작하는 북경 이야기, 대기업 지점장으로서 일과 생활과 사람 이야기, 아슬아슬한 생존의 위기를 함께 건너온 우리 부부의 이야기와 멋도 모르고 따라와 잘도 자라준 아이들의 이야기를 생각하니 사연도 참 많았다.

아이들에게도 그동안 아빠와 우리 집에 무슨 일이 있었는지 우리 가족이 왜 북경에 와서 살게 되었는지 얘기도 좀 해 주어야겠다. 함께 앉아 이런 얘기를 꺼내면 당장 하품하고 자기 방으로 들어갈 테니 이렇게 글로라도 남겨놓아야 언젠가 심심할 때 펼쳐 보기라도 하지 않겠나 하는 마음도 든다.

뒤돌아보면 현대자동차 중국사무소를 개설하고 중국 진출의 최전선을 뛰어 보기도 하고 평생직장으로 알던 회사를 그만두고 북경으로 다시 나와 맨땅에서 시작하며 뛰어온 20년의 일들이 한 편의 드라마처럼 여겨지기도 한다.

그동안 고생한 집사람과 아이들에게도 "미안하고 고맙다."고 한마디도 하고 싶고, 친구들과 파트너들에게도 감사의 말을 하고 싶다. 외국이라도 지금은 지척이 된 한국 땅의 어르신들과 친척들께 오랫동안 인사와 연락도 못 드린 잘못의 작은 핑계가 되어 주기를 바라기도 한다.

한편 나와 우리 가족의 이야기들은 앞으로 나올 많은 기업의 주재원이나 개인 사업가, 유학생 그리고 그들 가족에게 도움이 될 수도 있을 것이다. 현대자동차 북경 지점장으로서의 7년간의 일과 생활 이야기, 마흔여덟 살에 회사를 그만두고 북경으로 돌아와 시작한 제2인생의 이야기, 그리고 그 세월을 함께해온 집사람과 아이들 이야기도 타산지석으로 삼을 만할 것이다. 성공 스토리도 아니고 실패만 있었던 이야기도 아니다. 우여곡절 살아남은 이야기다.

대기업 지점장은 무슨 일을 하는지, 어떻게 사는지, 북경에서의 장사는 어떻게 시작하는지, 부인들은 어떻게 지내는지, 아이들 학교는 어떻게 해야 하는지 모두 내가 직접 겪었던 살아있는 경험담이다. 내가 잘 했다는 것이 아니라 나의 경험을 반면교사로 삼을 수도 있다는 이야기다.

나는 경복궁이나 서편제의 역사를 잘 모르는 것처럼 자금성이나 경극의 역사도 잘 모른다. 북경 지하철도 타보지 못했다. 내 생활에서 그런 기회가 없었기 때문이다. 그냥 나의 위치에서 북경에서 일하고 살고 사람들과 부대낀 이야기들이고 내 가족이 살아온 이야기다. 이 책이 북경 여행을 위한 가이드북은 아니지만 북경에서 살고 일하는 데에는 유용한 안내서가 되리라 생각한다.

한 달 후면 결혼 30주년이다. 그동안 남편을 믿고 지지하고 함께 해준 집사람에게 깊이 감사하며 결혼 30주년, 중국생활 20주년 기념으로 이 책을 바친다.

중국 북경에서 저자

| 프롤로그 · 인연 |

어머니의 중국

어려서 어머니로부터 들은 중공군 이야기. 내 중국 인연의 시작이다. 이야기의 처음이 어떻게 시작되었는지는 기억하지 못한다. 단지 철원에서 자라나신 어머니가 전쟁통에 가족들과 헤어져 피난길에 오르셨을 때의 이야기이다.

다른 여자 몇 분과 함께 피난을 떠났는데 어머니는 피난길에 중공군이 쳐들어왔다는 소문을 들었다. 중공군은 남쪽 사람만 잡으면 사지를 찢어 죽인다고 하고, 특히 젊은 여자라면 몹쓸 짓을 당한다는 얘기가 많이 퍼져 있었다고 한다. 하여튼 어머니는 중공군에게 잡히는 날이면 비참하게 죽는 것으로 알고 있었다.

피난길은 공포의 중공군도 그렇고 대포알들이 수시로 떨어져 언제 어디서 죽을지 모르는 나날이었다. 그날도 포탄이 근처에 떨어지기 시작해 근처 빈 집 마루 밑으로 뛰어 들어가 가마때기를 덮고 웅크리고 계셨다고 한다. 포탄들이 날아와 바로 옆에서 터지고 파편이 휘파람 소리를 내며 날아다녔다. 바위를 때리는 파편 소리가 '터엉' 하고 '쨰앵' 하는 게 마치 징소리나 꽹과리 소리 같았다고 하셨다.

한참 지나 주위가 조용해져 마루 밖으로 나와 보니 어머니 옆자리에 이불을 덮고 계시던 분은 이미 이승 사람이 아니었다. 동네에서 같이 떠난 분이셨다. 포탄이 떨어지고 파편이 날리는 소리는 그런 소리라고 하셨다. 대포 쏘는 소리를 들은 사람은 많아도 포탄 파편이 날아다니고 부딪히는 소리를 들은 사람은 이 세상에 많지 않을 것이다.

그러던 어느 날 저녁 어머니 일행은 잠자리를 찾아 외딴 빈집을 찾아들게 되었다. 한참 지나 밤이 깊었는데 멀리서 남자들 목소리가 웅성웅성하며 가까이 오는 것이었다. 불안한 마음에 귀 기울여 들어보니 틀림없는 중국말이었다. 깜깜한 방구석에서 벌벌 떨며 문 쪽만 쳐다보고 있는데, 문이 덜컥 열리면서 누군가가 성냥불을 켜고 내려다보는 게 아닌가. 사람 모습이 서서히 보이는 데 틀림없는 중공군이고 그것도 여러 명이었다. 일행 모두는 이젠 정말 죽는구나 생각하셨다.

'쏼라쏼라' 말을 걸면서 그놈들이 다가오자 모두들 기겁을 했다. 그러자 그놈들이 도리어 더 놀라면서 뒤로 크게 물러서서는 뭔가를 이야기하는데 금방 죽일 것 같은 태도는 아니었다고 하셨다. 여자들은 조금 안심이 되어 살려달라는 뜻으로 이런 저런 손짓 얘기를 해댔다. 그런데 중공군이 보기에 그게 먹을 것을 좀 달라는 얘기로 들렸나 보다고 하셨다.

중공군들은 자기들이 갖고 있던 딱딱한 빵을 크게 잘라 방바닥에 내려놓고 먹으라는 손짓을 연신 하더라는 것이었다. 그리곤 부드러운 말투와 손짓으로 안심하라고 하면서 조심스럽게 뒷걸음으로 방을 나가 문까지 꼭 닫아주고 떠나갔다는 것이다.

내가 열 살쯤에 들은 이야기이니 그 일이 있고 십여 년 지난 후였는데 어머니의 말씀 속에는 그때까지도 그 중공군들에 대한 고마움이 따뜻하게 남아 계셨던 것 같았다.

어머니는 쉰 초반 중년에 돌아가셨다. 피난을 떠나며 혈혈단신 이산가족이 된 어머니는 또 다른 피난민인 아버지를 만나 가정을 이루고 나를 낳으셨다. 아버지와 어머니의 고향 얘기들은 두 분의 따뜻한 어린 시절 옛 얘기이기도 하지만 더 이상 만나볼 수 없는 두 분 가족에 대한 그리움과 아픔, 슬픔의 이야기이기도 했다.

아버님과 어머님 두 분 모두 부모님들이 살아 계실 때 피난 나오셔서 부모님들의 생사를 모르신다. 나이로는 분명히 돌아가셨겠지만 제사를 지낼 수는 없었다. 그래서 우리 집은 명절날이 제삿날이었다. 명절상을 차려놓곤 촛불도 향도 없는 마음의 차례를 지낸다. 그리곤 임진각으로 떠나는 것이다.

임진각에서는 큰 명절이면 이산가족들을 위해 망향제가 열린다. 큰 차례 상이 차려져 있어 전국에서 올라온 이산가족들이 가족 단위로 북을 향해 큰절을 올리는 것이다. 나는 아무런 감정도 없이 부모님을 따라 큰절을 올리곤 했지만 돌아서서 부모님과 눈이 마주치면 두 분은 이미 뻘겋게 된 두 눈에 눈물을 가득 담고는 고개를 돌려 먼 하늘을 바라보실 뿐이었다.

외조부모님들이 쉰 살 가까이에 낳으셔서 형제들과 나이 차가 컸던 고명딸이자, 막내였던 어머니는 온가족의 귀여움을 독차지했다. 특히 작은오빠가 그렇게 아끼셨다고 한다. 작은오빠는 마을의 독보적인 주먹인 데다 성격도 강해서 인근 부락에까지도 그 이름이 높았지만 막내 여동생에게만은 꼼짝 못하고 모든 응석과 고집을 다 들어 주셨다고 한다. 당연히 어머니의 어린 시절은 거리낌 없는 꼬마 여장부의 시절이었다.

집의 큰 황소는 작은오빠가 맡아 기르다시피 했는데, 이 작은오빠가 산에서 구렁이를 잡아와 토막을 내 소 목구멍에 쑤셔 넣어 먹이시곤 하셨다. 그래서인지 그 황소까지도 힘이 좋아 그 일대의 제일가는 싸움소였다는 것이다.

그 작은오빠가 해방 바로 전에 만주로 떠나셨다는 것이다. 아마도 어려운 고향을 떠나 신세계를 개척해 보려는 생각에서였을 것이다. 그 후론 작은오빠 소식을 알 수 없었다고 하셨다. 어린 나이에도 어머니가 작은오빠를 얼마나 보고 싶어 하시는지 가슴으로 느낄 수 있었다. 그때는 이미 남북이 갈리고 만주는 갈 수 없는 곳이었다. 살아서는 영원히 다시 만나지 못할 운명이라고 생각하셨을 것이다.

어머니의 갑작스런 죽음으로 외가나 외삼촌에 대한 어떤 것도 나는 알지 못하게 됐다. 이름이나 그런 건 나중에 알려 주시기로 했는데 갑자기 세상을 떠나셨기 때문이다. 중국에 발령받고 오니 그 외삼촌 생각이 났다. 동북지방 조선족 신문에 광고라도 내고 싶었지만 이름도 나이도 아무 것도 아는 게 없으니 어찌 할 방도가 없었다. 만날 수만 있다면 돌아가신 어머니를 다시 뵙는 것처럼 반가웠을 텐데 가슴만 아플 뿐이다.

외삼촌이 살아 계시다면 지금도 만주 어디에선가 막내 여동생 임순녀(林順女, 임하 임씨(臨河 林氏) - 고향은 포천, 살던 곳은 철원)를 잊지 않고 계시겠지. 그리고 그 힘이 넘치시던 외삼촌의 자녀들, 내 외사촌들도 아버지를 닮아 당당하고 훌륭한 조선족으로 살아가고 있겠지 하며 내 자신을 위안해 본다.

내 어머니의 중국은 그 험한 전쟁터에서 자기들이 먼저 놀라고, 빵을 나눠주고, 서둘러 떠나던 순수한 중국 젊은이들의 나라이고, 자기를 제일 사랑하는 작은오빠가 어디에선가 자기를 그리워하고 있는 그런 곳이다. 나는 그 어머니의 아들이고, 어느 조선족 가족의 조카이며 사촌 형제다. 어디에 계신지는 몰라도 그 외삼촌과 사촌들 그리고 어머니에게 빵을 나눠주던 그 중공군 병사들과 함께 살아가는 이 중국 땅이 따뜻하게 느껴진다.

차례

추천사 5
추천사 7
들어가기 전에 9
프롤로그: 어머니의 중국 12

1 북경일기 - 주재원 시기

• 발령장 없는 출발 20 • 죽의 장막 속으로 22 • 북경의 첫 인상 24 • 이름 없는 개척자들 26 • 일하러 간 거야? 호강하러 간 거야? 27 • 가족 상봉 29 • 주재원의 아파트 30 • 아이들 학교 32 • 미쓰비시의 전화 35 • 미쓰비시와 나 38 • 첫 파트너 중국자동차 총공사와의 만남 41 • 현대자동차 북경 사무소 설립 43 • 국교 수립으로 봇물 터진 한중 교류 45 • 예기치 못한 쏘나타 수입 러시 48 • 밀수차에 대한 경고 51 • 애프터서비스센터 개설 54 • 중국 정부의 한국차 구매 56 • 시노트랜스 그룹 60 • 사람의 인연 61 • 합작 공장 진출을 위한 여정 63 • 회의실의 한 장면 65 • 연회의 추억 67 • 모터쇼 이야기 68 • 모터쇼의 특별 행사 70 • 기적의 열달기차 73 • 북경 자동차와 삼대소 정책 74 • 광주 자동차 프로젝트 78 • 합작 후일담 81 • 현대자동차와 나 83

2 북경일기 - 떠나가기

• 7년만의 귀임 86 • 사표내기 89 • 사표낸 후 91 • 회사 떠나가기 94 • 북경으로 돌아가다 95 • 아버님의 부음 97 • 이준원 박사 99

3 북경일기 - 두 번째 인생 시작하기

• 뭘 해먹고 사나 106 • 내 인생 처음으로 돈을 벌다 108 • 소중한 공부 알루미늄 무역 109 • 수험생처럼 보냈던 나날들 112 • 중기와의 재회 114 • 어진 사장 116 • 북한 사업 유감 118 • 평양 김치를 택배로 120 • 개마고원의 소사육 122 • 한식당 사업 124 • 개업과 함께 닥친 어려움 127 • 식당 개업과 생활의 변화 130 • 합작식당 경영 132 • 식당 에피소드 134 • 식당사업 애환 136 • 북경의 북한 식당 139 • 한식 세계화를 위해 143 • 상점 사업-개업과 폐업의 연속 146 • 자동차 대리점 152 • 시노트랜스와의 물류사업 158 • 시도상선 권혁 회장 160

4 북경일기 - 추억

• 오지수당 받는 북경 주재원 166 • 대우받는 운전기사 168 • 여행 금지 170 • 사스 171 • IMF 175 • 음주운전 177 • 여권분실 179

5 북경일기 - 여행

• 중국에서의 여행 184 • 하얼빈 185 • 울란바토르 189 • 백두산 그리고 연변 192 • 동풍기차의 본산지 십언 196 • 돈황 막고굴 197 • 압록강 건너 저쪽으로 199

6 북경일기 - 북한 여행기

• 가고 싶던 평양 204 • 세 명의 안내원들 207 • 평양의 가라오케 209 • 평양 옥류관과 원조 냉면 211 • 평양의 밤거리 술집에서 212 • 개성 장모님 고향을 찾아서 215 • 판문점에서 남쪽을 보다 218 • 평양 시내 나들이 221 • 평양 골프장에서의 라운딩 224 • 아리랑 축전 관람기 225 • 아버지 고향 227

7 북경일기 - 중국에서 살고 즐기기

• 북경의 한국 사회–왕징에서 살기 232 • 북경 교외 즐기기 235 • 북경 시내 즐기기 240 • 애완동물 키우기 242 • 공연 즐기기 245 • 먹거리 즐기기 247 • 명의와 건강법 251 • 몸보신 하기 255 • 공부하고 배우기 258 • 술 마시기 260 • 골프 이야기 264 • 낚시 이야기 268

8 북경일기 - 중국에서 사업하기

• 중국에서 사업하기 274 • 객관적인 자기 평가–과욕 금지 277 • 완충구역사업 280 • 중국사업의 기본은 신용과 준법 281 • 회사 설립하기 282 • 합작과 파트너 285 • 직원 이야기 290 • 운전기사 이야기 294 • 사업과 중국어 298

9 북경일기 - 중국인과 한국인

• 중국인과 한국인 304 • 중국인의 한국 305 • 한국인의 중국 310 • 중국인의 돈 벌기 318 • 중국인의 돈쓰기 324

10 북경일기 - 가족 이야기

• 집사람 이야기 330 • 아들 이야기 332 • 딸 이야기 338

에필로그 342

1
북경일기
주재원 시기

발령장 없는 출발

    90년 아시안 게임을 앞두고 중국에서 사람들이 들어오기 시작하더니 우리 기획실 내부에서도 중국이란 단어가 자주 오르내리곤 했다. 중국에서 오는 팀들의 현대자동차 울산공장 시찰이 많아졌기 때문이다. 그때면 경찰 외사과에서 연락이 와서 미리 안배를 하곤 했다. 북경 아시안 게임을 앞두고 어느 항공사에서 북경 아시안 게임 기증용 쏘나타를 구매하는 데 특별가격을 적용해 주는 품의서를 우리 팀에서 협조하기도 하였다.
    그러던 1992년 봄 어느 날, 기획실장께서 부르시더니 중국에 대해 리포트해 보라고 하셨다. 구체적인 내용은 없고 아무거나 보고해 보라는 것이었다. 그때는 아직 죽의 장막, 중공에 대해 관심도 어떤 정보도 없던 시절이었다. 생뚱맞다는 생각은 들었지만 나도 흥미를 느꼈다.
    마침 새로 들어온 신입사원에게 별다른 업무가 없던 때라서 그 친구를 불렀다. 임기택 사원이다. 보름 정도 여유를 줄 테니 보고서를 만들어 보라고 시켰다. 책방이나 코트라(KOTRA), 무역협회나 어디를 다니든지 정보를 구해보라고 했지만 나 자신도 아무것도 모르니 지침을 줄 수도 없었다. 이 친구는 출근하는 즉시 바로 외출해서는 퇴근 무렵에 돌아와 무엇인가를 정리해 나가는데 볼 때마다 부피가 두꺼워지면서 이상한 나라의 이야기가 만들어지고 있었다.

인구나 면적이 엄청난 것이야 알고 있었지만 구체적으로 국민소득이 어느 정도이고, 몇 십 개 민족이 있다는 등 낯선 수치들과 국무원이나 군부나 실력자들 명단이나 태자당 이야기 등은 생소한 이야기들이었다. 리포트를 담당한 친구는 나중에 회사에서 중국으로 유학을 보내 청화대(淸華大)에서 박사학위도 받으면서 중국통이 되었다. 이 친구의 중국 인연은 이렇게 결정되었다.

그리고 몇 달 지난 어느 토요일 점심식사를 하고 들어와 퇴근 준비를 하는 데 기획실장님과 눈이 마주쳤다. 기획실과 회장실, 사장실이 직접 통하는 통로로 파일을 끼고 나오시면서 손짓으로 부르시더니 앉으라고 하신다. 웬만하면 서서 이야기하는데 꽤 중요한 얘기를 시작하실 것 같다. 주말을 망치게 되는 급한 일이 있을 것 같아 불안해졌다.

"당신 중국 가!" 이 한마디로 오랜 대화가 오갔다. "저 외아들이라…", 그러나 결국 "월요일에 말씀을 드리겠습니다." 하니 "가라면 가!"로 그날의 대화는 끝났다.

집식구는 겁도 없이 당연히 가야지 한다. 다음날 어머니가 돌아가신 후 새살림을 차리시고 멀리 우이동에 사시던 아버지께 말씀드렸다. 아버지는 회사에서 가라면 가야지하며 힘없이 말씀하신다. 주말이면 찾아오는 손자·손녀를 기다리며 하루하루를 지내시던 아버지의 서운함이 배어 나왔다.

그러나 떠나기로는 되었지만 주재원 인사 발령은 없었다. 일단 현지에 가서 몇 달 상황을 지켜본 후 그때 결정한다는 얘기였다. 몇 달 출장 후 원대복귀가 될 수도 있는 상황이었다. 내 바람은 아니었지만 사실 오랜 이별이 아닐 수도 있겠다는 것이 아버지께는 위안이 되었다.

토요일 오후의 말 한마디가 내 20년 중국생활의 시작이 되었고 우리 가족의 운명을 바꿨다. 10여 년 후 그 말씀을 하신 당시의 권순묵 기획실장께서 우리 식당을 들르셨다. 지금은 현대를 떠나 '한국후코쿠'라는 대형 부품회사 오너로 크게 성공하셨는데 식사 후 식당 문간에서 한마디 하신다. "송 사장, 나 때문에 당신 성공한 거야. 고맙게 생각해." "성공한 건 아니지만 그래도 사장님 덕분에 중국에서 살고 있는 건 고맙습니다."라고 말씀드렸다.

죽의 장막 속으로

수교도 없는 공산국가, 아무것도 모르는 미지의 세계로 가야 한다는 데도 집사람은 전혀 동요하지 않았다. 즐거운 마음으로 이사 준비를 하기 시작했다. 중간에 돌아올 수 있다는 생각은 전혀 하지 않는 것 같았다. 결혼 10년차가 되던 해라 대부분의 세간들은 남 주어도 아까운 게 없었지만 그래도 아직 쓸 만한 가구와 가전제품은 지방의 전문 창고를 빌려 옮겨 놓았다. 새로 산 TV도 남 주기로 결정했다. 지금은 모두 멀티 방식이지만 그때는 NTSC와 PAL 방식으로 한국과 중국의 수신 방식이 달랐다 그래서 한국 TV는 가져가도 사용할 수 없었고, 다른 가전제품들도 전기의 헤르츠(한국은 60Hz, 중국은 59Hz)가 달라서 사용할 수 없다는 말을 들었다.

그렇게 밀어내기식 결정이었지만 회사에서는 가족들의 중국어 공부를 위해 중국 본토 출신 가정교사를 몇 달 동안이나 집으로 보내 주기도 하는 등 여러 방면에서 세심한 배려를 다해 주었다. 그때 본토 출신 선생님이 들려준 여러 가지 중국 이야기는 가족의 중국 초기 생활 정착에 큰 도움이 되었다.

날마다 벌어지는 송별회 술자리는 영원한 이별을 하는 분위기였다. 중공에 간다는 것이 꼭 죽을 곳에 가는 분위기 같았다. 훗날 북경에서 근무도 하고 지금은 큰 그룹사 사장이 되어 있는 김방신 대리를 포함한 팀원들은 "가서 못 버티시면 그만두십시오. 저희도 회사 나가서 모시고 함께 일하겠습니다."고 하질 않나, 단골로 다니던 술집 마담은 특별한 선물을 주겠다고 하질 않나, 동기 놈은 술에 떨어진 나를 호텔에 집어넣곤 사람을 밀어 넣질 않나. 모두 가슴에 남는 자리들이었다. 그리고 그런 송별회 이후 그분들 대부분과는 정말로 오랫동안 만나지 못했다.

한편으로는 여러 사람들을 만나고 다녔다. 중국 다녀온 사람이 어디 있다고 들리면 바로 연줄을 대어 만나곤 했다. 그중에는 신분을 감추고 중국을 드나들며 정보를 수집했다는 현역 군인도 있었다. 그 친구는 나중에 북경으로 파견을 나와 오랫동안 가깝게 지냈다.

비수교국에 가기 위해서는 남산 자유 센터라는 곳에서 이틀간에 걸친 정신교육을 받아야 했다. 내용은 대부분의 비수교국이 북한과 단독 수교된 사회주의 국가들이기 때문에 북한 사람들을 만날 때의 행동요령 같은 것이었다. 특히 중국에 가서는 여자 조심하라는 얘기, 실수하다간 호색한으로 낙인 찍혀 추방당한다는 얘기 같은 것들이었다. 그 교육은 상당히 효과가 있어서 중국 출장 가는 사람들이 몸조심하는 데 많은 도움이 됐다. 그런데 실제로 호색한으로 낙인 찍혀 추방당한 경우가 있었는지는 아직까지 들어보지 못했다. 전문가의 얘기로는 그런 건 말도 안 된다고 한다. 남의 나라 국민의 여권을 말도 안 되는 내용의 도장을 찍어 훼손할 수는 없다는 것이다.

비자는 여권을 홍콩으로 보내 받아왔다. 당시는 홍콩에도 중국 영사관이 실지되어 있지 않아 홍콩의 신화통신사 지사에서 비자를 받았다.

비자는 도장이 아니라 입국허가서라는 작은 쪽지인데 여권 한 페이지에 스테이플로 집혀져 있었다. 나중에 중국에서 출국할 때 그 쪽지만 떼어낸다. 당연히 여권에는 중국을 다녀온 어떤 표시도 남지 않는 것이다.

북경의 첫 인상

사전 조사를 하기 위해 첫 출장을 떠났다. 그때 한중 간 항공편은 매주 한번 서울~천진(天津·톈진) 간 아시아나 전세기 한 편이었다. 김포공항에서 일요일에 출발해서 손님을 내려놓고 바로 한국행 손님을 태우고 곧바로 돌아오는 것이다. 비행기는 입국장 바로 옆에 세웠다. 입국장은 아주 허술했다. 짐 찾는 컨베이어도 없이 가방을 비행기에서 가져와 검색대에 올려놓으면 알아서 찾아가는 것이다. 세관 신고도 없었고 샅샅이 뒤지지도 않았지만 눈에 띄는 모든 서적은 압수됐다. 서 있는 남녀 근무자들은 모두 국방색 제복에 무뚝뚝한 표정을 짓고 있어서 군인인 줄 알았는데 나중에 알고 보니 세관원들과 출입국을 체크하는 공항 직원들이었다.

천진공항에서 싼타나를 빌려 타고 오는데 넓고 깨끗한 고속도로가 쭉 뻗어 있었다. 고속도로에는 자동차가 거의 보이지 않아 가속페달만 밟는다면 시속 200킬로미터도 문제없을 듯 했지만 구형 싼타나는 시속 70~80킬로미터 속도도 내지 못했다. 허허벌판에 곧게 뻗은 텅빈 고속도로 옆으로 가끔씩 보이는 붉은 벽돌의 농촌 마을은 난생 처음 보는 황량한 모습이었다. 문득 자동차도 한 대 없는데 고속도로는 왜 만들었을까 하는 생각이 들었다.

그렇게 두 시간여를 달려 북경에 도착해 3환로에 접어들었는데 여기는 사람 사는 세상이었다. 약간은 어수선한 분위기의 동네 길가 가게 앞 허술한 테이블에는 맥주병들이 놓여 있고 웃통을 벗고 담배 피우며 애기하는 모습들이 우리 시골 역전 풍경처럼 친근하고 포근하게 느껴졌다.

조금 지나니 크고 화려한 건물이 혼자 우뚝 서 있는데 편하게 '궈마오(國貿)'라고 부르는 국제무역센터였다. 궈마오를 조금 지나 다시 큰 건물이 나타났다. 징광(京廣) 중심에 내가 예약해 놓은 신세계 호텔이었다. 이 호텔은 그 전해에 정주영 명예회장께서 백두산에 가실 때 묵으신 호텔이다.

방에 가방을 내려놓고 호텔을 둘러보니 2층에 식당이 있었다. 이름이 명월관이라 한국식당 같아서 몇 걸음 들어가 보니 한국식당 같기는 한데 서양식 장식에 와인이 가득 진열된 아주 고급 식당이었다. 불이 다 꺼져있고 사람은 한 명도 없었다.

밖으로 나와 호텔 주변을 어슬렁거리며 둘러보았다. 가게가 하나도 없었다. 허름한 아파트 단지와 그냥 통행을 위한 길뿐이었다. 그때의 삼환로는 편도 각 2차로 차도에 양 옆에는 넓은 자전거 도로가 따로 있고 차도와 자전거 길 사이의 넓은 분리대에는 오래된 큰 나무들이 줄지어 서 있었다.

나무 그늘 아래로는 자전거 행렬이 천천히 흘러가고 차도에는 빨간 벽돌을 가득 실은 마차들이 줄을 이었다. 마차는 주로 쌍두마차와 사두마차였다. 벽돌을 가득 싣고 힘들어하는 말도 있었지만 짐을 다 부리고 빈 마차를 끄는 말들은 갈기를 휘날리며 모둠발로 질주하는 게 신이 나 보였다. 승용차는 거의 없고 트롤리 전기 버스가 주요 대중교통 수단인 듯했다.

한참을 걷다 돌아와 보니 명월관이 불도 켜져 있고 문도 열려 있었다. 오후 2시부터 5시까지는 휴식시간이라고 했다. 식당이 낮에 휴식을 한다니 이상하게 들렸다. 들어가 앉아 등심과 수출용 진로 소주를 주문해 혼자만의 저녁을 즐겼다. 비빔밥도 있고 각종 찌개도 있었다. 등심구이는 일본식 소스의 소위 야키니쿠였다. 지배인도 일본사람이었고 메뉴도 모두 일본어로 되어 있었다.

잠시 후 손님들이 몰려드는데 그 큰 식당이 어느 순간 꽉 차 버렸다. 모두 일본인 손님들이었다. 나중에 알고 보니 조총련계 재일동포가 투자한 식당이라고 했다. 식사를 마치고 방으로 올라와 창밖을 내려다보니 초저녁인데도 도시 전체가 캄캄했다. 가로등도 간판조명도 없었고 단지 아파트에서 새어나오는 희미한 조명뿐이었다.

이름 없는 개척자들

　다음 날 아침 일찍 북경호텔에 있는 현대종합상사 북경지사를 찾았다. 현대그룹 종합기획실을 통해 이미 연락은 다 되어 있는 상태였다. 3명의 주재원과 몇 명의 현지 직원들이 있었다.
　나와 나이가 비슷한 임윤택 차장과 새로 부임한 유광진 대리가 많은 걸 도와주었다. 임 차장은 경상도 진주 사람으로 퉁명한 것 같지만 사실은 매우 자상한 두 딸의 아버지다. 이번 출장기간에 도와줄 통역을 소개해 주었다. 통역은 연길에서 북경으로 유학을 온 조선족 학생인데 하루 FEC 50위안 정도 지불하면 된다고 한다. 학생이 서너 시간 같이 다니면서 잠시 통역해주고 FEC 50위안을 받는다면 당시로는 적잖은 돈이었다. 그러나 그때만 해도 북경에 진출한 조선족이 거의 없어서 조선족 통역을 구하는 일은 쉽지 않았다. FEC 50위안은 인민폐 70~80위안 정도였다.
　당시 중국은 이중 통화에 이중 환율을 적용하고 있었다. 외국인은 FEC(Foreign Exchange Currency)라는 외화교환권만을 사용할 수 있었는데 중국인이 외국인에게서 FEC를 받아 암달러상에게서 인민폐로 바꾸면 상당한 차익을 얻을 수 있었다. 당시는 인민폐가 아닌 FEC만 사용할 수 있는 식당이나 백화점이 꽤 많이 있었다. 지금 북한의 외화상점이나 마찬가지다.
　그 학생과 같이 북경의 명동이라는 왕부정(王府井·왕푸징)도 구경하고 백화점에도 가보면서 시내를 둘러보았다. 왕부정에 유명한 훈둔(물만두)집에서 처음으로 중국음식을 먹어보았다. 맛있게 먹고 있는데 이 학생이 이상한 표정으로 드실 만하냐고 묻는다. 훈둔탕 위에 올려져 있는 나중에 이름을 알게 된 샹차이(香菜)를 가리키며 괜찮으냐는 것이었다. 처음 먹어보지만 맛이 좋다고 하니 나보고 중국 체질인 것 같다며 웃는다. 자기가 통역을 해 주었던 다른 한국 사람들 대부분은 샹차이를 먹지 못했다는 것이다.

다음 며칠간에 걸쳐 큰아이가 갈 소학교와 작은아이가 다닐 유치원도 알아보고 아파트들도 구하면서 지냈다. 북경은 지낼수록 마음에 들었고 살고 싶어졌다. 그리고 무엇인가 큰일도 해 보고 싶은 마음이 들었다. 주재 준비를 위한 사전 조사라고 해도 선택의 여지는 별로 없었다. 외국인 주거는 호텔과 외국인 아파트 몇 개로 제한되어 있었고, 학교 역시 그랬다. 당시 이미 대부분의 종합상사 지사들이 북경에 진출해 활발하게 활동하고 있었고 코트라와 무역협회도 다양한 지원 업무를 하고 있었다. 코트라나 무역협회의 여러분들로부터 중국의 물정에 대해 많은 것들을 듣고 배울 수 있었다.

중소기업들이 커가고 나름대로 자체적인 해외시장 개척도 하게 되면서 한동안 종합상사 무용론도 나오고 코트라나 무역협회의 기능에 대한 회의론도 있었지만 종합상사의 역할이나 그런 지원 기구들의 기능은 과소평가될 수 없을 듯하다. 세계적인 네트워크와 막대한 자금으로 큰 프로젝트들을 성사시키고 수많은 젊은이들을 훈련시켜 월드 비즈니스의 인재들을 배출해 내는 역할은 아무나 할 수 있는 게 아니니까 말이다. 내 주위 상사맨 출신의 많은 친구가 회사를 그만두고 나서도 국제적인 새 사업을 개척하고 성공시키는 것을 보며 상사맨들의 정신과 역량을 실감하게 된다.

얼마 전 어느 종합상사 간부들을 포함한 몇 분의 한국인들이 페루 산악에서 헬기 사고로 유명을 달리한 비보를 접하면서 종합상사와 상사맨들의 모험과 개척 정신을 다시 한 번 생각해 보았다. 회사와 나라를 위해 그 악천후 속에서도 출장 비행을 하던 분들께 조의를 표한다.

일하러 간 거야? 호강하러 간 거야?

기획실장께서는 몇 달 지내보고 별일이 없으면 철수시키겠다고 했지만 집사람은 이미 북경에서 몇 년 사는 것으로 결정하고 모든 일을 처리하고 있으니 나도 다른 건 생각하지 않기로 했다. 그냥 몇 년 있을 것으로 준비해 나갔다.

대충 사전 조사를 마치고 주재 경비에 대한 예산을 짜서 본사에 팩스로 예산 품의를 올렸다. 아파트는 작은 것인데 월세 3,800달러, 쏘나타 한 대 6만 달러, 통신비 월 3,000달러, 기사 월급, 비서, 사무실 임차료, 활동비 등등…. 다음날 본사에서 전화가 왔다. 다짜고짜 "당신 제정신이야? 무슨 아방궁에 살려고 그래? 그리고 중국에서는 다 자전거 타고 다닌다는데 무슨 기사에 자동차야? 그리고 쏘나타가 무슨 6만 달러야? 일하러 간 거야, 호강하러 간 거야? 회사 윗분들 너 때문에 난리들 났어!! 미국의 그 큰 집들도 1,500~2,000달러인데 말이야."

솔직히 그랬다. 미국으로 발령 난 주재원들이 사는 넓은 타운하우스들도 그 정도 가격이었다. 품의서를 팩스로 보내면서 나 자신도 이 예산 품의서가 그대로 결재되리라고 생각하진 않았다. 얼마 전 현대종합상사가 상해 지점을 만들 때에도 부장 한 사람이 먼저 나왔다가 주재 예산 문제로 본사와 다투는 바람에 결국 며칠 후 회사를 그만두게 됐다는 얘기를 들었다. 그 부장 덕분에 그 다음 사람부터는 순조롭게 통과됐는데 자동차 본사에서는 이번이 처음이어서 이해가 되지 않는 것은 당연한 것이었다.

중국에 사는 외국인은 외국인이 출입할 수 있는 호텔이나 외국인 지정 아파트에만 거주해야 했다. 그런데 그런 아파트는 북경에 대여섯 개 정도였으니 선택의 여지가 없었다. 대신 모든 외국인 아파트는 가구나 위성통신(한국 방송은 없다), 수영장 등이 딸려 있고 5성급 호텔 수준의 서비스가 제공되므로 비싸지 않을 수 없었다.

택시는 길에서 잡는 것이 아니었다. 호텔 앞에만 대기하고 있었다. 자전거를 타고 사람 만나러 다닐 수는 없었다. 자동차는 반드시 필요했다. 그러나 관세 220%에다 부가 세금이 줄줄이 붙는다. 1만 4,000달러짜리 수출용 쏘나타 가격이 6만 달러가 되는 것이다. 그리고 자전거 홍수 사이를 뚫고 길도 모르는 내가 북경 시내를 운전하고 다닌다는 것은 사실상 불가능한 일이다. 그래서 기사도 반드시 필요했다. 구구절절의 설명과 더불어 보충 자료를 보내자 모두 이해해 주셨다.

3개월 보증금에 월세를 지불하고 아파트에 입주했다. 한동안의 호텔 생활에서 벗어나 계란 프라이라도 해 먹을 수 있으니 편하고 좋았다. 서울 집에 전화를 걸었다. 집을 구했다는 얘기를 하니 아이들이 궁금해 했다. "야, 중국 아파트가 다 그렇지 뭐가 어떻기는… 오늘 아침에도 부엌에 들어온 쥐를 두 마리나 잡았는데 중국 쥐는 상당히 크더라."고 거짓말을 했더니 아이들이 기겁을 했다.

너무 조급해 하지 말라는 의도도 있었고 도착하면 좀 놀라게 해주려는 생각도 있었다. 집사람에게는 하여튼 퍼니시드이니 짐 챙길 때 참고하라고 했다.

가족 상봉

아파트도 구하고 사무실에 책상도 들여놓고 큰아이 소학교도 정해졌으니 북경생활 준비는 거의 다 마쳤다. 이제 가족이 오기만 하면 된다. 주재원 파견 규정상 6개월 이후에나 가족이 나갈 수 있었지만 회사에서 배려해 주어 출국 준비가 되는 대로 떠나게 해 주었다.

북경 공항 지금의 북경 제1공항 문 앞에서 기다리니 반가운 얼굴들이 나타났다. 홍콩을 경유해서 왔으니 오래 걸렸을 것이다. "힘들었지?" 하고 물으니 세 식구 모두 전 일정을 퍼스트클래스로 호강하면서 왔다고 한다. 아직도 그렇게 세심하게 배려해 주신 그분의 자상한 모습이 눈에 선하다.

지금은 기장보로(機場輔路·지창푸루)라고 불리는 좁은 2차로 길이 그때의 공항로였다. 줄지어선 커다란 플라타너스 가로수 속 좁은 터널 같은 길에는 양떼들이 차들을 막고 있었다. 아이들은 처음 보는 양떼에 즐거워했다. 차는 양들과 보조를 같이하기도 하고 양들이 피해주면 달리기도 하면서 오랜만의 상봉에 모두 행복해 하였다. 개울가 큰 나무마다 작은 거울 하나씩 걸어놓고 손님을 기다리는 하얀 가운의 이발사들을 신기하게 바라보면서 집으로 향했다. 앞으로 이발이나 커트는 저기서 하는 것이라고 해도 다들 귓등으로도 듣지 않는 표정들이다.

아파트에 도착했다. 경비의 경례를 받으며 현관을 들어서면서 아이들 표정을 살폈다. 쥐는 없다고 얘기하자 아이들이 덤덤하게 하는 말이 자기들은 처음부터 속지 않았다고 한다. 그런 척만 했단다. 나만 아이들과 집사람까지 잘 속였다고 생각하고 도착 후 깜짝 입주식을 생각하며 혼자 킥킥대고 있었던 것이다. 허무해졌다. 본토 출신 중국어 가정교사가 북경의 외국인 생활에 대한 모든 정보를 미리 다 알려 주었던 것이다. 그렇게 우리 가족의 20년 북경 생활이 시작됐다.

주재원의 아파트

입주한 아파트는 일본 종합상사가 일본인 주재원들을 위해 지은 아파트였는데 동원공우(東苑公寓·동위엔공위)라는 이름의 아파트로 우리 사무실에서 가까웠다. 일본인 위주 서비스를 제공하다보니 큰 평수에 사는 서양인 두세 가족을 제외하고는 거의 일본인들이었다. 부부들 나이도 대부분 우리와 비슷했다. 아이들도 대부분 또래들이었다.

아파트를 중국어로는 궁위(公寓)라고 부른다. 외국인 거주 아파트는 궈지궁위(國際公寓·국제공우)라고 한다. 궈지궁위는 시내 속의 섬과 같다. 외부와 차단되어 24시간 경비가 지키고 출입자들을 엄격히 체크했다. 당시에는 외국인이 많지 않던 시절이라 북경에 몇 개 되지 않는 귀지궁위들도 빈 집이 많았다. 그러다보니 입주 조건 상담에는 여유가 있었다.

기존 입주자들의 아이들 학교 통학도 아파트에서 서비스해 주었다. 모두 일본 아이들이고 모두 일본 학교에 다니기 때문에 아침저녁마다 버스 몇 대가 통학을 시켜주면 됐다. 우리 아이는 중국 학교에 다니게 될지 모른다고 하자 그러면 별도로 배차해 주겠다고 했다. 덕분에 아이는 기사가 딸린 도요타 크라운을 5년 동안이나 이용할 수 있었다. 4레인 수영장에다 체력단련장, 농구장, 테니스장, 사우나가 갖춰져 있고, 당시 귀하던 LP 사이즈의 레이저 디스크 반주기와 바가 갖춰진 가라오케는 예약만 하면 무료로 이용할 수 있었다. 얼음값만 내면 술잔과 생수까지 무료로 제공됐다. 오색 회전 조명에 무대까지 마련된 우리 아파트의 단독 가라오케는 나와 가까운 많은 사람의 사랑을 받았다.

아파트 계약기간은 5년으로 했는데 2~3년 지나니 외국인의 북경 진출이 폭발적으로 늘기 시작하고 새로 들어오는 사람들은 아파트를 구할 수 없는 지경이 됐다. 임차료가 두 배, 세 배로 인상됐다. 우리는 5년 동안 그 가격에 살았지만 계약 기간이 끝나자 다른 곳으로 이사 갈 수밖에 없었다. 야위촌(亞運村)이라는 북경 아시안 게임 때 선수촌으로 이용된 대단위 국제 아파트다. 외국인 전용은 아니고 중국인도 함께 살 수 있는 곳이었다. 그리고 귀임 때까지 1년 반 정도 거기서 살았다.

지금도 그렇지만 주재원의 아파트 선택에는 여러 가지 미묘한 사정이 있다. 누구나 다 좋은 아파트에 살고 싶어하고 특히 부인들의 입김 역시 작용하기 때문이다. 주재원이 여러 명인 경우에는 조직의 상하 문제가 아파트 선택의 큰 변수가 되기도 한다. 단신 부임 지점장은 식구가 없어 작은 아파트를 구하고 싶어도 아랫사람들에게 미치는 영향 때문에 그렇게 하지 못하는 경우도 있다. 살고 있는 본인들조차도 회사 돈 낭비라고 생각하면서도 그냥 살고 있는 경우도 비일비재했다.

그래서 어느 대기업은 직급별 수당을 정하고 그 금액을 월급에 얹어 지불해 자신들이 알아서 살도록 해 본 적도 있는데 나중에는 그 방법도 취소하고 말았다. 현금을 아끼기 위해 집을 너무 줄여 가는 바람에 회사 이미지에 좋지 않은 영향을 주는 역효과가 있었기 때문이다.

나중에 외국인도 집을 사고팔 수 있게 된 후에는 비싼 임차료가 너무 아까워 주재원 본인이 다른 사람 이름으로 은행 융자를 얻어 집을 사서 자기 집에 세 들어 사는 경우도 생겼다. 임차료가 은행 빚을 갚아 나가고도 남을 정도니 몇 년 후엔 집이 공짜로 떨어지는 것이다. 어떤 경우에는 인사권자가 북경에 아파트를 여러 채 사놓고 주재원들을 거기에 살게 하는 경우도 있었다.

이젠 거주 제한 정책은 없다. 왕징(望京·망경)은 이제 한국인 동네같이 되었다. 중국에서 사업하는 사람들은 대부분 자기 집 하나씩은 있고 어떤 사람은 몇 채씩 사놓아 부동산으로 큰돈을 번 사람들도 있다고 한다.

아이들 학교

해외에 나가는 사람, 특히 주재원들이 가장 신경을 쓰는 부분 중 하나는 아이들 학교 문제일 것이다. 그때 큰아이는 8세, 작은아이 딸은 4세였다. 생일이 이른 큰아이는 초등학교 3학년에 올라갔고 작은애는 유치원에 다니고 있었다. 몇 번의 출장을 통해 중국 로컬 소학교를 일단 마음에 두고 있었다. 중국에 왔으니 중국 애들하고 공부하는 것이 좋겠다는 생각이 컸지만, 또 다른 부담도 있었기 때문이다.

당시 외국인이 선택할 수 있는 로컬 소학교로는 방초지(芳草地 · 팡차오디)

소학교 하나였고 나머지는 국제학교들이었다. 가장 정통적인 영어권 국제학교는 ISB라고 약칭하는 미국계 학교인데, 초등학교부터 고등학교까지 전 과정이 있었고 국제적으로도 학사 과정의 신뢰성을 인정받는 학교라고 했다. 대부분의 주재원 자녀들이 다니는 학교이기도 했다. 문제는 학비다. 연간 2만 달러 이상이라고 한다. 그렇지 않아도 예산 때문에 호강한다는 얘기를 듣는 차에 학비 얘기를 꺼내는 게 부담되기도 한 것이다.

일본 학교도 고려해 보았다. 계약한 아파트를 통해 일본 학교에 입학할 수 있는지 문의해 보았다. 수업료는 자비로 부담해도 큰 부담은 아닐 정도였고 학교 측에서도 국제학교이므로 못 받을 이유는 없다는 대답이 돌아왔다. 중국에 살면서 중국어는 물론 일본어도 배우면 좋겠다는 생각도 들었다.

그러나 며칠 후 부탁받은 사람이 찾아와 학교 측의 얘기를 전해왔다. 일본 학교 교장이 직접 전해 달라는 얘기라고 하면서 말이다. 입학은 할 수 있다. 그러나 일본 학교는 모든 교과 과정을 일본 국내 공립학교와 동일하게 하는데 과연 한국학생이 그럴 필요가 있을까 한다는 것이다. 잘 판단해서 결정하라는 것이었다.

말로는 신사적으로 얘기하면서 사실은 입학 거부 의사인 줄로만 알았다. 그러나 며칠을 지내보니 그 말이 이해되었다. 아파트에 독서실 겸 공부하는 곳이 있는데 방과 후에는 아이들이 이곳으로 하나둘씩 모여들었다. 알아보니 그냥 독서실이 아니었다. 학교에서는 시험 일정이고 뭐고 모두 일본 공립학교의 수업 일정을 그대로 따라서 공부시키고 집에 돌아와서는 일본인 선생 지도 아래 그룹별 과외를 하는 것이었다. 주재 후 귀국했을 때도 아이들이 학교 수업을 따라가는데 지장이 없도록 도와주고 있다는 것이다. 완전한 일본 국내 학교나 마찬가지였다. 일본 학교 교장 선생께 감사 말씀을 전하고 가지 않기로 했다. 교장 선생도 마음이 편해지셨을 것이다.

그리고 독일어를 사용하는 독일 학교도 있고, 영어로 가르치는 파키스

탄 학교도 있었다. 모두 입학할 수 있는 학교였다. 국교 수립 직후 대사관에 부임해서 아직도 가깝게 지내고 있는 공무원의 아들은 파키스탄 학교를 다녔다. 다른 곳까지는 알아보지 않았지만 웬만한 국가는 모두 자국인을 위한 학교들이 있는 듯했다. 그리고 모든 국제학교는 모든 국적의 학생을 받도록 규정되어 있는 듯했다. 앞으로 중국에 새로 오는 학생들도 학교를 선택하는 데 참고가 될 수 있을 것이다.

결국 아들의 학교는 중국 로컬학교로 결정했다. 방초지 소학교는 중국 로컬학교 중에서 외국인을 위한 국제반이 있는 유일한 학교였고, 외국인이 다닐 수 있는 유일한 로컬 학교이기도 했다. 국제반의 정원이 한정되어 있어 입학이 쉽지 않다는 얘기를 미리 들었기에 지난번 출장 때 학교를 찾아가 주임 선생에게 미리 인사를 드려 놓기도 했다. 그때는 깐깐한 자세로 입학이 쉽지 않다고 했지만 미리 인사를 드린 덕분인지 다시 찾아가니 곧바로 입학을 허가해 주었다. 학기 차이가 있어 반 학기 늦게 입학했지만 아들은 이렇게 중국 학교에 첫 걸음을 내디디며 소학교, 초중, 고중을 거쳐 북경대까지 완전한 중국 학교 코스를 밟게 됐다.

4세짜리 딸은 서울에서 유치원을 다녔으니 여기서도 당연히 유치원을 다녀야 했다. 중국에서는 유치원을 유아원(幼兒院·유얼위엔)이라고 부른다. 급하게 서두를 건 없었지만 오빠와 마찬가지로 비교적 좋은 환경을 가진 유치원을 수소문했다. 다행히 아파트 뒤편 가까운 곳에 유치원이 있었다. 학비는 거의 없다시피 했다. 유치원을 다니기 시작했는데 아침 8시에 시작해서 저녁 6시나 되어야 끝났다. 점심도 모두 유치원에서 공동식사를 했다. 아마도 중국 가정에서는 부모가 모두 일을 하기 때문일 것이다.

그러나 딸아이의 중국 유치원 생활은 오래가지 못했다. 말이 통하지 않아도 아이들끼리 노는 건 큰 문제가 아니었다. 문제는 너무 오랫동안 유치원에 있어야 하는 것과 식사였다. 세숫대야만큼 큰 그릇에 밥과 반찬을 내와 아이들 밥그릇에 퍼준다고 했다. 맛이 어떤지는 모르겠지만 아이는 먹지 못하겠다는 것이었다. 점심 후 두 시간 정도의 낮잠도 견디지 못했다. 식사가 끝나면 이를 닦고 두 시까지 낮잠을 자야 한다. 아이들 건강을 위해 상당히 좋은 일인 것 같았다. 아이들 침구나 세면도구도 각자 집에서 가져온 것을 사용하기 때문에 불편하지도 않을 듯했다. 그런데 낯선 곳에서 낯선 아이들과 강제로 재워지고 꼼짝 못하고 그 오랜 시간을 버텨야 한다는 건 아침부터 스트레스였던 것 같았다. 결국 오전 수업만 하기로 했다.

그러던 며칠 후 켐핀스키 호텔 안에 독일계 유치원이 문을 열었다는 소식이 들렸다. 호기심에 딸아이를 데리고 구경이나 해볼까 해서 찾아갔다. 물론 비교할 수 없는 시설과 환경이었다. 영어로 교육하는데 거의 모두가 노랑머리 백인 아이들이었다. 학비를 물어보니 한 달에 1,500달러 정도였다. 그날은 안내 책자만 갖고 돌아왔지만 결국 등록하지 않을 수 없었다. 유치원은 회사의 학비 보조 대상이 아니니 주재 수당의 거의 전부를 유치원비로 바쳐야 했다. 유치원 한 달 등록금이 오빠 1년치 학비보다 많았다. 딸아이는 즐거운 유치원 생활을 시작했다. 딸아이는 유치원에서부터 이렇게 옮겨 다니더니 결국 대학을 갈 때까지 다섯 번의 입학과 전학을 계속했다.

미쓰비시의 전화

당시 현대자동차와 미쓰비시는 합작 관계였다. 때문에 양사 경영진 간에는 의사소통의 기회가 수시로 있었다. 중국 진출에 대해서도 미쓰비시의 경험과 의견을 들었다. 그 내용은 나에게도 전해졌는데 미쓰비시는 중국이란 나라 자체를 좋게 평가하지도 않았고 자기들의 쓰라렸던 경험도 소개하면서 현대자동차도 조심하라고 충고했다는 것이다.

미쓰비시가 1980년대 언젠가 수천 대의 트럭을 중국에 수출했는데 얼마 지나지 않아 많은 차량이 주저앉았다고 한다. 사실 미쓰비시의 후소(Fuso) 트럭은 세계적으로도 성능과 품질을 인정받는 제품인데 그렇게 쉽게 프레임이나 샤프트가 부러져 버릴 수는 없다는 것이다. 기술자들을 파견해 운행 실태를 조사해 보니 수출된 트럭들이 적재적량의 서너 배씩을 싣고 포장도 안 된 형편없는 도로를 수천 킬로미터씩이나 달리면서도 적절한 점검도 받지 않는다는 것이었다. 문제가 안 생길 수 없었다는 것이다. 그러나 중국은 모든 문제는 차량 품질 문제라며 미쓰비시에 막대한 배상금을 청구했고 협상이 지연되자 미쓰비시 주재원들의 출국까지 금지시켜 버렸다는 것이다. 주재원들은 1년 이상의 볼모생활 끝에 배상금이 지불된 후에야 출국할 수 있었다고 한다. 그때 배상금 규모는 미쓰비시 한 해 영업이익 전체에 해당하는 거액이었다는 것이다.

북경에 자리를 잡고 며칠 후 미쓰비시상사 중국지사의 일본인 직원으로부터 전화가 왔다. 동경 본사에서 지시를 받았다면서 한번 만나자는 것이다. 현대자동차가 중국에 나가는 데 잘 좀 도와주라는 본사 경영진의 부탁이 있었다고 한다. 장소를 얘기하는데 바로 명월관이다. 미쓰비시상사와 미쓰비시자동차 모두 지사를 설치한 지 오래됐다고 한다. 다음날 미쓰비시상사와 미쓰비시자동차 지점장들과 인사를 나누자고 한다. 이런저런 얘기를 하는데, 그 사람 집이 바로 같은 아파트 같은 층 한 집 건너 옆집이었다. 중국 부인과 사는데 아들이 우리 딸과 동갑이라고 했다. 그날 집으로 와 가족이 모두 모여 한잔을 한 후 일주일에 한두 번씩 그 집 아니면 우리 집, 기분이 좋으면 아파트 가라오케로 내려가 새벽까지 술판을 벌이곤 했다.

다음날 아파트에서 함께 출근하면서 국제무역센터에 있는 미쓰비시상사 지점으로 향했다. 으리으리한 분위기의 그 비싼 건물 한 층 전체를 다 쓰는 큰 사무실에 수백여 명의 직원이 일하고 있었다. 그 큰 사무실을 통과해 안쪽 깊숙한 곳에 있는 지점장실로 들어갔다. 책상은 지점장실 문에서 15

미터는 더 떨어져 있는 것 같았다. 하얀 백발의 노신사가 반갑게 일어나 맞이하는데 주눅이 드는 건 어쩔 수 없었다. 중국이 일하기 쉬운 곳이 아니라고 하면서 도움이 필요하면 언제든지 찾아오라고 했다. 그는 내가 무슨 임무를 맡아 나왔는지 궁금해하기도 했지만 나 자신도 특별한 임무를 부여받은 게 없으니 얘기는 겉돌기만 했다. 그저 외국인이 북경에서 사는 게 쉽지 않다는 그런 얘기들만 나누게 되었다.

아플 때가 가장 문제라고 하면서 병원은 량마 빌딩 아래에 있는 독일 병원이 좋은데 거기 의사는 독일 국적 한국 사람이라고 소개해 주었다. 나중에 찾아가 보니 나이 지긋한 독일 국적 한국 분이었다. 얼마 안 돼 독일로 돌아가셨지만 한동안 가족들이 그분 도움을 많이 받았다. 외국인이 중국 병원에 다니는 게 쉽지 않았던 그 시절에 북경에 그런 한국인 고급 의사가 계시다는 것만으로도 든든하게 생각되기도 했다.

그리고 장부궁이라는 일본계 호텔에 있는 미쓰비시자동차로 향했다. 오래 사용한 것 같은 지사 사무실은 상사가 아닌 자동차회사 사무실답게 어떠한 장식도 없이 소박했다. 소장은 전에도 몇 번 만난 적이 있는 사람이었다. 동경 본사 아시아 팀에 있으면서 현대에도 몇 번 온 적이 있는 사람이었는데, 최근 북경으로 나왔다고 한다. 일본인 주재원이 4명 정도 있었는데 모두 모아놓고 미쓰비시자동차 지점의 업무 등에 대해 브리핑을 해 주었다. 판매와 정비, 부품 주재원들은 각자 맡은 중국 사업 얘기를 해 주는데 중국 좋다는 얘기는 한마디도 없었다.

회의가 끝나고 환담을 나누는데 미쓰비시의 주재원과 가족 모두는 언제라도 떠날 수 있도록 비행기 티켓을 항상 준비해 놓고 있다고 한다. 현대도 그렇게 하는 게 좋을 것이라고 했다. 몇 년 전 볼모가 됐던 경험도 원인이겠지만 그 사람들은 중국의 정치 급변 사태를 항상 염두에 두고 있는 듯했다. 천안문 사건도 자주 언급했다. 자기들뿐만 아니라 대부분의 일본 기업들이 모두 그렇다고 하면서 꼭 참고하라고 했다. 또 하나의 충고는 자동차를 절대로 직접 운전하지 말라는 것이었다. 혹시라도 인명 사고가 날 경우 자신뿐만 아니라 회사 업무에 심각한 영향을 주기 때문이란다. 나중에 알고 보니 정말로 일본 사람들은 중국에서 운전하는 사람이 거의 없었다.

미쓰비시와 나

1982년 현대자동차와 미쓰비시는 자본 합작과 X-CAR 프로젝트의 기술 도입 계약을 체결했다. 나는 그 계약의 마무리 단계에 수출부에서 기획실로 옮겨 그 업무의 졸병 역할을 맡게 됐다. 계약서 사인을 받으러 그룹 내 회장님들의 비서실을 찾아다니고 하얏트호텔에서 거행된 축하 파티의 초청장 전달과 파티 참석여부를 확인하기 위해 VIP 한 분 한 분을 찾아다니기도 했다. X-CAR 프로젝트는 '엑셀'이라는 우리나라 최초의 전륜구동차를 30만대 규모로 생산하는 사업이었다. 우리나라에서 과연 자동차 산업이 가능한가에 대한 국가적 논란 속에서, 없는 돈에 차관까지 들여와 시작한 사업이었지만 이 사업은 결국 우리나라 자동차 산업이 양산 체제를 갖추고 발전할 수 있도록 한 결정적 전기가 되었다.

그 국제계약팀은 팀이라고 해야 지금 쌍용자동차 부사장인 최종식 차장과 대리인 나 둘뿐이었다. 차장님은 비상한 두뇌와 어떤 격무에도 지치지 않는 체력으로 하나밖에 없는 졸병을 항상 주눅이 들게 했지만, 어김없는 퇴근 후의 한잔으로 모든 스트레스는 그날로 풀어 주었다. 그러다 보니 팀의 술값은 항상 바닥나 있었지만 차장님은 위에서 잘도 받아냈다. "저희가 열심히 일하게 이런 것이라도 지원해 주셔야죠." 하면서 영수증을 올리면 윗분들도 웃으면서 사인해 줄 수밖에 없었다.

국제계약팀의 업무는 해외 업체와의 합작이나 기술 도입 계약을 하고 정부 승인을 받는 것이 주된 임무였다. 물론 중요한 것들은 이미 경영진에서 결정하고 실무만 우리 팀이 진행하는 것이다. 그 후 중국 오기 전 몇 년간 나는 대외협력팀과 함께 국제계약팀을 같이 맡았다. 그리고 많은 해외 업체들과의 중요한 계약들이 우리 국제계약팀 팀원들의 손을 거쳐 마무리 됐다. 그러나 그때까지도 가장 중요한 상대는 여전히 미쓰비시였다.

미쓰비시가 현대에 지분 참여하고 기술을 제공하고 기술자를 파견하던 그 시절이 엊그제 같은데 지금은 현대가 미쓰비시보다 더 커져 있고, 더 위에 있다는 걸 생각하면 그렇게 만들어온 회장님들께 경의를 표하지 않을 수 없다. 당시의 미쓰비시와 현대의 격차는 선생님과 학생의 차이 바로 그것이었다. 신차종이나 부품 개발의 거의 모든 부분에서 미쓰비시의 도움을 받았고 물론 그에 대한 엄청난 대가도 지불했다.

합작 당시 현대차에 거의 매일 출근하다시피 했던 미쓰비시상사 서울 주재원이 있었는데 지금의 미쓰비시자동차 사장 마스코 오사무(益子修) 씨다. 이후로도 많은 후임자들이 드나들었다. 그중 몇 명은 내가 북경에 근무하는 동안에도 중국에 출장을 올 때면 같이 만나 한잔씩 하기도 했다. 대리 초년병 시절 내 경력과 비슷한 미쓰비시 직원과 서로의 월급에 대해 얘기해 본 적이 있다. 나는 20만여 원이라고 얘기하고 자기는 20만여 엔이라고 했다. 거의 10배 차이였다.

내가 그때 가장 타고 싶던 차는 미쓰비시 파제로(Pajero)였다. 파리 다카르 간 죽음의 랠리를 몇 년째 우승한 유명한 SUV였다. 어느 날 현대빌딩 신축 기간 동안 이사해 있었던 삼일빌딩 로비에 파제로 몇 대가 전시된 적 있었다. 나는 파제로를 만져보며 우리 현대가, 우리나라가 언제 이런 차를 만들 수 있을까 하는 생각을 해봤지만 그건 언감생심이었고 언제 이런 차를 운전이나 해 볼 수 있을까 부러워할 뿐이었다.

사실 나는 약간은 비이성적인 자동차광으로 1982년 포니2가 시판되자

자가용으로 구입한 최초의 현대자동차 직원이기도 했다. 당시 포니2 차값은 강남 30평대 아파트 가격의 1/4 정도였고 내 월급은 휘발유 250리터 값에도 미치지 못할 때였다.

그런데 아주 우연히 파제로와 직접적인 인연을 맺는 기회가 생겼다. 현대에서 파제로를 기술 도입을 통해 생산하기로 결정한 것이다. 그런데 주체가 현대자동차가 아니라 현대정공이라고 했다. 현대정공에서 기술을 들여와 생산한다는 것이었다. 다만 미쓰비시와의 기술계약 상담은 현대자동차에서 맡아 진행하라는 것이었다. 그룹 지시가 그렇게 내려왔지만 자동차에서는 어떤 중역도 이 일에 참여하고 싶지 않아했다. 상당히 민감하게 생각하고 있었다. 어느 날 윗분이 부르시더니, "이건 당신이 직접 알아서 처리해라, 전권 특사다."라고 했다. 가이드라인도 묻지 말라고 하셨다.

협상을 위해 동경의 미쓰비시자동차로 날아갔다. 회의실에 앉아 있으니 현대자동차 동경 지점에서 연락이 왔다. 현대정공 동경지사의 정 이사라는 분이 같이 참여할 것이라고 했다. 협상을 하고 있는데 젊은 분이 들어오면서 자기소개를 했다. 정씨이고 젊은데 이사다. 혹시 그룹의 패밀리인가 했다. 그런데 명함을 교환하니 눈에 익은 정씨가 아니라 다른 한자의 정씨였다. 하여튼 기술료나 판매조건 등에 대해 나름대로 최선으로 네고를 하고 있었다. 그런데 그분이 자꾸 끼어들었다. "로열티를 조금 더 깎아보세요.", "수출 제한 지역을 풀어 보시죠." 하면서 감놔라 밤놔라 했다. 특히 본사와 통화를 하면서 중국을 수출 가능 지역으로 풀어야 한다고 강력하게 요구했다.

그러나 그때는 국교도 없는 중국에 자동차를 수출한다는 게 무슨 의미가 있겠는가 생각하며 나는 그냥 놔두기로 했다. 돌아와서 상공부(현 지식경제부의 전신) 인가를 포함한 우리 팀에서 맡은 모든 절차를 빠른 속도로 완료하였다. 그리고 얼마 후 현대정공에서 파제로가 생산되어 나왔다. '갤로퍼'였다. 드디어 우리가 그 명차를 탈 수 있게 된 것이었다. 그리고 몇 년 후 현대정공 중국사무소가 생겼다. 그리고 바로 내가 앉았던 그 의자에 현대정공 지사장 송시룡 부장이 와 앉았다. 그리고 갤로퍼를 중국으로 수출하기 시작했다. 이미 중국은 수출 제한지역에서 풀려 있었던 것이다.

이제 현대자동차의 월급은 미쓰비시보다 많아졌다고 한다. 그리고 얼마 전 마스코 사장이 한국 신문과 인터뷰한 것을 보니 미쓰비시 판매량은 현대기아차의 6분의 1이라고 한다. 정말 최근 몇 년 동안 현대자동차그룹의 성장은 경이로움 그 자체다. 정말 대단한 현대자동차그룹이 되었다.

첫 파트너 중국자동차 총공사와의 만남

중국에서 일하기 위해 가장 시급한 것은 사무소를 설립하는 일이었다. 사무소가 설립되어야 주재원의 공작증(工作證)과 거주비자를 취득할 수 있다. 거주비자가 있어야 아이들의 입학이나 외국인 아파트의 정식 입주 등 정상적인 생활이 가능하기 때문이다. 사무실을 설립하기 위해서는 한국 상공회의소 성격의 CCPIT나 국가 직속 중앙기관의 보증이 있어야 했다. 앞으로의 장기적인 협력을 위해서는 자동차 관련 부문과 인연을 맺어놓는 것이 좋을 듯했다. 알아보니 자동차 산업의 정부 내 총괄기관은 '중국기차공업총공사(中國汽車工業總公司)'라고 했다. 줄여서 '중기(中汽)'라고 한다. 기차는 중국에서 자동차라는 뜻이다.

중기를 찾아가 방문 수속을 마치고 회의실로 들어가 기다리니 처장이라는 사람이 나왔다. 성이 왕씨였는데 왜 찾아왔나 하는 표정으로 나를 멀뚱하니 바라보았다. 잠시 후 영어 통역을 통해 중국인과의 최초 비즈니스 대화가 시작되었다. 현대자동차를 소개해도 잘 모른다, 그냥 들어본 정도라는 표정이었다.

현대자동차가 승용차 공장과 미니버스 공장 진출에 관심이 있다는 얘기를 꺼냈다. 그러자 처장은 바로 고개를 가로저었다. 중국에는 자동차 생산 공장이 140개도 넘는다면서 공장도 많고 차종도 너무 많아 더 이상의 자동차 공장 건설이나 외국기업의 진출은 허가하지 않는다고 했다. 이어 '3대3소'라는 정부 정책을 소개하면서 가능성이 없는 것을 알았으면 그냥 한국 집으로 돌아가라는 투였다. 앞으로 중국에서 해 나갈 일들이 암담하게 느껴졌다. 그러나 이런 저런 얘기로 한 시간 정도 대화가 진행되자 하여튼 필요한 일이 있으면 도와주겠다며 부드럽게 끝내주었다. 그리고 신원보증도 해주고 비자 발급을 위한 초청장도 발송해 주겠다고 했다.

당시 중국의 모든 자동차 관련 업무는 중기 관할 아래 있었다. 산업 정책의 수립은 물론이고 자동차 공장들의 인적 물적 관리나 수입 판매 업무까지 모두 중기 소관이었다. 몇 년 후 구조조정으로 정책 업무 범위도 많이 변하게 되었다. 산업 정책 업무 같은 행정 부문은 중앙정부에 새로 설치한 '기계공업부 기차사(자동차국)'로 이관되었다. 업무 이관을 위해 중기의 담당 부서와 인원들까지 모두 새로운 부서로 옮겨갔다. 북경 자동차공사나 상해자동차공사 같은 각 지역의 산하 분공사들도 모두 독립하고 그에 속한 자동차 공장들도 모두 떨어져 나갔다. 업무 범위가 많이 축소된 것이다. 그러나 모터쇼라든가 대외 협력 같은 총괄적이고도 간접적인 업무들은 중기의 업무로 계속 남았다. 많은 부문이 독립해 나갔어도 그 기관들의 책임자들이 모두 중기 출신이기 때문에 중국 자동차의 전반에 대한 영향력은 어느 정도 유지해 갈 수 있었다.

이 첫날의 만남으로 내가 근무하던 시기의 현대자동차 중국 사업은 중기나 중기 출신 인사들의 많은 도움을 받을 수 있었다. 그리고 내가 회사를 나와 식당을 차리고 새로운 개인 사업을 하는 지금까지도 내 중국 생활의 좋은 친구들이 되어주고 있다.

현대자동차 북경 사무소 설립

　사무소 설립과 비자 발급을 위한 절차를 진행하면서 사무소 개소 준비도 같이 해 나갔다. 일단 량마빌딩 현대종합상사 북경지점에 4~5명이 앉을 수 있는 자리를 세내어 사무 공간을 마련했다.

　그 다음 가장 시급한 일은 비서와 운전기사 채용이었다. 외국 기업의 중국인 채용은 '외국기업인력복무공사(FESCO)' 라는 인력파견 회사를 통해야만 했다. FESCO에 어떤 사람이 필요하다고 신청을 하면 지원자들의 이력서와 개인에 따른 봉급 수준 등을 보내온다. 그중에서 선택하여 채용하면 된다.

　편리한 점은 그렇게 채용한 직원은 언제라도 돌려보낼 수 있다는 것이다. 직원에게 얘기할 필요도 없이 FESCO 담당자에게 연락하면 바로 다음 날부터 그 직원은 사무실에 나오지 않게 된다. 서로 불편해 할 필요도 없고 미안해 할 필요도 없다. 돌아간 직원도 FESCO 직원으로 남아 기본급과 각종 사회보장 혜택을 그대로 받기 때문이다.

　외국 기업이 중국 사업을 잘하기 위해서는 파견된 주재원의 역량은 말할 것도 없지만, 현지 직원의 도움 역시 매우 중요하다. FESCO 등록 인재풀에는 고급 학력과 우수한 자질을 갖춘 인재가 많았고 그런 직원들은 자연히 집안 배경과 부모들의 인맥도 막강해서 직원들로부터 전방위적으로 도움을 받을 때도 많이 있었다.

　며칠 후 남자 직원을 채용했다. 서른 초반인데 율사(변호사) 자격증을 갖고 있고, 대학에서 몇 년 동안 영어를 가르쳤다고 한다. 좀 더 높은 보수를 받기 위해 외국기업에 취직하는 것이라고 했다. 10대에 군대를 지원해서 5년간 근무하고 공장 노동자로 일하다가 법대에 진학해 변호사 자격증을 취득하고 혼자 독학한 영어로 대학에서 영어를 가르쳤다는 아주 똑똑한 친구였다.

　함께 일하면서 지켜보니 충분히 높은 평가를 받을 만한 인재였다. 1년여 근무하고 미국으로 유학을 가기 위해 회사를 떠났다. 이 글을 쓰면서 옛 생각에 그 친구 이름인 '애굉(艾宏)'을 인터넷으로 검색해 보니 북경 어느 대형 로펌의 파트너 변호사가 되어 있었다. 올려놓은 자기소개서를 보니 현대자동차 법률 고문을 했다고 되어있다. 고문인지 아닌지는 자기가 판단하기 나름이겠지만 그래도 그 시절을 잊지 않은 것 같아 반가웠다.

　당시 한국인 주재원들은 항상 감시당하고 있다는 소문이 무성했다. 우리 일이야 감시당해도 상관이 없는 일이었지만 그런 얘기는 사실처럼 들렸다. 사무실 내부 사정도 직원들한테 감시당하고 전화와 팩스도 도청된다고 했다. 어느 날 한 한국인 주재원이 누군가와 전화로 만날 장소를 얘기하면서 서로 동문서답을 하고 있는데 누군가가 끼어들어 간단하게 설명해 주더라는 것이었다. 성질 급한 감청 담당자가 답답해서 끼어들었다는 이야기다. 믿거나 말거나할 황당한 이야기이지만 실제같이 느껴지던 시절이었다.

　이메일도 휴대전화도 없이 국제전화와 팩스에만 의지하던 그 시절은 지금 생각하면 도리어 재미도 있고 편하기도 했다. 중국에서 거는 국제전화 요금은 상상 이상으로 비쌌다. 미국을 통해 돌아가기 때문이었다. 본사 윗분들께 안부 전화를 못 드려도 통화료 비싸서 그런 걸로 이해가 되었고, 휴대전화가 없다 보니 보고 시점이 애매모호할 때에는 외출했다고 하면 그만이기도 했다.

　그러나 급한 일이 생기면 소동이 벌어지기도 했다. 한국에서는 일하고 중국에서는 쉬는 날 골프라도 하면 꼭 그런 일이 일어나곤 했다. 본사에서 집으로, 집에서는 골프장으로 전화를 해 오토바이 뒤에 타고 클럽하우스까지 달려와 본사에 전화를 걸기도 했다. 특히 그런 전화일수록 별 일 아닌 경우가 많았다.

얼마 후 휴대전화가 개통됐다. 도대체 자유란 게 없어져 버렸다. 평일 외부에서 통화하다 보면 길가에서 공사하는 불도저 작업 소리나 비행기 소리에도 얼마나 신경이 쓰였는지 모른다. 본사 윗분들은 내가 잘 다니는 골프장이 비행장 근처라는 걸 아시기 때문에 오해 받을 수도 있었기 때문이다. 전화기는 배터리가 떨어져도 안 되고 잠을 잘 때도 옆에 켜두고 자야만 했다. 윗분들은 미국 출장길에서도 모스크바에서 회의하시는 중에도 중국 얘기가 나오면 시차에 관계없이 전화를 거셨다.

당시 제일 궁금한 건 한국 소식이었다. 그때는 인터넷도 없었으니 알 수 있는 방법은 출장자들이 가져오는 신문뿐이었다. 정기 구독한 일간지는 홍콩을 경유해 오면서 반월간지가 됐다. 보름이 넘게 걸리기도 했다. 물류시간 때문만은 아닌 것 같았다. 출장자가 가져오는 책들도 공항 검색대에서 압수될 때가 많았다. 해외에서 들어오는 모든 인쇄물이나 기록 매체들은 사전 검열을 받아야 반입될 수 있었기 때문이다. 특별한 뉴스가 있을 경우에는 본사의 누군가에게 부탁해 기사를 팩스로 받아 돌려볼 수밖에 없었다.

두어 달 후 북경사무소가 정식 등록되고, 드디어 한국현대기차 북경반사처 수석대표 명함을 찍을 수 있게 됐다.

국교 수립으로 봇물 터진 한중 교류

1992년 8월 24일 한중 수교가 됐다. 그날인지 며칠 후인지 외교부 장관 초청 교민 오찬이 진로주가라는 한국식당에서 있었다. 북경에 있는 거의 모든 한국인 가족들이 참석했다. 그럼에도 불구하고 아이들까지 포함해 100명이 채 되지 않았다. 그다지 크지 않은 식당 홀도 다 채우지 못할 정도였다.

한 달쯤 뒤 노태우 대통령이 국빈 방문을 했다. 교민들이 공항으로 환영을 나갔다. 태극기도 들고 여자 아이들은 색동옷을 차려 입었다. 대통령이 비행기에서 내려 환영 행사를 하는데 문 주위엔 공안도 우리 경호원도 보이지 않았다. 그리고 북한 사람인 듯한 사람들까지도 자유롭게 출입하고 배회했다. 경호가 너무 허술하다고 생각했다. 행사가 끝나고 대통령 탑승차가 바로 내 앞으로 지나는데 차 속의 대통령 모습이 훤히 보이는 게 아닌가. 모든 국가원수 방문이 다 이 정도인지 우리나라 대통령이기 때문에 이렇게 홀대하는 것인지 씁쓸한 마음이 들지 않을 수 없었다.

노태우 대통령이 많은 국내외 어려움을 극복하고 러시아나 중국과의 국교를 조기에 정상화한 것은 탁월한 치적이었다. 특히 중국과의 경제협력을 앞당긴 덕분에 우리나라 경제가 이처럼 발전하고 우리같이 중국 사업으로 먹고사는 사람이 많이 있는 게 아닌가 고맙게 생각한다. 이제 수많은 중국인들이 노 대통령이 추진한 인천공항을 통해 입국하고 KTX를 타고 전국을 관광하는 시대가 됐다. 병석에 누워계신다는 얘기를 들었는데 어서 쾌차하셔서 당신이 물꼬를 튼 중국에 가족여행이라도 한번 마음 편히 해 보시길 바라는 마음이다.

국교 수립이 되자 드디어 여권에 정식 비자 도장이 찍혔다. 그러나 국교 수립이 되고 나서도 한국을 아는 사람이 별로 없었다. 남조선이라고 다시 한 번 얘기해 줘야 그 나라가 그 나라인지 알았다. 당시 보통 중국 사람들은 우리나라를 미국 앞잡이의 거지 같은 작은 나라로 여기는 사람이 많았다. 어느 날 관광지에서 물건을 사는데 완전한 바가지여서 그냥 돌아서는데 그 아줌마가 "샤오구어 난차오셴(小國南朝鮮)!"이라는 말을 내 뒤에서 내뱉었다. 그땐 그래도 중국의 GDP가 한국에 1.4배 정도로 서로 비슷하던 시절이 아닌가? 국토와 인구 차이를 감안하면 실제로는 우리가 비교할 수 없이 잘 살았던 시기였다. 지금은 중국의 GDP는 그때보다 무려 10배 이상이나 커졌다. 그때 샤오구어라고 했던 그 아줌마가 지금 다시 나를 만난다면 우릴 얼마나 작은 나라라고 할까? 지금은 광동성 하나만으로도 세계 16대 부국 수준이라고 하는데 말이다.

가끔씩 들어가는 서울 풍경은 커피점이 많아지는 것 말고는 큰 변화를 느끼지 못한다. 그러나 북경은 몇 달이면 스카이라인이 바뀐다. 몇 달 만에 가보면 여기가 어딘가 할 때가 많다. 지방도시의 변화는 말할 필요가 없을 정도다.

국교 수립 이후 어느 주중 대사가 중·한 관계를 중·미 관계 수준으로 비슷하게 격상할 필요가 있다고 했다. 그러자 그 당시 어떤 친미 논객이 반론하기를 "한국 수출액 중에 미국은 22%이고 일본은 17%인데, 중국은 6%밖에 안 된다. 그런데 어떻게 미국 관계와 비교하는가?"라고 쓴 칼럼을 본 적 있다. 그러나 2010년에 이미 10%, 6%, 25%로 세 나라의 위치가 바뀌어 있다. 우리가 격상시키는 것이 아니라 중국 자신이 이미 미국과 대등하게 만든 것이다.

국교 수립 이후 경제 교류와 인적 왕래가 놀랄 만큼 확대되고 양국 국민의 서로에 대한 친밀감도 상당히 두터워졌다. 그러나 정치적인 사안이 발생할 때마다 항상 위압적인 중국 앞에 주눅이 드는 우리 자신을 보게 된다.

중국에서 살다보면 경제력 없는 한국이나 미국 없는 한국은 중국에 아무 것도 아닐 수 있겠다는 생각이 들 때가 많다. 한국이 쓸 만한 경제력이 있고 한국 뒤에 미국이 있으니 아쉬운 대로 이 정도나마 대우 받는 게 아닌가 하고 느끼게 되는 것이다. 중국과 한국이 역사적 지리적 거리만큼이나 서로 가깝고 서로 믿고 존중하는 진정한 이웃나라의 시대가 어서 빨리 왔으면 좋겠다.

국교가 정상화되자 우리를 비롯한 각 대기업 사무소들은 바빠지기 시작했다. 대통령 국빈 방문의 수행 경제인단으로 각 그룹 회장들이 오고 당연히 우리 회장님도 자주 오셨다. 회장님이 오시니 사장님이나 고위 중역들의 방문도 줄을 이었다. 회사에서 중국에 대한 관심이 급속히 커지게 됐다. 다른 그룹도 마찬가지였다. 경제 교류의 물꼬가 터진 것이다.

각 그룹 회장들이 단체로 참가하는 행사도 참 많이 있었다. 그럴 때는 버스 한 대에 모든 회장들이 함께 타고 이동하기도 했다. 당연히 이동 중에 한국 기업 간판들을 보게 된다. 이때 다른 그룹 간판은 있는데 자기 그룹 간판이 없으면 중국 담당들은 혼쭐이 났다. 그러다 보니 간판 설치 전쟁도 뜨거워졌다. 공항 고속도로의 목 좋은 곳에 있는 간판 자리는 천정부지로 값이 뛰었다. 한국 기업들 간의 경쟁 때문이었다. 이렇듯 각 그룹들은 중국 사업을 위해 전력을 다해 뛰기 시작했다. 특히 자동차 산업은 한·중 경제협력 5대 과제 중 하나로 선정되어 양국 정부 간에서도 중요한 프로젝트로 추진되었다.

예기치 못한 쏘나타 수입 러시

20년 전, 아직 소득 수준이 높지 않은 상태에서 자동차 수입관세가 220%나 되니 중국에 자동차를 수출한다는 것은 생각할 수 없는 일이었다. 현지에서 자동차를 생산해서 판매하는 것이 당연한 전략이었다. 승용차 시장 개척은 생각지도 못했다. 그런데 쏘나타가 밀려들어오기 시작하는 게 아닌가? 본사 수출 통계에도 잡히지 않는데 중국에 쏘나타들이 대량으로 수입된다는 것이었다.

알아보니 한국 국내 판매용 차량을 들여오는 거였다. 밀수라고들 했다. 북경 시내에서도 쏘나타들이 굴러다니기 시작하더니 중국 사람들이 찾아오기 시작했다. 자기들에게도 그런 루트로 공급해 달라는 것이었다.

큰일이다. 중국에서 한국 국내용 차량을 그대로 사용하다가는 차량이 모두 망가지기 때문이었다. 한국에서는 이미 모든 차량이 납 성분이 없는 무연 휘발유를 사용하면서 엔진도 컴퓨터 제어 분사 방식이고, 카탈리스트라는 후처리 장치가 달려 있었는데 이런 모든 시스템은 무연 휘발유 사용을 전제로 한 것이었다. 중국은 아직 납 성분이 있는 유연 휘발유였고 불순물도 많았다. 국내용 무연용 차량에 불순물이 있는 유연 휘발유를 사용하면 인젝터가 막히고, 카탈리스트가 녹아버려 자동차가 망가지는 것이었다.

현대자동차가 정식으로 수출한 차량이 아니라는 핑계는 통할 수 없었다. 현대에서 만든 쏘나타이고 한국에서 샀더라도 현대가 판매한 차이기 때문이다. 오정택 이사를 중심으로 본사 해외 정비 쪽에서 대책을 마련하기 시작했다. 옛날 미쓰비시 트럭의 중국 경험이 반면교사가 됐다.

산동성의 영성(榮城·룽청)에서 연락이 왔다. 한국에서 오는 쏘나타의 대부분이 이곳을 통해 들어오는 데 애프터서비스용 부품이 없다는 것이었다. 현대자동차가 빨리 와서 부품 대리점과 서비스 공장을 만들어 달라는 것이었다. 우선 현장을 가보기로 했다. 본사 출장자들과 함께 이베코 미니버스를 빌려 무려 22시간이나 쉬지 않고 달려 영성에 도착했다. 1,000달러를 받기로 한 운전기사는 그 긴 여정을 한잠도 자지 않고 꼿꼿한 자세로 안전운전을 해 주었다.

영성까지의 도로 사항은 정말 말이 아니었다. 대부분 편도 1차선뿐인 도로는 비포장이었거나 포장이 깨져 있었다. 듣던 대로 승용차가 주행하기 어려운 상태였다. 도로 곳곳에서 트럭들이 수백 대씩이나 밀려 있었다. 고장난 트럭들 때문이었다. 움직일 수 있는 트럭들은 도로 사정에 아랑곳없이 쿵쾅대며 달렸다. 자동차의 프레임이나 샤프트가 부러져 곧 내려앉을 것 같았다. 미쓰비시뿐만 아니라 세계 어떤 트럭을 갖다 놓아도 버텨낼 수 없어 보였다.

마침내 영성에 도착하니 군데군데 빈 땅마다 쏘나타들이 줄지어 세워져 있었다. 막 도착한 쏘나타들은 며칠 후면 전국으로 팔려 나간다고 한다. 기본적인 업무 얘기를 마치고 다음날 아침 바닷가로 나가 배를 타고 어느 섬으로 건너가는데 저쪽 편에서 작은 어선 하나가 들어오고 있었다. 서로 잘 아는 사이였다. 이쪽에서 언제 가느냐고 묻자 어제 돌아왔다고 한다. 한국에 차를 실으러 갔다가 오는 이야기였다. 그 작은 배로 공해상에 나가 한국 큰 배에서 5대 정도 받아 싣고 온다는 것이었다.

어떻게 이렇게 공공연히 밀수를 할 수 있을까 궁금해 하니 법적으로는 전혀 문제가 되지 않는다고 한다. 그냥 법을 이용할 뿐이라는 것이었다. 어디나 마찬가지지만 밀수로 압수한 물건은 세관에 의해 공매에 넘겨진다. 공매 가격은 물건 값의 50% 정도의 벌금이 붙는다. 상당히 높은 벌금이다. 일반적인 공매품이라면 처분되기 만무하다. 그러나 자동차는 달랐다. 정식 수입하면 220%의 세금에 기타 다양한 부가 세금까지 붙는데 공매로 사면 차값의 50%만 내면 되는 것이었다. 거의 공짜나 마찬가지 수준이다.

당시는 외국기업이나 그 기업의 주재원이 자기가 사용할 목적으로 자동차를 수입해 올 수 있었다. 그렇게 수입해서 모든 세금을 내고도 5년 안에 중국인에 대한 양도는 불가능했다. 그런데 이런 공매 절차로 들어온 외국차는 이런 모든 법적 문제에서 완전히 해방되는 것이었다.

중국 내국인이 자동차를 수입하기 위해서는 자동차 가격 정도의 수입 허가증이 필요했다. 그러나 공매 처분된 차량은 이것도 필요하지 않았다. 판매도 자유로웠다. 정말 면세나 마찬가지였다. 그러나 이런 사업은 아무나 하는 건 아니고 특정한 이너서클의 사람들만이 할 수 있는 것이었다. 자동차를 들여오기 전에 관련된 사람들은 미리 모든 정보를 주고받는다. 한국에서 자동차를 싣고 온 어선은 바로 세관으로 가서 밀수차로 자동차들을 압수당해준다. 그러면 세관은 공매 절차를 취한다. 그러면 수입업자 물주는 공매로 받아서 소매상으로 넘긴다. 이렇게 해서 남은 수익을 자기들끼리 적당히 분배하면 끝나는 것이다.

영성은 중국 대륙에서 한국과 가장 가까운 거리에 있는 곳이다. 진시황제의 불로초를 구하기 위해 서복이 수천 명의 선남선녀를 데리고 동방으로 떠난 곳이라고도 한다. 그래서 영성 바닷가에는 진시황제의 동상이 서 있다. 바닷물은 우리 남해안 한려수도와 같이 푸르고 깨끗하다. 바로 근처에는 장보고의 중국 기지인 석도(石島·스다오)항과 장보고가 세우고 많은 신라 승려들이 공부했다는 법화원이라는 당나라 시대의 사찰도 있다.

이 자동차들이 중국으로 들어오게 되는 경로는 이렇다. 국내 자동차 대리점의 세일즈맨들이 전문 업자들에게 국내용으로 판매하고 이 업자들이 서류를 조작해 중고차로 수출한다. 수출업자는 수출 후 특소세와 부가세를 환급받는데 그 금액이 주요 수입원이 된다. 그러나 중국 측의 수요가 클 때에는 넘기는 자동차 가격에서도 큰 이윤을 남길 수 있었다. 그러니 회사로서는 도대체 중국으로 몇 대나 들어왔는지 감을 잡을 수 없었다. 한참 지난 후 여러 통계 수치를 비교해 보고 대충 3만 대 정도 되는 것으로 추산할 수 있었다. 이 사업으로 큰돈을 번 사람도 있었지만 끝물에 한탕을 노리다 전 재산을 날렸다는 사람도 있었다.

오는 길에 누군가가 청도(青島·칭다오) 항구에 볼 만한 큰 건이 하나 있으니 둘러보고 가자고 했다. 청도 항구로 가보니 어마어마한 크기의 러시아 군함이 정박해 있었다. 함포까지 달린 갑판에는 쏘나타가 가득 차 있었다. 정박된 지 10여 일이 됐다는 데 수입업자가 러시아 군함을 통째로 빌려서 그 많은 차들을 싣고 왔다는 것이다. 그런데 그 배가 묶여 있는 이유는 밀수 차량 때문이 아니라 배가 외국 군함이기 때문이라는 것이었다.

밀수차에 대한 경고

당시 이런 식의 자동차 밀수는 산동성을 통한 한국 자동차뿐만 아니었다. 베트남이나 캄보디아와의 육상 국경을 통해서도 한국 차보다 훨씬 많은 일본차들이 들어왔다. 북한을 통해서도 들어왔다. 나진항에 한국 차나 일본차를 내려놓으면 북한 기사들이 운전을 해서 두만강을 건너주고 대당 200~300달러의 수입을 올렸던 것이다.

어느 날 자동차총공사로부터 연락이 왔다. 중요한 일로 W부총재가 부르니 들어오라는 것이었다. 무슨 일인지 궁금해 하며 회의실에서 기다리고 있는데 여러 사람이 줄줄이 나와 앉았다. 내 쪽은 나와 통역 한 사람뿐이었는데 커다란 테이블의 건너편 저쪽에는 W부총재를 중심으로 10여 명이 줄지어 앉아있었다.

보통 일이 아닌 것 같았다. 부총재가 종이 한 장을 들어 보이며 설명을 시작하는데 내가 며칠 전에 본 한국 신문 기사였다. 현대자동차가 중국에 대량으로 수출하고 있고 이것은 중국에서 보면 밀수지만 한국으로 봐서는 정상적인 것이고 우리 국익에 크게 도움이 되고 있다는 보도였다. 주한 중국대사관에서 보내온 한국 신문에 실린 기사라는 것이다. 현대자동차가 회사 차원에서 밀수를 하고 있으니 당장 중단시키라는 정식 경고였다. 현대가 자진해서 중단 조치를 취하지 않으면 문제가 크게 확대될 것이라고 했다. 정부 차원의 조치를 뜻하는 듯했다. 사실 누구나 다 알고 있는 일인데 갑자기 왜 그러는가 싶었다.

본사에 보고하겠다고 하고 나왔는데 며칠 후 주용기(朱鎔基·주룽지) 총리가 자동차 밀수에 대해 강력한 조치를 내렸다는 소식이 들려왔다. 그래도 한동안 별 동요가 없었다. 업자들은 '상변유정책 하변유대책(上邊有政策 下邊有對策)'이라며 여유를 부렸다. 위에서 정책을 세우면 아래에서는 대책이 있다는 얘기다. 그러나 얼마 후 남방 지역의 고위 인사 몇몇이 공개 처형됐다는 소문이 돌았다. 그리곤 이 사업에 대해 얘기하는 사람들의 발길이 뚝 끊어졌다.

그런 일이 있고 얼마 후 W부총재가 큰 병에 걸렸다는 소식이 들려왔다. 폐암이라는 것이다. 벌써 북경 외곽 통주에 있는 폐암 전문 병원에 입원해 있다고 했다. 마침 누가 선물로 가져온 큰 사각 캔에 담긴 좋은 홍삼이 있어 집사람과 함께 병원을 찾아갔다. 사전 연락도 없이 병실을 노크하고 들어가니 부인과 두 분만 있었다. 상당히 놀라는 표정이었다. 친하지도 않은 외국인이 병문안을 왔다는 게 사실 놀랄 만했을 것이다. 부인은 고마워하면서도 술 담배도 전혀 하지 않는 분에게 이런 일이 생겼다고 많이 억울해 하였다. 자동차 산업에 대한 이런 저런 얘기를 나누고 난 후 쾌유를 빌고 나왔다.

얼마 후 중국 정부 주관으로 국제무역센터에서 PSE라는 이름으로 전 세계 자동차 메이커들을 불러 모았다. 중국에 들어오려는 메이커들이 모두 잘 났다고들 하니 중국 정부를 상대로 자기소개를 해보라는 것이었다. 세계적인 자동차 리더들과 중국 자동차 관련 인사들이 모두 모였다. 당연히 현대자동차도 참석했는데 안색이 훤한 모습으로 W부총재가 들어오는 게 아닌가? 많이 좋아졌다고 하신다. 다행이라고 생각했다.

그런데 그로부터 채 한 달도 지나지 않아 자동차총공사로부터 연락이 왔다. 돌아가셨다는 것이다. 현대자동차 명의로 조의를 표할 의사가 있는지 물어왔다. 당연히 그러겠다고 했다. 그리고 며칠 후 장례식에 참석했다. 인민일보 전면에 걸쳐 그분에 대한 부고와 조문 기관들의 명단이 올랐다. 물론 현대자동차도 올라있었다. 처음 참석하는 중국 장례식은 낯설었지만 그 문화는 수긍할 만했다. 부의금은 없었다. 최후의 이별을 위해 살아있는 듯한 모습으로 홀 중앙에 안치시키고 조문객들은 마지막 모습을 지켜보며 작별을 고하는 것이다. 반 바퀴를 돌면 그곳에 상주들이 줄지어 서 있어 위로의 인사를 나누게 된다. TV에서 본 이북식과 똑같았다.

쏘나타의 대량 유입은 비정상적인 루트였고 현대자동차로서는 전혀 의도하지 않았던 것이었다. 그러나 현대자동차에 큰 도움이 된 것만은 틀림이 없었다. 자동차도 많이 팔아 당장의 수익에도 도움이 되었지만 그로 인해 현대차 브랜드가 널리 알려지게 되었기 때문이다. 특히 더 중요한 기대 이상의 결과는 유입된 쏘나타들을 위해 중국 전역에 지정 정비 공장들을 설립하고 부품 공급 네트워크를 구축할 수 있었던 것이었다. 이는 이후 현대자동차의 중국 사업에 큰 기초가 되어주었다. 몇 달이라는 짧은 기간에 차량운행대수(UIO) 3만 대라는 기초를 깔아 놓았으니 회사로서는 큰 노력 없이도 이런 애프터서비스체제를 구축할 수 있었던 것이다. 중국 정부도 이런 자동차 밀수 붐을 통해 잠재된 엄청난 자동차 수요를 확인할 수 있게 되었고 얼마 후 자동차 수입에 대해 새로운 정책들이 펼쳐졌다.

애프터서비스센터 개설

해외 서비스 부문은 발 빠르게 움직였다. 이른 시일 안에 서비스 시설을 갖추기 위해서는 기존 자동차 서비스 공장을 활용하는 것이 지름길이었다. 적합한 서비스 공장들을 선정해 테스트 장비와 전용 공구 등을 제공해 주고 기술자들을 파견해서 정비 기술을 현지화시키는 것이다. 해외정비와 함께 부품본부의 김충용 상무께서 적극 나섰다. 곧바로 서비스와 부품 담당 주재원들도 충원됐다.

당시 중국에서 운행되는 모든 자동차들은 카브레터 방식이고 시스템도 거의 모두 기계식이었다. 때문에 전자식 테스트 장비는 필요도 없었고 그런 장비를 갖춘 정비업체도 전무하다시피했다. 다시 미쓰비시의 도움을 받기로 했다. 제품 문제로 큰 곤욕을 치렀던 미쓰비시자동차가 그 사건 이후 북경에 지정 서비스센터를 운영하고 있었기 때문이다. 더구나 그때는 대부분의 현대차가 미쓰비시의 라이선스 제품이었기 때문에 주요 기능 부품들을 미쓰비시와 공용으로 사용할 수 있었다.

미쓰비시자동차 북경 지점을 찾았다. 미쓰비시 지정 정비공장에 현대 지정 정비공장도 함께 하라고 하면 어떻겠느냐고 문의하니 특히 정비담당 주재원의 반응이 썩 좋지 않았다. 자기들이 만들어 놓은 시설을 현대가 그냥 사용하는 것같이 여기는 표정이었다. 확답을 주지 않고 미적미적했다. 며칠 후 미쓰비시상사가 중재를 하고 난 후에야 정비공장과 직접 협의해도 좋다는 답변을 들을 수 있었다. 미쓰비시자동차와 미쓰비시상사는 그때 현대자동차 주식의 15%를 보유한 대주주이기도 했으므로 꼭 남의 일이라고만 할 수 없는 입장이기는 했다.

찾아간 미쓰비시 지정 공장의 공장장은 따뜻하게 맞아주었지만 북경에는 굴러다니는 현대차도 없는데 무엇 때문에 서비스공장을 하자는 것인지 의아해 했다. 그러나 자기들로서는 전혀 밑질 것 없는 제안이었기에 준비 작업은 일사천리로 진행됐다. 평생 기름밥만 먹었다는 정비공 출신 공장장은 나를 항상 따뜻하게 대해 주었다. 처음 초대받아 간 중국인 가정도 공장장 집이었다. 아파트 거실에서 구두를 신고 생활하는 게 어색하기는 했지만 아주머니가 해준 중국 가정식 요리는 입에 잘 맞았다. 댓살 되는 손자가 재롱이 많아서 내가 무릎에 올려 놀아주기도 하고 나중에 한국에서 장난감도 사와 보내주기도 했다.

몇 년 전 그 공장장께서 돌아가셨다는 전갈이 왔다. 장례식장을 가서 이 사람 저 사람과 인사를 하는데 신임 공장장이 한 청년을 인사시키면서 그 공장장의 손자라고 했다. 지금 그 공장에서 대를 이어 정비 기술자로 일한다고 했다. 반가워 집에 갔던 옛 이야기를 해 주면서 다 컸구나 했더니 기억나지 않는 건 당연하고 별 놈이 뭔 소리를 하느냐는 표정을 짓는다. 정말 다 컸다.

북경에서는 우리가 원하는 수준의 입간판을 제작할 만한 곳이 없다고 했다. 서울에서 10미터가 넘는 입간판 완성품을 제작해 컨테이너로 실어왔다. 북삼환로 대로변에 간판을 세우고 기자들을 불러 한국 뉴스에 띄우기로 했다. 그러나 영상을 위성으로 쏘아 올리는 것은 AP통신 북경지국에서만 가능했다. 1993년 4월 28일 개업 행사를 갖고 특파원들이 찍어준 영상을 들고 AP지국으로 달려가 위성으로 쏘았다. 서울 뉴스에 나왔다. 우리나라 자동차 업체 최초 중국 애프터서비스공장 개업이었다. 북경에 이어 산동성과 광동성 광주 등으로 서비스 공장 네트워크가 확장되어 나갔다.

곧이어 중국 최대 물류 기업이자, 현대 트럭의 최대 수입자인 시노트랜스그룹(SINOTRANS GROUP: 중국외운집단(中國外運集團)이라고 하며, 나중에 중외운장항집단(中外運長航集團)으로 확대 개편됐다.)과 협력하여 부품 보세 창고까지 설치해 놓았다. 이젠 중국 어디에서라도 현대차의 서비스가 가능해졌고 거의 모든 부품을 중국에 준비해 놓을 수 있게 됐다. 그리고 1994년 현대자동차서비스에서도 북경에 서비스공장을 설립하고 부품 네트워크까지 구축했다. 개업식에는 당시 정몽구 현대자동차서비스 회장님께서 직접 참여하시고 장백발(張百發) 북경시 부시장도 참석했다. 한국 국내에서 현대차 서비스를 담당하는 전문 서비스 시스템이 들어온 것이다. 이제 중국 현지에서의 현대차 정비와 부품 문제는 거의 완벽하게 해결된 것이다.

지금은 현대자동차의 중국 판매는 수입차든 북경공장 생산차든 모두 자동차 판매 대리점을 통해 판매된다. 그리고 판매 대리점이 서비스와 부품 조달까지 책임지는 체제로 바뀌었다. 그러다 보니 당시의 지정 서비스 공장들이나 부품 보세 창고는 자기 역할들이 없어져버렸다. 그들 대부분은 현대와의 사업을 접게 되었지만 그중 일부는 그때 받아들인 선진 기술들을 이용해서 대형 서비스 점으로 크게 발전하기도 하였다.

중국 정부의 한국차 구매

한 차례 폭풍같이 지나간 엄청난 양의 자동차 편법 수입은 중국 정부에도 중국 국내 시장의 자동차 수요의 잠재력을 실감케 해 준 것 같았다. 중국 정부가 WTO 가입을 앞두고 미국과의 무역 불균형 논란이 날로 심각해지고 있을 때 미국에서 약 2만 대의 자동차를 수입하겠다고 발표한 것도 이런 자신감 때문이었을 것이다. 외화가 쌓이고 자동차 수요에 대한 확신이 섰던 것이다. 그리고 얼마 후 한국으로부터도 자동차를 수입할 것이라는 입장을 밝혔다. 국교 수립 기념으로 자동차를 구입해 주겠다는 것이었다.

이 일은 대외경제무역합작부 산하의 '중국기계수출입총공사(보통 '기계공사'라고 약칭)'가 맡고 있었다. 중국기계수출입총공사란 중국 정부의 기계 제품 수출입을 총괄하는 창구기관이다. 찾아가서 담당하는 여성 부총경리(부사장)와 한국차 수입 계획에 대한 얘기를 나누니 이미 한국의 대우실업과 2,000대 전량을 구상무역(바터)으로 수입하기로 결정했다는 게 아닌가. 대우그룹은 이미 자사 동유럽 공장에서 생산되는 자동차를 북한과 구상무역을 추진하고 있던 중이었다. 대우의 정보력과 행동력은 역시 대단하다고 감탄할 수밖에 없었다.

며칠을 계속 찾아가자 부사장은 현대와도 구상무역을 조건으로 상담할 수 있다고 했다. 자동차를 수출한 금액만큼 중국산 기계류를 수입해가야 한다는 것이다. 본사에 보고를 하니 현대자동차가 중국에서 사올 기계가 있을 리 만무했다. 대우실업은 종합상사인 데다 세계적 네트워크를 갖고 있었고 모든 상품을 취급하고 있었기 때문에 운신의 폭이 넓었다. 현대종합상사도 중국에서 사갈 만한 기계류는 없다고 했다. 그러나 포기하기엔 너무 아쉬웠다. 매일 기계공사로 출근하다시피 했다. 그리고 나는 개인적으로 중국에서 물건을 사가는 한국의 소규모 수입상들을 알아보았다.

마침 중국에서 페로실리콘이라는 합금을 수입하고 있는 작은 업체의 조 사장이란 분을 소개받았다. 나는 페로실리콘이 뭔지 듣도 보도 못했지만 조 사장은 페로실리콘을 안정적으로 공급받는 것이 너무 어렵다며 자기가 책임지고 수입하겠다고 했다. 희망 단가를 알려 주면서 가능한 한 최대한 많이 장기적으로 계약해 달라고 부탁하였다. 기계 공사에 조건을 제시하니 기계 공사는 기계류를 살 수 없다면 페로실리콘이라도 좋다고 합의해 주었다. 수개월에 걸친 지루한 상담의 시간이 흘렀다. 그리고 중국 오의(吳儀·우이) 대외경제무역부장이 한국을 방문하여 김철수 상공부 장관과의 한·중 통상장관 회담을 갖기로 일정이 잡히고 그 일정에 맞추어 자동차 구매 계약을 맺기로 하였다.

그러나 한국 신문에는 이미 대우실업이 그날 5,000대 수출 계약에 사인할 것이라는 기사가 보도되고 있었다. 여자 부사장의 윗분인 나개부(羅開富·루어카이푸) 기계공사 총경리와 나는 그 오랜 협상의 기간을 통해 미운 정 고운 정이 다 들어 있었다. 이미 인간적으로도 가까워졌고 서로에 대한 신뢰 관계도 확고해져 있었던 것이다. 그러나 김우중 대우 회장님과 철의 여인이라는 별명을 갖고 있던 오의 대외경제무역부장은 오래전부터 잘 아는 사이라고 알려져 있었고 신문에서도 대우와 계약할 것으로 이미 보도되고 있었기 때문에 우리 본사 측은 지사의 보고를 반신반의할 뿐 적극적이지 않았다. 바터 수입 조건 때문에 그럴 수밖에 없기도 했을 것이다.

기계공사 총경리와 서울에 함께 들어가기로 했다. 나는 중국 정부 대표단보다 하루 먼저 와서 대표단이 묵는 신라호텔에 투숙했다. 오랜만에 서울 들어가는 길에 집사람과 아이들도 함께 데리고 왔다. 우리가 약혼식을 했던 호텔 23층의 에투알레라는 작은 연회장에도 올라가 보면서 감회에 젖기도 했다.

총경리는 현대차가 경쟁 차에 비해 확실한 우위에 있다는 것을 확신하고 있었다. 그리고 자기가 아는 부장은 절대로 그런 약속을 미리 할 사람이 아니라며 한국 신문들을 믿지 않았다. 그리고 다음날 장관 회의 때 쏘나타를 비롯한 현대차 몇 개 차종을 호텔 문 앞에 전시해달라고 했다. 자기가 직접 부장에게 보여 주고 결정을 얻어내겠다는 것이었다. 마침 그날은 본사의 모든 중역이 근처 다른 호텔에서 회사 장기 발전에 관한 세미나를 열고 있었다. 그 호텔을 찾아가 살짝 회의실 문을 열고 들여다보니 모두가 뒤돌아보는 데 분위기가 너무나 진지했다. 결과가 확실치 않은 일로 높은 분을 불러 낼 상황이 아니었다. 할 수 없이 친구가 소장으로 있는 근처 영업소에 개인적으로 부탁을 하니 당장 차종별로 한 대씩 보내 호텔 현관 앞에 전시해 주었다.

총경리는 함께 서울을 방문한 대외경제무역부 관료들을 데리고 나와 본인이 직접 쏘나타 자랑을 장황하게 설명하기 시작했다. 사실 자기도 처음 보는 차종들이 대부분이었다. 이어 행사장을 들어가 부장에게 보고하고 나왔다. 전부 현대차로 바꾸려고 했는데 그것보다는 두 회사를 반반 정도로 하고 대신 현대에 조금 더 주는 선에서 1,100대 대 900대면 어떻겠느냐며 미안한 표정으로 묻는다. 나는 고개 숙여 깊이 감사인사를 드렸다.

회의를 마치신 백효휘 부사장께서 직접 호텔 방으로 오셔서 가격 협상에 들어갔다. 다음날 새벽에야 마무리된 가격 조건은 우리로서는 만족할 만한 수준이었다. 바터로 구매키로 한 페로실리콘은 서로 모르는 물건이라 나중에 별도 협상을 통해 조건을 확정키로 하고 자동차 수입 대금은 일시불 L/C 조건으로 합의된 것이다. 페로실리콘 건은 내가 책임지고 해결하는 것으로 마무리했다. 그리고 95년 7월 22일 1,100대가 선적되었다. 얼마 후 쏘나타가 중국 부두에 내려졌다. 범퍼와 범퍼를 붙여 줄을 세워도 5킬로미터가 넘는 장관이었고 당시로는 중국 최초의 대량 수입이었다.

나중에 들으니 대우실업은 셔츠를 중국에서 수입해 중남미로 파는 조건으로 구상무역을 해결했는데 우리가 제시한 페로실리콘은 성사되지 못했다. 갑자기 페로실리콘의 국제가격이 급등하더니 품귀현상까지 빚어져 기계공사에서 물건을 구할 수 없게 된 것이다. 어느 날 기계공사의 부사장이 부르더니 바터 구매는 없던 일로 하자는 것이었다. 자기들 책임으로 공급하지 못하게 되었으니 다른 물건으로 대신 사가지 않아도 된다고도 했다. 우리는 1,300만 달러 일시불로 깔끔하게 해결된 것이다.

대우는 고생을 좀 했다고 한다. 중국에서 만들어 중남미로 수출한 셔츠의 단추 방향이 남자용과 여자용이 거꾸로 되어 오랫동안 클레임에 시달렸다는 것이다. 남자용과 여자용 셔츠의 단추 방향이 다르다는 건 그때 처음 알았다. 우리나라 자동차의 중국 시장 최초의 정식 수출 뒷이야기의 일부다. 이후 중국 정부는 승용차 수입을 통합적으로 추진하기 위해 '중국기차무역중심(China Import Car Center)' 이라는 별도 기구를 설립하기도 했지만 정부 차원의 대량 구입은 더 이상 지속되지 못했다. 아마도 자국 승용차 메이커들을 육성해야 하는 정부 입장에서 외국 제품을 앞장서서 수입한다는 것이 논란의 소지가 있었을 것이다. 하여튼 중국 정부의 국가 차원의 승용차 구매는 이것이 마지막이었다.

시노트랜스 그룹

1992년 어느 날 시노트랜스라는 물류회사 직원이 우리 사무소를 접촉해 왔다. 오랫동안 일본 트럭을 수입했는데 현대자동차 트럭에 대해 알고 싶다는 것이었다. 알고 싶다는 것은 살 수도 있다는 얘기가 아닌가.

알아보니 시노트랜스는 국무원 직속 기업으로 전국 각 지방과 항구, 공항은 말할 것도 없고 세계 각국에도 현지 법인을 갖고 있는 종업원 수 15만 명이나 되는 중국 최대 물류 회사 중 하나였다. 국내외 물류 사업이나 물류와 관련된 창고나 항구 시설까지도 자체적으로 소유하고 운영하고 있다. DHL이나 TNT 같은 국제적 물류회사들도 시노트랜스와의 합작을 통해 중국 시장에 진출해 있었다. 특히 중국과 육지로 국경을 마주하고 있는 10여

개 국가와의 트럭 물류는 시노트랜스가 도맡아 하고 있었다.

이렇게 시노트랜스 기차처(자동차부)와의 인연이 시작되었고 이후 우여곡절 끝에 시노트랜스는 현대자동차의 중국 최대 고객이자 가장 든든한 파트너가 되었다. 수백 대의 대형 트럭들을 지속적으로 구입해 주었고 직접 사용하지 않는 앰뷸런스도 일본 무역상사의 금융을 이용해 수백 대씩 수입해 전국 병원에 판매하기도 했다. 이런 실무적 협력관계는 나중에는 자동차뿐만 아니라 현대그룹 고위층들과의 교류 확대로 이어졌고 서로 가깝게 지내는 사이가 되었다.

당시 공석인 총재를 대신해 그룹의 엄공화(嚴拱華) 부총재와 자동차 담당 동건군(董建軍·동지엔쥔) 처장이 우리를 많이 도와주었다. 울산 공장과 전주 상용차 공장도 같이 방문한 적도 있었는데 지금도 엄 부총재와 울산 바닷가 횟집에서 낮술에 취해 얼싸안고 "둥팡밍주 워디아이런(東方明珠, 我的愛人)" 하며 『둥팡밍주』를 목청껏 부르고, 전주 공장을 방문해서는 오랜만에 만난 김종일 공장장님과 반가운 조우를 했던 기억이 떠오른다. 이제는 그때 시노트랜스의 주역이셨던 분들은 대부분 정년퇴직을 했다. 하기야 당시의 기차처 처장이 지금은 그룹 부총재가 되어 그 높은 자리에 앉아 있던 그때 그분들의 나이가 되어 있는 것 아닌가. 내 나이도 그렇고.

사람의 인연

중국 정부의 자동차 구매가 완료된 얼마 후 기계수출입총공사의 총경리가 갑자기 제네바의 국제기구로 나가게 됐다는 연락이 왔다. 바로 떠난다고 했다. 술도 못하고 나와 취미도 달라 어울릴 기회가 없었던 분이라 떠나기 전날 저녁 두 가족이 만나 간단한 식사로 환송을 대신할 수밖에 없었다. 그런데 이렇게 헤어지려니 그동안 크게 신세를 지고도 뭐 하나 해드린 게 없다는 사실이 마음에 걸렸다.

다음 날 몇 달 전 그분과 골프를 쳤던 일이 떠올랐다. 그때 골프를 치시느냐고 물었더니 꼭 한 번 쳐본 적 있다고 대답했다. 골프채는 갖고 있는지 물으니 그건 빌리면 된다고 했다. 나머지 운동복이고 모자고 신발은 다 있다고 했다. 약속한 날 골프장에서 만나니 총경리께서는 중고등학생들 입고 다니는 상하 추리닝복에 학생 운동화와 어린이 운동회 때나 쓰는 값싼 모자를 쓰고 나타나셨다. 평생 두 번째의 라운딩인데 거리낌이 없었다. 헛스윙을 해도 즐거워했고 누구의 눈치도 보지 않았다. 진짜 즐겁고 소박하게 하루를 함께 보냈다. 그러나 아무리 즐거웠어도 완전 초보 연장자와 골프로 온 하루를 보내는 것은 분명 쉽지 않은 일이었다. 이후 골프 얘기는 다시 꺼내지 않았다. 그 일이 생각난 것이다.

그의 비서에게 전화를 했다. 운전기사를 좀 보내라고 했다. 그리고 골프채 한 세트를 실어 보냈다. 그런데 떠나기 직전 총경리께서 전화를 걸어왔다. "송 선생! 이런 것 받으면 안 된다는 잘 알지 않아요?"고 하신다. "제네바에서 외국 대표들하고 일을 하려면 골프도 필요할 겁니다. 일을 위해서 가지고 가십시오. 우리는 이제 완전히 헤어지는 건데 그런 것 하나 드리지 못하면 제 자신이 더 힘들어집니다. 집에 있던 저렴한 것이니 받아주십시오."라고 사정했다. 마지못해 그럼 고맙게 쓰겠다고 했다. 솔직히 말해 골프채는 집에 있던 것도 아니고 저렴한 것도 아니었지만 그렇게 얘기하지 않으면 받지 않을 분이었기 때문이다. 그러나 그동안의 그의 배려에 비하면 너무나 보잘것없는 것이었다. 그리고 "쏭셴성 짜이젠!, 루어셴성 짜이젠!(송 선생 안녕, 루어 선생 안녕)" 하며 우리는 기약도 없이 헤어졌다.

그로부터 몇 년이 흐른 어느 날 오후 전화벨이 울렸다. 저쪽에서는 대뜸 "송 셴성마?(송 선생입니까?)"라고 물었다. 단번에 알아들을 수 있는 목소리였다. 그래서 "루어쫑바?(루어 사장이지요?)"라고 반갑게 되물었다. 그는 어제 귀국했다고 한다. 어느 부서로 발령받았는지 물어보고 놀라지 않을 수 없었다. 현대자동차의 가장 큰 파트너 회사인 시노트랜스그룹의 동사장 겸 총재로 간다는 것이 아닌가. 반가울 수밖에 없었다.

가시는 그 회사에 아는 사람이 있느냐고 물으니 한 사람도 없다고 했다. 나와 시노트랜스와의 관계를 설명해 주었다. 그리고 내가 시노트랜스 간부들과의 인사를 나누는 자리를 마련하겠다고 하니 무척 기뻐하셨다. 시노트랜스 엄 부총재께 전화를 했다. 총재로 누가 오는지 아느냐고 물으니 당연히 모르고 있었다. 바로 다음 날 어느 한국 식당에 자리를 마련하고 새로 오실 총재와 기존의 부총재를 포함한 여러 간부들을 초청해 서로 인사토록 했다.

참석한 모든 사람은 외국인인 내가 어떻게 이런 자리를 만들 수 있는지 놀라면서도 모두 즐거워했다. 시노트랜스그룹과는 더욱 가까워 질 수밖에 없었다. 이후의 시노트랜스와 나, 현대자동차와의 관계는 더 이상 얘기할 필요도 없었다.

합작 공장 진출을 위한 여정

현대자동차의 중국 시장 진출 노력이 본격화된 것은 1992년 정세영 회장님의 하얼빈 방문부터다. 당시 하얼빈시 정부와 소기혜(邵奇惠·샤오치훼이) 흑룡강성 성장은 현대자동차 유치를 위해 온갖 정성을 기울였다. 그러나 며칠간의 상담을 통해 확인된 결론은 중앙정부의 '3대3소' 정책이 유지되는 한 승용차 공장 건설은 불가능하다는 것이었다. 성장은 나중엔 승용차가 아닌 미엔바오(面包·빵이라는 뜻으로 빵같이 생긴 차)라는 소형 미니버스라도 합작 생산하자고 제안했지만 회장님의 목표는 승용차뿐이었다. 샤오 성장은 훗날 중앙정부의 기계공업부 부장으로 영전되어 국가의 자동차 산업 정책을 주관하는 인물이 됐다.

정주영 명예회장님께서도 자동차 중국 진출에 큰 관심을 가지셨다. 대련시의 보시라이 시장이 명예회장님께 자동차 공장 투자를 간곡히 부탁한 것도 그 배경이 되었을 것이다. 현대종합상사도 대련지사를 설립해 임근배 이사가 대련시와 접촉하면서 자동차 합작 사업과 관련해 현대자동차와 협력토록 하였다. 북경에 현대자동차 지사가 설립된 이후로는 현대자동차가 이 사업을 직접 맡아 많은 분들이 대련시를 방문하고 수개월에 걸쳐 협의를 했다. 그러나 역시 승용차 공장 설립은 불가능하였다. 나중에는 버스 공장 건설까지 검토했지만 그것도 타당성이 없는 것으로 결론이 났다.

자동차 공장의 중국 진출을 위해서는 중앙정부를 설득하는 길밖에는 없었다. 정세영 회장님께서는 중국 국가 최고위층과 국가계획위원회, 기계공업부 등을 지속적으로 만나며 모든 노력과 정성을 다 쏟았다. 그러나 국가의 자동차 산업 정책을 바꾸어야 하는 그 목표는 미션 임파서블이었다. 회장님의 뜻을 이해하고 지지했던 중국 정부의 책임자도 승용차 생산은 현실적으로 불가능한 것이니 다른 차종을 고려하신다면 도와 드리겠다고 충고할 정도였다. 그러나 회장님의 오랜 노력과 정성으로 그 미션 임파서블이 가능해지는 듯했다.

정세영 회장님 당시의 중국 진출 실무는 장락용 부사장, 김뇌명 전무, 그리고 손영호 이사 등이 주축이 됐고 북경 지사에서는 김형곤 대리가 통역을 포함해 모든 궂은일을 도맡아 했다. 우리는 북경의 다양한 정부 기관은 물론이고 천진, 상해, 장춘, 광주, 무한, 심양 등의 대형 자동차 기지들부터 지방 도시의 소형 메이커까지 수많은 공장들을 방문하고 교류했다. 또 한편으로는 동풍기차와 합작으로 무한(武漢·우한)시에 미니버스 공장인 만통기차가 설립됐다. 조립 공장이지만 나중에 승용차 생산을 위한 공장 운영 경험을 미리 해 보는 성격이 컸고 그런 대로 잘 굴러갔다.

회장님께서는 진인사하셨으나 하늘이 돕지 않았다. 소리 없이 다가온

IMF의 유령이 회장님의 5년여 노력을 물거품으로 만들고 말았기 때문이다. 회장님의 명을 받아 대륙의 동서남북을 누비며 동고동락하시던 여러 중역들도 천천히 중국을 잊기 시작했다. 나 역시 잊히기 시작했다.

나는 회사를 그만두게 되었고 한국의 금융 위기도 중국의 3대3소 정책도 모두 옛 얘기가 됐다. 그리고 현대자동차는 정몽구 회장님의 새로운 리더십으로 기아자동차를 합병하며 세계적인 메이커로 다시 태어났다. 그리고 중국에서도 각종 현대차와 기아차들이 전국 거리를 메우고 있다. 감회가 새롭지 않을 수 없다. 정주영 회장님과 정세영 회장님이 꿈꾸셨던 중국 진출이 정몽구 회장님을 통해 이루어진 것이다.

아쉬운 것은 정세영 회장님의 중국 진출 노력을 이제는 아무도 기억하지 않는다는 것이다. 지금 보면 고생만 하셨는지는 몰라도 엄연한 한국 자동차 산업의 중국 진출 역사이고 현대자동차 중국 사업의 중요한 페이지이기도 하다. 그리고 밀알이었다고 믿는다.

회의실의 한 장면

어느 공장을 방문하든 큰 정문 앞에는 '가오가오싱싱상반펑펑안안회이자(高高興興上班平平安安回家 · 즐겁게 출근하고 평안하게 집에 가자)' 라는 문구가 벽에 쓰여 있고 정문 위뿐만 아니라 건물의 현관이니 회의실까지 '열렬 환영 한국 현대기차 ㅇㅇㅇ선생' 이라는 빨간 플래카드들이 걸려 있게 마련이다.

출장은 회의를 수반하기에 중국 기업과의 회의 광경을 잠간 소개해 보고자 한다. 대접견실에서 양측 대표가 나란히 앉고 나머지 수행원들은 편을 갈라 벽 쪽에 줄지어 앉는다. 우선 주빈 측에서 "먼 길을 오시느라 고생하셨다. 마음껏 둘러보시고 많이 가르쳐 주시기 바란다."라는 환영 인사를 하고 방문객은 "오래전부터 오고 싶었다. 좋은 결과가 있길 바란다."라고 답사를 한다. 그리고 몇 마디 더 나눈 다음 2인자 정도의 안내를 받으며 공장을 둘러보게 된다. 현장 질문도 하고 설명도 들으며 한 바퀴 돈 다음 따로 마련된 회의실로 돌아와 마주 앉는다.

대부분의 회의실은 가운데 꽃장식(대부분 인조화훼)된 기다란 타원형 테이블을 가운데 놓고 서로 마주 앉도록 되어 있다. 이미 모든 참석자 앞에는 이름과 직위를 적은 명패와 물, 과일, 필기구들이 놓여 있다. 국교수립 시기에는 현대자동차 내부에 중국어를 하는 사람이 없어서 중국 측이 준비한 영어 통역을 통하기도 하고 현대건설의 중국 출신 과장을 불러 같이 출장 다니기도 했지만 순조로울 수는 없었다.

회의 이야기가 나왔으니 재미있는 초기 일화가 생각난다. 회의 중 우리끼리 상의할 때면 상대편을 '쟤네들'이라고 부르는 것은 보통이고 열을 좀 받으면 '저 새끼들'이라고 해도 사실은 악의는 없는 호칭이었다. 그리고 회의하면서 우리끼리 상의도 하고 떠보려는 목적의 가짜 제안도 해보게 마련이다. 어떤 회의의 첫날 회의도 그런 식으로 끝났다.

그리고 이튿날, 회의가 속개되었는데 분위기가 이상했다. 우리의 정보가 미리 흘러 들어간 것같이 느껴졌다. 의심이 생겨 주의해 보니 상대편 가운데 한 사람이 조금 이상하게 보였다. 직책도 높지 않은 듯하고 말도 한 마디도 없는데 우리 얘기에 특별히 주의를 기울이는 것 같았다. 휴식시간에 슬쩍 한국말로 말을 걸어보았더니 미안하다고 하면서 조선족이라고 했다. 그는 우리 이야기가 다른 통역을 통해 정확히 전달되는지 확인하기 위해서 앉아 있는 것이라고 했지만 우리끼리의 대화 내용도 기록하고 있었던 게 분명했다. 우리 내부 이야기와 회의 전략이 모조리 상대편에게 전달되고 있었고 상대편 모두는 시치미를 떼고 있었던 것이다. 그 다음부터는 우리끼리의 이야기도 조심해야 한다는 것을 깨닫게 됐다.

연회의 추억

출장의 하이라이트는 연회라고 부르는 저녁 술자리다. 대부분은 그 지방 정부 측이 초대하는 자리다. 지방 출장은 고생스럽기는 해도 술자리만큼은 즐겁다. 주빈도 따뜻하게 정성껏 대접하고 손님도 모든 걸 접어두고 마음 편하게 즐긴다. 모두 다 앞으로의 대화가 잘 풀릴 것 같은 기분을 갖기도 한다. 지방에서의 초대에는 대부분 그 지역 특산물이나 귀중한 음식 재료가 포함될 때가 많다. 하남성 어디선가는 천산갑(穿山甲)이, 호북성 어디에선가는 와와어(娃娃魚)가 나오기도 했다. 이건 천연기념물인데 아무나 먹을 수 없고 먹으면 어디에 좋다고 하면서 음식 자랑에 시간이 가는 줄 모른다.

참고로 천산갑은 개미핥기같이 생겼는데 맛도 좋지만 몸에도 좋다고 귀물로 여긴다. 와와어는 거대 도롱뇽과 메기의 중간쯤 생긴 수륙양서 동물인데 네 다리가 달려 육지를 걸어 다니기도 한다. '와와'라는 말은 '아이'라는 뜻인데 생긴 것도 태아처럼 생긴 데다, 밤에 우는 소리가 아기 우는 소리 비슷해 붙여진 이름이라고 한다. 모두 먹으면 안 되는 희귀한 보호동물이다. 그런데도 이를 재료로 하는 요리가 참 많다.

클라이맥스는 물론 술, 바이주(白酒)다. 모든 지역이 그 지방 바이주가 다 있게 마련이고 다 좋은 술들이지만 귀한 손님이 오면 역시 마오타이를 내놓는다. 아마도 초대하는 사람들 역시 이 기회에 좋은 술을 마시고 싶은 마음도 있기 때문이리라. 연회도 환영사와 건배 그리고 답사와 건배로 시작된다. 초대하는 측의 수장이 얼마나 술을 좋아하고 잘 마시는지에 따라 전체적인 분위기가 달라지지만 대부분의 경우 중국인과 한국인은 술잔이 몇 순배 돌면 진심으로 가까워지고 감정이 풀려서 일을 떠나 가까운 친구끼리의 파티같이 변해 버릴 때가 많다.

그러나 회의 시간에는 안 보이던 인상 좋은 중년 여자가 술잔을 들고 가까이 오면 그때는 주의해야 한다. 공관 샤오제(公館小姐)다. 회사의 홍보나 대외 업무를 담당하는 술상무격의 여자간부라고 보면 된다. 친근해 보이는 보통 여인이지만 주량은 웬만한 주당으로서는 1대1 대적이 거의 불가능한 사람이다.

주의해야 할 것은 또 있다. 어느 한 사람이 한국인 모인 곳, 즉 호스트 테이블로 다가와서는 한국 손님들 반갑다고 한국인들 전부를 상대로 건배를 청할 때다. 안 마실 수 없다. 그러면 곧 다음 사람이 와서 똑같이 1대 다수의 건배를 제안한다. 자기들은 돌아가면서 한 잔씩이지만 우리는 연속해서 열 잔 이상을 스트레이트로 마시게 될 때도 있다. 그리곤 호스트가 바이주가 가득 찬 글라스를 갖고 나타난다. 다 함께 똑같이 마시자고 맥주잔을 가져 오란다. 콸콸콸콸 모든 한국 손님에게 바이주를 따르고 나서 간베이를 한 다음 먼저 꿀꺽꿀꺽 들이킨다. 그리고 머리에 턴다. 한 방울도 안 떨어진다. 우리도 마시지 않을 수 없다. 그리고 머리에 턴다. 이 한 방에 우리들 거의 모두는 인사불성이 되어 버린다.

그러나 건배를 제의한 호스트의 맥주잔에는 미리 광천수가 담겨 있었을 가능성이 높다는 건 나중에 알았다. 미리 테스트해 보는 방법이 있다. 호스트가 우리의 글라스에 술을 다 따르고 나면 호스트에게 한국식으로 잔을 바꿔 마시자고 제안하는 것이다. 그분이 들고 있는 잔이 광천수라면 그분은 꼬리를 내릴 수밖에 없을 것이다. 그렇게 술을 접대하는 것은 반가워서도 그렇겠지만 일단 손님이 술로 녹다운되어야 손님 자신도 대접을 잘 받았다고 생각하리라는 따뜻한 마음 때문이리라.

모터쇼 이야기

중국에서의 자동차 사업을 얘기하면서 모터쇼 이야기를 빼 놓을 수 없다. 지금의 중국은 명차들의 집합소다. 세계 최고급 차들의 세계 최대 시장이다. 한정판 벤틀리 광고나 슈퍼카 광고는 이젠 흔한 것이 되었다. 내가 가까이 하기도 겁나는 슈퍼카들을 젊은 아이들이 아무렇지도 않게 몰고 다닌다. 아파트 주차장엔 벤츠, 아우디, BMW, 랜드로버로 가득하다. 부유해 보이는 한가한 젊은이들 옆에 앉아 있다 보면 자동차 얘기로 화제가 넘친다. 자동차에 대한 관심과 흥미와 열정이 상당히 높다.

90년대 초에는 쏘나타만 해도 주위에 사람들이 모여 들여다보곤 했다. 호기심들이 대단했다. 외국인용 검은 번호판 수입차가 아니라면 운행되는 차종이 몇 종 되지 않았기 때문이다. 대부분이 구형 싼타나나 제타, 구형 푸조, 천진 샤레이드 정도였고 시트로엥 정도가 갓 출시됐을 정도였다. 나머진 군용색의 지프거나 승용차라고 부르기도 어려운 그런 차종들뿐이었다.

그러니 세계적 메이커들의 최신형 모델들이 가득한 국제 모터쇼는 중국 최고 볼거리라고 해도 과언이 아니었다. 중기가 주관하는 북경 모터쇼는 나중에 상해에서도 열리게 되어 북경과 상해에서 격년제로 열리게 되었다. 북경이나 상해 사람들에게는 2년에 한 번밖에 오지 않는 특별한 기회인 것이다. 전시장으로 통하는 도로는 차들로 꽉 막혀 움직이지 못하고 인산인해로 뒤덮인다. 암표 값은 열 배도 더 뛰었다.

90년대 중반이 되면서 중국 자동차 시장의 구매 잠재력은 이미 확인되었다. 세계 모든 메이커들이 중국 진출을 위해 전력을 기울일 수밖에 없었다. 중국정부 정책은 승용차 생산 허가는 더 이상 없다는 것이었지만 그래도 다들 실낱 같은 희망을 갖고 중국정부에 잘 보이기 위해 온갖 정성을 다 쏟았다. 북경 모터쇼는 메이커들의 노력과 실력을 표현할 수 있는 가장 중요한 기회였다. 상해와는 달랐다. 각 메이커의 제품들이 한 자리에서 비교되고 수많은 기자들이 나름대로의 품평을 하기도 하지만 중앙정부의 최고 영도자들이 직접 참관하기 때문이다.

좋은 자리를 선점하는 것도 중요하고, 부스를 크고 화려하게 만드는 것도 중요하고, 모델 아가씨들도 차이가 나야 했다. 그게 모두 회사 실력이라고 보일 테니까. 모델 선정은 쉽지 않은 일이었다. 모델들 역시 모터쇼 모델을 하기 위해 경쟁이 매우 치열했다. 요즘은 값이 더 많이 올랐다고 하는데 20년 전에도 하루 일당이 100달러 정도였다. 그때의 100달러는 다른 직종의 모델들과는 비교할 수 없는 상당히 높은 수준이었다. 최고 수준의 모델 에이전트들을 통해 지사 사무실로 모델들을 불러온다. 그리고 개별 심사를 한다. 중국 가라오케에서 파트너를 고르듯 수십 명을 줄 세워 비교도 해보고 한 사람씩 워킹도 시켜보기도 한다. 미소도 짓게 하고 간단한 멘트도 시켜본다. 잘못 뽑았다가는 본사 윗분들로부터 핀잔을 들을 수도 있기 때문이다.

그런데 문제는 한참 동안 여러 아가씨들을 보고 나면 그 사람이 그 사람 같아지는 것이다. 객관적인 판단을 하기 위해 현지직원을 포함한 모든 지사 직원들에게 배점표를 나눠주고 나중에 총점을 매겨 봐도 마찬가지였다. 편차가 없었다. 특별히 높은 점수를 받는 사람이 드물었다. 여자 보는 눈은 정말 제 눈에 안경이었다. 처음엔 모터쇼 전체 일정이 잘 끝나면 본사에서 온 출장자들과 모델들이 모두 술집으로 가서 놀기도 했는데 나중엔 집어치우고 말았다. 모델은 보기에는 좋아도 보통 키의 보통 사람이 붙들고 춤추고 놀기에는 많이 불편했다. 하이힐을 벗게 해도, 그 하이힐을 내가 신어도 불편하기는 마찬가지였다.

모터쇼의 특별 행사

모터쇼에서는 기자 발표회, 제품 설명회가 중요하기 때문에 본사에서는 최선을 다해 준비하고 진행하지만 더 특별한 행사는 따로 있었다. 미리 발표되지도 않는다. 모터쇼 기간 중 어느 날 갑자기 오후 2~3시쯤 오늘 저녁이라고 얘기해 준다. 그리곤 모든 입장객과 모델, 스태프들을 전부 퇴장시키고 메이커의 대표와 최소한의 인원만을 남도록 한다. 전시 부스도 새로 점검하면서 기다리면 6시 정도에 행사가 시작된다. 국가의 영도자급들을 위한 특별한 시간이다. 국가주석부터 총리, 부총리, 각부 부장들은 물론 군부, 당 등 거의 모든 국가 영도자들이 하나 둘씩 주최 측 간부의 안내로 들어오기 시작한다. 편안한 자유 복장으로 어떤 이는 반바지 차림에 손자나 손녀를 데려오는 분도 있고 부부끼리 오는 분들도 있고 부서 동료들끼리 오기도 하면서 아주 자유로운 분위기 속에서 그분들만의 여유로운 관람 시간이 마련되는 것이다.

처음엔 이렇게 국가 영도자들의 편안한 관람을 위해 시작된 행사가 해가 거듭될수록 그것의 중요성이 점차 높아지게 됐다. 자동차산업에 직접적인 영향을 미치는 분들을 자기 부스로 모시기 위한 메이커들 간에 보이지 않는 경쟁이 치열해졌다. 그들이 들르느냐 아니냐에 따라, 누가 오느냐에 따라 그 메이커에 대한 중국 정부의 지지 여부를 자체 판단하기도 하였고 현지 책임자의 역량과도 결부시키기도 했다. 이 행사가 관행화되자 유럽 메이커들 중에는 본사 고위층들이 부스에 대기하기 위해 그 먼 길을 출장 오기도 했다. 혹시나 있을 지도 모를 귀빈의 부스 방문 때 중요한 몇 마디를 나누기 위해서이다.

그러나 만약 원하는 영도자들이 그 부스에 들르지 않는다면 그 모든 게 낭비가 되는 것이다. 그 멋지게 생긴 노랑머리의 나이 지긋한 유럽 신사들이 부스 앞에 서서 손님을 기다리는 모습은 불쌍해 보이기까지 했다. 메이커들이 가장 바라는 영도자들은 물론 자동차 산업 담당 리더들이다. 부총리나 계획위원회 주임, 기계부 부장 등이 그런 분들이다. 자동차 산업과 직접 관련이 없어도 국가 서열이 높은 분들이 찾아와 악수를 해주고 사진도 같이 찍어 주는 것도 상당한 영광이었다.

어느 날 강택민(江澤民·장쩌민) 주석께서 관람을 오신다는 사전 통지가 왔다. 모든 메이커가 강 주석이 자기 회사 부스를 들러주길 기대하지만 그건 마음대로 되는 일이 아니다. 얼마 후 경호원들이 앞서 나타나더니 강 주석이 나타났다. 자동차 산업 담당 부서인 기계공업부 여복원(呂福源·뤼푸위엔)부부장이 수행하고 있었다. 중국기차공업총공사에서 부총경리 재임시절부터 잘 알고 지내던 여부부장은 나를 보고 멀리서 눈짓을 해주었다. 모시고 갈 테니 기다리라는 표시였다.

그리곤 곧 강 주석을 모시고 우리 부스로 들어오면서 한국의 현대자동차 송 대표라고 소개해 주었다. 강 주석께서는 놀랍게도 한국말로 "안녕하십니까?" 하며 손을 내밀었다. 이어 현대차에 관심을 갖고 계신 듯 상당한 시간을 할애하며 여러 모델에 대한 설명을 차분히 들어주셨다.

그러나 강 주석이 수많은 세계적인 명차들을 제쳐놓고 우리 전시장에 그렇게 오래 머물러 주는 것은 제품 때문만은 아닌 것 같았고 현대자동차라는 회사에 대해 관심과 성의를 표시하고 있는 것같이 느껴졌다. 그 전해 말 국빈 방한 시 현대자동차 울산 공장을 방문해 정주영 회장님과 정세영 회장님, 정몽구 회장님을 만나 한중 자동차 산업에 대해 많은 이야기를 나누셨기 때문일 것이다.

북경 모터쇼는 자동차 총공사가 주관하고 이 일의 모든 책임자들이 나와 가까운 사람들이었으므로 우리는 보이지 않는 많은 혜택을 얻을 수 있었다. 중기의 담당자들은 우리를 위해 부스 면적과 위치 선택에서부터 각종 홍보 행사에 이르기까지 많은 배려를 해주었고 모터쇼가 끝난 후 기념 책자의 첫 페이지에 현대자동차와 내 사진을 실어 기념으로 삼게 해 주었다.

기적의 열달기차

1992년 겨울 어느 날 강소성 염성(鹽城 · 옌청)시 소재 열달기차 사람들이 나를 찾아왔다. 동사장은 염성시 서기장을 겸하고 있다며 소개했다. 인도네시아 회사와 합작 사인을 하고 정부 승인까지 받아놨는데 투자금이 들어오지 않는다고 한다. 프로젝트는 이미 허가가 난 상태이니 현대자동차가 대신 들어와 달라는 것이었다.

우선 한번 방문해 보겠다고 약속은 했지만 염성엔 아직 비행장이 없어 쉽게 가게 되지 않았다. 여러 번의 독촉에 큰맘을 먹고 떠났는데 도로 상태도 좋지 않아 상해 공항에서 8시간이나 걸려 도착했다. 정말 시골 동네였다. 공장은 빈 건물뿐이었다. 공장 안에서는 몇 명의 작업자들이 모여 눈에 익은 바디컬러 승용차들의 페인트를 벗겨내고 있었다. 홍콩 택시들인데 사용 연한이 지나 폐차된 것들을 구입해와 칠도 새로 하고 고칠 건 고쳐서 염성 지역에 판매한다는 것이다.

저녁식사 때 시정부 인사들이 하는 말이 염성은 특별한 역사적 배경이 있는 곳이라고 했다. 공산당이 국민당과 싸우던 시절 공산당 주력 부대의 근거지였고, 국민당이 중경으로 도망갈 때 그 추격군의 출발지였다는 말이다. 나라에 그렇게 큰 기여를 하고 그 후손들이 살고 있는 지역이기 때문에 염성의 낙후된 경제를 위해 중앙정부가 도와주기로 결정했다고 한다. 그것이 자동차 공장이라는 것이다. 그리고 이미 지방정부의 허가를 받아 놓은 미니버스나 경차를 생산한다면 중앙정부의 허가도 필요하지 않다고 부연 설명했다. 그들의 말은 맞는 말이었다. 그러나 중앙정부의 정식 허가를 받아 대규모 승용차 공장을 짓고자 하는 현대자동차의 길과는 다른 것이었다.

몇 년 후 주용기 총리가 한국을 방문해 기아자동차 공장을 방문하고 1996년 기아자동차와의 합작 계약이 체결되었다는 소식이 들려왔다. 중앙

정부가 지원한다는 얘기는 사실이었다. 생산 차종도 프라이드 해치백을 승용차가 아닌 미니버스로 등록시켜 생산한다니 모든 것이 앞뒤가 맞는 얘기였다. 그러나 IMF와 함께 기아자동차는 현대에 흡수되고 3대3소 정책도 없어지면서 전화위복으로 염성의 운명에 무지개가 피었다. 기아자동차의 중국 공장이 된 것이다. 그 시골 구석의 작고 낡은 건물뿐이던 그 공장이 어떻게 그 짧은 기간에 이렇게 의젓하고 완전한 메이커로 설 수 있게 되었을까. 열달기차로서는 어떻게도 설명할 수 없는 행운과 기적이라고 생각되었다.

북경자동차와 삼대삼소 정책

국교 수립도 되기 전, 현대자동차가 북경에 사무실도 만들기 전에 북경기차공사의 여러 간부들이 현대자동차를 방문한 적이 있었다. 북경기차공사는 여러 개 산하 생산 법인들을 거느리고 있는데 그중에 크라이슬러와 합작으로 체로키 지프를 생산하는 북경크라이슬러도 있다. 이 합작회사의 동사장인 왕매 여사는 시원시원한 성격에 친화력도 뛰어나 현대차 경영진들로부터 왕마담이라 불릴 정도로 친근하게 여겨지고 있었다. 북경 사무소가 개설된 지 한참이 지난 어느 날 왕매 여사로부터 전화가 왔다. 누가 찾아 갈 테니 만나 보라는 것이었다.

얼마 후 북경마탁(北京摩托)의 안경형(安慶衡) 총경리가 나를 찾아왔다. '마탁' 이란 모투어라고 발음되는 Motor의 중국식 표현이다. 북경마탁도 북경기차공사 산하의 독립법인인데 국방색 구형 군용 지프를 생산하고 있었다. 공장은 북경 시내의 금싸라기 땅인 지금의 중국중앙텔레비전(CCTV) 건물 바로 그 자리였다. 현대자동차와 합작으로 승용차를 만들고 싶다는 것이었다. 곧 본사에서 윗분들이 나오고 북경자동차공사와의 합작 사업이 추진됐다. 중국 측 실무는 안 총경리가 맡았다. 거구의 안 총경리는 청화대학 자동차 공학과를 나온 엘리트로 영어가 능통해 한국 측 윗분들과의 의사소통에도 아무런 문제가 없었다. 안 총경리는 어떤 흰소리나 과장도 없이 차분했지만 적극적인 본인의 성격에 따라 합작사업을 적극적으로 추진해 나갔다. 상급기관인 북경기차공업공사에서는 마수평(馬守平) 총경리가 뒤를 밀었고 중국기차총공사의 채시청(蔡詩晴) 동사장도 중앙기관 업무를 지원했다.

이후 오랫동안 북경에서 현대차를 생산하기 위한 공동의 장정이 시작되었다. 북경시 정부도 적극적이었다. 회장님을 만난 이기염(李其炎) 북경 시장도 북경시 경제를 위해서도 승용차 공장은 꼭 필요한 사업이라며 시정부가 주체가 되어 추진할 것을 약속해 주었다. 이후 시정부가 주체가 되어 중앙 정부를 접촉해 나가고, 현대는 나름대로 계획위원회와 기계공업부 등의 중앙기관과 국가 영도자들을 찾아 설득해 나갔다. 중국 정부 안에서도 현대자동차의 북경 진출에 긍정적인 분들이 많이 있었다. 그러나 거기까지였다. 북경시라고 예외가 될 수는 없었다. 중국 어디에서건 새로운 승용차 공장을 세우기 위해서는 국가 자동차 산업 정책을 바꾸어야만 했다. 어느 날 정식 통보가 왔다. 총리 주재 회의에서 승용차 공장은 아직 허가할 수 없는 것으로 최종 결정되었다는 것이었다. 그렇게 해서 북경자동차와의 합작 여정은 종료되고 말았다.

여담 한마디를 덧붙이자면, 주재원 특히 지점장 자리는 언제 목이 날아갈지 모르는 자리다. 목까지는 잘리지 않더라도 그 자리에서 귀임당하는 경우는 흔한 일이다. 나도 그런 위기가 있었는데 북경자동차를 추진할 때였다. 회장님께서 기계공업부장에게 직접 중요한 제안을 하시는 회의 때였다. 기계공업부 회의실에 들어가기 전 회장님께서 일행에게 단단히 주의를 주셨다. 제안의 중요성을 표현하기 위해서라도 제안서는 부장 한 사람에게만 주라는 것이었다.

기계공업부에서는 일부러 작은 회의실을 준비한 것 같았다. 부장과 여복원 부부장이 나란히 앉았고 국장급 한 사람만이 배석했다. 회장님의 말씀대로 제안서 한 부를 부장한테만 드렸다. 그리고 이야기가 시작되는데 부장이 제안서를 한 부 더 달라는 표시를 했다. 여분의 자료를 내 손에 들고도 잘 아는 사이인 여 부부장에게조차 자료를 주지 않으니 두 분 모두 이상하다는 표정을 지었지만, 내가 드리지 않으니 부장과 부부장은 할 수 없이 함께 머리를 맞대고 서류를 들여다보기 시작했다. 두 분 모두 나이가 많아 서류를 같이 들여다보는 것이 여간 불편해 보이지 않았다.

그때 옆에 계시던 김 전무님이 부부장께도 한 부 드려야 하지 않겠느냐고 귓속말을 하셨다. 망설이다 부부장한테도 한 부 갖다 드리니 두 분 모두 미소를 보이며 좋아했다. 그런데 갑자기 회의실에 찬바람이 불었다. 회장님이 차가운 눈초리로 나를 뚫어지게 노려보시는 게 아닌가. 회의는 중단되고 모두가 얼어붙었다. 거의 30초는 흐른 것 같았다.

나는 회장님께서 지금 당장 집으로, 북경집이 아니라 서울집으로 돌아가라고 하시는 줄 알았다. 각오하지 않을 수 없는 분위기였다. 여 부부장은 온화한 품성으로 모두를 항상 따뜻하게 대하시는 분이다. 싸늘해진 회의 분위기가 오래 지속되자 부부장은 회장님께 편안한 주제로 대화를 이끌며 회장님의 기분을 풀어드리려 노력해 주었다. 그리고 그 덕분에 회의는 부드럽게 끝나게 되었고 회장님께서도 더 이상 그 말씀을 꺼내지 않으셨다. 나도 잘 안다. 회장님께서 특별히 지시하신 말씀을 바로 면전에서 어깃장을 놓다니 당장 그 자리에서 잘릴 만한 짓이었다.

그 다음번 회장님께서 북경에 나오셨다. 내 방으로 들어오시며 비서실장 이치삼 이사가 들고 온 발렌타인 17년산을 내놓으시며, "당신 술 좋아하잖아? 내가 먹어 보니까 술은 이 술이 제일 좋아."라고 말씀하셨다. 그 전까지 나는 21년산을 그리고 가끔은 30년산도 마셨지만 이후로는 정말 초콜릿색 상자의 17년산을 가장 좋은 술로 생각하기로 했다. 여복원 부부장은 이후 교육부를 거쳐 상무부 부장을 맡았는데 그만 폐암으로 돌아가시고 말았다. 항상 따뜻했던 그분의 미소가 그립다.

이쯤에서 '3대3소 정책' - 나중에는 두 개의 미니차 공장이 추가돼 '3대3소2미(三大三小二微)' 정책이 됐다 - 이라는 자동차 산업 정책을 소개하지 않을 수 없다. 간단히 말해 우리나라 전두환 대통령 시절 국보위에서 제정한 자동차 산업 합리화 조치와 목적이나 내용에서 거의 비슷한 정책이라고 보면 된다. 합리화 조치의 요점은 승용차는 현대와 대우, 소형버스와 트럭은 기아자동차로 생산체제를 전문화하는 것이었다. 당연히 새로운 메이커의 진입도 금지되었다. 기존 메이커들이 최소한의 양산 체제를 갖추고 생존할 수 있도록 하기 위한 조치였다. 중국도 마찬가지였다.

당시 중국 내 자동차 수요는 미미하기 그지없었는데 등록된 자동차 메이커 수는 140개도 넘었다. 10개 미만의 메이커를 제외한 대부분의 자동차 공장들은 연간 수백 대도 만들어내지 못하는 고사상태에 처해 있었다. 이런 상태에서 새로운 승용차 공장을 짓거나 해외 메이커가 추가로 들어와서는 모두가 공멸할 것이라고 판단한 것이다. 그나마 양산 체제를 갖추고 있는 비교적 규모가 큰 3개 메이커(3대)와 규모가 작은 3개 메이커(3소), 그리고 두 개의 경차 메이커(2미)라도 집중 육성해 나름대로 양산체제를 만들어 나가겠다는 것이 3대3소2미의 요점이었다.

그러니 외국 메이커의 새로운 진입은 고려될 수 없었다. 그렇게 시간이 흘렀다. 그리고 세상이 바뀌어 중국 경제가 급성장하고 승용차 수요가 폭발했다. 이제 새로운 세상에 맞는 새로운 정책이 필요하게 되었다. 급증하는 승용차 수요를 충족시켜야 했고 그러기 위해서는 외국 메이커와의 합작을 통해 중국 자동차 산업 기술을 한 단계 업그레이드하는 것이 필요하게 되었다. 한국의 산업 합리화 조치와 마찬가지로 중국의 3대3소 정책도 한 시대의 역할을 다하고 역사 속으로 사라지게 된 것이다. 그리고 광주 자동차 얘기가 나오고 이것이 바로 3대3소 정책 변화의 신호탄이 되었다.

광주 자동차 프로젝트

그렇게 시간이 흘러 1996년 언젠가 어느 루트를 통해 정부로부터 언질을 받았다. 광주자동차공사의 프랑스 측 파트너인 푸조가 철수한다는 것이었다. 그 빠지는 자리에 현대가 들어갈 수도 있다는 것이었다. 푸조는 시트로엥과 같이 프랑스 PSA푸조시트로엥그룹이다. 그런데 시트로엥은 이미 동풍그룹과 합작으로 무한에 승용차 공장을 갖고 있고 푸조는 광주에 합작 공장을 갖고 있었다. 프랑스의 한 회사가 중국의 두 개 메이저 승용차 공장을 갖고 있는 것이다. 세계적인 모든 업체들이 중국 진출을 위해 최상의 조건을 제시하며 전력을 다하고 있는 마당에 이것은 불공평한 처사로 생각되었다. 세계 어떤 메이커도 중국 시장을 거들떠보지 않던 1980년대에 푸조가 들어와 승용차를 공급해온 것을 이미 모두 잊은 것이다. 우리가 그 이전에 광주를 방문했을 때 둘러본 푸조 공장은 이미 낡고 보잘것없었다. 생산 차종도 이미 10여 년 전의 구형 모델 그대로였다. 중국 정부로서는 PSA그룹이 광주자동차에 더 이상 투자할 여력도 의사도 없다고 보는 것 같았다.

소개 편지를 들고 광주(廣州·광저우)시를 찾아가니 우리에게도 기회가 있는 듯했다. 그러나 곧 내로라하는 세계적인 메이커들도 모두 달려들고 있었다. 현대는 최선을 다했고 결국 마지막 협상 대상 3개 메이커 중 하나로 선정되었다. 중국 격언에 물건을 살 때는 적어도 세 군데를 둘러보고 비교해서 결정한다는 '화비삼가(貨比三家)' 라는 말이 있다. 그중에 하나가 된 것이다. 그러나 회사 안에서 윗선에 보고할 때 1안, 2안, 3안으로 보고하면서도 사실 결론은 미리 나와 있듯이 중국에서도 마찬가지다. 최후 결정을 위해 3개 메이커를 비교하고 있지만 그건 형식적인 것이고 광주시와 중앙 정부는 이미 현대로 기울었다는 정보가 우리에게 들려오고 있었다.

오랜 실무 협상이 진행되고 최종 담판을 짓는 날이 왔다. 본사 분들만 직접 광주로 날아가 이야기를 듣고 돌아갔다. 그리고 며칠 후 본사에서 전화가 왔다. "송 부장, 그동안 수고했다." 이제는 수고할 일이 없다는 이야기였다. 그리고 광주시에 가서 그동안의 호의에 감사인사를 드리라고 하셨다. 광주로 가 담당인 장광녕(長廣寧) 부시장과 여러 이야기를 나눴다. 부시장도 아쉬워했다. 그는 나에게 그럼 이제 남은 두 회사 오펠과 혼다 가운데 어떤 회사를 선택하는 것이 좋겠느냐고 물었다. 내 이야기를 잠깐 드렸다. 한국 업체들이 해외 업체의 도움을 받을 때의 이야기들이다. 현대와 포드, 현대와 미쓰비시의 경험과 대우와 오펠을 예로 들었다. 결론적으로 일본 업체가 나을 것이라고 추천했다.

이제 다 기억의 저편으로 넘어가는 이야기인데 들쳐보니 그날의 이야기가 중국 인터넷에 실려 있었다. 참고로 소개하면 다음과 같다. 중국어를 공부하시는 분들을 위해 원문과 같이 싣는다. 결론은 혼다로 결정되었다는 것이다.

1997年11月中旬，广州市副市长张广宁会见了韩国现代驻中国首席代表宋勋千，表达了中方的意思，然后顺便问了一句："你认为欧宝、本田哪一家好？" 宋勋千很诚恳地说："大宇是20年前引进的欧宝技术。三年前欧宝走了。当时欧宝技术支持不够，欧宝是通用的子公司，一个国家的大项目都给通用不好。日本人，在技术上传授会好一些，都是东方文化。本田技术较高，对中国投入很大，在美国也搞得不错。很痛苦，要我来讲这些话。" 广州方面又开始重新研究，将欧宝、本田的各项条件归纳为20个最关键的因素，再次列表比较。其结果是：本田比欧宝好的有9条，欧宝比本田好的有4条，两家大体相同的有7条。结果，本田的条件优于欧宝。 最后广州终于决定：选择本田公司作为广州轿车项目的新合作伙伴！1997年11月13日，在时任国务院总理李鹏的见证下，广州汽车集团有限公司、东风汽车有限公司和本田技研工业株式会社终于在日本东京签署了三方合作开展广州汽车项目的"基础协议"。广州市副市长张广宁、本田技术研工业株式会社社长川本信彦在"基础协议"上郑重签字。

〈번역〉 1997년 11월 중순, 광저우시 부시장 장광녕은 현대자동차 중국 수석대표 송훈천과의 회견에서 중방의 뜻을 밝히며, 마지막으로 질문을 던졌다. "당신 생각에는 OPEL과 HONDA 중에 어느 곳이 더 낫습니까?" 송훈천은 매우 진술한 태도로 "대우는 20년 전에 OPEL과 기술제휴를 했다가, 3년 전에 OPEL이 떠났습니다. OPEL 측에서 기술지원이 충분하지 못했습니다. OPEL은 (상해에 진출한) GM의 자회사입니다, 한 나라의 큰 프로젝트를 모두 GM에 주는 건 좋지 않다고 생각합니다. 일본인들이 기술 전수에는 더 낫다고 생각합니다, 모두 동방 문화입니다. 혼다의 기술력이 더 좋고, 중국 시장을 위해서도 많이 노력하고 있고, 미국에서도 성적이 괜찮은 것 같습니다. 가슴 아픕니다. 제가 이런 말을 하게 되서." 광저우는 다시 새롭게 검토하기 시작했다. OPEL과 HONDA의 20개 중요 요소를 다시 리스트해 비교했다. 그 결과, HONDA가 9개 부문, OPEL이 4개 부문에서 상대 우위에 있었고 7개 부문에서는 양사가 거의 비슷했다. 결과는 HONDA의 조건이 OPEL보다 우위였다. 광저우는 최종적으로 HONDA를 광저우 승용차 프로젝트의 새로운 파트너로 결정하였다. 1997년 11월 13일, 일본 도쿄에서 리펑 총리 참석 아래, 광저우 기차, 동풍 기차, HONDA가 3자 합작 광저우 승용차 프로젝트의 '기초협의'를 작성하였고, 장광닝 광저우 부시장과 HONDA 사장이 협의서에 사인하였다.

당시 광주 자동차 프로젝트의 총자본금은 2억 달러 정도였다. 그날 최종 미팅에서 광주시 정부가 현대에 제안했다고 한다. "자 이제 됐다. 5,000만 달러를 예약금으로 납입해라, 만약 이 프로젝트가 중국 측 책임으로 진행되지 못한다면 광주시는 현대에 1억 달러를 돌려줄 것이고, 현대 측 책임으로 진행되지 못한다면 현대는 5,000만 달러를 찾아갈 수 없다." 계약금은 당연히 그런 것이다. 광주시는 사업파트너로 현대를 선택한 것이다. 이젠 현대가 결정해야 했다.

그러나 본사로 돌아가서 내린 결론은 포기였다. 이미 본사에서는 금융 위기의 전조를 감지한 것이다. 그렇게 포기를 결정하고 바로 얼마 후 환율은 두 배 이상으로 뛰었다. 만약 그때 오케이하고 5,000만 달러를 약속했으면 1억 달러에 해당하는 한국 돈이 나갈 수밖에 없었다. 실무자로서는 그동안의 노력이 물거품되어버리는 허탈한 결론이었지만, 현대자동차의 예지력을 실감하는 것으로 위안을 삼았다. 그러나 몇 달이 지나고 나니 요동치던 환율은 대충 원상회복 수준으로 안정화되었다. 그냥 입금했더라도 입금 시기만 조율되었다면 큰 부담이 없었을 수도 있었다는 이야기다. 한동안 광주 혼다에서 만드는 어코드의 인기가 하늘을 찔렀다. 몇 달을 기다려야 신차를 받을 수 있었고 웃돈까지 주어야 했다. 배가 아프지 않을 수 없었다.

합작 후일담

당시 세계 자동차 시장을 장악하고 있는 거의 모든 월드 메이커들이 중국으로 몰려들었다. 모두가 경제대국들의 세계적 기업들이었고 각국 정부의 외교적 지원까지 등에 업고 있었다. 우리로서는 이름만 들어도 주눅이 들 수밖에 없는 브랜드들이다. 현대자동차는 그런 거대 메이커들을 상대로 경쟁하고 중국 정부를 설득해 나갔다. 기업의 역사나 기술력이 한참 뒤진 현대자동차가 영향력을 갖고 중국 정부를 설득해 나갈 수 있었던 것은 그럴 만한 논리와 정세영 회장님의 열정 때문이었다. 중국 자동차 관련 고위층들은 회장님의 진심을 믿어 주는 것 같았다.

현대차의 논리는 명확했다. "100여 년 전 유럽에서 시작한 자동차 산업은 미국과 일본을 거쳐 이제 한국이 경쟁력을 갖는 시대가 되었다. 그리고 다음 차례는 중국이 될 수 있다. 그렇게 되려면 중국은 지금 기회를 잘 잡아야 하고 전략을 잘 세워야 한다."는 것이었다. 그리고 자동차 산업의 기초가 거의 없이 시작하는 중국이 시동과 함께 빠르게 발전하기 위해서는 그에 걸맞는 특별한 전략이 필요하다고 했다. 그러기 위해선 현대자동차와 함께 가야 한다고 설득했다.

"세계적인 거대 메이커에 소속된 그 어떤 경영자나 기술자도 지금의 중국 자동차 산업 수준은 전혀 경험해 보지 못한 생소한 세계다. GM이고 도요타고 그 회사에 있는 모든 기술자는 이미 그 나라의 부품 산업이나 자동차 회사가 발전된 상태에서 그 회사에 입사하고 일을 시작한 사람들이다. 아무런 기초가 없는 중국과 같은 상태에서는 무엇이 문제이고 무엇을 어떻게 해야 할지 경험해 본 사람이 없다. 현대자동차는 다르다. 현대자동차의 경영자나 기술자들은 아무것도 없는 맨땅에서 자동차 산업을 시작하고 키워왔다. 자동차 산업 발전의 모든 과정을 몸으로 체험하고 문제를 해결하면서 지금의 현대자동차를 만들어 온 사람들이 바로 지금 근무하고 있는 사람들이다. 중국 자동차 공장이 무엇이 필요한지 어떻게 해야 하는지 현대만이 알고 있고 도울 수 있다." 이러한 현대의 논리는 많은 사람에게 설득력 있게 받아들여졌다.

몇 년 후, 나는 식당주인이 되어 있었다. 북경자동차집단 동사장이 되어 있던 당시 안 총경리와 옛 추억을 떠올리며 우리 식당에서 대취하였다. 거의 입에 술을 대지 않는 분이시라 몇 병의 소주에 의자를 넘어뜨리며 바닥으로 쓰러졌다. 나도 내려앉아 바닥에 술상을 다시 차렸다. 그리고 또 얼마 후 호텔 로비에서 마주치게 되었다. 북경현대자동차가 합작 설립되고 난 다음이다. 우리는 악수하고 나는 축하한다고 하고 그는 고맙다고 했다. 현대와의 합작을 위해 모든 열정을 바친 그 역시 자신의 꿈을 이루었다. 모든 일이 천시가 있는 듯하다.

지금 중국에 살면서 중국에 현대자동차의 그 아무 것도 없다면 얼마나 허무할까? 회사를 나온 지 벌써 10여 년이 지나 그 시절이 희미해져가도 북경에 현대차 공장이 들어서고 현대차가 좋다는 소리를 들으면 진짜 지금도 기쁘다.

현대자동차와 나

내 청춘의 시절은 경제 영웅들의 시대였다. '수출보국(輸出報國)'의 구호 아래 정주영, 이병철, 김우중 같은 영웅들이 젊은이들의 피를 끓게 하고 꿈을 키우게 했다. 나도 자동차 수출의 꿈을 안고 현대자동차에 입사해 원하는 대로 수출부에 배치되었다. 1979년 1월 1일자로 입사했으니 현대자동차가 '포니(Pony)'를 생산한 지 2년여 되었을 때다. 공장 규모는 10만대. 중남미 어느 나라에 포니 대여섯 대를 첫 수출하곤 국가적 대사를 이룬 듯 떠들썩해 하고 누군가 해외여행을 가서 포니 한 대를 만나면 감격해 눈시울을 붉히던 시절이었다.

입사하니 본사 건물은 휘문고등학교가 쓰던 건물 그대로였다. 교실에서 일하는 셈이었다. 그리고 현대그룹은 모두 정주영 회장님이 경영하시는 줄 알았는데 입사해 보니 동생이신 정세영 사장님께서 맡고 계셨다. 목표한 대로 수출부에 배치되었건만 최전선은 뛰어보지 못했다. 해외 각국을 돌고 들어오는 선배들만 부러워하다가 3년이 지났다. 사실 해외라고 해도 중남미와 아프리카 위주였고 그 밖엔 태평양 어디에 떠 있는지도 잘 모르는 작은 섬나라들과 아시아의 대만, 유럽은 네덜란드, 이탈리아, 그리스 정도였다. 몰타라는 섬도 있었던가? 북미는 물론이고 대부분의 사회주의 국가들도 수출 대상 지역이 아니었다. 아마도 가장 큰 수입 국가는 사우디아라비아였을 것이다. 사우디 현장에 나가 있는 현대건설 때문이었다.

그러던 어느 날 그렇게 바라던 유럽 지역 담당으로 발령받고 인수인계를 하고 있는데 갑자기 기획실에서 나를 필요로 한다며 불렀다. 담당 이사님도 나를 보내지 않기 위해 며칠을 버티시고 내 꿈을 잘 알던 이종훈 과장님은 "사표 쓴다고 그래."라고까지 조언해 주었다. 정말 섭섭했지만 필요해 부른다는 데 가지 않을 수는 없었다. 기획실로 옮겨 며칠 지나니 기획실도 체질에 맞는 것 같았다. 특히 윗분들이 잘 대해 주었다. 그 후 10여 년을 기획실에서 많이도 배우고 열심히 일도 하면서 좋은 선후배들도 만났다. 장가도 가고 아이들도 낳고 나이도 들고 중국에도 나오게 되면서 여한없는 직장생활을 할 수 있었던 것은 모두 기획실 덕분이었다. 현대자동차에 감사하고 그리고 기획실로 불러주신 전성원 사장님께도 감사 드린다.

현대자동차는 이제 세계 6위의 거대 메이커로 우뚝 서서 대한민국 경제의 기둥이 되고 있다. 몇 달 전 동유럽 단체여행을 다녀왔다. 버스를 타고 도시를 이동할 때마다 가이드는 도시 안내보다는 삼성 간판과 현대기아자동차 얘기만 늘어놓았다. 각 도시의 요지마다 서 있는 삼성 간판을 그냥 지나치는 법이 없이 손짓으로 가리켰고 도로에 보이는 현대차 기아차마다 "정말 기아차 많습니다, 현대차 많습니다.", "저것 보세요. 앞에 가는 다섯 대 중에 네 대가 현대차네요, 기아차네요."라고 중계방송을 하다시피 했다.

버스 안의 여행객들도 그런 현대차의 행렬을 바라보며 우리나라가 정말 많이 컸구나 하는 뿌듯함에 젖었다. 그러나 이젠 눈시울을 붉히는 시대는 아니었다. 내가 그런 회사를 다녔다는 게 자랑스럽다. 잠자는 시간을 빼고 집보다 더 오래 머물고 생활하고 청춘을 보내던 그런 회사다.

2

북경일기

떠나가기

7년만의 귀임

광주자동차와의 이야기가 종료되고 IMF 시대가 계속되면서 내가 중국에서 할 일은 없어졌다. 본사와 연락할 사항도 보고할 사항도 별로 없었다. 무의미한 날들이 계속되었다. 평일에도 골프를 치러 나갔지만 골프도 재미없어졌다.

그러던 어느 날 "당신 본사 너무 오래 떠나 있는 것 아니야? 들어오는 게 어때?"라는 부회장님의 말씀이 있었다. 이미 해외 주재원의 규정된 주재 기간을 넘긴 지도 오래됐고 할 일도 없었기에 들어가는 것은 당연한 일이었다. 그러나 "명령에 따르겠습니다."라고 얼버무릴 수밖에 없었다. 고등학교 1학년인 아들의 학교 문제 때문이었다. 7년이나 해외에 있었는데 그때 들어가면 특례를 받지 못하는 것이었다. 반년은 더 남아서 고1과정은 마쳐야 했다. 그러나 개인적인 구차한 얘기는 하고 싶지 않았다.

그리고 얼마 후 12월 30일 오후 본사에서 전화가 왔다. "시무식에 참석하랍니다."라는 한마디였다. 서로 더 이상 얘기하지 않아도 그게 귀임 통보라는 건 누구나 다 알았다. 그날 저녁 사무소 직원들과 이임 식사를 같이하고 그 다음날은 중국인 친구 한 가족과 술 한잔을 하면서 그동안의 우정에 감사를 표했다. 다른 어떤 가까운 사람들과도 인사조차 할 수 있는 시간이 없었다. 그리고 정월 초하루 옷가방 하나 챙겨 귀국길에 올랐다.

떠나기 전날 집사람과 여러 얘기를 나눴다. 그리고 집사람은 당분간 북경에 남기로 했다. 가족의 귀국 여부는 아들의 학기가 끝나는 6개월 후 결정하기로 했다. 중국에 미련은 없었다. 여한없이 일도 했고 많은 사람도 만나고 많이도 다녔다. 서울에 도착해 공항버스 차창에 몸을 기대고 올림픽대로를 달리며 한강을 내려다보았다. 바로 며칠 전 해외 출장 나갔다가 돌아오는 느낌이었다. 지난 7년의 세월은 어디로 갔을까? 무엇을 했는지 어떻게 살았는지 아무런 생각도 나지 않았다. 항상 베풀어 주시는 형님 이종연 전무의 배려로 압구정동 현대아파트 단지에 있던 독신자 숙소에 들었다. 너무 건조해 바로 다음날 감기가 들면서 몇 달간의 고생이 시작되었다.

출근하니 회사의 모든 것이 낯설었다. 사무실의 배치도 모두 바뀌었고 직원도 모르는 사람이 대부분이었다. 옛날 가까웠던 모든 사람도 모두 다 늙어 있었다. 타임머신을 타고 미래로 온 듯했다. 그들이 보는 나도 당연히 그랬을 것이다. 무슨 일을 하라는 얘기도 어디에 앉으라는 얘기도 없었다. 그렇다고 집에 가라는 얘기도 아니었다. 누군가에게 물으니 전에 있던 자리에 가서 앉으면 되지 않겠느냐고 했다. 전에 내 밑에 있던 부장이 창가의 자리를 내주고 아래로 내려앉는데 섭섭한 표정이 눈에 보였다. 북경으로 나오기 전 두 개 팀장을 겸임해 앉았던 자리에 7년 후에 돌아와 보직도 없이 앉은 것이다.

기획실장도 처음 보는 분이고 직원들도 한두 명을 빼고는 모두 처음 보는 얼굴들이었다. 다음날 기획실장회의에 같이 들어가자고 했다. 들어가 앉아 회의가 돌아가는 것을 보니 팀장들이나 직원들이 모두 잘들 하고 있었다. 기획실장께 말씀을 드렸다. 당분간 여러 군데 귀임인사도 해야 하고 제가 없어도 될 것 같으니 한 달 정도 자유 시간을 달라고 부탁드렸다. 기획실장은 상당히 인자한 분이었다. 그러라고 하셨다. 사실 이 자리는 내가 있을 자리가 아니라는 걸 나도 알고 기획실장도 알고 있었던 것이다.

출근 후 대부분의 시간은 밖으로 나돌았다. 사실 예전에 회사 일로 맺어진 분들을 포함해 찾아뵙고 귀임 인사를 드려야 할 분들이 많기는 많았다. 한 달 가까이 되니 창가 자리를 양보하고 밑으로 내려앉아 있던 부장이 불편해 하는 것 같았다. 부장 자리는 창가 앞이 제자리다. 나는 어차피 사무실에도 오래 앉아 있지도 않으니 상관이 없었다. 자리를 바꿔주고 앞으로 내려앉았다. 서울에 도착해 첫 날 걸린 기침 감기가 너무 깊어져 이젠 기획실 모두에게 피해를 주는 듯했다. 한 번 기침이 나오면 몇 분 동안이나 계속되어 허파 속의 모든 공기가 다 빠져 나오는 듯했고 결국은 피까지 섞여 나왔다. 내가 기침을 시작하면 그 큰 기획실 사무실 전체가 조용해졌다. 저 사람 저러다 죽는 것이 아닌가 생각하고 있는 듯했다.

연봉 통지가 왔다. 이번부터 연봉제로 바뀐다는 것이었다. 지난해에는 많은 직원이 명예퇴직을 했다고도 했다. 밖에 있다 보니 그런 일이 있는지도 몰랐다. 연봉을 보고 월급으로 환산하니 지난해보다 30%나 깎였다. 그것도 평점이 A급이라 그 정도라는 것이었다. 해외 수당을 받던 것과 비교하니 지난해에 비해 절반 이상 낮아진 것이었다. 북경 가족의 집 임차료, 생활비, 학비를 낼 수 있을 정도가 아니었다. 서울 숙소비와 내 교통비만 제해도 북경에 남아있는 가족의 생활은 불가능했다. 점점 고민이 깊어졌다.

사표내기

　북경에서는 매일 전화가 왔다. 집사람이 밝은 음성으로 전화를 해오고 어떤 내색도 하지 않았지만 불안해 그런다는 걸 왜 모르겠나. 며칠 후 생전 처음 듣는 이름인데 왕징이라는 아파트로 이사를 간다고 했다. 외국인 거주가 허가되지 않은 중국인용 아파트이다. 회사에서는 지금 살고 있는 외국인 아파트에 반 년 더 살아도 좋다고 했지만 집사람은 그러고 싶지 않다고 했다. 불법 거주이긴 해도 이미 다른 한국인들도 좀 있고 우선 깨끗해서 살 만하다는 것이었다. 중국인 친구와 마지막 송별 식사를 할 때도 아파트 이야기가 나왔었다. 자기가 얼마 전에 새 아파트로 이사를 갔는데 전에 살던 아파트가 비어 있으니 그냥 들어와 살라는 것이었다. 그때도 고맙다고만 대답했다.

　오랜만이라고 반겨 주는 사람은 많아서 매일 낮술, 저녁술 그리고 2차로 이어졌다. 감기는 기관지염으로 천식으로 발전하면서 기침약을 거의 매분마다 털어 넣어야 했다. 이젠 심장 박동이 이상해졌다. 맥박이 파르르 떨리기도 하다가 어떤 때는 몇십 초씩 중단되는 것 같기도 했다. 인터넷으로 증상을 알아보니 부정맥이었다. 회사 앞 오래전에 다니던 병원을 찾았다. 점심시간을 훨씬 넘겨 돌아온 노인네 의사는 술 한 잔을 걸친 상태였다. 진찰을 하더니 다짜고짜 "오래 못 살아요."라고 하신다. 옆에 있던 간호사 얼굴을 올려다보니 간호사도 황당해 하면서 안됐다는 표정을 지었다. 주사 맞고 약 봉투를 갖고 나오는데 나 자신도 그럴 것 같았다. 이대로 살다가는 돌연사를 할 것 같았다.

　영원히 건강하실 것 같던 아버님도 많이 쇠약해져 계셨다. 배가 아프시다고도 했다. 시간 날 때마다 병원을 모시고 가는 데, 어느 날 병원을 가는 길에 오래 못 살 것 같다고 말씀하시는 것이었다. 무슨 말씀도 드릴 수 없었다. 병원에 가서도 링거와 진통제만 맞고 돌아오시곤 했다. 초등학생 딸아이는 아침마다 전화를 걸어왔다. 밝고 맑은 목소리로 "아빠 언제와? 빨리와!" 하며 독촉이 심했다. 꼭 아빠 혼자 서울에 놀러온 것 같은가 보다. 그래 돌아가리라고 마음을 먹었다. 그러나 회사를 그만둔다는 게 쉽지 않았다. 우선 어떻게 먹고살아야 할지 너무나 무섭고 두려웠다. 더구나 서울에 아버님이 계시지 않은가?

그런데 사무실에 앉아 신문을 뒤적이는 데 불현듯 떠오르는 게 있었다. 요사이 그렇게 많은 신문을 보았는데도 굶어 죽은 사람에 대한 기사는 본 적이 없다는 것이다. 매일 은행원들과 공공기관의 명퇴 이야기 그리고 그 사람들의 데모하는 이야기로 온 나라가 시끄러워도 굶어 죽은 사람 이야기는 없었다. 자살은 있어도 아사는 없는 것이었다. 다들 사는 데 내가 못 살겠나 하는 오기와 용기가 생겼다. 아버님도 오래 사실 거라고 믿기로 하니 또 그렇게 믿게 되었다.

회사를 그만두는 데는 생각지도 못했던 또 다른 어려움이 있었다. 회사에 어떻게 얘기해야 하는지가 문제였다. 많은 사람이 명퇴를 당하고 이젠 평생직장이란 없다고 해도 그렇지 않았다. 경영 구조가 바뀌어 새로 회장님이 되신 아드님이나 부회장님들, 사장님들께 어떻게 얘기해야 할지 막막했다. 20여 년이나 회사의 녹을 먹고 믿음을 받고 현대자동차 덕택에 하고 싶은 일 다 하면서 살아왔는데, 내가 먼저 그만두겠다고 말하기가 너무나 미안했다. 마치 주인에 대한 배반같이 느껴졌다. 오히려 나가라고 하면 훨씬 마음 편하게 떠날 수 있을 텐데… 라는 생각도 들었다. 그러나 한번 결정을 내리니 나름대로 분발심도 생겼다. 내가 머슴으로 태어난 게 아니지 않나, 시키는 일만 하고 주는 월급만 받으며 내보낼 때만 기다리고 있을 수는 없지 않나, 내가 결정할 수 있는 인생을 살아보자는 의욕이 불타올랐다. 그래도 말을 꺼내는 건 정말 죄스럽고 어려웠다.

그러던 어느 날 현대종합상사 정재관 사장님께서 올라오셨다. 북경에서 종합상사 본부장으로 계시다가 본사 사장으로 오셔서 다른 층에 근무하고 계실 때다. 사장님이란 직급에도 불구하고 가끔 내 자리를 찾아오셔서 책상 모퉁이에 앉아 커피 한잔 마시고 가시곤 하셨다. 이날은 오셔서 내 마음을 읽으셨는지 한 말씀을 해주셨다. 당신이 지금 사표를 쓰고 중국으로 간다고 하기는 어려울 것이다. 사표를 쓰면서 북경 지사에서 현지 직원으로라도 근무시켜달라고 부탁을 해라. 그럼 윗분들하고 좀 편하게 이야기할 수 있을 것이다라고 말씀해 주셨다.

정말 그랬다. 사장님께 그대로 말씀드렸더니 생각 좀 해 보자고 하신다. 그리고 며칠 후 찾으시더니 윗분들끼리 이야기를 나누셨다고 한다. 결론은 어렵다는 것이었다. 그럼 그냥 나가겠다고 말씀드렸다. 훨씬 가벼운 마음이 되었다. 거짓말이었지만 그렇게밖에 얘기할 수 없었던 나의 마음을 지금이라도 이해해 주실 것이라고 믿는다.

인사부에 사표를 제출하니 한 달 정도 기다리라고 한다. 나중에 알고 보니 퇴직금을 적게 주기 위해서였다는 것이다. 최근 3개월 평균 급여를 기준으로 퇴직금이 계산되기 때문에 감봉된 기준으로 퇴직금을 줘야 회사에 도움이 되기 때문이었다. 내가 그런 걸 바랄 사람인가 싶어 기분은 좋지 않았지만 그래도 인사 담당자의 입장은 십분 이해할 만 했다.

사표낸 후

사표를 냈다는 소식이 알려지자 많은 사람이 안쓰러워했다. 박병재 부회장님은 몇 번씩 밥을 사주시면서 새로 시작하기엔 너무 늦은 나이라고 했고, 정 나가려면 몇 달 기다렸다가 나가라고도 해 주셨다. 그땐 퇴직금이라도 제대로 받을 수 있다고 하셨다. 회사 내 동료들까지 인생 탈락자를 보는 듯한 안쓰러운 눈길을 보내기도 했지만 많은 분들은 진정 앞으로의 삶을 걱정해 주고 도와주시려고 했다.

윤국진 부사장님이 점심을 같이 하자고 호텔로 부르셨다. 막 기아자동차 부사장으로 승진하셨기에 "부사장님 승진을 축하합니다." 했더니 그렇게 부르지 말라고 하신다. 이젠 계급 관계가 아니니 그냥 형이라고 하라신다. 좋은 말씀을 많이 듣고 헤어지는데 앞으로도 어려운 일 있으면 꼭 얘기하라는 말씀을 잊지 않으셨다. 우리 가족을 북경으로 보낼 때 일등석으로 보내 주시고 가끔 전화를 하셔서 필요한 것 없느냐고 물으시던 분이시다. 주재원 시절 전화를 주시곤 먹고 싶은 건 없느냐고 물으시기에 생선회가 먹고 싶다고 말씀을 드렸더니 울산 방어진 광어회를 아이스박스에 넣어 출장자 편에 보내 주시기도 했다.

광어 한 마리를 회로 뜨면 생선뼈의 상하 좌우로 생선살 네 쪽이 나온다. 이 조각들을 하나씩 비닐에 말아 롤을 만들어 담았는데 롤의 개수가 수십 개나 되었다. 북경 주재 모든 신문, 방송 특파원들을 다 불러내 소주에 생선회 파티를 열었다. 당시 북경엔 생선회가 없던 시절이라 모두가 감탄하며 현대자동차에 감사해 마지않았다. 옛날 기획실에서 같이 모시고 일하던 시절엔 업무상 술 많이 먹는 나를 위해 보신하라시며 소주 대병들로 채워진 상자를 주시기도 했다. 생사탕이었다. 그날 그렇게 형, 동생으로 헤어지고 몇 년이 지난 후 내게 정말 어려운 일이 생겼다. 그리고 내가 부탁도 드리지 않았는데 그때도 또 도와주셨다. 신세를 지며 산다.

어느 날 책상으로 전화가 왔다. 그래서 받았더니 웬 아가씨가 "대한알루미늄 사장실입니다." 하면서 "사장님께서 통화하기를 원하십니다."고 했다. 처음 듣는 회사 이름이라 다시 물어 보니 현대그룹 계열사인데 이수일 사장님이라고 했다. 아주 반가웠다. 이 사장님께 언제 사장님이 되셨느냐고 여쭈니 자고 일어나니 되어 있었다고 농담을 하시며 바로 건너오라고 하신다.

찾아뵈니 뭐해 먹고 살 생각이냐고 물으셨다. 아무 계획도 없다고 했다. 그럼 앞으로 대한알루미늄의 중국 지사 명함을 갖고 사업을 해 보라고 하셨다. 그리곤 본사의 모든 관련 팀장들을 불러 모아 인사시켜 주셨다. 그 자리에서 중국과 관계가 되는 알루미늄 잉고트 구입과 알루미늄 완제품 판매를 송 사장을 통해 해 보라고 말씀하셨다. 사장이라고 부르시는 데 놀리시려 건 아닌 듯했다. 모든 팀장도 적극적으로 동의해 주었다. 그 회사로서도 중국 사업을 시작하려는 시기였기 때문이다. 팀장들과 별도 자리를 만들어 서로 인사를 나누고 앞으로 잘 해보자고 의기투합을 했다.

사표를 내놓고 기다리는 동안 지푸라기라도 잡는 심정으로 사업거리를 찾아 다녔다. 중국 관련된 사업을 해 보겠다는 회사나 개인이 있으면 다 찾아 다녔다. 어떤 심부름이라도 열심히 할 자세는 되어 있었다. 중국으로 나가 당장 먹고살거리를 만들어야 했기 때문이다. 그러나 만나는 많은 사람들, 중국 사업을 한다거나 하겠다는 사람들 대부분은 상대하기 힘든 보따리 잡상인도 많았고 큰 사업을 하겠다는 사람은 누구에겐가 속고 있거나 제 정신이 아니거나 그런 사람들 같았다. 너무나도 황당한 일확천금의 꿈을 꾸고 있었다. 시간이 흘러도 먹고 살거리가 잡히질 않았다.

중국에서는 중국인 친구들한테 전화가 자주 왔다. 잘 들어갔는지, 본사에서는 무슨 일을 하는지, 어떤 이들은 나와서 사업하라든지 그런 얘기들이었다. 그런데 이상한 것은 중국인들과 통화하는데 중국말이 나오지 않는 것이었다. 알아듣기는 하겠는데 말문이 콱 막혀 대화가 되질 않았다. 아마도 정식으로 배우지 않은 것도 이유가 되겠지만 큰 열린 사무실에서 중국어로 떠드는 게 어색하기도 했기 때문일 것이다. 조금 더 늦어지면 중국말도 다 잊어먹고 중국 친구들도 나를 다 잊을 것 같았다. 빨리 나가야지 하는 생각에 점점 더 초조해졌다.

그러던 어느 날 북경 지사에 오래 같이 있었던 조선족 직원 미스 리가 전화를 했다. "소장님 어서 나오세요. 사업하세요. 저 벌써 나와서 기다리고 있어요. 제가 다 알아서 잘 꾸려가겠습니다." 하는 게 아닌가? 지사에서 약간은 왕따를 당하는 눈치였는데 내가 없어지니 남아서 일하기가 거북했던 모양이었다. 미스 리의 이 말 한마디는 큰 용기가 되었고 이제 중국에 뭔가를 준비할 수 있게 됐다.

회사 떠나가기

퇴직금을 받았다. 연봉이 줄어든 만큼 퇴직금도 그만큼 적었다. 들리는 말로는 전 해에 명퇴한 사람들은 퇴직금에 50% 정도를 더 받았다고 한다. 나의 퇴직금은 명퇴한 직원들에 비해 절반도 되지 않았다. 회사가 어렵다는 데 할 수 없는 일이었다.

뉴스를 보니 공기업인 도로공사에서도 명퇴가 있었다. 퇴직금 얘기가 나오는데 나와 똑같이 20년을 근무한 톨게이트 수납원들이 2억 원씩 받았다고 했다. 내가 받은 것보다 세 배가 넘는다. 굴지 대기업이라는 현대자동차 퇴직금이 허무하게 느껴졌지만 마음을 돌려 먹으니 기분이 좀 풀어졌다. 20년 동안이나 좁은 박스 속에서 배기가스를 마시며 그렇게 일하는 것이 훨씬 더 어려운 게 아닌가. 나는 회사 돈으로 술도 한없이 마셨고, 하고 싶은 일도 다 해보고 살지 않았는가 하고 생각하니 서운한 마음도 사라졌다. 그래도 역시 이 퇴직금을 갖고 앞으로 어떻게 살아가야 할지 답답할 뿐이었다.

사람을 만나러 가기 위해 택시를 잡았다. 강남의 유명한 호텔을 가는데 기사가 그 호텔을 잘 모르는 것 같았다. 웬만한 사람이면 다 아는 곳이라서 이상해서 물어 보았더니 택시기사를 시작한 지 며칠 되지 않았다고 한다.

은행에서 운전기사로 일했는데 자기가 모시던 분은 다니는 호텔만 다녔기 때문에 다른 호텔은 잘 모른다는 것이었다. 그러면서 육두문자를 써가며 장광설을 쏟아냈다. 20년 청춘을 다 바쳤는데(입사 연도가 나와 같다) 퇴직금이란 게 겨우 2억 원 조금 넘는다는 것이었다. 나는 "너무했군요."라고 대꾸해 드릴 수밖에 없었다.

이제는 회사를 떠난다. 내 인생의 첫 직장이고 유일한 직장이고 평생의 직장으로 알았던 현대자동차를 떠난다. 내가 아무리 사랑했어도 내 회사가 아니라는 걸 실감하는 때이다. 나중 얘기이지만 회사를 그만두고 북경으로 나온 후에도 가끔씩 서울을 들어가면 그때마다 아직도 회사 근처 계동 주위를 맴도는 나 자신을 발견하곤 했다. 병원도 옛날 다니던 그 병원을 가게 되고 술 약속도 그 근처에서 하게 되는 것이었다. 회사 근처가 고향같이 생각됐기 때문일 것이다.

지금도 몇 개 회사 퇴직자들이 자기가 다녔던 회사로 다시 돌아가기 위해 몇 년씩이나 시위하고 애쓰는 모습들을 보면 그 마음이 이해가 된다. 그러나 세월이 지나고 보면 어차피 회사는 회사고, 나는 나라는 사실을 실감하게 될 것이다. 회사가 내 인생의 모든 것도 아니었고 단 한 번뿐인 내 삶을 송두리째 바칠 만한 절대가치도 아니었다는 것을 깨닫게 될 것이다.

북경으로 돌아가다

중국에 가서 뭘 해먹고 사나? 아는 건 이젠 나와는 전혀 관계가 없는 중국 자동차 산업 정책에 대한 얄량한 토막 지식뿐이고 아는 사람들이라곤 그런 일 하는 사람들밖에는 없는데 말이다.

아버지께 떠난다는 인사를 드렸다. 애써 마지막 인사일 수는 없다고 자위했지만 그럴 수도 있다는 죄책감이 드는 건 어쩔 수 없었다. 곧 다시 뵐 듯(그럴 수도 있기는 했지만) 며칠 출장 가듯 건성으로 인사를 드릴 수밖에 없었다. 새어머니만 믿을 뿐이었다. 걱정이 태산 같으신 장모님께는 걱정하지 마시라고 잘 살 거라고 준비가 다 됐다고 허풍을 쳐댔다. 그리고 어머니 산소에 들러 당신 아들 믿으시라고 당신 닮아 대단하다, 아직 기회가 없어서 못 보여 드렸을 뿐이다. 그런데 엄마가 좀 하늘에서 도와주세요 부탁 말씀을 드렸다. 다시 유유히 흐르는 한강을 바라보며 공항으로 향했다. 이제는 큰 회사의 지점장이 아니라 북경에서 뭔지는 모르지만 뭐라도 해서 살아남아야 하는 맨손의 중년 가장이었다.

북경 공항에 도착하니 오랫동안 함께 있던 부하 직원이 내가 타던 차를 갖고 마중을 나왔다. 몇 달 전의 내 기사는 어색한 웃음을 지으며 괜히 미안한 표정을 지었다. 집에서 불러준 주소로 왕징이란 동네를 찾아갔다. 4구라는 곳이었는데 컴컴한 입구를 지나 22층에 있는 집을 찾았다. 온 가족이 반가워 난리들이다. 강아지까지 길길이 뛰면서 좋아했다. 대문이 이중 철창문으로 되어 있어 밖의 분위기는 살벌했지만 실내는 밝고 괜찮았다. 월세는 5,800달러에서 5,800위안으로 단위가 바뀌었지만 네 식구가 사는 데는 문제없었다.

문제는 중국인 아파트에 외국인이 사는 것이 불법이었기 때문에 매일 불안하게 살아야 하는 것이었다. 왕징은 그때 새로 개발된 아파트 단지라 다른 중국 아파트에 비하면 상당히 깨끗했고 정리도 잘 되어 있었다. 그리고 IMF 후폭풍이겠지만 많은 한국인이 개인 사업을 하기 위해 북경으로 들어오기 시작했고 살 만한 주거지는 왕징밖에 없으니 그곳으로 모여들고 있었다.

중국에서 외국인이 집을 자유롭게 사고 팔 수 있게 된 것은 2004년부터다. 그러니 거류증 주소를 바꾸지 않고 이전 야원촌 주소를 그대로 사용할 수밖에 없었다. 가끔씩 파출소 공안을 대동하고 아파트 관리 사무소에서 실제 조사를 나왔다. 걸리면 어떻게 되는지는 모르지만 하여튼 미리 집에 오기로 된 사람이 없을 때는 문 두드리는 소리가 나면 렌즈로 내다 본 다음 모르는 사람이 몇 명 서 있으면 모두 숨죽이며 방으로 들어갔다. 문을 따고 들어오는 건 아니고 인기척이 없으면 그냥 돌아갔다.

사무실은 현대엘리베이터 이경준 지점장의 주선으로 엘리베이터 북경 대리점 사장이 도와주었다. 나이가 지긋한 홍콩 사람인데 직접 관련은 없었어도 오랫동안 서로 호의를 갖고 알고 지내던 사이였다. 큰 대리점 사무실 안에 비어 있는 작은 사무실을 그냥 쓰라고 내주었다. 서울을 떠나기 전 집사람과 미스 리가 책상 두 개와 2인용 차 탁자 한 개를 사다 놓았고 전화도 연결해 놓았다. 도착한 바로 다음날부터 출근했다.

아버님의 부음

불안한 마음으로 북경에 도착한 후 마음 편한 날이 없었다. 오래 사실 것이라고 믿고 자주 뵐 것으로 마음을 먹고 북경으로 나왔어도 하루하루가 불안하기만 했다. 집 전화가 울릴 때마다 가슴이 덜컹 내려앉았다. 북경에 와서 열흘쯤 지난 토요일 늦은 밤 전화가 울렸다. 전화 받기가 무척 두려웠다. 새어머니의 목소리가 흘러 나왔다. 아버지가 돌아가셨다.

다음 날 일요일 첫 비행기로 온 가족이 귀국했다. 이미 우이동 성당에 상가가 마련되어 있었다. 교회는 다니지 않으셨지만 하얀 양가죽의 두꺼운 영어 성경책을 수십 년 동안 밑줄을 치며 읽으시고 외우다시피 하셨던 아버지께서는 그때 천주교에 귀의하신 후였다. 나에게 형제가 없다보니 고맙게도 큰 동서께서 상주 역할을 해주고 계셨다. 주말이라 지인들에게 연락하는 것도 미안했다. 물론 20여 년 몸담았던 현대자동차 동료들도 떠올랐다. 그러나 다시 생각해 보니 나는 이미 현대자동차 사람이 아니었다. 그래도 이종연 선배에게 연락을 하니 경주에서 전화를 받았다. 회사의 모든 중역들과 같이 경주에서 세미나 중이어서 본인을 비롯해 어떤 중역도 참석하지 못할 것이라며 미안해했다. 그러면서도 회사를 포함해 이리저리 연락해서 회사 화환도 보내주고 옛 동료들에게도 널리 알려주었다.

  내가 회사를 떠난 사람이고 교통도 불편한 곳이었는데도 옛 동료들이 많이 찾아 주었다. 현대자동차 20년을 헛되게 살지 않았다는 생각과 그분들의 따뜻한 마음에 감사할 따름이었다. 삼우제를 마치고 북경으로 돌아오는 공항으로 향하며 한강과 남산을 바라보았다. 이제 한국에 남은 인연은 하나도 없었다. 잘 있거라 남산아, 잘 돼서 돌아오마 한강아.

  내가 느끼는 한강이나 남산은 남들과 다르다. 남쪽에 일가친척 아무도 없는 피난민 아버지와 피난민 어머니 두 분이 만나 살림을 차리고 나를 낳으신 곳이 바로 남산 아래 이태원동이기 때문이다. 나의 고향 이태원은 해방촌과 마찬가지로 피난민이 많이 모여 살았다. 나는 이태원초등학교 3학년까지 이태원에 살았는데 우리 집 건너편 지금 하이얏트 호텔 자리는 그 유명한 털 없는 복숭아, 이태원 복숭아밭이었다. 친구들과 함께 산꼭대기 팔각정(그때는 우남정이라고 했다)까지 오르내리고 숲속에 몰래 들어갔다가 산감에 쫓겨서 도망을 다니던 남산은 바로 우리 집 뒷산이었다.

  남산 3호 터널 옆 아파트 단지는 포방터라고 부르던 군인 사격장이었다. 우리의 스릴 있는 부업은 포방터에 들어가 탄착 표지 뒤편에 박힌 총알을 꺼내 구리와 납으로 만들어 엿장수에게 파는 것이었다. 찬바람재라고 부르던 이태원초등학교 언덕 아래 사거리에 서 있던 구릿빛 콜트장군 동상과 미군 부대 뒷산은 아이들에겐 놀기 좋은 장소였다. 아이들이랑 쓸려서 놀다보면 서빙고를 넘어 한강까지 갈 때도 많았다. 그때의 한강은 홍수도 많았지만 가뭄이면 개울만큼 좁아진 강이 꼬불꼬불 흘렀다.

  여름엔 아버지를 따라 뚝섬이나 광나루로 미역 감으러 다녔다. 수영 잘

하시던 아버지는 한강을 몇 번씩이나 헤엄쳐 왕복을 하시곤 했다. 아버지는 날 강하게 키우고 헤엄치는 걸 가르쳐 주신다고 깊은 물에 던지셨다가 내가 엄마한테 일러바쳐 며칠 동안이나 혼나시기도 하셨다.

미군들 지프나 쓰리쿼터를 좇아가면 미군들은 초콜릿이나 과자를 던져주곤 했다. 나쁜 뜻으로 던져주는 게 아니라 차가 달리는 중에 주려니 던져줄 수밖에 없었다. MP나 경찰에 쫓기던 양공주들이 우리 집으로 도망쳐 오면 함께 세를 사는 어른들이 물도 떠다주고 앉아서 쉬어 가도록 하기도 했다. 아가씨들은 하이힐을 벗어들고 맨발로 죽어라 뛰었지만 대부분은 잡혀 철창차 안으로 집어넣어졌다. 아가씨들 대부분은 전쟁고아들이라고 했다. 아무도 도와주지 않는 세상에서 천애 고아가 된 아가씨들이 먹고 살 수 있는 길이 거의 없던 시절이었다.

어려서는 명절이면 동네 친구들이 시골로 떠나버려 나 혼자 남을 때가 많았다. 그때면 항상 "왜 나는 시골이 없어? 왜 나는 할아버지 할머니가 없어?" 하며 울먹이곤 했다. 그럴 때마다 어머니는 너는 더 좋은 시골도 있고 할아버지 할머니도 모두 계시다. 기다리면 고향을 가서 다들 만날 수 있다며 다독거려 주시곤 했다. 그때는 고향이 없어서 서운했는데 지금은 서울이 고향이라 항상 가까이 할 수 있어 좋다. 아버지가 돌아가시면서 나의 모든 한국 인연은 일단락됐다. 그리고 정말 오랫동안 한국을 잊고 살았다. 친구도, 나중에 찾은 친척도, 선배도 후배도 마음속에만 간직했다. 우선 살아남는 게 중요했기 때문이다.

이준원 박사

상가가 차려지고 그날 저녁 옛 회사 동료인 이준원 박사가 문상을 왔다. 당시 이 박사는 인천제철 상무로 근무하고 있었다. 밤을 새우고 새벽에 돌아갔다. 그런데 영구차가 떠나는데 이 박사가 다시 돌아와 버스 아래 서 있는 게 아닌가? 영구차가 멀어질 때까지 쓸쓸한 미소로 손을 흔들어 주었다. 월요일 아침 인천까지 가려면 한참 걸릴 텐데 고맙기 그지없었다. 그것이 이 박사와의 마지막이다.

기획실 과장 때이니 1980년대 중반이다. 어느 날 뒤에 앉아 계신 김종일 이사님께서 부르시더니 이력서 한 통을 주셨다. 현대자동차에서 꼭 일하고 싶다는 편지가 같이 붙어 있었다. 이력서는 화려했다. 서울대 기계공학과에 키스트(KIST)에서 석사를 받고, 현대엔지니어링에서 과장까지 지내다가 미국에서 경제학 박사를 받았다는 것이다. 텍사스 오스틴이라고 했다. 나는 이력서를 들여다보며 혼자 중얼거렸다. 텍사스면 카우보이들이 말을 타고 다니는 데 아닌가? 소 키우는 축산과라면 괜찮을 텐데 무슨 경제학을 거기서 배우나? 사무실에는 텍사스 오스틴이란 대학을 들어본 사람이 아무도 없었다.

마침 밑에 새로 들어온 신입사원이 있어서 그 친구에게 미국 대사관에 가서 그 학교 좀 알아보라고 시켰다. 몇 시간 후 학과별로 별표가 메겨진 미국 대학 리스트를 갖고 왔다. 경제학으로 상당히 높은 평가를 받는 대학이었다. 그리고 얼마 후 이 박사는 차장으로 특채되어 기획실에서 나와 함께근무하게 되었고 바로 가깝게 지내는 사이가 되었다. 언감생심 비교할 수준은 아니지만 나도 기계공학과와 경영학과를 나와 비슷한 점도 있었고 그가 학번은 하나 앞섰지만 나이가 같았던 것이 서로를 잘 통하게 했던 것 같다.

특히 술 좋아하는 것이 같았다. 각자 다른 약속이 없는 날이면 예외 없이 한잔이었다. 물론 시간이 되는 다른 동료들도 같이 불렀다. 술 맴버는 둘이 되기도 하고 다섯이 되기도 했지만 코스는 거의 변치 않았다. 회사 앞 식당에서 소주 몇 병을 걸치곤 근처에 있는 소나타라는 카페에서 입가심하는 것이었다. 어느 날은 둘의 점심 반주가 저녁까지 이어지기도 했다. 퇴근 손님이 몰려오니 식당 주인에게 미안해서 더 마시지 못했다. 이 박사는 술은 좋아했지만 곧잘 떨어졌다. 홍제동인지 구파발인지 언덕배기에 있는 아파트 문까지 부축해 가면 맞아주는 사모님은 고맙다거나 반갑다는 표정이 아니었다. 나를 보는 표정이 똑같이 한심한 사람으로 보는 듯했다.

언젠가 미국 대학 로스쿨의 서머스쿨 과정을 밟은 적이 있다. 과정이 끝날 때쯤 김 이사님께 안부 전화를 드리는데 이 차장이 당겨 받고 한마디 했다. "뭐하고 있어? 연락이 없는 걸 보니 백마 타러 다니는 거 아니야?" 그러자 전화 속에서도 뒷자리에 계신 이사님이 야단치는 목소리가 들려왔다. "아침부터 사무실에서 무슨 소리야?!' 한참이나 야단을 치시고야 전화를 받으셨다. 이 박사가 아니라면 정말 층층이 분주한 아침 사무실에서 그렇게 정겨운(?) 이야기를 부담 없이 할 사람이 어디에 있을까?

그리고 나는 북경으로 나오고 이 박사는 정치 쪽으로 차출되어 회사를 떠났다가, 다시 들어와 미국 애틀랜타의 법인장으로 가 있었다. 몇 년 후 홍콩에서 무슨 행사가 있었는데 아침 통화 때 야단을 치시던 김 전무님과 이 박사 두 분이 참석하고 나도 홍콩에서 합류키로 했다. 지구는 좁았다. 홍콩 골목 작은 술집에서 시간을 정해 만나기로 했는데 서울, 북경, 애틀랜타에서 온 사람들이 한 시간 안에 다 모인 것이다. 직장생활 내내 나를 동생같이 배려해 주시고 키워주신 김 이사님과 이 박사와 함께 길고 긴 밸런타인 나이트를 보냈다.

그리고 다시 몇 년 후 본사로 귀임하고 나서 이 박사한테 전화를 걸었다. 지방 출장을 갔다가 헬기에서 막 내렸다며 인천 본사에 갔다 와야 하니 늦게라도 기다리라고 했다. 나는 곧 그만둘 부장이었고, 그는 상무였지만 변한 건 없었다. 다시 북경으로 나오기까지 두 달여를 옛날로 같이 돌아가 주었고 아버지 상을 치르며 그렇게 다시 만나고 헤어진 것이다.

한참 후 정치에 입문한 이 박사가 파주 시장으로 열성적으로 일하고 있다는 소식에 뿌듯해 하면서 언젠가 파주로 찾아가 낮술이나 한잔 해야지 하면서 시간을 흘려보내고 있을 때였다. 어느 날 오랜만에 서울로 나왔다가 돌아오기 위해 인천공항에서 탑승 대기를 하고 있는데 전화벨이 울렸다. 우리 사이를 잘 아는 후배가 다급한 목소리로 도저히 믿을 수 없는 소식을 전했다. 방금 전 그가 뛰어내렸다는 것이다.

정말 믿어지지 않았지만 돌아나가야 한다고 생각하면서도 발은 이미 탑승구를 들어서고 있었다. 그러나 나가도 어디로 가야 할 지 감도 잡히지 않았다. '뭐 이런 놈이 다 있나?' 자괴감과 죄책감이 밀려들었다.

이 시장이 돈을 받았을 것이라는 얘기가 있었다. 줬다는 사람이 있다니 그럴 수도 있겠다. 그러나 내가 아는 이 박사는 절대로 개인적인 대가로 돈을 받을 사람이 아니다. 자기가 내지 않아도 될 술값도 본인이 내지 않으면 불편해 하는 사람이다. 그런 여린 마음이 문제가 되었다면 어쩔 수 없었을 것이다.

"얼마 안 됩니다. 그냥 시정을 펼치시면서 어려운 곳에 써 주십시오. 안 받으면 제 체면이 뭐가 어떻게 됩니까?" 하고 던져놓고 뛰어나갔다면 마음 여린 그는 뒤따라가 돌려주지 못했을 인물이다. 그 사람 체면 때문이다. 그리고 좋은 곳에 쓰면 되겠지 하며 세상이 다 자기 마음만 같은 줄 알았을 사람이다. 결국 이 세상이 그런 배려와 선의로 사는 게 무의미하고 그런 세상이라면 살 만한 가치가 없는 곳이라고 생각했겠지. 그러나 이 박사는 자기가 없어진 이 세상을 사람들이 얼마나 허전해 하는지도 생각했어야 했다.

이 박사가 생각날 때마다 오랫동안 묘소도 찾아가지 못한 미안함이 컸다. 이 책을 쓰면서 더 이상 미룰 수 없다는 생각에 집사람과 함께 물어물어 파주의 묘소를 찾았다. 산소 아래 가게에서 소주 한 병을 사 들고 올라가니

'파주시장 전주 이공 준원지묘' 라는 비석이 흩날리는 낙엽 속에 쓸쓸히 서 있었다. 산소는 이미 오래되어 역사 속 인물의 묘가 되어가고 있었다. 벼르던 낮술을 이런 식으로 나누게 되다니 사는 게 인생무상이었다.

3
북경일기

두 번째 인생
시작하기

뭘 해먹고 사나

도착하고 다음날 첫 출근이다. 전에는 회사를 그만두면 반 년쯤 쉬면서 중국 오지 여행을 다녀볼 생각이었다. 그러나 그건 꿈이었다.

다음날 아침 일찍 깨끗한 양복에 넥타이를 질끈 동여매고 가방 하나 들고 현관을 나섰다. 진눈깨비가 조금 흩날리는 듯했지만 무시할 만해서 우산도 챙기지 않았다. 당연히 기다리는 차도 기사도 없다. 택시를 잡으러 큰 길로 나섰는데 택시는 보이지 않고 진눈깨비만 점점 굵어졌다. 택시를 기다리는 사람들이 점점 늘어나더니 큰 길가를 거의 횡대로 점령하다시피 했다. 양복은 젖어가고 드라이해서 넘긴 머리카락은 이미 다 흘러내렸다. 가방으로 가려도 안경에 진눈깨비가 쌓여 붙어 앞도 보이지 않았다. 이미 다 젖어버려 우산을 가지러 다시 돌아갈 수준도 넘었다.

왕징에서 경순로라는 간선도로까지 걸어 나오는 데 만감이 교차했다. 출근할 때 문 앞에 시동을 걸어 놓고 기사가 문을 열어주던 그때가 까마득한 오래전 이야기같기도 했고 남의 일같기도 했다. 그러나 나는 기꺼이 현실을 받아들였다. 도리어 즐겁게 받아들였다.

20분 정도 걸었을까? 운좋게 택시 한 대가 앞에 와 섰다. 중국에서 전개될 앞으로의 인생 여정에 좋은 징조로 삼기로 했다. 몰골이 말이 아닌 상태로 말로만 듣던 사무실에 들어가니 책상 두 개와 티 테이블 하나에 방이 꽉 채워져 있었고 미스 리가 먼저 와서 기다리고 있었다. 미스 리와 몇 년을 같이 일했어도 양장 입은 모습은 한 번도 본 적 없었는데 오늘은 까만 오피스 정장을 입고 단정히 앉아 있다가 반듯하게 일어서며 반갑게 맞아주었다. 새로 맞춰 입은 듯했다. 미스 리의 커피는 원래 맛이 좋다. 다 똑같은 인스턴트 커피와 프림으로 타도 내 입에 아주 잘 맞았다. 젖은 머리를 말리며 오랜만에 미스 리의 커피를 음미했다.

미스 리가 나를 돌아보며 말을 건다. "사장님 이제 뭐하지요?" 사장님이라는 호칭에 미소를 지어주며 "뭐하면 돼?" 내가 되물었다. "뭘 할지 내가 어떻게 아나. 지금부터 만들어 봐야지." 어색하게 서로 미소만 지을 수밖에 없었다. 미스 리가 그동안 들은 얘기가 있었는지 이런 저런 사업 얘기를 했다. 어떤 사람은 화장품이나 철 지난 옷을 한국에서 무게로 떼다 팔아 돈 번 사람도 있고 어쩌고 하면서 이런 저런 얘기를 했다. 힌트를 주려는 것이다. 그즈음 어느 날 딸아이가 친구 집에 다녀와서 한마디 했다. 친구 엄마가 자기한테 "아빠 뭐 하신다니?" 하고 묻는데 친구 아빠가 나서서 "뭘 하겠어? 동대문에서 옷 떼다 팔겠지."라고 했다는 것이다. 그러면서 정말 옷장사할 거냐고 묻는다. 가족도 궁금해 했고 사실 나도 궁금했다.

북경에 다시 나왔다는 얘기를 듣고 그 좁은 사무실로 많은 사람이 찾아주었다. 같이 어울려 지내던 나이 비슷한 다른 회사 주재원들, 선후배들, 중국 거래처들, 가라오케 주인들 등등…. 당연히 내가 앞으로 무슨 사업을 할건지 모두들 궁금해 했다. 그러나 나는 그들이 지금까지 알아온 현대자동차 지점장이 아니었다. 이 작은 사무실에서 맨손에 맨땅에 살아남고 일어서야 하는 작고도 초라한 초짜의 외국인 장사꾼일 뿐이다. 찾아오는 오래된 중국 거래처 사람들을 만나면서도 이 사람들이 앞으로도 나를 만날 일이 또 있을까 생각했다. 서로 웃으며 반가워하면서도 마음속으로는 오늘이 마지막 만남일 것이라고 생각되었다.

타고 다닐 차가 필요했는데 현대정공 지사에 근무하는 후배 담도굉 부장이 도와주었다. 천진 항구에 한국으로 가져갈 수 없는 싼타모가 한 대 있는데 인증 시험용으로 사용했지만 수리하면 쓸 수 있을 것이라고 했다. 조금만 내고 쓰라는 것이었다. 고마운 마음으로 값싸게 받았지만 세금을 포함하니 거의 2만 달러나 들었다. 그래도 싼타모는 짐도 많이 실을 수 있는 다목적이어서 좋았다. 짐 싣고 운전하고 다녔던 그 후 몇 년 동안 싼타모는 나의 훌륭한 애마가 되어 주었다.

북경을 떠나 다시 돌아오기까지 채 석 달도 되지 않았지만 긴 시간이 흐른 것 같았다. 여러 개의 대형 태풍이 한꺼번에 몰려와서 모든 것을 휩쓸고 가버린 듯했다. 자리에 앉으니 지치고 피곤했다. 그러나 이제부터가 시작이다. 이제야 내 인생을 내가 만들어 가는 것이다. "지아요(加油)." 나 혼자 파이팅을 외쳤다.

내 인생 처음으로 돈을 벌다

돈이 별로 없으니 할 수 있는 사업이 없었다. 사업을 만들어 중간에 구전 떼어 먹는 오퍼 무역이 있을 뿐이었다.

사무실에 앉아 여기 저기 연락을 하고 한국과 관계되는 거라면 무엇이라도 할 수 있다고 큰 소리를 쳐 댔지만 어디 연락 오는 데가 없었다. 그러던 어느 날 누가 PP(폴리프로필렌)를 공급할 수 있느냐고 물어 왔다. 그게 뭔지 어떻게 생겼는지 어디서 생산하는 전혀 모르는 물건이다.

어렵게 한국 공장에서 가격을 받아 2,000불을 올려서 오퍼를 하니 사겠다고 한다. 금방 인도가 되고 2,000불 현금이 떨어졌다. 학생 때 아이들 몇 달 가르치면서 받던 과외비를 제외하고 내 인생 처음으로 누가 주는 월급이 아닌 내가 만든 돈이었다. 기쁘고 감격스러웠다. 중간상인 구매자에게 반을 나눠주고 남은 반의 반은 미쓰리와 자축연을 벌였다.

소중한 공부 알루미늄 무역

본업은 이수일 사장님께서 말씀하신 알루미늄 사업부터 해보기로 했다. 본사의 모든 직원들이 잘 도와주었다. 다행히 처가 쪽 동생인 정준화 사장이 비철금속사업 전문가로 오랫동안 일해오고 있었다. 정 사장이 LME(London metal exchange)가 어떻고, 저건 어떻고 하며 기초지식을 가르쳐 주었다. 무슨 얘기인지 잘 들어오지 않았지만 배우려고 애는 썼다. 알루미늄 사업은 알루미늄 덩어리인 잉곳(Ingot)을 공급하는 사업과 알루미늄으로 만든 완제품 시트를 판매하는 사업으로 구분된다. 그런데 성분이나 규격도 복잡하고 LME 가격도 매일 변동한다. 본사 직원들을 많이도 괴롭혔지만 잘들 도와주었다.

그런데 내가 아무것도 못하고 있으니 수입담당 부서에서 그럼 페로실리콘이라는 부자재부터 공급해보라고 했다. 페로실리콘? 예전에 중국 정부와 자동차 바터무역을 상담할 때 얘기가 나왔던 그 물건이다. 공급자를 찾아 몇 컨테이너를 공급하니 컨테이너 하나에 1,000달러 정도의 이윤이 생겼다. 그러자 본사에서 그만하라는 연락이 왔다. 공장 어느 중역의 지인이 공급해오던 걸 자기가 몰랐다는 것이다. 나도 더 큰 사업을 위해 부자재는 손을 떼는 것이 맞는다고 생각했다.

잉곳은 보크사이트라는 광석을 전기로 녹여 만든다. 그래서 원료 확보와 전기료가 이 사업의 가장 중요한 요소가 된다. 당시 중국의 전기료는 지방마다 달랐으므로 각 공장을 찾아가서 생산원가를 비교해봐야 했다. 오랜 조사 끝에 길림성에서 적당한 공장을 찾아냈다. 공장에서는 돈이 있어도 보크사이트를 구입할 수 없으니 원료만 공급해 달라고 요청했다. 당시 원료는 거의 모두 호주에서 들어오고 있었는데 공급이 부족했다. 알고 지내던 일본 종합상사인 니치맨(日綿) 홍콩 지점장과 협의해 보니 원료 공급은 자기들이 책임지겠다고 자신했다. 대신 길림성 공장과 한국 수요자만 잘 관리하라고 했다.

회의도 하고 출장도 다니면서 몇 달이 쏜살같이 지나갔는데 갑자기 중국 국내의 알루미늄 수요가 폭발적으로 증가하는 것이었다. 그러자 중국 정부는 알루미늄 수출을 사실상 금지했다. 수출 후 세금 환급 혜택을 취소시켜 버린 것이다. 공장에서는 원료를 주어도 수출할 수 없게 되었다. 여태까지의 모든 노력이 도로아미타불이 되어 버렸다. 이후 러시아로 공급선을 대체해 보기도 했지만 본사 샘플 검사에서 순도와 성분이 번번이 미달하고 말았다. 잉곳 사업은 포기해야만 했다. 그러나 공부한 것도 억울하고 한번 시작한 업종이라 좀 더 추진해 보기로 했다. 완제품을 중국에 수출하기로 했다. 롤 형태로 판매하는 완제품 시트는 인쇄회로기판이나 눈을 치울 때 쓰는 삽을 포함해 쓰일 곳은 많다고 했다. 그러나 처음 해보는 업종이라 수요처를 찾기가 어려웠다.

그러던 어느 날 컬러 커튼월을 공급할 수 있는지 문의가 들어왔다. 무슨 물건인지 물어 보니 건물의 외벽 마감재라고 한다. 고급 빌딩의 금속성 외벽이 바로 그것이라고 했다. 남경(南京·난징)에 있는 전문 업체였다. 평양에 방치되고 있는 100여 층짜리 류경 호텔도 커튼월을 사용하고 있는데 자기들이 시공했다고 한다. 그러나 대한알루미늄은 알루미늄의 원판 시트만 생산하고 컬러 도금은 S제강이나 D제강에서만 한다고 했다. 나로서는 S제강이나 D제강과 완제품 계약을 맺어야 했다. 그리고 그 업체가 대한알루미늄에서 시트를 구입해서 도금을 한 다음 중국에 공급해야 하는 것이었다. 미리 담당 과장들을 알아내 전화로 약속을 하고 한국으로 들어갔다. 그중 한 회사부터 찾아갔는데 여직원에게 과장님과 약속이 되어 만나러 왔다고 하자 회의 중이라며 기다리라고 했다. 그리곤 한 시간 넘게 기다리게 하면서 자기 일만 하는데 차 한 잔은커녕 앉으란 소리조차 하지 않는다. 사업 초년병의 애환이 이런 거구나 생각하니 새로운 세상에 첫 발을 내디딘다는 설렘에 도리어 가벼운 흥분을 느낄 수 있었다.

두 회사를 몇 번씩이나 방문한 끝에 결국 한 업체와 계약이 성사되었다. 한국도 몇 번씩이나 다녀오고 남경도 몇 번씩 다녀왔으니 경비가 엄청나게 들었다. 계약 커미션만 받는다면 문제가 될 건 없었다. 더구나 공장 측 얘기로는 제품이 경쟁력만 있다면 중국 시장 전체를 다 먹을 수도 있다고 했으니 그 정도는 감내해도 좋았다. 그러나 참 해먹기 힘들었다. 드디어 대형 두루마리로 된 시트가 10여 개 도착했다. 이제 돈만 받으면 된다. 그런데 시트를 펼쳐 본 공장에서는 난리가 났다. 도색이 잘못됐다는 것이다. 공급사 중역진과 함께 남경 공장에 모였다. 이의를 달 수 없는 명백한 품질 문제였다. 한눈에 보아도 얼룩덜룩 했다.

남경 공장 측은 변상까지 요구했지만 결국 한국으로 다시 가져가 도색을 다시 하는 조건으로 절충되었다. 나는 제품 불량과는 관계없는 사람이다. 그래서 선적하면 주기로 한 커미션은 언제 지급되는지 물었다. 그러자 한국에서 온 중역이 사정을 한다. 자기 회사가 너무 큰 손실을 보았는데 커미션까지 지불하다가는 자기 목이 잘린다는 것이다. 그분의 사정이 내 마음을 움직였다. 나로서는 적지 않은 노력과 비용이 투입되었지만 알루미늄 사업은 이제 여기까지만 하고 그만두기로 했다. 하여튼 이 사장님께는 너무나 고마웠다. 이 사업을 첫 사업으로 경험해 보지 않았다면 나중에 겪었던 수많은 작은 어려움들을 쉽게 넘어서지 못했을지도 모른다.

수험생처럼 보냈던 나날들

성공 보장도 없는 사업을 위해 출장비에 식사비에 목돈들이 펑펑 들어갔다. 그러나 수입은 생기지 않았다. 내가 할 수 있는 건 무역 밖에 없었지만 열 건을 뛰어 다녀야 한 건 정도 성사되는 것 같았다. 이렇게 성패를 알 수 없는 사업을 위해 경비를 계속 들이는 것이 갈수록 부담이 되었다. 닥치는 대로 경험도 없는 별의 별 상품과 프로젝트들을 다 추진하다보니 힘이 많이 들었다.

그러나 죽으란 법은 없었다. 시간이 흐르면서 자동차 사업에 대한 문의들이 들어오기 시작했다. 위생부에 앰뷸런스 입찰, 관광지로 유명한 장가계의 관광버스, 주해(珠海·주하이)~광주(廣州·광저우) 간 고속버스 등이 성사되었다. 그리고 광동의 미니버스 공장에서 CKD(Complete Knock Down·반조립 제품) 공급 요청이 들어 왔다. 이상하게도 전혀 모르는 고객들이 대부분이었다. 오퍼를 받는 데에는 자동차에 근무 중인 옛 동료들이 많이 도와주었다. 작은 규모이긴 했지만 해당 부서들에게도 도움이 되는 사업이기도 했다.

CKD는 자동차의 부품을 들여와서 그 부품을 조립해 자동차를 만드는 것이다. 필요한 부품은 조립공장 자체에서 만들기도 하고 중국 국내 다른 공장에서 조달하는 것도 있고 나한테 구입하는 것도 있었다. 우선 수 천 개의 부품리스트를 나에게 주고 가격을 받은 다음에 자기들이 필요한 부품만을 골라서 구입하는 것이다. 부품은 열 몇 자리로 구성된 부품 번호로 주문을 하게 된다.

나는 열 몇 자리로 식별되는 수천 가지 부품을 번호별로 리스트한 다음에 모비스나 현대자동차에서 가격을 받아야 했다. 그리고 그 받은 가격을 각 부품 옆에 적어 놓고, 부품별 개수와 개당 마진을 계산해서 각 부품 하나하나의 공급 가격을 결정해야 했다. 방대한 작업이었다. 그리고 광동 공장으로 가격을 보내 주면 그 친구들은 그중 구입할 만 한 것만 골라서 주문하게 된다.

광동 공장에서는 수천 개의 부품 가격을 하나하나를 비교하면서 비싸다고 생각되는 부품은 제외해 버린다. 때문에 마진폭을 정하는 것도 머리를 많이 써야 하는 작업이었다. 아무도 없는 사무실에 새벽 두세 시까지 남아 처음 하는 엑셀을 공부해 가며 수많은 칸들을 채워 나갔다. 대학 입시공부 시절만큼이나 집중했고 열심히 했던 시기라고 회상된다. 미리 컴퓨터에 저장해 놓은 올드팝송들은 고3시절 라디오 음악만큼이나 큰 위안이 되어 주었다.

새벽에 집에 들어서면 딸아이와 집사람이 한 침대에서 자고 있을 때가 많았다. 마음 편히 자고 있는 모습이 보기 좋기도 하고 섭섭한 마음이 들기도 했지만 자는 모습을 내려다보고 있노라면 정말 열심히 일해야겠다는 의욕이 불타올랐다. 누웠다가 깨어 보면 새벽 4시, 다시 자고 깨도 새벽 5시 빨리 회사 나가야 하는데 하는 조급함에 잠을 이루지 못할 때가 많았지만 피곤하지는 않았다.

퇴직금이 적어서이기도 했지만 단 한 번의 거래로 20년 퇴직금 그 이상의 수입이 생기기도 했지만 나가는 속도도 빨랐다. 비행기 타고 며칠 호텔 묵는 것도 적은 돈이 아니었다. 중국 요리와 함께 술 한번 대접하면 수백만 원은 흔적도 없이 날아가 버렸다. 초기 투자 금액이 크지 않다고 무역에 손 댄 게 잘못이 아니었나라는 생각이 들기도 했다.

한국의 친구가 자기가 아는 사람이 만드는 운동화를 팔아 보라고 권했다. 이름도 없는 제품이었지만 우리가 수입해서 당시는 북경 최고 백화점인 연사 백화점에 단독 매장을 열기도 했다. 전자제품을 제외하고 연사백화점에 단독 입점한 한국 최초의 상품이었다. 한국에서 선풍적 인기를 끌던 매직후프를 중국 TV의 홈쇼핑에도 추진해 보고, 한국 TV홈쇼핑에 중국 고급 도자기 특별전에 공급하기도 했다. 자동차에서 전자제품, 잡화, 프로젝트까지 취급 범위는 내가 생각해도 놀랄 만큼 다양했지만 닥치는 대로의 무역은 고생만 하고 단발성으로 끝나기 일쑤였다.

장사란 게 다 어렵겠지만 특히 한국 공급 업자 측이 힘들게 하는 경우가 많았다. 상대방이 개인이라고 마음대로 휘두르고 약속을 일방적으로 깨버리는 경우도 적지 않았다. 없는 돈에 경비는 경비대로 쓰면서 사업을 만들어 놓으면 한국 회사 자기들이 직접 달라붙기도 했다. 대부분 그 회사 직원들의 문제였다. 회사 내에서의 공명심이 사람을 그렇게 만드는 것 같았다.

중기와의 재회

그러던 중 오랜 인연의 중국자동차총공사(중기)에서 만나자는 연락이 왔다. 중기와 일을 같이 해 보면 어떻겠냐는 것이었다. 중기의 한국 시장 대표를 맡아 한중 간의 역할도 하고 중국 자동차를 해외시장에 같이 수출도 하자고 했다. 자동차 분야를 포함해서 모든 분야의 사업을 같이 해보자는 것이었다. 중기는 수출입 시스템과 수입 자금을 자기들이 모두 제공하겠다고 했다. 나에게는 아이템을 개발하고 한국이나 해외 업무를 맡아 달라고 했다. 중국의 모든 일은 자기들이 맡으면 된다고 했다. 그리고 오랜 협력 관계가 시작됐다. 내가 제안하는 사업은 아무리 소소한 것이라도 적극적으로 밀어 주었다. 중기에서도 많은 사업 제안을 해 왔다. 수익은 절반씩 나누었다.

중국 자동차 공장에 한국 부품들을 OEM(공장제조용부품)으로 납품하기도 하고 중남미와 중동 몇 개 나라에 중국 자동차를 수출하기도 했다. 북한에도 수백 대를 수출했다. 나는 푸톈(FOTON)자동차를 비롯한 중국 자동차 메이커들의 그 나라 수입 대리점 자격을 취득하기도 했다. 중국 메이커의 해외 딜러 회의에도 참석했다. 그렇게 맺은 중국 자동차 메이커들과의 인적 관계는 나중에 시작한 카캐리어(Car Carrier) 사업에도 적지 않은 도움이 되었다.

중기의 소개로 베이다팡정(北大方正·Founder Group)이라는 컴퓨터회사와 한국제품의 독점 공급계약을 맺기도 했다. 베이다팡정이 사용하는 한국 전자제품이나 부품을 우리가 독점 공급한다는 계약이다. 베이다팡정은 북경대학이 투자한 유명한 벤처 집단이다. 그리고 곧 한국산 MP3를 매년 10만 대씩 공급하는 계약을 맺어 국내 신문에 기사화도 되었다. 그러나 그 MP3는 아쉽게도 한국 제조업체의 제품 불량으로 수천 개 공급에 그치고 말았다. 그래도 그런 기회를 통해 중국과 한국의 많은 중소 전자 업체들과 인연을 맺을 수 있었다. 그리고 한국전자산업진흥회의 북경 사무소를 맡기도 했다.

전자산업진흥회는 한국의 전자 제품 메이커들을 회원사로 두고 있는 산자부(지식경제부) 산하기관이다. 삼성전자와 LG전자가 돌아가며 회장사를 맡고 있다. 어느 날 진흥회의 상근부회장을 뵐 기회가 있어 내가 진흥회 소속 중소기업 회원사들의 중국 진출을 돕고 싶다고 말씀드렸더니 흔쾌히 받아들이셨다. 무급으로 봉사하겠다고 하니 특별히 반대할 이유도 없기는 했다. 진흥회에서는 상급기관인 산자부와 회장사인 삼성과 LG에 의견을 조회하였다. 기본 취지는 모두 동의했지만 내 개인에 대한 북경 현지에서의 조사가 필요하지 않느냐는 의견이 있었다고 했다.

대사관의 산자부 파견관을 포함해 모두 이의 없다는 의견들이었는데 한 군데에서 브레이크가 걸렸다. 문제는 다름 아니라 내가 식당 주인이라는 것이었다. 일개 식당 주인에게 그런 일을 맡기면 진흥회 체면에 문제가 된다는 것이었다. 결국 진흥회 본부에서 출장을 나와 함께 다니면서 풀 수밖에 없었다. 나는 식당만 하고 있는 게 아닌데도 이미 식당 주인으로만 인식되어 있었던 것이다.

중기와 함께 열심히 노력했지만 시기가 맞지 않아 실패한 것도 꽤 있었다. 북경의 모든 버스 정류소에서 버스 도착 시간을 미리 알 수 있게 해주는 GPS를 이용한 BIS-버스운행정보시스템이라던가 북경 택시의 LPG 키트 장착 사업, 디젤 차량에 대한 배기가스 저감 장치 부착 사업들이 그것들이다. 올림픽을 앞둔 시점이라 모두 희망을 갖고 추진했는데 정책적인 문제로 결실을 보지 못하였다. 세월이 흘러 중기도 이제 직원들의 세대가 바뀌고 회사의 시스템도 바뀌었지만 그래도 인연은 지속되어 지금도 믿음직한 파트너로 남아 있다.

어진 사장

어려운 시기엔 사무실 비용 몇 천불이 아쉬울 수밖에 없었다. 그 때 나의 특별한 후배가 얘기를 해왔다. 자기 친구가 안국약품 사장인데 중국 진출을 계획한다는 것이다. 중국정부에 약품등록을 맡아 줄 사람을 찾는다고 했다. 마침 위생부에 앰뷸런스를 공급하면서 그 방면에 아는 사람이 꽤 있었다. 그 사람들도 위생부나 식약국, 계생위(計劃生育委員會·산아관리부문) 등과 관련된 일이라면 도와주겠다고 나섰다.

서울로 들어가 안국약품의 어진 사장을 만났다. 어 사장은 선배 대접을 깍듯이 하며 반갑게 맞아 주었다. 회사 앞 설렁탕집에서 둘이 낮술에 소주 대여섯 병을 비우다 보니 서로 마음이 통했다. 바로 컨설팅 계약을 체결하고 전담 직원도 채용했다. 그리고 북경의 유명 제약 회사를 파트너로 삼아 안국 약품 제품의 중국 정부 등록을 추진했다. 그 약제품은 내가 어려서 오래 동안 먹어 본 친근한 제품이었다. 그러나 1년여에 걸친 노력에도 불구하고 서약(西藥, 中藥의 상대어)으로 등록하는 목표를 이루지 못하게 되었다. 천연 식물 재료의 추출물이 포함되어 있기 때문이다. 나도 미안하고 어 사장도 많이 섭섭했겠지만 통이 큰 어 사장은 내색하지 않고 다른 일을 계속 맡게 해 주었다.

이런 저런 얘기 끝에 내 아들이 가족을 떠나 입대를 하고 훈련이 끝나 자대 배치를 받았다는 얘기가 나왔다. 외국에 오래 살면서 혼자 들어와 군대 생활 하는 게 안쓰러웠는지 어 사장은 아들이 근무하는 전차부대 대대본부에 회식용 돼지 몇 마리를 보내주겠다고 했다.

나중에 들으니 대대장은 고마워하면서도 요즘 부대 안에는 돼지 목 딸 병사도 없고 사제 식품 반입도 안 된다며 극구 사양해서 보내지는 못했다고 한다. 어 사장은 돼지를 보내지 못해 미안해했다. 이름이 어진이서서 그런가? 사장님 마음씨가 너무 고마웠다. 몇 년 후 나 자신도 약품에 도움을 드릴 수 없게 되고 안국약품의 중국 사업도 많이 커져서 안국약품은 별도의 중국 법인을 설립해 나갔다. 고마운 어진 사장님의 중국 사업이 크게 발전하기를 바란다.

내 경우를 돌이켜 보면 한국에서 중국에 진출하려는 중소기업과 중국에 있는 한국 개인이나 막 창업한 소규모 업체와의 협력은 서로 윈윈이 가능하다. 기업으로서는 지사를 설치하고 주재원을 보낼 만큼의 업무량이 아니라면 저렴한 경비로 지사 운영의 효과를 얻을 수 있고 또 중국에서는 자기 일을 하면서도 한국기업의 중국 일을 도와주며 경제적인 도움을 받을 수 있다. 서로 잘 돼 관계가 진전된다면 더 좋은 결과도 기대할 수 있을 것이다.

북한 사업 유감

　북경에 있다 보면 이런 저런 일로 북한 사업가들과 연결될 때가 있다. 처음 사업상의 조우는 현대자동차 지사 시절이었다. 북한을 통해서도 중국에 한국차들이 밀수입되고 있었고 한국의 D그룹은 자사의 동구라파 공장에서 생산되는 차량을 북한에 삼각무역 수출도 하고 있던 때였다. 폴란드에서 생산한 차를 북한으로 보내고 그 대금으로 북한산 광물을 한국으로 가져오는 조건이라고 했다.

　어느 날 북한의 대남 교역 창구를 맡고 있는 삼천리무역회사에서 만나 보고 싶다는 연락이 왔다. 호텔에서 만나 이야기를 들어 보니 현대자동차와도 그런 식의 바터 무역을 하고 싶다는 것이었다. 물량으로 쏘나타 5,000대를 제시했다. 이 사업이 잘되면 북한에 현대 자동차 공장을 설립하는 것도 검토할 수도 있다고 했다. 공장 설립이라는 제안에 본사도 관심을 갖게 되었다. 그러나 역시 차량 대금의 확보가 문제였다. 리스크가 너무 컸다. 5,000대는 너무 많으니 500대 정도로 이야기 해 보라는 지시가 내려 왔다.

　아무리 적은 물량이라도 대금은 확보되어야 했다. 달러가 없으니 현물로 가져 올 수밖에 없는데, 가져올 수 있는 물건은 광물뿐이었다. 그런데 광물은 깊은 산속 땅 밑에 있는 것 아닌가. 그 것을 캐서 가져 와야 한다는 것이다. 그런데 자기들은 전기도 발전기를 돌리기 위한 연료도 없다고 했다. 모두 우리가 공급해야 한다고 했다. 그러나 남측 사람들은 올 수 없다는 것이었다. 상담은 끝이 보이지 않았다. 조급했던 삼천리는 평양 본사에서 교환대를 통해 전화를 해 오며 독촉했지만 더 이상의 얘기는 진전될 수 없었다. 나중에 보니 삼천리가 현대차를 그렇게 받기를 원했던 이유는 북한에서 자기들이 사용하기 위한 목적이 아닌 것 같았다. 우리에게서 받아서 그대로 중국으로 팔아넘기려 했던 것이 아닌가 생각되었다.

그 얼마 후 중국 대기업 고위층도 내게 비슷한 내용을 제안했기 때문이다. 자기들이 북한에 석유를 공급하고 있는데 대금이 많이 밀려 있다는 것이다. 현대가 북한에 자동차를 제공하고 북한은 밀린 석유대금 조로 그 자동차를 중국에 보내게 하면 어떻겠느냐는 것이었다. 삼각 무역 형태인데 실제론 삼천리의 제안과 뭔가 비슷했고 서로 연결되는 듯한 느낌이었다. 그럼 현대는 무엇을 어떻게 받을 수 있느냐고 물었다. 그건 광물도 좋고 남북한의 특수한 관계로 풀 수 있지 않느냐는 것이었다. 남북관계를 이용해 한국을 봉으로 취급하는 느낌이었다.

삼천리와의 자동차 사업 이야기는 그렇게 끝이 났다. 그러나 그동안 그런 얘기를 하면서 깊어진 그 사람들과의 인간관계는 그 이후에도 오래 지속됐다. 가끔 잊을만 하면 누구라고 할 것 없이 서로 연락해서 한잔씩 하곤 했다. 그 쪽 직원들 세 명은 항상 같이 움직였다. 그중 한 분은 나보다 나이가 많고, 하나는 비슷하고 하나는 한참 아래였다. 그래서 우리는 술만 마시면 그냥 그 나이에 맞는 호칭으로 서로를 불렀다. 우리 집에도 여러 번 와서 제수씨 형수씨하며 어울리기도 했다. 참 신기하게도 정치 얘기 한마디 없이도 대화는 참 재미있었다. 한 친구는 자기가 무장 공비로 남한에 내려 왔었다고도 했다. 믿기지는 않았지만 그 때 그가 겪었다는 얘기를 듣고 있으면 믿지 않을 수도 없었다.

현대를 그만둔 이후에는 북한사람들과 만날 기회가 없어졌다. 그 쪽에서도 대기업 직원이 아닌 일개 개인 장사하는 사람과 연락할 필요는 없었을 것이다. 그러던 어느 날 누가 전화를 해 왔다. 북한 말씨였다. 삼천리 회사에서 소개를 받았는데 한번 만날 수 있느냐는 것이다. 사무실로 오라고 했더니 혼자 왔다. 부담스러울 수 있는 자리인데 편안하게 얘기를 걸어 왔다.

그는 조선우표사 직원이라고 했다. 북한은 외화 벌이 사업으로 기념우표를 많이 발행한다고 했다. 자기는 우표 수출업무를 맡고 있다는 것이다.

네덜란드의 어느 한 회사가 북한 우표의 전 세계 판매권을 갖고 있는데 해외 판매를 더 늘리고 싶다는 것이었다. 중국이나 한국 그리고 혹시 다른 나라에라도 조선 우표를 판매해 볼 생각이 없는지 묻는 것이었다. 판매권을 주겠다고 했다. 네덜란드 회사에는 자기가 잘 얘기하겠다고 했다. 이야기를 나누어 보니 국제적인 비즈니스 감각이 몸에 배어 있는 사람이었다. 진취적으로 시장을 개척하는 자세가 꼭 우리나라 상사 맨 같았다. 하지만 내가 모르는 분야고 내가 도움을 줄 수도 없어 손을 대지 않기로 했다. 그 후로도 북측 사람들로부터 다른 많은 사업 제안들이 있었지만 내가 할 사업들은 거의 없었다. 그러나 완전히 손을 놓은 것은 아니었다. 남북간 실제로 필요하고 서로 도움이 될 수 있는 사업이라면 내가 먼저 제안하고 추진하기도 하였다.

평양김치를 택배로

북경 방문하는 많은 분들이 북한 식당을 들르곤 한다. 당연히 평양냉면이 주식이지만 북한식 김치도 인기 메뉴이다. 그리고 많은 사람들이 이 김치 맛에 반하곤 한다. 특히 해당화라는 북한 식당의 김치는 정말 맛이 있다. 젓갈을 사용하지 않고 과즙으로 발효시켰다는 데 깨끗하고 상큼한 맛이 젓갈을 사용하는 우리 김치와는 또 다른 맛이다.

어느 날 현대 택배에서 근무하던 허철 전무의 소개로 현대 홈쇼핑 강태인 사장님을 만나 북한 김치의 홈쇼핑 판매 사업을 제안했다. 흔쾌히 동의해 주셨다. 남북 교류 관련해서는 한국에서 절차를 취하고 북경에서는 내가 광명성 총공사를 통해 사업을 진행키로 했다. 광명성 총공사는 삼천리 총회사에서 이름이 바뀐 같은 기구이다 지금은 다시 민경련으로 바뀌어 있다. 오랜만에 방문해 보니 총대표는 바뀌어 있었지만 가장 젊은 친구는 그대로 남아 있었다. 그 친구 덕분에 새로운 총대표와의 이야기가 쉽게 진행되었다. 총대표는 좋은 사업이 될 것 같다며 평양과 얘기해 보겠다고 했다. 며칠 후 평양에서 회답이 왔다. 적극으로 추진해 보자는 것이었다. 나는 우리가 모든 재료를 공급해 주겠다고 했다. 중국에는 한국인이 한국 종자로 생산하는 배추나 양념이 모두 다 있기 때문이다. 그리고 한국에서 김치 전문가도 평양에 파견하겠다고 했다.

그러나 광명성이 평양과 다시 연락한 후의 대답은 그건 안 된다는 것이었다. 평양에도 모든 재료가 다 있고 김치도 알아서 잘 만들어 보낼 테니 전문가도 필요 없다는 것이었다. 단지 포장 봉투만 보내 달라고 했다. 평양 본토의 김치의 맛을 보여주겠으니 안심하라고 장담했다. 포장 봉투는 전 세계에 포장 재료를 오래 동안 수출해 온 한국 에이스타의 윤여학 사장님이 공급키로 했다. 나와 집사람이 중매를 선 윤사장님과는 형 동생 사이나 마찬가지이다.

평양에서 만들어진 김치는 남포항에서 싣고 인천으로 오게 된다. 홍콩 국적의 한국인 소유 선박이 비정기적으로 운항하고 있었다. 그리고 얼마 후 김치가 다 만들어 졌고 컨테이너들이 인천항에 도착했다. 그리고 한국에서 연락이 왔다. 컨테이너를 열어 보는 순간 문을 닫을 수밖에 없었다는 것이다. 포장은 부풀어 올라 공기구멍으로 김치 국물이 새어 나오고 김치는 모두 시어 빠졌다는 것이다. 김치 내용물도 양념이 거의 없는 허연 상태로 도저히 먹을 수 있는 것이 아니라고 했다. 그냥 내려놓으면 폐기물 비용만도 상당할 것 같아 그대로 다시 올려 보낸다고 했다.

광명성을 찾아가 사업을 어떻게 이렇게 망칠 수 있느냐고 따졌다. 총대표도 상당히 난감해 했다. 자기도 내용을 잘 모른다는 것이다. 나중에 알게 된 내용은 이렇다. 평양에는 우리나라의 구 단위 같은 구역 단위가 있는데 그 구역 단위마다 김치 공장이 하나씩 있다는 것이다. 그리고 북경의 광명성은 자기가 오더를 받은 김치가 어디서 만들어 지는지 모른다는 것이다. 자기들은 오더만 전달하고 어떤 공장에서 만들 것인지는 평양의 다른 부문에서 결정한다는 것이다. 하여튼 우리 김치는 평양시 락랑구역 김치 공장에 배당되어 생산되었다. 그래서 브랜드 이름도 '락랑김치'가 되었다는 것이다.

문제는 북한의 어떤 김치 공장에도 냉장 시설이 없다는 것이다. 세 컨테이너의 김치를 만드는 동안 먼저 만들어 놓은 것들은 이미 시어버릴 수밖에 없었다. 총대표가 아쉬운 표정으로 김치 사업은 포기해야겠다고 먼저 얘기했다. 준비하고 갖춰야 할 것들이 너무 많다는 것이다. 김치 사업은 남북한 교류의 의미가 큰 사업이라고 생각했다. 그리고 내심 대박 사업이 될 수도 있겠다고 생각했다. 한국 소비자들이 집에 편안히 앉아 평양에서 만든 시원한 김치를 택배로 받아 맛볼 수 있으면 얼마나 좋았겠나. 많이 아쉬웠다. 그리고 김치 하나 만들 수 없는 평양의 안타까운 사정에도 마음이 짠해지지 않을 수 없었다.

개마고원의 소사육

소 사업도 큰 꿈을 갖고 시작했다. 한국의 한우 값은 천정부지로 뛰고 미국 소고기 수입에 대해서는 사회적으로 논란이 많던 때였다. 한국에서 소 사업과 관련 있는 김경관 사장으로부터 북한 소를 수입하면 모든 것이 다 해결되는 거 아닌가라는 말을 들었다. 귀가 번쩍했다. 그러나 북한에는 식육 목적의 한우는 없다. 중국 소에 생각이 미쳤다. 백두산 아래 연변에서 우리 한우와 똑같은 누렁소를 본 적이 있었기 때문이다.

그곳 송아지를 북한에 보내 키워서 한국에 보내면 될 것 같았다. 북측과 얘기를 해보니 아주 좋은 사업이라고 흥분들을 했다. 평양에 보고를 하고 나서는 시작부터 대규모로 빨리 하자고 독촉이 심했다. 한국에서는 대관령 소가 좋다고들 하니 우리는 개마고원에서 키우자고 떠들어 대면서 며칠마다 만났다. 술도 자주하며 시작도 하지 않은 사업 성공을 미리 자축하기도 했다.

당장 시작하기로 했다. 직원을 연변의 농장으로 보내 우선 송아지 50마리를 구입했다. 그날로부터 50마리 송아지들이 먹는 사료비는 우리 부담이었다. 북측은 너무 적다고 했다. 최소한 500마리는 되어야 한다고 밀어붙였지만 나는 우선 이 정도로 시작해 보자고 설득했다.

하루하루 시간이 지나갔다. 개마고원은 현실적으론 불가능하다고 했다. 남포 가는 길가의 넓은 땅을 잡았다고 사진을 보내왔다. 이미 축사도 있고 초지를 만들기에 적당한 장소라고 했다. 송아지부터 빨리 보내라고 성화였다. 그러나 이 일은 시작만 되면 걷잡을 수 없을 것 같았다. 당장 사료도 같이 보내야 한다. 더구나 미리 확인하고 준비해야 할 사항들이 많았다. 한국 내 수속도 밟아야 하고 한국에서 수입이 가능한지 사업성도 확인해야 했다. 북측 얘기로는 우선 송아지를 보내고 키우면서 절차를 밟으면 된다고 했지만 속도는 조절해야 했다.

그런데 바로 이때 남북 교역이 갑자기 금지되어 버렸다. 광명성에서는 사놓은 송아지들만이라도 들여보내라고 보챘다. 교역금지 조치는 금방 풀릴 테니까 지금 보내도 된다고 했다. 이왕 사 놓은 것이니 조국의 아이들이라도 키워 먹을 수 있게 선물로라도 보내라고 했다. 그것도 정부의 허가가 필요한 사항이고 송아지를 들여보낸다 한들 키워서 남측으로 가져갈 수가 없으니 무의미한 일이었다. 그동안의 사료 값과 관리비를 모두 지불하고 사업을 접었다.

남북 간 서로 왕래도하고 장사도 하면서 서로 돕는 시절이 어서 와야겠다. 남북 간의 경제 교류가 중단되고 난 후 모든 기회는 중국 기업들이 차지해 가고 있는 듯하다. 얼마 전 중국 기업의 소개로 단동의 한 회사를 다녀왔다. 압록강 하구 위화도의 황금평을 자기가 오십 년간 임대했다고 한다. 그곳에 카지노를 포함한 대규모 위락시설을 건설할 것이라고 하면서 벽면에 꽉 찬 조감도와 테이블 위의 실물 모형 신도시 계획을 보여주었다. 그 기업 산하에 북한과 합작한 회사가 있었다. 북한의 동해와 서해 양쪽 바다의 수산물을 채취하는 사업을 하고 있었다. 북한 사람들도 나와 있지만 모든 자금은 중국 측에서 부담한다고 했다.

내게는 지금 중고 어선 몇 척만 제공해 주면 나중에 북한산 조개의 한국 내 수입권을 주겠다고 제안하는 것이었다. 광산과 항구 같은 기간산업에 이어 위화도 땅과 해양 생산권까지 중국 기업에게 넘어가고 있는 것이었다. 남북교류를 중단한 데에는 중요한 이유와 배경이 있겠지만 중국 기업들이 북한 사업을 독차지하기 전에 경제교류가 어서 빨리 이루어져야겠다는 생각이 들었다. 한번 중국 기업에 넘어가면 되돌려 받기는 어려울 것이다.

한식당 사업

현대자동차 지사 시절, 중국 손님들과 식사를 하게 되면 한식당을 주로 이용했다. 중기 사람들도 한식을 좋아했는데 항상 잘 되는 한식당들을 다니다 보니 그 사람들 눈에는 한식당이 모두 장사가 잘 되는 것처럼 보였던가 보다. 어느 날인가 자기 회사에서 한식당을 하나 하고 싶은데 좋은 주방장을 소개해 달라는 것이었다. 내가 단골로 다니던 식당에 친하게 지내던 김 주방장과 이 주방장이 마침 근무하던 식당이 문을 닫아 쉬고 있던 때라 두 사람 모두를 소개해 주었다. 그러나 중기는 몇 달 동안 헤매도 식당 자리를 구할 수 없어 결국 포기할 수밖에 없었다. 그 후 김주방장은 지금 왕징의 맛있는 횟집의 사장님으로 북경 한국인들의 많은 사랑을 받고 있다.

나도 회사를 나와 이런 저런 무역을 어렵게 하다 보니 식당은 하나 있어야 하는 게 아닌가 생각되었다. 매일 매일 사먹는 외식비용도 적지 않은 비용이었지만 손님 접대에 들어가는 돈이 큰 부담이 되었다. 내가 먹고 접대하는 비용만 절약해도 다행이라고 생각했다. 옛 생각이 떠올라 중기에 얘기해 보니 내가 하겠다면 같이 투자하겠다고 반겼다. 당시는 외식업이 외국인 투자 제한 업종으로 묶여 있어 외국인 단독 투자는 허가 되지 않던 시절이었다. 중국 기업과의 합작이 꼭 필요했다.

50대 50으로 합작 비율을 정하고 모든 경영은 한국 측이 맡기로 했다. 그리고 식당 자리를 찾아 나섰다. 역시 자리 찾는 것이 문제였다. 사무실 직원들을 풀어 찾아다니게 했는데 하루는 비어 있는 괜찮은 자리를 찾았다고 한다. 그런데 문제는 비어 있는데도 건물주가 임대를 주지 않겠다는 것이었다. 같이 찾아 가 보니 건물이 번듯했다. 포장도 안 된 골목 안에 있었지만 곧 길이 크게 뚫리고 바로 앞에 큰 건물이 곧 들어 설 것이라고도 했다. 그런데 건물의 이름을 보니 북경 시노트랜스 본사가 아닌가? 시노트랜스라니! 빛이 보이는 듯했다.

임대를 주지 않겠다는 건물 담당자에게 나와 시노트랜스 그룹과의 관계를 간단히 얘기해 주니 바로 며칠 후 북경 시노트랜스 총경리로부터 만나자는 연락이 왔다. 그룹의 누군가로부터 도와주라는 얘기를 들었다고 했다. 총경리는 다른 사람이 이미 들어오기로는 되어 있지만 정식 계약된 상태는 아니니 빨리 계약서에 사인하라고 했다. 단지 임대료는 오겠다고 한 그 사람보다 조금은 더 올리라고 했다. 당장 오케이 했다. 처음에는 식사 해결과 손님 초대가 주목적이었던 탓에 규모를 작게 생각했다. 그러나 건물주와 얘기를 하면 할수록 면적이 점점 늘어나는 것이었다.

사실 건물주로서도 1층 앞부분만 임대를 주면 뒷부분이 쓸모없게 되기 때문에 한 번에 임대를 주는 것이 나았다. 또 나 자신 역시 이왕 식당을 할

바에는 규모도 있어야 한다는 생각이 들면서 점점 욕심을 냈다. 이제 개인이 부업으로 할 수준을 넘어서고 있었다. 나는 하고 있는 사업을 지키기로 하고 식당은 집사람에게 맡으라고 했다. 그러나 나나 집사람이나 엄두가 나지 않았다. 사람을 잘 찾아 써야만 했다. 식당 이름도 지어야 했다. 도무지 마땅한 이름이 생각나지 않았다. 비원이라는 두 글자만 머릿속에 뱅뱅 돌 뿐이었다. 비원으로 지었다. '북경비원찬음유한공사'로 말이다.

아는 사람들이 모두들 한마디씩 해댔다. "아직도 현대 동네를 떠나지 못했구나." 창덕궁 비원은 계동 현대빌딩 바로 옆에 있다. 마침 서울에서 음식점을 하던 친구 가족이 중국에서 일을 하고 싶어 했다. 정말 다행이었다. 그때부터 친구 가족은 서울에서 준비할 일들을 챙겨가면서 한편으로는 중국에 이사 올 준비를 해 나갔다. 그리고 얼마 후 전 가족이 북경으로 건너와 친구와 그 와이프가 고생을 많이 해줬다.

인테리어에 많은 시간이 소요됐다. 입찰을 통해 당시 중국에 진출한 한국 장식 업체 중 가장 규모가 큰 풍진이란 업체에 시공을 맡겼으나 완공까지는 거의 반 년이나 소요됐다. 식당 규모도 작지 않았지만 식당주인의 까다로운 요구 때문이기도 했을 것이다. 식당업자와 인테리어업자는 장식이 끝나면 원수가 된다는 말이 있다. 진짜 일리가 있는 듯했다. 기본적으로 시공 업체는 입찰 때 가격을 낮게 낼 수밖에 없고 식당주인으로서는 공사 중에 이것저것 지적하면서 자재도 바꾸고 작업도 수정하게 될 수밖에 없기 때문이다. 공사가 끝난 다음에는 필연코 서로 합의할 수 없는 추가 대금 문제가 발생하게 되는 것이다.

우리도 마찬가지였다. 그래도 우리는 서로 많이 양보하고 원만하게 해결하였다. 장식업체가 막무가내 작은 업체였다면 그렇게 해결될 리가 없었다. 그리고 10년이 넘는 지금까지도 인테리어에는 어떤 하자도 없다. 단단하게 장식을 해준 당시 풍진 중국 법인장 남 사장님께 지금도 고마운 마음을 갖고 있다.

식당을 개업하는데 여러 전문가들이 조언해 주었다. 특히 중국에서 고급 한국 음식을 정착시킨 서라벌을 비롯한 많은 분들이 도움을 주셨다. 그 중 "한식은 어렵다. 나 같으면 훠궈(火鍋·중국식 샤브샤브)집 같은 중국식당을 할 것이다."라는 자하문 백 사장님의 이야기는 다시 생각해 보아도 의미가 있는 충고였다. 한국 문화를 소개하겠다는 고집으로 온돌방을 만들고 있는데 정말 온돌은 안 된다는 진심 어린 충고도 있었다. 그러나 난 고집대로 온돌을 만들었고 몇 년을 버텼지만 결국은 온돌 바닥을 파내고 반 입식 방으로 바꾸는 것으로 그분들께 항복할 수밖에 없었다. 처음부터 말을 잘 들었어야 했다. 다시 한 번 도와주신 분들께 감사를 드린다.

식당 특히 외국인투자식당 하나를 개업하기 위해서는 수십 군데 기관으로부터 수많은 허가와 승인을 받아야 했다. 특히 시내 대사관 지역의 외국인투자식당은 행정 부서 각 부문의 주요 감독 대상이라고 했다. 나중에 큰 일을 당하지 않으려면 모든 규정을 100% 만족시켜야 한다고 했다. 그러나 일반적인 외국인 투자 관련 절차에 추가해 식당과 관련된 수많은 규정과 절차를 완벽하게 만족시킨다는 것은 정말 쉽지 않은 일이었다. 지금은 외식업이 외국인 투자 자유 업종으로 전환되어 외국인 단독으로라도 투자가 가능해졌고 적은 투자로도 식당 개업이 가능하게 됐다.

개업과 함께 닥친 어려움

장소를 계약하고 장식을 시작한 지 반 년, 주방장을 초빙하고 직원들을 뽑아 훈련시킨 지 2개월이 지나 개업을 결정했다. 준비가 다 돼서 개업을 결정한 것은 아니었다. 아직 손님을 받을 수 있는 수준에 이르지는 못했으나 시간만 흘려보낼 수는 없었기 때문이다. 솔직히 매일 매일의 임대료와 월급을 계산해보면 초조해지지 않을 수 없었다. 특히 한국인 직원 3명의 월급만 해도 1만 달러가 훨씬 넘었으니 더 이상 기다릴 처지도 되지 못했다.

주방장 초빙이 몹시 어려웠다. 서울에서 잘 나가는 주방장은 해외 취업에 별 관심이 없거나 턱없이 높은 보수를 요구했고 해외 취업을 원하는 주방장들은 주로 해외 식당들의 개업만을 도와주는 역마살 있는 사람들이 대부분이었다. 결국은 대련에서 오랫동안 주방장을 했던 분과 해외파 젊은 주방장 둘을 함께 불렀다. 서비스에 자신이 없어 많은 손님을 모시는 개업식은 하지 않기로 했다. 손님이 몰렸다가는 모두를 실망시킬 게 뻔했기 때문이다. 그냥 가까운 몇 사람씩만을 불러 식사 대접을 했다.

메뉴를 정하는데 많이 주저하긴 했지만 고가의 코스 한정식 위주로 하기로 했다. 코스 한정식은 중국에서 처음 소개하는 것이었다. 지배인인 친구 와이프가 적극적으로 밀어붙였다. 그러나 내가 아는 북경 외식 수준에 비해 가격대가 너무 비싸게 생각되었다. 이번엔 내가 밀어붙여 다른 메뉴들을 추가해 넣었다. 어쩌면 나 같은 비전문가의 간섭이 식당의 성격을 애매모호하게 하는 부작용을 만들었는지도 모른다.

북경에 오래 있었던 덕분에 주재원들을 비롯한 한국인 지인들이 많이 찾아주었다. 그러나 지인들 장사는 오래 지속될 수 없는 것. 한 달 정도 지나니 어느 날은 하루 매상이 1,000위안도 되지 않을 때가 있었다. 점심 손님이 한 사람도 없을 때도 있었다. 그럴 때면 종업원들은 하품만 하고 있을 수밖에 없었다. 식재료는 써 보지도 못하고 직원들 식사용으로 나가 버렸다. 이대로 가다간 몇 달이면 파산하는 것은 정해진 수순이었다.

그래도 가끔 중국인과 한국에서 온 친구들이 찾아와 주는 것이 도움도 되고 위안도 되었다. 매상을 올려 주기 위해 하남(河南·허난)성에서 버스를 동원해 몇 번씩 와 주기도 하고 서울에서 온 친구는 자기가 기록했던 식당의 매상 최고 기록을 자신이 여러 번 경신해주기도 했다.

거의 반년이 지나서야 식당이 돌아가기 시작했다. 이미 임대료는 밀리기 시작했고 외상 식자재 값도 눈덩이같이 불어나 있었다. 그러나 무슨 일이 있어도 임금 지급을 미루는 경우는 없었다. 내 자신이 20년 월급쟁이였기 때문이다. '복무원', 중국에서 서빙하는 아가씨들을 이렇게 부른다. 복무원들 역시 회사를 위해 자기들끼리 회의도 하면서 열심히 해 주었다. 북경 공항에 한국 비행기가 들어오는 시간이면 다들 나가서 한국인같이 보이는 사람들에게 식당 팸플릿을 돌리기도 했다. 정말 그 팸플릿을 보고 오는 사람도 있었다. 그러나 그것도 며칠, 처음엔 신기하게 바라보던 공항 보안원들이 어느 날 가까이 오더니 더 이상은 안 된다고 금지해 버린 것이다.

식당은 한번 어려워지면 걷잡을 수 없이 나빠지는 것 같다. 물품 대금이 밀리면 들어오는 재료의 질도 나빠지고, 원가를 줄일 생각을 하면 음식이나 서비스의 질이 낮아질 수밖에 없다. 복무원도 내보내야 하고 주방 인원도 줄여야 하기 때문이다. 손님이 없을 때 전기료를 아낀다고 전등을 하나둘씩 꺼나가기 시작하면 그 식당은 망해가는 징조라고 한다. 현실은 어려워도 잘되는 식당같이 해 나갈 수밖에 없으니 매일이 고통이었다.

그 어려웠던 시절을 넘기며 함께 고생했던 복무원들 생각이 가끔 난다. 아가씨들이 예쁘기도 했고 밝고 열심이었다. 지금은 시집가서 애기 낳고 잘 살고 있고, 한국에 취직해 들어가 있기도 하고, 단골이던 일본 손님과 결혼해서 동경에 사는 아가씨도 있다. 10년이 지난 지금도 서로들 연락하며 북경에 올 때마다 들러서 놀다가곤 한다.

관공서 문제는 합작 파트너가 대충 풀고 있었지만 수시로 들이닥치는 제복 입은 사람들의 지적은 감당하기 어려웠다. 사실 규정대로 하면 모두 문제가 되는 것이기는 했다. 어느 날은 집에서 가져와 카운터 뒤 진열장에 전시용으로 놓아둔 내 개인 양주들을 모두 압수해 가기도 했다. 나중에 사정해서 다시 찾아와 집으로 가져가기는 했지만 판매용이 아닌 술은 진열을 하면 안 된다는 것이었다. 주방은 고기 자르는 방, 회 뜨는 방, 설거지 방을 모두 개별 방으로 만들고 독립 에어컨을 써야 하고 문마다 무슨 방이라는 팻말을 붙여놓아야 한다. 수도꼭지와 개수대마다 무슨 용도인지 써 붙여야 하고, 고기는 아무리 조금밖에 남지 않았더라도 이력관리 표시가 붙어 있어야 한다. 위생부에서는 수시로 나와서 그릇과 도마, 행주 등을 임의로 가져가 세균 배양을 해서 세균 검사를 한다. 미리 알려주어 푹푹 끓여서 멸균 처리를 해 따로 보관해 두지 않으면 어떤 누구도 불합격일 수밖에 없었다. 무균 상태가 아닌 한 배양하는 데 배양당하지 않는 세균은 없을 것이다. 요즈음은 단기간이라도 모든 직원과 고용 계약을 해야 하고 직원들은 4대 보험을 들어야 하며 위생증을 갖고 있어야 하는데 어떤 직원들은 죽어라고 보험에 들기를 꺼린다. 약간의 자기 부담금 때문이다.

하루는 젊은 사람이 들어와서 메뉴판을 보고는 음식은 시키지 않고 그냥 나가면서 벌금이 나올 것이라고 했다. 무슨 얘기냐고 하니 김치가 건강식품이라고 표기한 것은 과장 광고라는 것이다. 며칠 후 몇 만 위안의 벌금 통지서가 나왔다. 정말 억울하다는 생각에 고소라도 해보려고 하니 장사 그만하려면 무슨 짓을 못할까 하며 다들 말렸다. 처음엔 잠재적 범죄자로 살아가는 느낌이 들 때가 있었다. 봐줘서 살고 있는 것 같은 기분이 들었다. 한국에서 장사하는 친구 말을 들으니 한국도 마찬가지라고 했다. 믿을 수 있는, 알아서 잘 해나가고 있는 식당이라는 인식을 갖게 해 주는 지혜가 필요했다. 그러기 위해서는 정말로 자발적으로 모든 규정을 잘 맞춰 나가야만 했다.

식당 개업과 생활의 변화

식당 개업은 우리 가정생활에 근본적인 변화를 가져왔다. 우선 전업 주부였던 집사람이 아침에 출근해 저녁 늦게 귀가하게 된 것이다. 그때 딸아이는 한국학교 초등학생이었는데 그때까지 단 한 번도 엄마 품을 떠나본 적이 없던 아이였다. 학교 시간 외에는 엄마가 없으면 안 되는 줄 알던 아이였다. 학교를 다녀왔는데 엄마가 맞아주지 못하고 혼자서 밥 챙겨 먹을 수 있으리라곤 상상도 하지 못했다.

그런데 엄마 출근 첫날이 무사히 그렇게 지나가더니 다음날도 그 다음날도 태연히 혼자 공부하고 혼자 밥 챙겨 먹으며 그렇게 잘 지내는 것이었다. 엄마가 귀가하면 딸아이가 엄마를 맞이해 주었다. 딸아이는 독립심도 강하고 모험심도 강하다. 아마도 그 시기가 그 아이를 그렇게 만들어 주지 않았을까 생각될 때도 있다. 아들은 고등학생 사춘기였다. 아빠 엄마의 관심이 덜한 사이 공부보다는 중국 학교 친구들과 어울려 지내는 시간이 많아졌다. 공부하는 친구들이 아니라 좀 논다는 아이들 같았다. 그래도 지금 보니 그때 친구들이 지금도 가장 가까운 친구들로 보인다.

집사람에게 처음 하는 장사는 본인에게 큰 부담으로 보였다. 합작 파트너나 건물주와의 관계는 내가 나서지만 집사람이 맡은 나머지 모든 일상적인 관공서 관련 일, 직원 관리는 너무나 골치 아픈 일인 듯했다. 준비할 때부터 식당은 집사람이 맡기로 했지만 항상 잔병치레를 하던 아내가 이런 고된 일을 계속 감당해 나갈 수 있을지 걱정됐다.

직업이나 신분에는 차이가 없다고 하지만 얼마 전까지 오랫동안 대기업 지점장 사모님으로 있다가 어느 날 갑자기 식당주인이 되어 손님을 맞이하는 집사람을 보면서 정말 대단하다고 생각했다. 집사람을 대하는 대부분 지인들의 태도는 여전히 변함이 없었지만 가끔은 인간적으로 실망하게 하는 사람들도 있었다. 어떤 젊은 친구는 나이 많은 집사람에게 반말까지 했다. 집사람은 무감각한 건지 대범한 건지 크게 신경을 쓰지 않고 그냥 손님으로 잘 모셨다.

나도 많이 바뀌었다. 개업하고 얼마 후 오랫동안 내가 단골로 다니던 식당주인이 몇 사람과 함께 들어오다가 나와 마주쳤다. 우린 나이도 같아서 술친구로도 상당히 가깝게 지내던 사이다. 이 덩치 큰 친구가 반가워하면서 내 목의 넥타이 매듭을 잡고 흔들었다. "야, 아직도 정신 못 차리고 있구나?" "식당 주인이 이런 거 매고 양복 입고 있으면 어떻게 하나?" 목이 좌우로 흔들렸지만 그 사건은 나에게 많은 자극을 주었고 현실을 바라보는 계기가 되었다. 몇 달 전 서울 가서 오랜만에 이 친구와 한잔하면서 그 옛이야기도 재미나게 나누었다.

식당을 개업한 후로는 다른 일이 없는 경우 거의 부부가 같이 출퇴근을 하게 됐다. 손님이나 친구들과 술을 마셔도 대부분 우리 식당에서 모이게 되고 부부가 같이 퇴근하다 보니 2차 가는 일도 없어져 버렸다. 많이 건전해지고 부부 간의 대화도 많아질 수밖에 없었다. 그리고 의외이고 다행히도 집사람도 점점 건강해지고 활기차지는 것 같았다.

합작식당 경영

모든 합작 사업은 어렵다고 한다. 모든 식당 사업도 마찬가지라고 한다. 그럼 합작 식당 사업이 어떨지는 불문가지다. 취직 부탁부터 시작됐다. 중국 측 책임자의 시골 고향 아가씨인데 식당 경험이 있다고 해서 받아주었다. 그런데 시간이 갈수록 문제가 됐다. 중국 측 책임자와 특별한 관계라면서 거의 전면에 나서 안주인 행세를 하려는 것이었다. 지배인이지만 사장격인 내 친구 와이프도 성격이 강한 사람이라 충돌이 잦아지기 시작했다. 그 아가씨를 그만두게 할 수도 없었다. 영업 손실이 누적되자 중국 측은 그 책임을 우리에게 돌리고 손을 떼라는 압력을 가해 왔다. 결국 지배인과 그 아가씨가 동반 퇴진할 수밖에 없었다.

그 사건 이후 그렇게 가까웠던 중국 측 파트너 친구와도 불편한 관계로 몇 년을 지낼 수밖에 없었다. 그는 나의 십년지기 친구이기 전에 자기 회사의 이 투자 사업 책임자이고 나로서도 이 식당은 꼭 지켜야 하고 살려내야 할 중요한 보루였기 때문이다. 나는 이 식당이 망하면 안 되었다. 서울의 아파트를 팔고, 있는 돈 없는 돈을 식당을 지키기 위해 투입할 수밖에 없었다. 여유자금 없이 크게 시작한 걸 후회했지만 엎질러진 물이었다. 지배인으로 와서 도와주던 친구 가족은 얼마 후 한국으로 되돌아갔다. 그 친구는 지금 서울에서 유명한 대형 한정식 식당 체인점 '진진바라'의 회장님이 되어 있다. 역시 외식업에 대한 열정과 능력이 대단한 부부다.

그 후 다른 사업에서 자금이 돌아가고 장사도 호전되면서 숨통이 트이기 시작했지만 참 어려운 시기였다. 식당은 6개월 이상 한 푼의 영업이익이 없어도 될 만큼의 여유자금을 갖고 시작하라는 식당 개업 참고서의 말은 틀리지 않았고 초짜의 자만심은 크게 벌을 받은 것이었다.

식당이 안정되면서 중기의 파트너 친구와의 인간관계도 회복됐다. 그리고 중앙정부 소속 국유기업들의 경영 업종 조정방침에 따라 자동차 전문 기업인 파트너 회사는 식당사업에서 철수하게 되었다. 우리 식당에 대한 그 회사의 지분도 국유 자산이기 때문에 매각을 위해서는 공개 입찰 절차를 따라야 했다. 나는 다른 중국 업체와 다시 합작할 생각은 추호도 없었고 그 회사도 그렇게 되지 않도록 많은 신경을 써 주었다. 결국 우리에게 낙찰되었고 집사람의 모든 정성과 노력이 배어있는 비원 식당은 오롯이 집사람의 소유가 됐다.

지분 매각을 위한 입찰 가격은 실사를 통해 결정됐고 실제 자산 가치는 당연히 감가상각을 포함해 양측의 투자 원금보다 훨씬 낮게 평가됐다. 나로서는 그 평가액대로 지불하면 그만이었지만 이익 배당도 한 번 없이 파트너가 손실을 보고 물러가게 하는 것은 도리가 아닌 것 같았다. 개인의 돈이 아닌 국가 재산이고 국가 재산은 누구의 돈도 아니라고 했지만 투자 원금을 그대로 상환해 주었다. 나와 함께 고생하고 나 때문에 회사 내부에서 스트레스 받았을 친구의 체면을 최소한이라도 세워주고 싶었다.

외국인 투자가 제한되어 있던 시기라 다른 방법이 없었지만, 사실 합작 투자는 초기 자금 부담도 덜어주고 파트너끼리 서로 협력이 잘 되면 사업을 훨씬 효과적으로 해 나갈 수 있게 해 준다. 그러나 회사가 어려워지면 얘기는 달라진다. 모든 초심은 다 없어지고 서로가 적이 되기 십상이다. 그리고 대부분의 경우 외국인이 피해자가 될 수밖에 없다.

식당 에피소드

몇 년 전까지만 해도 북경 시민이 아닌 사람은 북경에서의 주거와 취업이 엄격하게 제한되어 있었다. 취업을 먼저 하고 회사의 보증으로 잠주증(暫住証·임시거류증)을 받아야 하는데 그 잠주증도 항상 소지하고 다녀야만 했다. 식당 복무원은 개인 위생증도 소지해야 한다. 복무원이 말도 없이 출근을 하지 않는 경우가 있다면 그건 대부분 공안에 잡혀갔기 때문이었다. 잠주증이 있어도 아침에 숙소 대문 밖 공동 화장실에 가다가 잠옷 바람으로 잡혀가기도 하고 길을 걷다가 잡혀가기도 했다. 잠주증을 소지하지 않고 있으면 방법이 없었다. 그러면 북경 외곽 수용소에서 식당으로 연락이 온다. 누가 지금 잡혀있는데 어느 역이나 시외버스 정거장으로 잠주증과 벌금을 갖고 데리러 오라는 것이다

식당 직원들을 관리하는 것도 어려웠다. 개업 초기에는 경험도 없고 관리시스템도 없이 그냥 사람을 믿고 맡겼다. 그러나 어떤 통제도 관리도 감시도 없다는 걸 알게 되자 심각한 문제점들이 생겨나기 시작했다. 우선 손버릇이 나쁜 직원들이 나타났다. 소고기 등심이 수십 킬로그램 입고됐는데

며칠 만에 재고가 바닥나기 일쑤였다. 비누를 수십 개 들여 놨는데 벌써 없다고들 한다. 비슷한 일들이 나열하기 힘들 정도로 일어났다.

어느 날 우연히 쓰레기통을 들여다봤는데 그 속에 비닐로 꼭꼭 싸여진 등심 덩어리가 숨겨져 있다. 그것도 최상급 부위다. 퇴근길에 가져가려는 것이다. 빈 자전거로 출근했는데 퇴근하는 자전거 카트에 뭔가가 담겨 있다. 세워서 열어보면 식용유에 비누에 수저에 모두 회사 물건이다. 가끔은 건물 밖 구석에 우리 회사 그릇들이 숨겨져 있는 걸 우연히 발견하기도 한다. 최고급 재료로 자기들끼리 주방에서 요리해 먹기도 한다.

고향을 떠난 젊은 남녀들이 일하는 곳이다 보니 남녀 관계도 많이 생긴다. 중국 젊은이들 자체가 혼전 동거 부담이 별로 없는 문화인데 가까이 일하고 부대끼다 보니 연애하고 바로 동거하는 경우가 많다. 어느 날 물어보면 같이 산단다. 근무에 지장이 없으면 주인이라도 뭐라고 말할 이야기는 아니지만 가끔은 삼각관계가 생겨 직원들 간 협력하는데 지장이 되는 수도 있었다.

북경에서 자리 잡기 어렵던 시절엔 북경으로 취업하기 위해 올라오는 젊은이들이 넘쳐 났었는데 지금은 자유롭게 살 수 있고 취업도 할 수 있게 되었지만 사람 구하기는 훨씬 어려워졌다. 특히 조선족 여직원을 구하기는 하늘에 별 따기다. 10여 년 만에 월급은 세 배나 올랐는데 사람 구하기는 더 어려워진 것이다.

식당이란 누구에게나 열려 있고 누구라도 와서 식사하는 곳이다. 북경에서 식당을 하다 보니 북한 손님들도 있고 그중에는 단골손님도 있다. 북한에서 출장 나온 사람들이 자기들끼리 다녀가는 경우도 있다. 우리가 북경의 북한식당에 냉면을 먹으러 가는 거나 마찬가지다. 언젠가 내가 손님들과 식사하고 있는데 옆 좌석의 대화 내용이 자연스레 들려왔다. 들어올 때부터 한 눈에 북한 손님들이란 건 알 수 있었다. 그중 한 분이 "이 집이 그

집이구만. 간장게장이 그렇게 맛있다는 데 몇 마리 먹읍시다." 하면서 게장을 포함해 여러 가지 요리를 시키는 것이었다. 평양에서 출장 떠나기 전에 누군가의 소개를 받아 찾아온 것 같았다. 게장을 드시며 "게장은 하여튼 밥도둑이야." 하며 즐거워들 했다. 내가 북한식당에서 가자미 식혜를 밥도둑으로 먹는 거나 마찬가지였다. 헤어져 세월이 그렇게 흘렀어도 우리들 입맛은 아직도 같다.

식당사업 애환

북경 생활 20년을 뒤돌아보면 수많은 한국 식당이 생기고 사라졌다. 개인이 투자한 소규모 식당은 말할 것도 없고 한국 대기업이 투자한 대형 식당들도 마찬가지였다. 어느 날 개업하고 어느 날 사라져 버리곤 했다. 돌이켜 보면 북경에서의 식당사업은 성공할 확률이 상당히 낮은 듯하다. 북경에서 한국 식당이 문을 닫는 이유는 규모에 따라 다른 듯했다.

대기업이 투자한 대형 식당들이 문을 닫은 이유는 대부분 본사 자체의 문제이거나 본사의 관리상의 문제 때문인 듯했다. 특히 IMF 당시 대기업이 투자한 많은 식당들은 본사가 어려워지면서 문을 닫은 경우가 많았다. 개인투자의 중소규모 식당들이 문을 닫는 이유는 장소 선정 문제가 많았다. 대부분 시내에 자리를 잡았지만 높은 임차료 때문에 큰 건물 같은 안전한 자리는 확보하지 못하고 대로변의 철거대상 건물을 임차하는 경우가 많았는데 그런 자리들은 북경시의 개발붐으로 갑자기 철거되기 일쑤였다. 물론 보상도 없었다. 건물주는 언젠지는 나도 모르지만 언젠가는 철거될 것이니 알아서 판단하시라는 얘기를 미리 해 두었기 때문이다.

비원 식당을 개업하고 얼마 되지 않아서다. 나도 자주 다니던 괜찮은 한식당이 오래 영업하던 곳에서 이사를 나와(계약기간 중인데도 막무가내로 쫓겨났다고 들었다) 우리 식당 바로 건너편에서 인테리어를 시작하는 게 아닌가? 내가 알기로는 서너 달 후면 그 자리는 없어지는 곳이었다. 대형 호텔이 들어서기로 되어 있었기 때문이다. 그 얘기를 전부터 잘 알던 그곳 지배인에게 알려 주었다.

그런데 그 사람은 그럴 리 없다는 것이었다. 그분 표정을 보니 내가 우리 식당 장사 때문에 그런 말을 하는 줄로 오해하는 것 같았다. 그리고 서너 달에 걸쳐 인테리어와 모든 준비를 끝내고 영업을 시작했다. 그런데 바로 며칠 후 비원에 점심 먹으러 갔는데 그 집이 무너져 내려 있는 것이었다. 그렇게 멋지게 만들어 놓은 한옥 처마도 굴삭기에 무참하게 허물어져 있었다. 졸지에 철거된 것이었다. 식당 자리 잡기가 어렵기는 했지만 결정이 너무 안이했다는 아쉬움이 있었다.

동네나 골목 안쪽의 아주 작은 소규모의 가족형 식당들이 도리어 오랫동안 알차게 장사하는 경우가 많다. 그러나 음식도 맛있고 가격도 저렴하고 주인들의 서비스도 좋아야 그렇지 대충 대충하는 식당은 몇 달 만에 주인이 바뀔 수밖에 없다.

이제 시내에는 웬만한 한식당 자리는 남아있지 않다. 한식 자체가 음식값이 비싸지 않기 때문에 시내 고급 건물의 높은 임차료는 감당할 수 없기 때문이다. 그러다 보니 한식당들은 모두 왕징으로 모여든다. 과장하면 왕징의 식당가는 한 집 건너 한 집이 한식당이다. 한식당끼리의 경쟁이 심해지다 보니 경영상태도 좋을 수 없을 것이다. 특히 조선족 동포들이 낮은 가격으로 경쟁해 들어오니 더 힘들 수밖에 없다. 그냥 음식 솜씨 있는 개인이나 가족이 주방과 홀을 같이 뛰어야 생활비 정도를 벌 수 있는 수준이라고 본다. 물론 장사가 잘 되면 생활비는 물론이고 큰 수입도 기대할 수 있겠지만 작은 규모 식당으로는 쉽지 않은 일이다.

식당은 목돈을 들여 푼돈 만들기만 해도 다행이라는 얘기도 있다. 퇴직금에 아파트 다 팔아 투자해 차린 식당이 몇 달 후 몇 년 후 어떻게 되어 있을지 아무도 모른다. 하여튼 모두 나만은 잘 돼서 대박칠 것 같지만 그게 생각같이 되는 건 아니라는 말이다. 식당 주인은 자기 돈 투자해서 건물주와 인테리어업체 그리고 직원들을 위해 봉사하고 고생만 한다는 얘기가 있을 정도다.

식당 사업을 생각한다면 식당의 메뉴 결정이 중요하다. 비원 개업 당시에는 걸핏하면 조류독감이다, 구제역이다, 비브리오균이다 해서 유행병들이 돌았다. 그때마다 그런 식재료를 사용하는 전문 식당들이 고생을 많이 했다. 비원은 그런 일들을 당하지 않기 위해 다양한 음식 재료를 사용하면서도 북경에는 아직 소개되지 않은 한정식 메뉴를 기본으로 구성했다. 그러나 당시 중국인이 생각하는 한식당은 거의 고기구이 전문집이었다. 비원이 한정식과 일반 한식 메뉴로 중국 고객을 유치하는 데는 오랜 시간이 걸릴 수밖에 없었다.

그러나 그런 생각이 꼭 틀린 생각만은 아니었다는 것은 최근에도 다시 확인할 수 있었다. 재작년 왕징에서 일식당을 새로 개업했다. 그리고 잘 좀 해보려고 수십만 위안의 로열티를 지불하고 일본 업체로부터 메밀 소바에 대한 기술 지도를 받고 각종 일본 식재료 공급 계약도 맺었다. 그리고 오사카까지 가서 수십 년 경력의 조총련계 스시 전문가까지 초빙해 왔다. 비원 일식이다. 그런데 누가 어떻게 예상할 수 있었겠나? 개업하고 몇 달 만에 일본에서 쓰나미에 원전 사태가 발생한 것이다. 일본에서 들여오던 식자재 공급이 끊겼다. 뿐만 아니라 누구도 해산물을 먹지 않으려고 했다. 중국 내 거의 모든 해물 식당들과 마찬가지로 우리 식당도 문을 닫을 위기에 처하게 됐다. 후유증은 거의 1년이나 끌었고 상당한 금전적 손실을 볼 수밖에 없었다.

그렇다면 나는 왜 식당 개수를 늘리면서 지금도 외식업을 하고 있을까? 이미 오랫동안 해 왔던 일이고 개인 취향 때문이기도 하다. 맛있는 한식당들을 갖고 싶다는 꿈 때문이다. 집사람은 말 같지 않은 얘기라고 하지만 나는 북경 외곽에서 된장 고추장도 직접 담그고 배추도 직접 키우고 싶다. 그리고 내가 직접 나가 주방에도 들어가고 음식도 개발하고 홀에서는 손님들과 인사도 나누고 술도 같이 하고 싶다. 그러나 솔직히 누구에게 추천하고 싶은 사업은 아니다. 나도 "당신이 식당을 너무 쉽게 생각해서 모두 이 고생!"이라는 잔소리를 10여 년째 듣고 있다.

그래도 식당 사업은 가끔 즐거움을 주기도 한다. 국적을 떠나 북경의 지인들과 어울릴 수 있어서도 좋고 북경 온 김에 비원에 들러서 한잔 같이 해 주는 한국 지인들을 만날 수 있어서도 좋다. 가끔은 동북 지방으로 출장을 나와서도 내 식당을 들러 주기 위해 북경으로 돌아 귀국하시는 분도 계셨고, 대기업 사장으로 취임해 지사 순시를 나오셔서도 비원부터 들러 회포를 풀어 주시고 타향살이에 위안을 주시던 분도 계셨다. 감사드릴 뿐이다.

식당 이야기가 많이 길어졌다. 이유는 중국에 식당사업으로 진출해 보고 싶은 기업이나 개인이 많지만 대부분은 실상을 모르는 것 같기 때문이다. 중국 사업에 대한 책이 많지만 대부분은 피상적인 내용들뿐이다. 직접적인 경험담은 거의 없다. 특히 식당사업은 그럴 수밖에 없다. 중국에서 식당을 하는 분이라면 새벽부터 밤늦게까지 바쁠 수밖에 없기 때문이다. 그분들이 아무리 좋은 경험을 들려주고 싶어도 그럴 시간적 여유가 없는 것이다. 내가 식당에서 직접 일을 하고 있지는 않지만 비원의 사례를 참고하시기 바라는 마음이다. 중국에서의 식당사업은 겉보기와 실제가 많이 다르다는 걸 알려드리고 싶었다.

북경의 북한 식당

북경에 와 처음 우리말 소리를 듣고 돌아보면 대부분 배지를 단 북한 사람들이었다. 수교가 되지 않았으니 여기서 무슨 일이 벌어져도 우리 정부가 보호해 줄 수 없던 시절이었다. 그러나 무관심한 척 애써 무시하지만 약간의 호기심도 생기고 동포로서 친밀감을 느끼게 되는 것도 사실이었다. 거기다 내 부모님 고향 사람들 아닌가.

북경에 북한식당이 있다고 했다. 개고기, 오리고기, 냉면이 맛있다고들 했다. 야윈촌(亞運村)의 류경식당이다. 부근의 한국식당 진로주가와 함께 1990년대 초 북경을 드나들던 많은 사람의 기억에 남아 있는 식당이다. 특히 미스 김이라는 아가씨는 한국 손님들에게 상당한 인기가 있어서 북경에 올 때마다 미스 김 선물을 따로 사오는 사람들이 있을 정도였다. 지금은 류경식당도, 진로주가도 모두 없어져 버렸다.

야윈촌에 살 때 아버님이 북경에 오시기만 하면 점심은 거의 류경식당으로 출근하시다시피 하셨다. 단고기국이 그렇게 좋으시단다. 개고기를 육개장 고기같이 가늘게 뜯어 뚝배기에 끓고 있는 상태로 내오는 북한식 단고기국은 개고기를 좋아하지 않는 내가 먹어도 맛있었다.

외국에서 북한식당에 들르는 것은 법으로 금지되어 있다고 한다. 북경에서도 법은 마찬가지겠지만 현실적이지는 않은 것 같다. 북경에 온 한국 여행객들에게 북경오리나 평양냉면이 필수코스가 된 지 벌써 오래다. 북경은 남북의 아이들이 같은 학교 같은 반에서 같이 어울리며 공부하는 곳이기도 하다. 북한이 해외 식당 사업으로 외화를 벌어들여 전쟁 준비에 쓰일까봐 걱정된다는 말이 있기도 하지만 사실 북한이 식당해서 돈을 벌어야 얼마나 벌겠나 싶다. 대부분 한국인 개인 투자 식당 정도의 작은 규모다. 파견된 직원들이 많아서 자기들 먹고살기에도 빠듯할 정도밖에 안 될 것이다. 너무 민감해할 필요는 없는 것 같다. 식당에서라도 남북이 만나면 그것도 교류가 아니겠는가.

1980년대 일본으로 출장 가서 고기구이 집을 들어갔는데 분위기가 좀 이상했다. 한국인이 하는 식당은 틀림없는데 손님을 대하는 분위기가 서늘했다. 어색한 분위기에서 고기를 굽고 있는데 학교에서 돌아오는 주인집 딸의 옷차림이 까만 치마에 하얀 저고리였다. 조총련계 식당이었다.

당시에는 조총련과 만나는 것도 법에 저촉될 때였다. 밥을 다 먹을 때까지 서로 눈 한 번 마주치지 않고 한 마디 말도 없이 계산만 하고 나왔다. 식당을 나온 다음에도 한동안 가슴이 두근거렸던 게 기억난다. 그렇게 조총련계 식당 출입도 문제가 되던 시절은 이제 다 흘러간 옛이야기가 되었다. 이제 북한식당에 대해서도 그 정도 여유는 갖고 팔아줄 때가 되지 않았겠나? 북한사람들도 한국인 식당을 찾는 마당이다.

한중 수교 직후 금강원이라는 북한식당이 개업했다. 재미동포와 북한이 투자한 최고급 식당이었는데 당시 북경 최고 건물인 국제무역센터에 자리를 잡았다. 장식이나 전시품 등은 우리가 상상하는 그 이상의 최고급 수준이었다. 비단실로 수놓은 풍경화 병풍이나 최고급 도자기들은 북한 최고 예술가들의 작품답게 정상급 예술품이었다. 음식도 우리 요리와는 또 다른 맛있는 요리들이 아름답고 정갈하게 차려져 나왔다. 복무원들 역시 감탄할 만한 미인들이었고 그 아가씨들의 다정다감한 서비스는 북한 사람들에 대한 인식까지도 바꿀 정도였다.

서울에서 온 고급 손님들로 식당은 늘 만원이었고 얼마 후 그 옆에 개업한 가라오케는 예약을 하지 않고서는 갈 수 없을 만큼 성황이었다. 지금도 북한식당 노래방 기계에는 한국 노래가 실려 있지 않지만 그곳은 달랐다. 그때도 모든 한국의 당시 유행가와 미국 팝송들이 완벽하게 실려 있었다.

한때는 그 아리따운 복무원들이 노태우 대통령 암살을 위해 파견된 특수 공작원이라는 소문이 파다했다. 한 술 더 떠 그 식당에서 냉장고가 실려 나갔는데 그 안에는 납치당한 남한사람이 있었을 것이라는 기사가 어느 신문 특파원 코너에 실리기도 했다. 상상력도 대단했다. 여러 논란이 있는 가운데에서도 당시 금강원은 남북한을 떠나 우리 민족의 고급 음식 문화를 중국에 알리는 데 크게 기여한 것만은 사실이었다. 장사가 그렇게 잘 되었는데도 얼마 후 문을 닫았다. 투자자들끼리 문제가 있었다는 게 후문이다.

남북한 화해 모드가 지속되고 한국의 단체 관광단들이 북경에 몰려들면서 북한식당들은 상당한 호황을 누렸다. 많은 북한 식당이 우후죽순격으로 생겨나기 시작했다. 북한식당에 처음 온 한국 손님들은 우선 복무원들의 미모와 친절에 감탄했다. 북한식당에서 복무원이 따라주는 술 한 잔에 통일이 다 된 듯 이산가족을 상봉한 듯 감격해 하는 사람도 있었다. 벅찬 심정으로 '반갑습니다'와 '다시 만나요'를 목이 터져라 같이 부르고 눈시울을 적시기도 했다. 아가씨들이 무대에서 노래를 부를 때면 수없이 반복해 사용하는 인조 화환을 수십 달러씩 주고 사서 바치기도 하고 팁도 듬뿍듬뿍 뿌리기도 했다. 옆에서 지켜보고 있노라면 우리는 역시 같은 민족이고 마음도 여리고 정도 깊은 사람들이라는 생각이 절로 들었다. 어떤 어르신께서는 참한 아가씨한테 진심으로 자기 아들의 배필로 삼고 싶다고 하셨다. 서로 헛웃음으로 이야기를 돌려야 했지만 왜 정말 둘이 맺어질 수 없는지 우리의 아픈 이야기다.

한국 손님이 주고객인 북한 식당들은 남북 관계가 경색되면서 영업에 많은 타격을 받고 있다. 문 닫고 철수한 식당도 적지 않다. 살아남기 위해 북한 식당들끼리도 경쟁하고 영업 변신을 위해 나름대로 노력하는 게 눈에 보이기도 한다. 한국인 생활 잡지에 미인들 사진과 함께 적극적인 광고를 내기도 한다. 어떤 식당은 술손님 위주로 영업을 바꿔 룸에서 양주도 팔고 노래도 부르고 춤도 같이 춘다. 물론 손님은 한국인들이다. 어떤 식당은 아예 대상 고객을 중국인으로 바꾸려는 노력도 한다. 중국말로 중국 손님들에게 더 잘해 주려는 모습이 겉으로 나타난다. 그러나 같이 식당을 하는 사람이 볼 때 지금 북경에 있는 북한식당 가운데 이윤을 내는 식당은 거의 없다고 생각된다. 북한에서 온 복무원들 월급은 없다고 쳐도 높은 임대료와 재료비, 아가씨들 숙소비와 최소 생활비만으로도 만만치 않기 때문이다.

한식 세계화를 위해

해외에서 한식당을 하다 보니 정부에서 추진하는 한식 세계화 사업에 관심을 갖게 됐다. 매우 시의적절한 사업이라는 생각이 들었다. 우리 식당도 참가비를 지불하고 컨설팅 프로젝트에 참여했다. 그러나 중국에서의 한식세계화 진행 과정은 허술한 점이 있다고 느껴졌다. 컨설팅 요원들은 한식당과 관련된 어떤 경험도 없는 사람들이었고 중국도 처음 와보는 사람들이었다. 그러다보니 개인적인 열성은 있었지만 현실과 동떨어진 얘기만 하게 되는 것이었다. 중국 특수 상황도 한몫을 했을 것이다. 한식이란 무엇인가라는 그 정의가 중국에서는 애매했던 것이다. 조선족 식당과 북한식당까지 포함해 한식당을 정의하다 보니 사업의 목표가 모호해져 버렸다. 한식재단 홈페이지에 큰 글씨로 올려있다시피 "중국에서의 한식당은 조선족이 운영하는 질 낮은 한식당이 다수를 차지하고 있어 저가의 천편일률적인 식당으로 포지셔닝되어 있다."는 결론에 도달할 수밖에 없는 것이었다. 그렇게 정의하면 제대로 된 전략이 나올 수 없게 된다.

현실적인 한식당의 정의는 한국인이 운영하는 한식당으로 한정되어야 한다. 그래야 국가의 영향력 아래 전략도 세울 수 있고 체계적인 지원도 가능하기 때문이다. 그렇게 범위를 좁혀 놓으면 중국에서의 한식당은 비교적 고가의 고급식당이라는 실제 위치에서 한류와 연결된 전략을 수립할 수 있게 된다. 그리고 사실 같은 뿌리라고 해도 북한음식, 조선족음식, 한국음식은 이젠 비슷하지만 서로 다른 요리가 되어 있다. 맛도 다르고 가격대도 다르고 고객층도 다르다.

한식 세계화 사업 가운데 플래그십 한식당을 뉴욕에 개업하겠다는 계획도 있었다. 많은 논란이 되다가 결국은 한식 세계화의 동력 자체를 약화시키는 원인이 되기도 했다. 사실 큰 규모의 투자를 했더라도 주위의 한국 식당들만 고생시키고 결국엔 한식 체험관이나 문화관으로 남게 되었을 것이다. 식당은 공무원이나 주재원이 운영할 수 없는 사업이다.

대기업이 투자한 북경의 한식당 중 상당수가 문을 닫거나 철수했다. 본사의 경영문제 때문인 경우도 있었지만 한국 본사가 멀쩡한데도 문을 닫는 경우도 많았다. 유명한 외식그룹의 한식당도, 대표적 프랜차이즈의 한식당도 문을 닫았다. 한국음식문화를 세계에 전파하고 있다며 매체마다 얼굴을 내밀던 분들의 한식당도 마찬가지였다. 규모가 작아서도 자금이 부족해서도 전문성이 없어서도 아니었다. 현지 실정에 즉시 적응할 수 없었기 때문인 것이다. 그런 식당일수록 본사 방침에 따라야 하고 파견된 관리자도 본사 매뉴얼대로 음식을 만들고 경영해야 하기 때문이다. 현지 사정과 맞지 않는다는 걸 알아도 마음대로 매뉴얼을 바꿀 수 없기 때문이다.

사실 북한도 다른 건 몰라도 음식 사업의 해외 진출에는 매우 적극적이다. 일종의 조선음식 세계화라고나 할까. 주체는 당연히 개인이 아니라 국영기업, 즉 정부다. 그러다 보니 모든 해외 식당은 평양냉면을 포함해서 요리의 종류와 요리방법, 담겨 나오는 그릇까지 그리고 메뉴판의 사진과 아가씨들의 쇼를 포함한 서비스까지 거의 천편일률적이다. 세계 어디에 나가 있는 북한식당도 주방장 마음대로 평양냉면의 소스나 국수를 바꿀 수 없을 것이다. 중국 여러 곳의 평양식당을 다녀보아도 모든 메뉴는 사계절 똑같다. 매뉴얼 때문이리라. 북한 식당마다 그나마 다른 건 각 식당의 아가씨들 미모뿐이다. 북경의 많은 평양 음식점들 가운데 그래도 골라 가게 되는 것은 음식보다는 다른 점 때문일 것이다. 음식은 다 그게 그거다.

비빔밥이나 떡볶이 같은 간단한 전문점이라면 매뉴얼대로 하면 된다.

그러나 일반적인 한식당이라면 그럴 수 없는 것이다. 요리 하나 하나에 정성이 들어가야 한다. 좋은 재료를 찾아다녀야 하고 현지 제철에 맞는 음식도 제때에 선보여야 한다. 한 그릇 한 그릇을 끓일 때마다 간이 맞나 직접 맛도 보아야 한다. 한국요리에서 가장 중요한 것은 시스템이나 매뉴얼보다는 사람의 정성이다. 그리고 채산성을 무시하고라도 식당에서 비싼 재료를 선택할 수 있는 권리나 새로운 요리를 선보일 수 있는 권리는 오직 식당 주인에게만 있다. 그리고 정성을 다해 서비스할 수 있는 사람도 그 식당에 생계를 건 식당 주인뿐이다. 파견된 관리자들이 아니다.

한식의 세계화를 위해 정부가 추진하는 중요한 사업들이 많이 있을 것이다. 그러나 해외 식당 업주로서 느끼는 한식 세계화의 지름길은 다른 것이 아니다. 세계에 퍼져 있는 한식당 주인들을 도와주는 것이다. 조금만 도와주면 자기들의 한식당을 잘 키워 나갈 것이고 한식 세계화의 주역들이 되어줄 것이다. 자기 생계가 걸린 일인데 잘하지 않을 수 없다. 해외 한식당 주인들의 가장 절실한 문제는 조리사다. 해외에서 한식당에 투자하는 사람들은 그 지역 사정에는 밝지만 요리 지식이 없는 경우가 대부분이다. 그러나 해외에서 한국 조리사를 초빙하기 위해서는 시간과 금전적 부담이 너무나 크다. 구직 사이트에서 조리사와 연결되어도 그 조리사의 솜씨를 미리 알 수도 없는데 비자에 비행기 값에 숙소까지 모든 걸 부담해서 초청해 올 수밖에 없다. 그러다 실망하면 업주나 조리사 모두 금전적이나 시간 낭비가 클 수밖에 없게 된다.

외식업에 꿈이 있는 젊은이들을 양성하고 해외 한식당과 연결해 주는 시스템이 필요하다. 그리고 조리사 초빙 경비의 일부분을 국가가 지원해 준다면 큰 도움이 될 수 있다. 해외 한식당 주인이 적은 초기 비용으로 한국의 조리사를 초빙해 올 수 있다면 맛있고 잘되는 한식당을 세계로 펼쳐나갈 수 있을 것이다. 그리고 그렇게 나온 젊은 조리사들은 그 나라도 경험해 보고 그곳의 한식 사업도 체험해 보면서 미래 한식 세계화의 주역으로 커 나갈 수도 있다. 청년 일자리 해결의 한 방안으로도 연구해 볼 만하다. 미리 지원한 경비는 업주나 조리사로부터 분할 납부로 회수할 수도 있을 것이다.

해외 한식당용 그릇이나 식당용 문화 장식품을 가격대별로 몇 단계의 표준을 정해 대량 생산해서 해외 한식당에 저렴하게 공급하는 것도 큰 도움이 될 수 있다. 주방 기구도 마찬가지다. 해외 한식당은 그릇 하나를 한국에서 구입해 오려고 해도 적당한 것을 찾기도 힘들고 그때마다 가격도 상담해야 하고 품질도 확인해야 하니 많은 품을 팔 수밖에 없기 때문이다.

한 나라 음식 문화의 해외 진출은 정부가 바라는 대로 식재료 수출이나 음식 알리기와 함께 음식 문화를 구성하는 복합적인 한국문화를 전파하는 지름길이다. 그러나 요즈음같이 한류 문화가 먼저 퍼져 나갈 때에는 그 한류에 함께 편승해 나가는 방안도 효과적일 것이다. 적어도 중화권에서만큼은 한식 세계화의 최고 공신은 '대장금' 이었다. 일본이나 뉴욕에서도 한국인 연예인 식당이 인기라고 한다. 앞으론 케이팝(K-POP) 스타들이 한식 세계화에 좀 더 큰 역할을 해주기를 기대해 본다. 싸이나 케이팝 스타를 좋아하는 팬들이라면 그들이 좋아하는 한식도 궁금해 하고 먹고 싶지 않을 수 없을 것이다.

정부가 한식재단을 만들어 한식 세계화에 많은 노력을 기울이고 있는 것은 해외에서 한식당을 운영하는 많은 개인 사업가들에게 큰 힘이 될 수 있다. 한식 재단과 관련 기관들의 많은 역할을 기대해 본다.

상점 사업 - 개업과 폐업의 연속

식당을 하면서 별도 회사를 세웠다. 조선족 비서 이름을 빌렸다. 이 회사 이름으로 여러 장사를 시작했다. 대부분은 가게들이다.

우선 기념품 가게다. 해외의 많은 한식당이 한국 여행객들을 위한 기념품 가게를 같이 운영하고 있던 것이 생각났기 때문이다. 그리고 주재원 시절의 경험으로 볼 때 북경에서 생활하는 사람들이나 업무상 출장을 온 사람들도 적절한 선물이나 기념품을 믿고 살 만한 곳이 필요했기 때문이다. 기념품을 사기 위해 바쁜 시간을 쪼개어 백화점이나 시장을 들르는 것은 여간 불편한 일이 아니었다. 가격도 얼마를 깎아야 제대로 사는 건지 아무도 몰랐다. 믿을 만한 한국인이 운영하는 선물가게가 하나쯤은 있어야 한다고 생각했다. 식당 위층에 출장자들에게 기념품으로 인기가 있는 각종 기념품들을 사다가 쌓아 놓았다. 옥팔찌부터 도장 같은 기념품과 우황청심원, 웅담, 중국술, 짝퉁 시계, 짝퉁 가방 등을 쌓아놓았다. 적지 않은 돈이 들었다.

식당 문 밖의 로비에는 골프숍을 오픈했다. 미국 캘러웨이 제품을 주로 취급했는데 가끔은 홍콩까지 가서 일제 골프채나 각종 용품들을 구입해 오기도 했다. 그 옆에는 한국인들을 위한 서점도 차렸다. 친구가 한국에서 큰 서점을 하고 있었으므로 책은 출판사 도매가로 받을 수 있었다. 책 판매는 단속에 걸리면 큰일 난다고 했지만 많은 한국 손님이 단골로 이용했다. 여인가(女人街·뉘런지에)라는 곳에 김밥집도 차리고 비원 식당 옆 로비에는 빵집도 차렸다. 자동차 영화관 터에는 야외 고기구이집도 차렸다. 자동차 튜닝 업체도 차렸다. 한국에서 자동차 튜닝 제품을 수입해 판매하다가 나중엔 중국 공장에서 위탁 생산을 하기도 했다. 지금 생각해도 사업이 많기도 했다.

선물가게는 처음엔 많은 분의 환영을 받았다. 북경 교민들이 많이 찾아주었다. 좋은 제품을 골라 싸게 팔았기 때문이다. 그러다 약간의 욕심이 생겼다. 여행사들을 연결한 것이다. 식당에 단체여행객을 유치하고 관광상품을 같이 팔아보려는 계획이었다. 그러나 그 계획의 결말은 좋지 않았다. 여행사는 여행객들의 식단가를 터무니없이 낮게 요구해 음식다운 음식이 나갈 수 없었다. 그런 식단의 단체여행객을 받게 되니 식당 분위기 전체가 망가지는 듯했다. 며칠 만에 식당은 단체여행객은 받지 않기로 했다.

선물가게도 오래 지속될 수 없었다. 여행사는 가격 태그를 5배, 10배로 올려서 붙여 달라고 요구했다. 실제로 그렇게 하지 않을 수도 없었다. 단체 관광객이 오면 물건 구입 여부와 관계없이 한 사람당 얼마씩의 소개비를 지불해야 했고 운전사까지 포함한 가이드 수고비도 지불해야 했기 때문이다. 그리고 여행객에게 판매한 금액의 상당 부분은 여행사에 되돌려주어야 했다. 판매하는 가게로서는 남는 건 똑같았다. 그러자 단골로 다니던 교민들의 발길이 끊어졌다. 교민들에게는 실제 가격으로 판매한다고 해도 우선 가격표가 터무니없었기 때문이다. 바가지라는 좋지 않은 평들이 들려오기 시작했다. 어떻게 살아온 북경 생활인데 그런 평가를 받을 수 있겠나. 바로 문을 닫았다. 남아 있는 엄청난 재고를 공급상은 사온 가격의 반의 반값에도 환불해 주지 않았다. 상당 부분 쓰레기통으로 향하고 그래도 버리기 아까운 것들은 10여 년이 지난 지금까지도 집구석 어딘가에 틀어 박혀 있다.

골프숍은 괜찮았다. 홍콩과 미국, 한국의 전문 골프몰들과 접촉해 골프채와 각종 연습장비나 소품들을 직접 주문해 잔뜩 쌓아 놓았다. 골프채 구입은 주로 홍콩을 이용했다. 거기서 물건을 가져올 땐 심천(深圳·선전)까지 가서 기차를 이용해 홍콩을 다녀왔다. 홍콩에서 심천으로 돌아오다 보면 국경 세관이 있다. 기차에서 모든 물건을 내리고 통관대까지 메고 가서 통관시키고 다시 기차로 돌아와 싣게 된다. 해는 쨍쨍한데 그 무거운 장비들을 어깨에 둘러메고 뛰다 보면 얼굴은 벌겋게 타오르고 땀은 비오 듯했다. 골프장에 나갈 때면 흐린 날에도 치대 바르던 선크림은 생각도 나지 않았다. 이런 게 고생이구나 하는 생각이 절로 떠올랐다. 집사람의 고생은 말로 다 할 수 없었다. 그래도 당시 북경에는 그런 골프숍이 아직 없었으므로 골프를 좋아하는 마니아들로부터 큰 사랑을 받았다.

누군가의 소개로 심천에 있는 미국 캘러웨이사의 중국 총대리점 사장을 만났다. 그리고 한동안 그곳에서 물건을 받아 장사를 잘 하고 있었다. 어느 날 그 사장이 우리에게 제안을 해 왔다. 북경 총대리점을 맡으라는 것이었다. 규모를 조금만 더 키우고 대리점으로 갖추어야 할 CI 장식과 기본 시설, 기초 재고만 최소한으로 맞추면 자기가 적극적으로 지원하겠다는 것이었다. 그러나 사장이 그렇게 지원해 준다고 하는데도 나는 망설이지 않을 수 없었다. 그러나 자금이 문제였다.

그럴 즈음 짝퉁 골프채들이 쏟아져 나오기 시작했다. 찾는 사람도 많아 우리 숍에도 갖다 놓았는데 어떤 짝퉁은 진품보다도 더 잘 맞는다고 했다. 그러다 보니 시장에서는 진품에 대한 신뢰도가 없어져 버렸다. 나 자신도 이런 짝퉁이 넘치는 시장에서 고가의 진품이 살아남을 수 있을지 회의가 들었다. 주저하며 시간을 끌다 보니 총대리점은 더 이상 기다리지 않았다. 다른 대형 업체를 북경 대리점으로 지정한다는 통보가 왔다. 우리에게는 그 대리점을 통해 구입하라는 것이었다. 당연히 수익성이 많이 낮아지고 얼마 후 문을 닫지 않을 수 없었다. 지금도 그때 팔다 남은 골프채와 소품들이 많이 남아 있다. 지금의 북경 캘러웨이 총대리점은 엄청난 규모로 커졌다. 좋은 기회를 놓친 것 같아 많이 아쉬웠지만 애써 신포도였을 것이라고 자위할 수밖에 없다.

식당 손님 유치 목적도 있었지만 책방은 읽을거리에 목말라 하던 많은 한국인으로부터 큰 사랑을 받았다. 식당 영업에도 도움이 되었다. 식사하러 와서 책을 사는 것이 아니라 책을 사러 와서 식사를 하는 경우도 있었다. 그러나 해외 출판물을 허가를 받지 않고 들여와 판매하는 것은 불법이었다. 큰 이문을 보려고 시작한 것도 아니었으므로 큰 위험을 부담할 수는 없었다. 지금은 한국 서점도 정식으로 생기고 인터넷으로 해외에 직접 주문해 받아볼 수 있는 시대가 되었으니 책을 사랑하는 독자들한테는 너무나 다행인 시절이 되었다.

여인가라는 대형 의류 도매 상가가 우리 식당 근처에 오픈하면서 입구 좋은 자리에 작은 가게 자리를 임차했다. 10여 개 테이블을 준비하고 김밥과 샌드위치를 팔기로 했다. 한여름 푹푹 찌는 어느 날 개업했다. 개업 날 손님이 인산인해로 몰려들었다. 한국에서 기계와 원료까지 가져온 소프트 아이스크림의 인기는 최고였다. 컵에 따라 파는 콜라도 몇 시간 만에 대형 알루미늄통 여러 개가 동났다. 콜라는 휴일이라 배달이 안 된다고 했다. 나와 아들이 서쪽 교외에 있는 코카콜라 공장을 직접 찾아가 당직자에게 사정해 원액이 든 알루미늄통을 메고 오기도 했다. 아들도 이젠 가게를 돕는 것이었다. 가게에는 정말 많은 사람이 몰려들었다. 100위안짜리 지폐를 흔들며 빨리 달라며 난리들이었다. 나중엔 실례되는 표현이지만 몽둥이가 필요할 정도였다. 손님들은 죽자 살자 달려들었다. 눈에 익은 사람도 있었다. 좀 전에 왔던 사람이 또 오고 다시 오는 것이었다. 잔돈이 부족해서 난리였다.

문을 닫고 결산을 하니 그 작은 가게의 매상이 1만 5,000위안이나 되었다. 모두 몇 위안이거나 십 몇 위안짜리였으니 1,000명 이상의 손님이 몰린 것이었다. 그런데 회계 아가씨가 돈을 세다가 우리를 부르는데 100위안짜리 지폐들이 좀 이상하다고 했다. 자세히 보니 100위안짜리 거의 대부분이 가짜 돈이었다. 가짜 100위안짜리를 콜라와 진짜 돈으로 바꿔준 것이다. 다음날도 많은 사람이 몰려들었다. 사람이 너무 몰려 상가 전체의 영업에도 지장을 줄 정도였다. 가게가 상가 입구에 있다 보니 우리 가게에 몰려든 사람들로 상가 출입이 어려울 정도였기 때문이다. 가짜 돈을 받지 않게 되자 손님은 많이 줄어들었지만 장사는 여전히 잘 되었다. 30미터 줄이 10미터 정도로 줄었지만 줄서서 파는 것은 변함이 없었다.

그러자 몇 주일 후 상가 관리 사무소에서 가게를 빼라는 통지를 해왔다.

시설한 비용은 다 내주겠다고 했다. 뜬금없는 소리였지만 임대차 계약에 음료 판매 얘기가 없었는데 음료를 팔았기 때문이라고 했다. 말도 안 되는 소리였지만 우리도 이런 장사는 하고 싶지 않았다. 그리고 얼마 후 그 가게를 가보니 음료까지 포함해서 우리가 했던 그대로 장사를 하고 있었다. 잘되니까 보고 못 참았던 것이다.

자동차 튜닝 사업은 물건을 먼저 공급하고 대금은 나중에 받는 사업이다. 그러나 시간이 지난 후 체크해 보니 물건은 보냈다는 데 받은 사람이 없다는 경우도 있고, 대금을 지불했다는 데 돈 받은 사람이 없는 경우도 있었다. 후불로 받는 장사는 무조건 떼인다는 중국 사업의 격언을 무시했던 것이 문제였다.

북경에 단 하나뿐인 자동차 극장의 넓은 공터에 야외 숯불 고기구이집을 차렸다. 허허벌판 같은 곳에 건물과 정자도 세우고 잔디도 깔아 꽤 그럴듯한 야외 식당을 만들었다. 봄, 가을 저녁 야외에서 즐기는 숯불구이는 많은 분으로부터 사랑을 받았다. 가족끼리 동료들끼리 많이 찾아주었다. 문제는 여름과 겨울이었다. 차가 없이는 접근하기 어려운 장소고 1년에 몇 달 장사인 셈이었으니 수지를 맞출 수 없었다. 처분하려고 했더니 점장이 자기가 직접 해보고 싶다고 했다. 비원에서부터 몇 년 동안 수고했던 점장에게 가게를 넘겼다.

모든 가게들을 거의 동시에 시작해 이제 거의 동시에 처분한 셈이다. 결과들은 모두 좋지 않았지만 얻은 것도 적지 않았다. 나이 쉰이 넘어 시도해 본 이런 장사들은 그동안 내가 살아온 세계와는 전혀 다른 것이었지만 내 인생의 소중한 한 경험이 되었다. 그 시절 같이 고생한 죽마고우 구본웅 사장에게 감사한다. 지금 구 사장은 가평 명지산 속 맑은 개울가에 위치한 '휴림펜션'이라는 오토캠핑장을 경영하고 있다. 얼마 전 김하늘 씨의 힐링캠프가 촬영된 곳이다.

이런 상점이나 가게 경험을 소개하는 것은 사실 그 나름대로 사업 가능성이 있다고 보기 때문이다. 처음부터 큰돈 벌겠다는 욕심만 없다면 한국에서 동종의 장사를 하는 것보다는 중국에서의 장사가 나을 수 있다고 생각한다. 중국에서 할 수 있는 장사의 아이템은 무궁무진하다. 이제는 사업 환경도 많이 좋아졌다. 예전의 서점같이 이젠 법적으로 금지하는 사업도 별로 없다. 한국에서 가능한 사업이라면 이제 중국에서도 가능하다는 말씀을 드리고 싶다.

자동차 대리점

2001년 현대자동차가 중국 대리점을 모집한다는 얘기가 들렸다. 현대차 직원들로부터 참여 권유를 받았다. 당시 중국은 자동차 수입 시장이 아직 개방되어 있지 않았고 외국 자동차 시장이 형성되지도 않은 시기였다. 따라서 어떤 외국 메이커도 전시장이나 판매점을 갖고 있지 않았다. 벤츠 등 몇 개 세계적 브랜드만이 서비스센터를 운영하고 있었을 뿐이었다.

원칙적으로는 당시 외국에서 자동차를 가져올 수 있는 방법은 단 두 가지뿐이었다. 하나는 외국인용이다. 대사관이나 외국회사에서는 공무용이나 개인용으로 한정된 대수를 들여 올 수 있었다. 이렇게 들어온 차는 5년 안에는 되팔 수도 없다. 번호판도 검정색 외국인용 번호판을 달게 된다. 두 번째는 국가에서 허가하는 특별한 경우다. 국제대회나 큰 프로젝트를 위해 외국산 자동차가 필요할 때 국가에 신청하면 수입허가증을 발급해 준다. 일반 판매 목적의 자동차는 수입할 수 없었던 것이다.

그러나 허가증 제도에는 약간의 융통성이 있었다. 어떻게 구했는지 모르지만 허가증들이 돌아다녔다. 블랙마켓이었다. 그 허가증만 있으면 자동차를 수입해서 일반인에게 판매할 수 있는 것이다. 이 부분이 바로 수입 자동차 시장의 전체 규모였다. 그러나 허가증이 귀하다보니 가격은 부르는 게 값이었다. 자동차 한 대의 허가증 값이 14만~15만 위안(2만 달러 수준)을 넘어서기도 했다. FOB(인도 가격)가 1만 달러 조금 넘던 쏘나타는 자동차 가격보다 허가증 가격이 훨씬 비쌌다. 이런 허가증 비용을 지불하고도 수입할 만한 자동차는 벤츠나 아우디 같은 고가 자동차밖에 없었다.

그러나 그때 현대가 대리점을 모집한다고 할 때, 허가증 시장에 약간의 변화가 감지되기 시작했다. 허가증이 조금씩 풀리는 것이었다. 전국적인 개발 붐이 불면서 중앙정부에서 현금 대신 자동차 허가증을 교부해 주기 때문이라고들 했다. 정부로서는 돈 한 푼 안 들이고 종이 한 장 주면 되지만 받는 쪽에서는 그게 현금이었다. 허가증 가격이 수요 공급에 따라 시장 가격을 형성하기 시작했다. 허가증 수량이 풀리고 가격이 내려가자 사업성이 있는 수입 차종들이 생겨났다. 누구나 벤츠나 아우디가 필요한 것이 아니었기 때문이다. 그래도 그때까지는 비싼 차종들뿐이었다. 현대차까지 기회가 오기에는 아직 멀었다고들 생각했다. 더구나 7~8년 전 밀수로 들여왔던 쏘나타들이 이제 많이 낡아 현대자동차의 평판이 많이 낮아져 있던 시기였기 때문이다.

누가 봐도 현대자동차의 중국시장 진출은 시기상조였다. 나에게 제의가 온 것만 보아도 알 수 있는 일이다. 나로서야 현대차를 왜 해보고 싶지 않으랴. 꼭 해 보고 싶었다. 중기를 만났다. 중기는 자동차 수입허가증을 가장 많이 확보하는 기관이고 그 산하의 중기진출구공사는 중국 정부의 자동차 수출입 창구 기관이다. 이미 식당도 합작으로 하고 있으니 나로서는 어렵지 않게 제안할 수 있었다. 합작 부문을 하나 더 만드는 것이나 마찬가지라고 생각했다. 같이 앉아 이야기하니 쉽게 동의해 주었다. 그리고 자기들이 받아내는 수입허가증 가운데 현대 수입차용으로 1년에 500대 정도는 배정할 수 있다고 했다. 당시는 그것만으로도 대단한 물량이었다.

그러나 현대자동차에 제출할 사업 계획서를 작성하면서 제동이 걸렸다. 현대차를 그렇게 팔아봐야 별로 남는 게 없다는 것이었다. 사실 계산상으로는 그랬다. 중기가 그렇게 사업성에 회의를 갖게 되자 나에 대한 조건도 빡빡해졌다. 필요 자금은 양측이 같이 조달해야 하고 자금은 당장 들어와야 한다는 것이다. 사실 당연한 조건이지만 나로서는 불가능한 일이었다. 더구나 자동차 수입 판매업은 아직 외국인이 할 수 있는 사업도 아니었다. 그렇다고 국영 대기업과 같이 일하는데 지분 없이 참여하는 건 의미 없는 짓이었다. 월급쟁이 신세로 변할 게 뻔했다. 흐지부지 시간은 흘러가고 나도 중기도 현대차 대리점 사업은 잊어가고 있었다.

몇 달 후 어느 토요일 오후였다. 집에서 낮잠을 자고 있는데 휴대폰이 울렸다. 시노트랜스 직원이었다. 현대를 떠난 후 몇 년 동안이나 보지 못했던 친구였다. 다급한 목소리가 급한 일 같았다. 자기 동료들과 함께 지금 비원 식당에 와 있다고 했다. 내가 식당에서 일하고 있는 줄 알고 식당으로 왔다는 것이다. 급한 일이 있으니 빨리 나오라고 했다. 만나자마자 단도직입적으로 "총재님이 보내서 왔다."고 했다. 이 친구들도 나와 총재와의 관계를 잘 알고 있어서 총재님 말씀이라면 내가 꼼짝 못할 것이란 것도 알고 있다. 전에 차량부에서 현대 트럭 수입을 담당하던 중간 관리자들이었는데 지금은 그룹 내 별도 회사의 사장과 간부들이 되어 있었다.

신사업으로 여러 자동차 메이커의 대리점 사업을 검토하면서 현대차 본사 담당자와도 상담을 했더니 내 이야기를 꺼내더라는 것이었다. 총재께 보고를 드리니 "송 선생과 함께 추진하라."고 하셨다는 것이다. 당시는 수입차 대리점은 아무도 생각하지 못할 때였다. 허가증이 조금 풀리면서 몇몇 개인만이 천진항 보세구에 외국차를 들여다 놓고 한두 대씩 팔던 그런 시절이었다.

총재님 말씀이니 꼭같이 해야 한다고 했다. 내가 돈이 없다고 얘기를 꺼내기도 전에 모든 자금은 자기들이 먼저 내겠다고 했다. 사업을 잘 해서 배당을 받아 갚으면 된다고 말했다. 만약 장사가 안 돼 회사가 망하면 자기들이 책임을 진다고도 했다. 나는 어떤 부담도 가질 필요가 없다는 것이었다. 지분율은 50대50이고 모든 경영은 공동 경영이라고 제안했다. 허가증도 걱정하지 말라고 했다. 무한정 구하겠다고 했다. 모든 부담과 장애가 없어졌다. 총재는 국교수립 기념으로 현대차 1,200대를 사주셨던 그분이시다.

시노트랜스 명의로 현대자동차에 신청서를 제출했다. 다른 신청자들은 없었다. 현대자동차 상해 본부에서 차정식 부사장님과 남광호 상무가 북경으로 올라와 시노트랜스 총재도 만나고 우리가 준비해 놓은 전시장도 방문했다. 차 부사장께서는 내가 현대자동차 북경지사장으로 있을 때 현대자동차서비스(주)가 투자한 북경의 경현서비스공장을 맡으셨던 분이다. 회사 일이지만 내게 섭섭한 마음도 없지 않으셨을 텐데 지난 일은 없었던 듯 담담하게 잘 해보라고 말씀해 주시는 것이었다. 이제 사인만 하면 됐다. 그런데 브레이크가 걸렸다.

현대 본사에서 같이 일하고 개인적으로도 가까운 남 상무가 조용하게 한마디 했다. "섭섭하게 생각하지 말고 들어라. 전국에 대리점 모집 광고를 다시 한 번 낼 것이다. 그리고 신청자들을 비교해서 최종 결정할 것이다."라고 했다. 섭섭하지 않을 수 없었다. 그러나 담당 중역의 그런 신중한 입장은 충분히 이해가 되었다. 나와 가까운 사이라는 것 때문에 오해를 받을 수 있다는 사실은 내가 더 잘 알기 때문이다.

모집 공고 기간 보름이 지났다. 모두의 예상대로 신청자는 아무도 없었다. 사인하자는 연락이 왔다. 그래서 우리(계약자 명의는 시노트랜스지만)는 양자강(장강) 위쪽을 관할하는 화북(華北·화베이)지구 총대리점으로 지정되었다. 부사장께서는 전시장에 많은 돈을 들이지 말고 판매 대수에나 신경을 쓰라고 충고해 주셨다. 당시는 어느 누구도 현대차 수입 대리점 사업이 수

익성이 있을 것이라고는 생각하지 않던 시절이기 때문이다.

일반인을 상대로 한 수입차 판매 사업은 나도 시노트랜스도 전혀 경험이 없었다. 사실 중국 대륙 어디에도 그런 경험을 갖고 있는 사람은 없었다. 해외 메이커로는 현대자동차가 세계 최초로 중국 시장에 정식 진출하는 것이었기 때문이다. 그래도 우리보다는 좀 나을 것 같은 사람들이 천진 항구에는 있었다. 개인적으로 외국에서 차를 들여와 파는 사람들이다. 그리고 그곳에서 일본차를 판매하는 홍콩 사람과 선이 닿았다. 그 친구에게 지분을 참여토록 하고 총경리를 맡겼다. 천진항구에 그대로 머물면서 보세구 판매를 하기로 한 것이다. 그 친구가 참여하면서 돈 문제로 시노트랜스의 신세는 지지 않게 되었다. 내 지분이 작아지면서 투자해야 할 금액도 줄어들었기 때문이다. 서울 집도 팔고 이렇게 저렇게 변통을 하니 정상적인 지분 투자가 가능하게 됐다.

자동차를 수입하고 판매하는 회사는 보세구에 세울 수밖에 없었다. 천진 보세구에 회사를 설립하고 정식 영업을 시작했다. 그런데 얼마 지나지 않아 아무도 예상치 못한 일이 일어났다. 갑자기 '쿠페(한국명 투스카니)'에 대한 인기가 폭발한 것이다. 정말 아무도 기대하지 못한 일이었다. 중국에서 처음 보는 종류의 차종인 쿠페는 특히 젊은 여자들에게 인기가 많았다. 덕분에 1년 만에 자본금을 모두 회수하고도 그만큼의 이윤을 남겼다. 그러나 얼마 후 홍콩 측이 지분을 철수하겠다고 나왔다. 당시는 쿠페 한 차종밖에 팔리지 않는 상태였는데 쿠페 인기가 거품 빠지듯이 빠지고 있었기 때문이었다. 누가 보아도 현대차 대리점 사업은 얼마 가지 못할 사업이라고 생각할 수밖에 없었다. 다시 둘만 남게 되었다. 영업 이윤을 모두 재투자하니 50대50의 정상적인 회사가 될 수 있었다.

홍콩 측이 그렇게 빠져 나가자 시노트랜스도 흔들리는 듯했다. 내가 설득하지 않을 수 없었다. "현대자동차는 어떤 어려움도 다 이기고 지금까지 성공하고 있다. 현대자동차의 세계 대리점들 모두 돈을 잘 벌고 있다. 자동차 대리점이란 수십 년간 대를 이어하는 것이다. 대리점이 어려우면 현대자동차가 도와준다. 현대를 믿고 계속 나가자." 나의 확신을 심어 주었다. 그리고 결국 홍콩 전문가가 틀렸고 내 말이 맞았다는 것이 곧 증명되었다. 산타페가 팔리기 시작했다. 그리고 수입허가증도 누구나 어렵지 않게 구할 수 있을 정도로 흔해지고 당연히 가격도 낮아졌다.

그러자 시노트랜스는 이 사업을 적극 지원했다. 수억 위안의 자동차 수입 대금을 빌려주고 허가증까지 조달해 주면서 그룹 차원에서 모든 지원을 다 해 주었다. 물론 그런 지원이 공짜는 아니었다. 그룹에도 적지 않은 수입원이 되었다. 그러나 시노트랜스그룹의 지원이 없었다면 우리가 2만 대 이상을 수입해 판매할 수는 없었을 것이다. 몇 년 후 현대자동차가 북경에 법인을 설립하고 자동차를 직접 수입하게 되었다. 우리의 수입 총대리점 역할은 그것으로 종료되었다. 현대로부터 인민폐로 차를 받아 판매하는 북경 지역 대리점으로만 남게 되었다.

시노트랜스와의 10년간의 대리점 사업이 항상 순조로웠던 것만은 아니었다. 수년간에 걸친 누적 적자에 그로기 상태가 되기도 했고 그러다 보면 파트너 간의 갈등도 없을 수 없었다. 그리고 나는 시노트랜스와의 북경 지역 합작사를 떠나게 되었고 처음에 나를 찾아왔던 그 친구도 그룹 내 인사이동으로 북경 대리점 업무를 떠나게 됐다. 회자정리다. 그리고 나는 하북(河北·허베이)성 당산(唐山·탕산)시 대리점에 전념하고 있다. 중국 기업과의 합작이지만 내가 중국에서 현대차의 인연을 이어갈 수 있도록 허락해 주신 설영홍 부회장님과 도와주신 유국진 부회장님을 비롯한 윗분들과 항상 지지해 주는 동료 후배들께 감사를 드릴 뿐이다.

시노트랜스와의 물류사업

시노트랜스는 물류 전문 기업이다. 그리고 나와 시노트랜스와의 물류 사업은 옛날 내가 지사에 있을 때부터 인연이 있었다. 현대상선을 맡고 계시던 정몽헌 회장님을 모시고 회의를 할 때였다. 현대자동차 지사의 사업 보고를 하는 가운데 거래처인 시노트랜스를 소개하게 됐다. 그리고 현대상선이 시노트랜스와 합작으로 중국 내 육상물류 사업에 진출해 보는 것도 좋을 것 같다는 보고를 드렸다. 회장님은 좋은 생각이라고 말씀하시고 배석한 현대상선 사장에게 적극 추진해 보라고 지시하셨다. 물론 자동차 지점장으로서는 육상 물류에 필요한 트럭 수출을 위해서였다.

그리고 곧 현대상선과 시노트랜스와의 합작 상담이 시작됐고 얼마 지나지 않아 대강의 합의도 이뤄졌다. 그러나 바로 실현될 것 같던 사업이 차일피일 미뤄지는 것이었다. 그룹 내 한 분의 반대 때문이라고 했다. 이유는 지분율이었다. 중국 측은 중국의 법규상 물류 사업은 기간산업이기 때문에 법적으로 중국 측 지분이 51% 이상이 돼야 한다고 설명했지만 그분은 현대가 51% 이상이 돼야 경영권을 확보할 수 있다고 생각하셨다. 모두 맞는 말이었다. 결국은 결렬될 수밖에 없었다. 몇 개월 후 회장님께서 북경에 다시 오셔서 그때의 결과를 물으시기에 그대로 말씀드렸다. 회장님은 중국에 와서 사업하는데 중국 법을 따르지 않겠다고 하면 어떻게 하느냐고 편찮은 표정으로 말씀하셨지만 그렇게 끝나고 말았던 일이 있었다.

그리고 회장님이 돌아가시는 가슴 아픈 일이 있고 나서 몇 년 후, 현대택배와 시노트랜스 그리고 나를 포함하는 한중택배 합작사업을 추진한 적이 있다. 현대택배의 김병훈 사장님과 몇몇 중역들이 열성을 갖고 추진하고 합작 추진을 위해 현대택배 북경사무소도 개설됐지만 얼마 후 김 사장님의 퇴진으로 흐지부지되고 말았다. 시노트랜스와의 물류 사업은 그런 인연들이 있었다.

  다시 자동차 사업으로 돌아가서, 천진항에 위치했던 현대자동차 화북 총대리점은 천진항을 통한 수입에서 통관, 재고관리, 대리점 배송까지 현대차 수입과 관련된 업무 전반을 처리했었다. 그러나 현대자동차가 직접 수입하게 되면서 그런 물류 업무가 공백이 된 것이다. 하지만 꼭 필요한 기능이었기에 현대자동차에서 연락이 왔다. 글로비스가 주체가 되고 우리가 실무를 맡아 지금까지의 물류 기능에 PDI(Pre Delivery Inspection · 차량인도전검사)까지 포함하는 역할을 해 보라는 것이었다. 총대리점이 해오던 일이기도 했지만 물류 전문 기업인 시노트랜스가 있기 때문이었다. 그러나 정식으로 PDI 갖춘 물류 센터를 만들기 위해서는 자동차 수천 대를 보관할 넓은 땅을 준비하고 큰 건물도 지어야 했다.

  우리는 현대글로비스에 공동투자를 제안했다. 우리들의 안정된 사업을 위해서도 그렇고 글로비스의 장기 발전을 위해서도 서로 필요할 것 같았다. 그러나 글로비스는 본사에 보고한 후 단순 위탁 사업으로 추진하기로 결정하였다. 그렇게 시작한 현대자동차 물류센터는 이제 5년의 업무 계약 기간이 지나고 문을 닫았다. 그리고 1년도 넘게 지났다. 우리가 여유 있게 계약한 10년 토지 사용권도 중도 해약에 따른 위약금을 물어야 했고 수천 평의 건물과 장비는 폐기되었다. 최근에 강화된 직원들에 대한 퇴직 보상금 지출도 예상을 초과하였다. 중국 내 합작 회사의 청산은 시간도 오래 걸리고 정말 골치 아픈 일들이 많다. 자본금도 회수하지 못하면서 1년 이상 걸린 청산 절차는 아직도 언제 끝날지 모른다. 직원들은 아직도 여러 명이 남아 청산 작업을 계속하고 있어 경비는 계속 지출되고 있다. 청산 마무리를 못한 가운데 야반도주하는 외국기업들이 있다는 게 이해할 만했다.

  사실 글로비스와의 인연은 북경현대 설립과 동시에 시작되었다. 어느 날 시노트랜스에서 부탁이 왔다. 새로 설립되는 북경현대자동차의 물류 사업에 참여하고 싶은데 한국 측 파트너를 찾아 달라는 것이었다. 당시는 한 국로지텍이라고 불렀던가? 마침 본사에 잘 아는 선배가 있었다. 전화를 해서 중국 진출을 제안하니 미국 진출이 급선무라서 중국은 신경을 쓸 수 없다고 했다. 그러나 얼마 후 중국 진출이 당연히 결정되었고 5~6명의 직원들이 출장을 나왔다. 우리 회사 회의실로 출퇴근하고 시노트랜스 직원들도 같이 참여해 공동 준비 작업에 들어갔다. 그러나 북경현대와의 몇 번의 미팅 이후 글로비스의 중국 파트너는 다른 회사가 되었다.

시노트랜스 그룹과 맺어진 인연은 내가 비록 개인이지만 서로 이익이 되는 윈윈의 관계였다. 자동차 운반선 대리점 사업도 마찬가지다. 시노트랜스 그룹 내 한 회사 총경리가 혹시 시도상선이라는 회사를 아는지 물어왔다. 잘 안다고 했다. 그 회사 사장이 내 선배라고 했다. 그러자 시도상선의 중국대리점을 같이 해보자는 것이었다. 시도상선의 권혁 회장을 만나 중국 사업에 대해 물어보니 권 회장도 시노트랜스라는 큰 조직에 흥미를 갖고 있었다. 시노트랜스가 자동차 운반선 대리점 사업을 할 수 있는지 다시 한 번 확인하면서 사업계획서를 한번 내보라고 했다. 그리고 얼마 후 시노트랜스와 홍콩의 시도상선 그리고 나와의 3자 합작 회사가 설립되었다.

시도상선 권혁 회장

요즘 우리나라 역사상 최고액 세금 추징 재판으로 유명한 시도상선 권혁 회장은 내가 현대자동차 수출부로 입사할 때 같은 자리에서 같이 일한 직장 선배다. 대학도 선배지만 그건 중요하지 않았고 5~6명이 일하는 가운데서도 나를 잘 챙겨 주었다. 가끔 점심시간이면 눈짓으로 나를 불러내 회사 앞 중국집으로 데려가곤 했다. 지금도 내가 좋아하는 전가복이나 류산슬은 그때 권 선배가 사줘 처음으로 먹어본 요리들이다. 그러나 내가 기획실로 옮겨 가고 나서 얼마 후 서로 생활이 엇갈리면서 헤어지게 되었다.

북경에 있으면서 권 선배가 회사를 떠나 적수공권 일본으로 건너가 사업을 시작했다는 얘기를 들었다. 그래도 일본에 살고 중국에 사니 그냥 그런가 하고 지내고 있었다. 그러던 어느 날 서울에 들어가 이미 현대자동차를 떠난 지 오래된 선배와 동기들 몇 명이 모여 2차로 흠뻑 젖어 있던 때였다. 한 친구가 옛날 그렇게들 불렀던 대로 '권상' 이야기를 꺼냈다. 크게 성공해 갑부가 되어 있다는 것이다. 그리고 지금 서울에 와 있다고 했다. 반가운 마음에 전화를 걸었다. 자정이 넘은 시간이었다. 오랜 만에 들어보는 목소리였다. "그렇게 돈 많이 버셨다는데 뭐하고 계십니까? 나와서 한잔 사세요."라고 하니 "송상, 지금이 몇 시인지 아시오?" 하면서도 반가워했다. 나중을 기약하고 짧은 통화는 거기서 끝이 났다.

그리고 서로 연락은 거기서 끝이었고 합작회사 얘기는 그 몇 년 후의 일이었다. 권 선배는 당시 시노트랜스 총재를 만나면서도 사장 명함을 내밀었다. 옛날이나 그때나 소탈한 것은 변하지 않았다. 총재와의 회의 후 중국 회사와의 균형을 위해서라도 회장 타이틀을 쓰는 게 좋겠다고 얘기를 드리니 다음날부터 회장이란 직함을 사용했다.

권 회장과 내가 일로 맺어지고 식사 기회가 가끔 있었지만 아직도 우리가 같이한 식사 가운데 가장 비싼 식사는 현대자동차 사원 시절의 반 접시짜리 전가복과 반 접시짜리 유산슬이었다. 그때도 권 선배는 온전한 요리를 시켜본 적이 없다. 항상 반 접시짜리 두 개였다. 사실 둘이 먹기에 온전한 두 접시는 낭비였고 한 접시만으로는 심심했기 때문이다. 그 식당 지배인도 그런 권 선배를 잘 알고 있어 아무 말 없이 주문을 받아주곤 했다. 우리가 10년여 만에 만나 대리점에 합의한 그 의미 있는 날의 점심 역시 5,000원짜리 가정식 백반이었다. 북경으로 출장을 와서도 그 훌륭한 중국요리를 모두 마다하고 고집하는 음식은 우리 비원 식당의 된장찌개다.

시도상선 본사가 일본에서 홍콩으로 이전한 지 얼마 되지 않아서의 일이다. 마침 홍콩 총영사와 부총영사가 나와 잘 알던 분들이어서 권 회장과 같이 알고 지내면 좋을 듯했다. 내가 식사자리를 만들겠다고 하니 권 회장이 자기가 초대하겠다면서 무슨 식당이 좋을지 그분들께 물어봐달라고 했다. 그분들은 아무거나 좋다고 했다. 누구도 식당을 정하지 않으니 내가 결정할 수밖에 없었다. 일식으로 하자고 했다. 그랬더니 당장 일식은 안 된다는 것이었다. 일본 애들 돈 벌어 줄 일이 어디 있느냐는 것이었다. 본인이 한식당으로 결정해 버렸다. 그럴 거라면 왜 물어봤는지.

한번은 한담을 나누는 가운데 돈 얘기가 나왔다. 실제로 많이 벌었다고 했다. 그리곤 한마디를 덧붙였다. 그 돈은 자기 돈이라고 생각하지 않는다는 것이었다. 자식한테 물려줄 생각도 없다고 했다. 본사를 일본에서 홍콩으로 옮긴 것이 선박업이란 특수성과 중국 시장을 목표로 한 이유도 있지만, 세금을 아끼기 위해서라고도 했다. 그리고 회사를 크게 키워 나중에 한국으로 가져와 한국사회에 환원하겠다는 것이었다. 내가 집사람에게 그 얘기를 전했다. 집사람은 그 많은 돈을 자식한테 물려주지 않고 환원한다는 게 말이 되느냐고 나에게 반문했다. 그러나 우리 보통사람들이 이해할 수 없는 그런 사람들도 있는 것이다. 권 회장 같은 큰 갑부가 왜 가정식 백반에 된장찌개만 고집하는지, 왜 술집이나 가라오케 다니는 사람을 그렇게 싫어하는지 내가 이해하지 못하는 것과 마찬가지다.

권 회장의 회사가 어느 나라에 등기되어 있건 권 회장의 회사는 한국인의 회사이고 한국인의 재산이다. 그리고 세계적인 모든 선박회사와 마찬가지로 다음 세대에도 수십 년 수백 년 계속 커나가야 할 계속기업(Going Concern)이다. 그것이 바로 기업의 의무이고 목적이 아닌가? 집사람이 한마디 덧붙였다. "다음 세대에 그 회사를 책임지고 키울 사람이 누가 있겠냐, 아들밖에 없다."고 단언했다. 회사를 사회에 환원한다거나 책임감 없는 제

3자에게 경영을 맡긴다는 것은 무책임한 일이라고까지 했다. 오랜만에 하는 바른말인 것 같았다.

최근 해외에 나가 거부된 사람들에 대해 국세청에서 엄청난 세금을 부과했다는 뉴스를 많이 접했다. 신문에서는 '선박왕', '구리왕', '골프왕' 이라고 부르며 우리 보통사람들의 흥미를 불러일으켰다. 다른 분들에 대해선 잘 모른다. 그러나 권 회장은 내가 좀 안다. 어려운 시절 한국 땅을 떠나 맨땅에 맨손으로 세계적인 사업을 일궈낸 사람이다. 한국에서 가져 나간 것 하나 없이 정부 지원 한 푼 없이 오롯이 부부 두 사람이 기적을 만들어 낸 것이다.

권혁 회장을 볼 때면 김우중 회장의 세상은 넓고 할 일은 많다는 말씀이 떠오른다. 그리고 지금 우리 젊은이들에게 필요한 것도 세계로 나가 크게 성공한 이 시대 위인들의 이야기가 아닌가 한다. 젊은이의 가슴을 뜨겁게 달구어 주는 사회적 아이돌이 필요한 시기다. 며칠 전 권 회장 재판에 증인으로 출석했다. 처음 가는 법정이 긴장되기도 했지만 재판과 출국 금지 때문에 사업을 제대로 할 수 없는 권 회장을 바라보니 답답하게만 느껴졌다.

4
북경일기
추억

오지수당 받는 북경 주재원

　국교 수립 초기 중국 주재원의 주재 수당은 다른 나라보다 몇 백 달러 더 많았다. 오지 수당이 포함되기 때문이다. 같은 중국이라도 지방도시는 상해나 북경보다 조금 더 많았다. 몇 년 후 생활환경이 좋아지고 왕래가 잦아지면서 대도시부터 오지 수당이 없어졌다. 그러나 사실 국교 수립 전후 초기 몇 년 동안 북경이 오지는 오지였고 위험한 지역이기도 했다.
　배지를 단 북한 사람들도 겁나긴 했지만 주위에 사건 사고가 많기도 했다. 총기 사건도 자주 있었다. 돈 몇 천 위안이면 사람 하나 없애는 건 쉬운 일이니 부탁할 사람이 있으면 하라는 얘기도 듣던 시절이었다.
　국교 수립 당시에는 50여 한국 가구가 있었다. 모두 언론사나 코트라, 무역협회 같은 공적 기관과 종합상사 지사 멤버들이었다. 사람도 적고 하는 일들도 비슷해서 남자들만 아니라 가족들끼리도 이웃사촌같이 가깝게 지냈다. 우리를 포함해 그 시절 사람들끼리 지금도 가깝게 지내는 가족들이 많이 있다.

한국 식자재도 거의 없었다. 김치를 담글 배추도 상추도 깻잎도 없었다. 시장에 가서 비슷한 채소가 있으면 응용을 해서 비슷하게 만들어 먹을 수밖에 없었다. 샹차이(香菜)로 김치를 담가 먹는 집도 있었다. 지금 산리툰 중심가 백화점 자리에 허술한 재래시장이 있었는데 외국인들의 부식거리를 주로 팔았다. 그중 한국인용 부식을 파는 가게가 있었는데 한국 주부라면 다 아는 중국인 아줌마가 주인이었다. 처음엔 별것 없더니 종류가 점점 많아졌다. 콩나물을 갖다 놓더니 배추 고추도 갖다 놓았다. 한국 손님이 필요한 채소 그림을 갖고 가서 부탁하면 대부분 며칠 후엔 갖다 놓았다. 비싸긴 했어도 채소가 비싸봤자 얼마나 비싸겠나? 그 아줌마가 고마울 따름이었다.

아이들 간식거리나 생필품들도 구하기 어려웠다. 서울에서 이삿짐을 쌀 때 가장 큰 부피를 차지하는 것은 두루마리 휴지였다. 미리 온 주재원 부인들은 1년치 정도는 이삿짐으로 가져와야 한다고 미리 정보를 주었다. 비자 연장을 위해 홍콩을 갈 때면 커다란 빈 트렁크를 갖고 가서 아이들 간식에서 옷가지, 약품까지 한 트렁크씩 채워오고는 했다. 당연히 홍콩 가는 날은 어른 아이 모두 들뜰 수밖에 없었다. TV까지 홍콩에서 사 들고 올 정도였다. 그러나 오래 가지는 않았다. 돈도 감당할 수 없었지만 북경 백화점에도 괜찮은 물건들이 점점 많아지기 시작했기 때문이다.

아이들이 좋아하는 패스트푸드 점은 딱 세 개. 호주 대사관 옆 피자헛, 천안문광장 남쪽 KFC치킨, 북경 호텔 맞은편 왕부정 입구에 맥도널드햄버거. 전 중국 대륙에 걸쳐 단 한 개씩만 있는 점포들이었다. 손님들은 거의 노랑머리 서양인들이다. 거의 외국인 전용이나 마찬가지여서 항상 한가했다. 지금이야 대륙 전역에 동네마다 널려 있고 집에서 콜센터로 전화하면 가장 가까운 가게에서 30분 안에 배달해 주는 시대가 되었다.

아이들과 북경공항에서 집으로 오는 길에 개울가 이발사들 이야기를 했지만 사실 개울가에서 이발을 할 수는 없었다. 미용실은 고급호텔 안에만 있었다. 물론 설비는 모두 외제 최고 제품들이었다. 샴푸와 비누 역시 모두 수입품이었다. 그래도 머리 깎는 기술은 영 마음에 들지 않았다. 하여튼 의자에 그대로 앉아서 머리도 깎고 샴푸도 하고 뒤로 누어서 머리를 감아 보았다. 한국에선 모두 엎어져서 머리를 감았는데 처음해 보는 경험이었다.

그러던 어느 날 한국인이 하는 미용실이 있다는 얘기가 들렸다. 연락하고 찾아가니 듣던 대로 외교관들이 사는 외교 아파트였다. 한국 아줌마 한 분이 중국 여자아이 하나를 보조로 쓰면서 거실에서 머리를 깎아 주는 것이었다. 미용기술이 있는 분인데 외교관인 미국인과 결혼해서 남편을 따라 중국에 왔단다. 남편은 미국 대사관에 근무한다고 했다. 북경에 와 있는 외국인들이 미용이나 이발을 할 데가 없다고 해서 자기가 나섰다는 것이다. 이발료는 호텔 미용실이나 거의 비슷하게 비싸게 받았지만 볼품없게 깎는 것도 마찬가지였다.

그리고 얼마 후 장안가에 한국인 미용실이 생겼다. 미스 리라는 성격 밝은 아가씨가 사장이었다. 북경에 오기 전에는 한국 큰 제약회사 회장의 비서였다고 했다. 몇 년 후 대만으로 시집을 가버렸다. 섭섭했던 것은 미스 리가 예뻐서뿐만 아니라 단골로 다닐 미용실이 없어졌다는 것이었다. 듣기로는 거기서 일하던 직원은 나중에 독립해서 중국에서 거의 최고 미용실 프랜차이즈 사장이 되었다고 한다. 지금은 어디를 가나 한국인 미용사들을 볼 수 있어 편하다. 단지 어떤 한국인 미용실의 이발료나 여자들 머리하는 값이 서울 강남보다 비싸다는 것은 이해되지 않는다.

대우받는 운전기사

북경에서 외국인이 주유할 수 있는 곳은 량마하(亮馬河·량마허) 개울 옆의 골목 안에 있는 외국인 전용 주유소 단 한 곳뿐이었다. 세차장도 단 한

곳. 돈을 주고 세차한다는 개념 자체가 없던 시절이다. 순수 의미의 개인 자가용은 거의 없었고 모든 차가 관용차이고 국영기업 차량이기 때문이다. 그 기관의 기사가 자기가 맡은 차량을 관리하면 되는 것이다. 이러다 보니 기사가 차의 주인이고 차를 이용하는 사람은 기사에게 신세지는 분위기일 수밖에 없었다. 평생직장이 보장된 회사에서 총경리나 기사나 모두 월급을 받는 공무원이다. 신분 차이도 있을 수 없다. 기사도 꿀릴 것 없고 아무리 높은 상사도 기사에게 함부로 대하지 못한다. 혹시라도 잘못 대하면 노동조합 같은 공회에서 들고 일어난다. 윗사람만 망신당할 수 있는 것이다.

외국인이 식사 초대를 해도 기사가 같이 식탁에 앉아 먹는다. 기사가 담배를 획획 던지면서 너도 한 대 피우라고 선심을 베풀기도 하면 받아서 한 대 피워주는 게 예의이기도 했다. 가끔 자리의 성격상 기사가 같이 앉을 수 없을 때가 있기는 하다. 이럴 때는 초대한 측에서 기사의 식사를 위해 따로 신경을 써주어야 했다. 충분한 현찰을 주기도 하고 같은 식당에서 따로 앉아 마음대로 시켜 먹도록 하고 계산할 때 같이 지불해 준다. 기사에 따라서는 주인보다 더 고급 식사를 시키는 경우도 적지 않았다. 당시 기사라는 직업은 상당한 고소득 직업이었다. 의사나 교수가 300위안을 받을 때 기사는 1,000위안을 받았다. 운전면허를 따는 것도 쉽지 않아서 기사의 고임금은 당연한 듯 여겼다. 6개월 코스의 정규 운전학교를 다녀야 했는데 그 학비도 엄청나게 비싸다고 했다.

북경에 단 한 곳 있었던 세차장은 자동 세차장인데 50위안을 받았다. 세월이 흘러 어느 날 대로변에서 물 양동이 하나 놓고 걸레를 빙빙 돌리는 사람들이 생기기 시작했다. 그것이 지금 세차장들의 시초다. 20년이 지난 지금 고압 세차비가 10위안인 것을 생각하면 그때의 세차비가 얼마나 비쌌는지 상상할 수 있다.

여행 금지

1992년만 해도 외국인에게 북경지역을 벗어난 자동차 여행은 금지되어 있었다. 공식적으로는 북대하(北戴河 · 베이다이허)만 개방되어 있었다. 북대하는 당시 여름이면 중국 지도자들이 집단으로 휴양을 가는 곳이고 외국인들도 휴가를 갈 만한 곳이 없다 보니 북대하만 개방한 것이다. 실제 외국인에 대한 북경 밖 여행금지 규정이 있었지만 교외로 차를 몰고 나가는 것을 직접 통제하지는 않았던 것 같았다. 그러나 나가더라도 외국인이 숙박할 곳이 없었기 때문에 실제적인 여행금지나 마찬가지였다. 차 속에서도 잘 수 없었다. 그 동네의 순찰이 찾아내곤 쫓아냈다.

북대하는 여름에 가는 곳이지만 겨울인데도 한 번 가보기로 했다. 그 얼마 전에 한중 국교 수립 직후 진황도(秦皇島 · 친황다오) 시정부에서 한국인 주재원들을 초대해 게를 맛있게 대접받은 적 있었기 때문이다. 가족과 함께 경치 좋은 부근 바닷가에 가서 그 게 맛을 즐겨보고 싶었다. 내가 직접 운전해 가기로 했다. 떠나려고 하는데 도로에 주유소가 없다고 했다. 군용 지프 뒤에 달아매는 스페어 기름통을 댓개 준비해 기름을 가득 채워 출발했다. 역시 주유소는 어디에도 없었다. 가끔씩 도로변에 양동이나 스페어 기름통을 꺼내놓고 가유(加油)라고 적은 팻말을 내건 아줌마들이 있었다. 이동식 주유소인 것이다. 어디선가 흘러나온 휘발유를 내다파는 것이라고 했다.

밤늦게 북대하 해안에 도착했는데 네온사인 하나 없고 천지가 깜깜했다. 도대체 숙소를 찾을 수 없었다. 가까스로 반점, 주점, 여관, 초대소들을 다 찾아가며 문을 두드려도 나오는 사람이 없었다. 가끔 종업원이 나와도 문을 열어주지 않았다. 현관문 안에서 외국인은 받지 않는다고 들어가 버리는 것이었다. 다행히 한 주점에서 문을 열어주더니 들어와 기다려 보라고 했다. 그리고는 파출소에 연락하고 우리의 사정을 한참 설명하더니 방을 하나 내주었다. 얼마나 다행이었는지 몇 번이나 고맙다고 했다. 차가운 방에 눅눅한 침대 때문에 잠을 청하기 어려웠지만 그래도 방에 들어올 수 있게 해 준 것만도 고마웠다. 다음날 산해관을 구경하고 북경으로 돌아왔다. 식구들은 다시는 집을 떠나지 않겠다고 했다. 외국인 여행금지에 대한 명문 규정이 있고 없고를 떠나서 실제적으로도 여행이 불가능했다. 그리고 자발적으로도 여행을 하지 않기로 한 것이다.

사스

2003년 봄 북경에 사스(SARS · 중증급성호흡기증후군)가 발생했다는 뉴스가 나왔다. 북경이 외곽 지역과 차단됐다. 모든 식자재를 외지에서 조달 받는 북경으로서는 화물 반입이 차단된다면 큰일이었다. 모든 식자재에 대한 사재기가 시작됐다. 북경에서도 사람들이 죽어 나갔다. 감염자가 있는 건물은 바로 봉쇄되고 그 속에 남아 있는 사람들도 그 건물 안에 고립돼 있어야 했다. TV 뉴스에는 자원한 의사와 간호사가 사스 전문 병원으로 결사대같이 들어가는 모습이 중계됐다. 바로 우리 사무실 근처의 호텔과 식당 근처의 오피스 빌딩도 사람들이 안에 있는 채 격리되었다.

계엄령이나 마찬가지였다. 사람들이 모이는 극장이나 가라오케 등은 이미 영업이 금지되었다. 식당은 강제는 아니었지만 가능한 한 영업을 하지 말라는 통지가 나왔고 손님도 눈에 띄게 줄었다. 대형 중국 식당들은 자발적으로 문을 닫는 곳이 많았다. 그런데 한국 김치가 사스에 좋다는 근거 없는 얘기가 돌면서 한식당 손님은 줄지 않는 기현상도 발생했다. 나중에 보니 한국인은 사스에 걸린 사람이 하나도 없다는 정보에서 그런 얘기가 나왔다고 한다.

이붕 총리, 기계공업부 포서정 부장, 여복원 부부장 등에게 현대차를 설명하고 있다(좌). 행사 후의 기념 사진. 사인식이 끝나면 이런 기념 사진을 찍는다. 현대택배와의 조인식(우).

비원식당. 우리 부부의 애환이 서려있어 사업성과는 별개로 가장 아끼는 사업장이다.

왕징은 한국인이 많이 사는 곳이다. 광장 가운데에서는 중국 주민들이 춤을 추고 있다.

20년 술친구인 동건군 시노트랜스(외운장항) 그룹 부총재와 함께

판문점 정전회담장 안에서. 여기서 기념 사진 찍은 사람이 또 있을까. 뒤편에 서 있는 인민군들 표정이 밝지 않다(좌). 북경의 뒷골목.
큰 건물의 뒤편은 아직도 이런 모습이 많이 있다(우).

방초지 소학교 정문사진. 20년 전, 앞줄 왼쪽 두 번째가 딸, 전 세계 어린이들이 모두 같이 어울렸다.

왕부정 거리. 차없는 거리의 밤풍경이다. 북경 사람보다 외지인이 더 많다고 한다.

초창기 현대자동차 북경대리점 사옥 전경.

천진물류센터전경, 현대기아 수입차의 PDI센터였다.

정부에서는 식당 내부에 촛불을 켜 놓고 식초를 뿌리라고 권장했다. 모든 식당에서 식초 냄새가 진동했다. 그해 봄은 황사 먼지 하나 없었다. 북경에 와서 처음 보는 맑고 파란 하늘이 계속되고 있었다. 그러나 시내는 자동차도 행인도 없이 텅 비어 있었다. 마치 지구 멸망 후의 어느 날, 파란 하늘 아래 몇 사람만 살아남은 영화의 한 장면 같았다. 많은 외국인이 본국으로 피난을 떠났고 한국 대기업들도 주재원 가족들을 한국으로 보내기도 했다. 그러나 한국으로 피난 간 사람들도 자유롭지 않기는 마찬가지였다.

대부분 집으로 돌아가지 못하고 서울 교외의 레저타운 같은 곳에서 철저히 격리된 생활을 해야만 했다. 사스용 마스크와 적외선 체온계 가격이 천정부지로 급등하기 시작했고 구할 수도 없었다. 한국에서 구해 달라는 중국인들의 부탁이 쇄도했다. 사람 있는 곳에서는 헛기침도 제대로 할 수 없었고 문에 달린 손잡이나 엘리베이터 버튼을 손으로 대는 사람도 없었다. 열쇠 끝이나 다른 물건을 이용했다.

우리 가족도 서울을 다녀오기로 했다. 사스가 무서워서는 전혀 아니었다. 북경에서의 사업들이 거의 휴업상태라 시간 여유가 있기도 했지만 남들이 다 들어가니 덩달아 들어가는 식이었다. 인천공항에 도착하니 공항 직원 모두가 중국에서 오는 승객들을 에일리언을 보듯 했다. 중무장 방역복을 입은 기관원들은 영화 ET에서 외계인을 체포하러 가던 그 장면을 떠올리게 했다.

도착해서 장모님께도 전화를 하지 못했다. 딸 가족, 손자 손녀가 서울에 왔는데 사스가 무섭다고 만나지 않을 수 없는 장모님 입장을 생각해드려야 했다. 얼마 전부터 서울에 오면 꼭 만나자고 재촉하던 친구가 있어 전화 한 통을 했다. 전화 받는 음성이 내가 만나자고 할까봐 겁에 질려 있는 듯했다. 내가 다른 일 때문에 이번엔 만나기 어렵다고 먼저 말하고 나서야 그 친구 목소리에 긴장이 풀렸다. 보통 때는 식구끼리 서울에 들어가도 제각각 흩어져 서로 얼굴 보기가 어려웠는데 이번엔 가족끼리의 오붓한 시간을 가질 수 있어서 좋았다. 그러나 누가 옆에 있을 때는 우리 가족이 중국에 산다고 느낄 만한 어떤 얘기도 할 수 없었다.

중국에서는 사스로 덕 보는 산업이 생겼다. 골프장 사업이다. 절호의 기회를 맞은 것이다. 당시까지 중국 골프장은 한국인과 일본인이 주 고객이었다. 평일에는 골프장 전체에 오로지 우리 팀만 플레이하던 때도 있었다. 그런데 사스가 중국 골프장의 풍경을 갑자기 바꾸어 놓은 것이다. 중국인들의 골프가 시작된 것이다. 고위직들은 사무실은 물론이고 시내 공기 자체도 위험하다고 생각했다. 모두 교외 골프장으로 나오기 시작했다. 직원들은 사무실에서 남겨둔 채 총경리나 동사장들은 돈 많은 친구들과 함께 맑은 공기를 마시고 있었다. 모든 업무는 휴대폰으로 지시하면 끝이었다. 그때 시작한 중국의 골프 붐은 골프장 붐을 만들었고 골프장을 짓기 위해 농지가 파괴되는 등 땅과 관련된 많은 문제들을 야기하기도 했다.

IMF

1997년 말 환율이 급등하고 한국의 부총리가 IMF에 구제금융을 신청하는 뉴스가 중국 TV에도 방영되었다. 하루아침에 나라가 망하는 것 같았다. 한국인의 중국 생활비가 갑자기 두 배로 뛰었다. 소득이 반으로 줄어든 것과 같았다. 중국 내 모든 물가가 인민폐로는 그대로였지만 한화로 계산하면 두 배가 됐기 때문이다. 인민폐로 50위안 하던 한국식당의 김치찌개가 어제까지는 원화 5,000원에 해당됐는데 오늘 갑자기 1만원이 된 것이다. 지사 사무실 경비와 직원 월급은 물론이고 주재원의 주거비와 학비 등을 위해 본사는 두 배의 경비를 지출해야 했다. 본사는 본사대로 부담스러워했지만 주재원은 더 미안하고 힘들었다. 특히 광주 자동차와의 합작을 포기한 후 승용차 공장의 중국 진출이란 큰 목표가 사라진 때이었기에 그런 미안함이 더했는지도 모른다.

가까운 중국인들뿐만 아니라 중국 현지 직원들 역시 주재원인 우리를 보는 눈이 달라졌다. 자격지심인지는 몰라도 우리를 거지가 된 국민으로 보는 것 같았다. 아이들은 학교에 갔다 오면 한국이 어떻게 되는 거냐고 두려워했다. 중국 친구들이 자기들끼리 수군거리고 보는 눈도 달라졌다는 것이었다.

그러나 IMF는 중국인들이 한국인을 다시 보게 하는 전기가 되기도 했다. 한국의 금 모으기 운동이 중국 TV에 연일 방송되었고 중국인들이 한국인을 다시 보기 시작했다. 모두 강한 인상을 받았다. 내 중국인 친구까지 자기들이라면 절대로 있을 수 없는 일이라고 나를 치켜세웠다. 나라를 위해 자기 집의 황금을 내놓는 국민은 한국인밖에 없을 거라고 했다. 그리고 얼마 후 우리나라는 결국 되살아났다. 지금도 가끔 그때를 회상하면 우리 국민 정말 대단하고 자랑스럽다. IMF의 충격은 원화로 생활하는 국내에서보다 원화를 받아 외화로 생활해야 하는 해외 주재원들에게 더 큰 충격이었다. 물론 외국에서 외화를 벌어 외화로 생활하는 사업하는 사람들과는 상관없는 이야기였다.

IMF로 인생이 바뀐 사람이 많았다. 회사가 파산해서 일자리를 잃은 사람도 많았고 전화위복으로 크게 성공한 사람들 얘기도 들린다. 중국에서의 이야기는 좀 다른 경우들도 있다. 물론 인생을 바꾼 점에서는 같다고 할 수 있을지 모른다. IMF로 한국 모기업이 갑자기 분해되어 중국 자산을 제대로 관리하지 못할 때 일부 주재원들이 그 중국 자산을 자기 것으로 만들어 버린 경우도 적지 않았다.

어느 날 그런 한국 대기업의 중국 현지 공장 대표를 맡고 있던 지인이 나를 찾아왔다. 본사 사장과 함께였다. 당신이 중국을 잘 아니까 상의 좀 하자고 했지만 내용은 자기가 다니는 그 공장을 팔아 한몫 챙길 심사였다. 놀랍게도 같이 온 본사 사장도 같은 생각이었고 나를 끌어들이려고 했던 것이다. 돌려보내고 서로 연락도 없이 몇 년이 흘렀다. 나중에 내가 장사하며 어려울 때 그 친구를 우연히 만났는데 그 친구가 나에게 점잖게 한마디 했다. 이 나이에 평생 먹고살 정도는 해 두었어야지. 증거는 없지만 집히는 것은 있었다.

많은 중소기업의 중국 사업체들도 마찬가지였다. 본사가 포기하고 방치한 사업체라면 뭐라 할 수 없지만, 주인이 고통을 당하고 정신없는 사이에 현지에서 관리하고 챙겨주어야 할 주재원 자신이 그 자산을 챙기고 주인이 돼 버린 경우도 없지 않았다. 하여튼 IMF는 중국과 관련된 여러 사람의 인생을 바꾸어 놓았다.

음주운전

너무나 개인적인 얘기이지만 음주운전으로 처분 받은 경험은 잊지 못할 것 같다. 스스로 밝히기 부끄러운 이야기이지만 중국 생활에 큰 영향을 준 경험이었기에 간단하게 소개하고자 한다.

나는 특별한 경우가 아니면 주말에는 기사를 부르지 않는다. 기사도 가정이 있기 때문이다. 그러다 보니 주말에 외식을 하면서 술을 한잔 하고는 가까운 거리라고 운전하기도 하고, 많이 마시지 않았다고 운전하기도 했다. 90년대 초 북경에서는 음주운전이란 말 자체가 없었다. 물론 음주 단속도 없었다. 사고가 났을 경우에도 술을 마신 것과 상관없이 그 사고 내용에 대해서만 처벌 받으면 되었다. 그러던 것이 올림픽을 앞두면서 음주운전에 대한 단속이 생기고 음주운전에 대한 처벌도 점차 강화되었다.

그래도 외국인에 대해서는 처벌이 심하지 않았다. 외국인이 일으킨 사고는 우리나라 시경 외사과 같은 외국인 전담 부서가 별도로 처리했기 때문이다. 벌금이나 좀 내고 조심하라는 얘기로 끝나는 경우가 많았다. 그리고 단속되더라도 바로 그 자리에서 누군가에게 전화를 걸어 경찰과 통화시켜주면 그것으로 마무리되는 게 보통이었다.

그런데 확 달라진 것이다. 된통 걸렸다. 음주운전에 걸렸는데 현장에서 신분증을 확인하고 알코올 수치를 입력하니 그 즉시 경찰 전산망과 인터넷에 올라가 버렸다. 이름을 빼고 어쩌고 할 여지가 없어진 것이다. 내가 걸리기 바로 전날에도 중국의 유명한 영화배우가 음주운전으로 적발되어 구류에 처해졌다는 보도가 크게 나왔다고 했다. 일벌백계의 분위기가 팽배해진 것이다. 면허 1년 취소에 2,000위안 벌금에 18일 구류 조치가 내려졌다. 이제 음주운전은 외국인도 내국인과 동일하게 경찰서 교통대에서 처리됐다. 벌칙도 똑같고 구류를 살아도 내국인과 똑같다고 했다. 동일한 구치소에서 동일하게 살게 된다고 했다. 요즈음은 더 강화되어 음주운전 한 번에 출국 조치당하고 5년 인지 10년 동안은 재입국도 불가능하다고 한다.

구속 집행날짜는 다가오는데 이 친구, 저 친구들이 이젠 안 되겠다고 연락했다. 사회가 달라진 것이었다. 나는 당시 특수 사정으로 구속은 면했다. 그렇지만 그렇게 하찮은 일로 많은 사람을 힘들게 한 데 대해서는 한동안 미안해서 얼굴을 들 수 없었다. 기사는 주말이라도 괜찮으니 술 마시게 되면 자기 신경 쓰지 말고 전화로 부르라고 했다. 1년 후 필기시험을 다시 보고 1년 만에 핸들을 잡았는데 그동안 한 번도 운전석에 앉아본 적이 없다보니 내가 운전을 다시 할 수 있을지 자신이 없을 정도였다.

음주운전 단속도 새로운 산업을 탄생시켰다. 대리기사 사업이다. 처음 만나본 몇 사람의 대리기사는 낮에는 엄연한 직장인들이었다. 저녁에 집에 들어가 밥 먹고 쉬다가 어디선가 전화가 오면 다시 나오는 팔자 좋은 투잡족이다. 그러나 지금은 대리기사 회사도 많이 생기고 기사를 픽업하는 미니버스를 굴리는 회사도 있다. 어느 대리 기사에게 물어보니 사장이 한국에 가서 대리 운전 시스템을 배워 왔다는 것이다. 여러 방면에서 우리나라가 선진국임을 확인할 수 있었다. 지금은 북경에서 음주운전을 한다는 것은 상상도 할 수 없게 되었다. 잘된 일이다. 그러나 유감스러운 것은 처벌기간이 지나면 인터넷에서도 명단을 삭제해 주어야 하는데 아직도 음주운전 처벌자 명단에 내 이름이 남아있다. 이건 인권문제가 아닌가? 다 반성했는데 말이다.

여권분실

또 다른 잊지 못할 힘든 추억은 여권 분실 사건이다. 원상복구하는 과정이 너무나 힘들었다. 중국에 장기 거주하는 분들은 특히 주의해야 할 사항이다. 나 말고도 다른 몇 사람의 케이스가 있었고 모두 고생했기 때문이다.

어느 여름 북유럽 단체관광을 갔다. 8박 9일의 모든 일정이 끝나고 마지막 날 크루즈에서 내려 항구를 걸어 나오는데 일행 중 한 분이 깜짝 놀란 목소리로 나를 불러 세웠다. 옷 뒤에 이상한 게 묻었다는 것이다. 옷을 벗어보니 머스타드 소스가 듬뿍 묻어 바닥까지 줄줄 흘러내리는 게 아닌가? 누가 실수로 그랬나 보다 생각했다. 일행에게 짐을 부탁하고 화장실로 가 대충 씻고 왔는데 큰 가방 위에 올려놓은 작은 손가방이 보이지 않았다. 그 안에는 여권과 신용카드와 카메라가 들어 있었다. 몇 시간 후에는 북경으로 떠나야 하는데 말이다. 우리 가족은 북경에서 여행을 끝내고 다른 분들은 한국 비행기로 갈아타고 서울로 들어가는 일정이었다.

카메라는 포기했지만 그들에게 필요 없는 여권은 어딘가에 버렸을 수도 있을 거란 희망에 모든 일행이 터미널 쓰레기통들을 뒤졌지만 결국 허사였다. 현지 경찰서에 가서 분실 신고를 했다. 이번엔 선진국으로 알고 있던 스웨덴 경찰관들이 애를 먹였다. 어떻게 그렇게 답답하고 중국어로 하면 만만디인지 열통 터지기 일보 직전까지 되었다. 간신히 조사를 마치고 여권 분실 증명서를 받아 한국 대사관을 찾아가니 점심시간이라 정문이 잠겨 있었다. 잠시 후 몇 분의 한국인 직원들이 식사를 하러 나가는데 그분들을 불러 세웠다. 사정 얘기를 하니 그중 한 분이 우리를 데리고 다시 들어가 임시 여권을 발급해 주었다. 점심까지 거르면서 해준 쉽지 않은 일이었다. 지금도 그분의 배려에 감사를 드린다.

그러나 문제는 공항에서도 계속되었다. 예약이 되어 있는 핀에어(FIN AIR) 항공사에서 우리는 탑승할 수 없다고 우겨댔다. 나는 왕복 비행기 삯을 다 지불했는데 왜 탈 수 없는지 이해할 수 없었다. 나중에 알고 보니 새로 발급받은 임시 여권에는 중국 비자가 없었기 때문이다. 혹시 북경에 도착해 입국이 금지되면 다시 자기들 항공사가 자기들 비용으로 우리를 스웨덴까지 싣고 와야 하기 때문이었다.

결국 북경에서 입국이 불허되면 본인 비용으로 한국행 비행기 표를 사서 한국으로 갈 것이라는 각서를 써 주고야 탑승할 수 있었다. 신용카드까지 분실된 가운데 하마터면 국제 거지가 될 수 있는 사건이었다. 중국에 도착하니 핀에어 항공사 직원이 나와 VIP 대접을 해 주었다. 옆에 바짝 붙어 다니면서 온갖 심부름을 다했다. 목적은 단 하나 자기들 비행기로 우리를 싣고 돌아가는 일이 없도록 하기 위한 것이다.

중국 출입국 사무소에는 우리가 이미 비자가 있는 사람들이고 단지 여권을 잃어버린 것이니 우선 입국을 허가해 주기를 요청하는 전화와 공문이 와 있었다. 우리의 입국을 요청한 공문을 보여 주면서 어느 분이 힘써줬지만 규정상 불가능하다며 한국으로 들어가 정식으로 비자를 받아 나오라는 것이다. 결국 나와 우리 가족은 한국으로 들어가 정식으로 비자를 받아 나오는 수밖에 없었다.

한국행 비행기는 핀에어에서 뛰어다니며 자리를 만들어 주었다. 서로 모르는 사람끼리 단체여행에서 만나 며칠간 서로 말도 없이 지내던 사이였지만, 일행 모두는 자기 일처럼 걱정하고 도와주었다. 특히 안산시청 공무원 가족들과 안산시 시의원을 하신 약국 사장님께 감사를 드리지 않을 수 없다. 안산시는 시민 편의를 위해 24시간 여권 발급 서비스를 한다고 했다. 그리곤 인천공항에서 나를 태워 안산시청까지 데려갔다. 오랜 기간의 여행으로 지치고 집에도 빨리 가고 싶으셨을 텐데 모두 애쓰시며 새벽 2시가 넘도록 우리를 도와주었다. 택시비 하라고 현금까지 주시려고 했다. 혹시 이 책을 보시면 그때 너무너무 감사했다는 말씀을 전해드리고 싶다.

한국에서 정식 여권을 다시 발급받고 방문 비자를 받고서야 일단 북경으로 올 수 있었다. 그리고 신체검사부터 시작해 또다시 한국으로 가서 거주 비자를 받아오는 모든 과정을 다시 밟았다. 모든 것을 원상회복시키기까지는 적지 않은 경비와 한 달 이상의 시일이 소요되었다. 더구나 그 이후 한국이나 중국을 들어갈 때면 항상 "여권 잃어버린 일이 있군요."라는 말을 들어야만 했다. 무슨 리스트에 올라가 있는 모양이다. 대기업 주재원 책임자 가운데에도 본사 회의에 참석하기 위해 공항까지 갔다가 여권을 잃어버려 큰 낭패를 당한 사람도 있었다. 중국은 한국인에게 비자가 필요한 몇 안 되는 나라이다. 중국에 사는 외국인, 특히 북경에 장기 주재하는 사람들은 여권 보관에 항상 주의해야 한다.

5
북경일기
여행

중국에서의 여행

주재원 시절이나 그 이후에도 중국의 여러 곳을 어지간히도 많이 다녔다. 자동차 합작 사업 건으로 윗분들을 모시고 다니기도 하고 지사 업무 차원의 출장도 있었고 개인적인 여행도 물론 있었다. 그 시절 같이 다니고 같이 만나던 모든 분들과의 추억이 내 중국 삶의 소중한 추억으로 남아 있다.

당시 중국에서의 지방 출장은 상당히 힘들고 어려웠다. 우선 지역적으로 해외여행이나 마찬가지의 거리와 시간이 소요되었다. 그러나 그 과정은 해외 출장에 비할 수 없을 정도로 힘들었다. 비행기 편수도 많지 않았고 비행기 스케줄은 거의 무시되다시피 했다. 공항에 나갔다가 두세 시간 기다리는 것은 예사였다. 밤이 다되어 "오늘은 떠날 수 없으니 항공사에서 정해주는 숙소에서 주무시라."는 통지에 온몸의 힘이 쭉 빠져버리기도 했다. 공항에서 비행기를 기다리면서 "헌 바오첸더 통즈(很抱歉的通知 · 대단히 죄송한 통지를 드리겠다.)"로 시작되는 공항 안내가 나오면 한숨부터 나왔다. 취소가 아니라 연발이라는 말만 나와도 고마울 정도였다.

당시 오죽하면 중국민항의 영어 약자인 CAAC를 'China Air Always Canceled'라고 불렀겠는가? 한여름에 에어컨도 다 꺼버린 비행기 안에서 몇 시간씩 땀을 흘리는 것은 다반사였다. 지방 출장을 떠나기 위해 1주일 내내 새벽같이 공항으로 출근해 저녁까지 기다리다가 돌아오는 것도 비일비재했다. 지방 도시는 숙소도 여의치 않아 정부 초대소를 이용할 때가 많았다.

중국의 거의 모든 자동차 공장은 다녀보지 않은 곳이 없다. 여러 번 방문한 곳도 많았다. 비행기 노선이 없는 곳은 근처 대도시 공항에서 내려 자동차로 몇 시간을 달리기도 했고 노선이 있더라도 1주일에 한 번밖에 뜨지 않는 곳도 많았다. 중국 내 지방 출장이 여간 부담스럽지 않았지만 할 수 없는 일이었다. 기억에 남는 여행 몇 가지를 회상해 본다.

하얼빈

하얼빈과의 실무 협상이 몇 달간 진행된 이후 흑룡강성 성장의 초청으로 정세영 회장님이 하얼빈을 방문하게 되었다. 1992년 여름이었다. 비행기 트랩에서 내리는데 수많은 카메라맨들이 몰려 있었다. 부시장의 안내를 받으며 트랩 아래에서 바로 자동차를 타고 하얼빈 시내로 들어섰다. 수십 대의 공안 사이드카들과 경찰차들이 경광등을 번쩍이고 사이렌을 울리며 경호했다. 연도에는 수백 미터에 걸쳐 많은 학생이 태극기와 오성홍기를 흔들었다. 국교 수립도 되기 전이었는데 그런 광경을 보면서 모두 놀라워했다.

성 정부 초대소에 도착했다. 러시아에서 지어준 것이라고 하는데 모택동(毛澤東·마오쩌둥) 주석이 묵었던 곳이라고 했다. 거대한 유럽풍 석조 건물로 건물 주위에는 큰 나무들이 숲을 이루고 있었다. 건물 로비 높은 천장

아래에는 거대한 실내 분수와 연못이 있었고 그 주위에는 고색창연한 나무 의자들이 배치되어 있었다. 처음 보는 그 의자들은 움직일 수도 없이 무거웠다. 홍목이라는 귀중한 목재라는 건 나중에 알았다.

흑룡강성의 자동차 산업 유치 열정은 대단했다. 성장이 이틀 동안이나 회의에 참석하고 만찬을 주재하였다. 당연히 하얼빈시 당서기와 시장을 비롯한 모든 간부 역시 손님을 모시는 데 정성을 다했다. 요리에 대해 설명해 주는데 설룡탕은 수천 미터 이상 설산에만 산다는 설룡이라는 작은 새로 만든 탕이었다. 참새만한 크기이니 씹히는 것도 거의 없었다. 그 새는 죽을 때까지 단 한 번도 땅을 밟지 않는 깨끗한 새라고 했다. 계속 하늘에 떠 있다는 게 아니라 땅이 아닌 눈을 밟는다는 뜻일 것이다. 사불상 발찜도 나왔다. 사불상은 각 부위가 낙타, 사슴, 당나귀, 소의 네 짐승의 것과 비슷하지만 그것들이 아니라는 데서 나온 이름이다. 우족탕 비슷했다. 그 밖에도 희귀한 요리들이 많이 나왔는데 참 대단하다는 생각이 들었다.

하얼빈은 안중근 의사가 이토 히로부미를 처단한 곳이다. 하얼빈시 정부는 한국인에게 있어 안중근 의사의 의미를 잘 알고 있었다. 중국에서도 안중근 의사는 영웅으로 대접받고 있고 1990년대 초 안중근 의사 일대기가 연극으로도 만들어졌다면서 우리 일행을 위해 특별 공연을 준비해 두었다고 했다. 며칠간의 회담이 서로 확인해야 할 사항들을 뒤로 남기면서 마무리되었다. 바로 그날 특별공연이 펼쳐졌다. 고색창연한 유럽풍의 멋진 극장이었다. 막이 오르고 중국인들에 의한 중국어로 된 중국인 주인공의 안중근 연극이 시작되었다. 그 큰 극장을 둘러보니 관객은 우리 일행과 우리를 안내하는 사람들뿐이었다. 손님을 대접하는 극진한 태도에 모두 감탄할 수밖에 없었다.

연극이 끝나고 다시 안내된 곳은 무도장이었다. 실내 체육관 크기의 넓은 공간에 높은 천장에서는 오색 조명이 돌아가고 있었고 넓고 반질반질한

마루에는 그 조명이 멋지게 반사되고 있었다. 멀리 저편에서는 이미 춤을 추고 있는 몇 쌍이 있었다. 일반인은 아닌 것 같았고 우리를 위해 미리 전문가들이 연습하고 있는 듯했다. 안내 방송이 있자 모든 사람이 박수를 치며 뜨겁게 환영해 주었다. 하얼빈 시정부 간부들은 미리 대기해 있는 여자들을 가까이 불러 우리와 함께 춤을 추라고 권했다. 그러나 저쪽에서 춤추고 있는 쌍쌍들을 보니 도저히 용기가 나지 않았다. 우리가 그동안 룸살롱에서 추던 그런 춤을 출 곳이 아니었다. 고전 유럽 영화에서나 보는 궁정에서의 귀족들의 춤 그런 춤을 우리가 어떻게 출 수 있겠나.

우리 팀원 중에도 춤을 잘 추는 분들이 있었다. 룸살롱에서 별의별 춤의 일인자들이고 허슬 16번인지, 17번까지인지 아가씨들을 리드하는 분도 있었다. 그러나 여기 춤은 격이 다르게 보였고 모두 주저할 수밖에 없었다. 시정부 사람들의 강요는 집요했다. 결국 무도장 책임자인 것 같은 멋진 여성이 나를 끌어당기고 뒤에 계신 윗분이 내 궁둥이를 걷어찼다. 그 바람에 룸살롱식 블루스로 달려들 수밖에 없었지만 이 여성은 적절하게 잘도 밀어내면서 음악에 맞춰 부드럽게 리드해 주었다. 중국의 고급문화를 접했던 하루였다.

나중에 들어보니 이런 댄스는 소학교에서부터 배운다고 한다. 때문에 중국인이라면 대부분 다 출 수 있다고 했다. 지금 내가 사는 우리 동네에도 여름 저녁 어둑해질 무렵이면 광장에서 춤 파티가 열린다. 음악과 함께 수십 수백 쌍의 부부와 연인들이 쏟아져 나와 손잡고 춤추며 늦게까지 시간을 보내는 것이다. 건강과 사랑 모두를 챙길 수 있을 것 같은 부러운 문화다.

중국에 대해 경험이 별로 없던 시절이라 송화강변의 연인들의 모습은 충격적이었다. 대낮에 사람이 많이 지나다니는 강둑인데도 남녀가 서로 끌어안고 입을 맞추며 터치하고 있는 것이었다. 우리나라에서라면 경범죄로 벌써 잡혀갔겠지만 중국에서는 그런 건 아무 것도 아니라고 했다. 20년 전인데도 그랬다.

당시 자동차에 계시던 정몽규 현대산업개발 회장님과도 하얼빈 출장을 같이 가게 되었다. 하얼빈 출장을 위해 당시 정 부사장님과 함께 중국 사업을 담당하시는 장 부사장님과 김 전무님도 같이 나오신다는 연락을 본사로부터 받았다. 정 부사장님은 헤어질 땐 상무셨는데 이젠 부사장이셨다.

공항에서 기다리니 세 분이 같이 나오셨다. 오랜만에 만나는 젊은 부사장님이 아주 반가웠다. 기획실에서 차장으로 처음 만날 때부터 많은 배려를 해 주시던 분이다. 나는 언제나 그랬듯이 나이 많으신 장 부사장님의 가방을 들어드리려고 했다. 그런데 그분이 내 손을 뿌리치며 가방을 놓지 않는 것이었다. 왜 그러실까 의아했는데 뒤에 계시던 김 전무님이 나를 발로 툭 치시면서 젊은 부사장님 가방 쪽으로 눈짓을 보내시는 게 아닌가?

어리벙벙했다. 설마 10년 후배로 힘도 나보다 더 좋은 젊은 부사장님 가방을 들라는 말씀인가? 전무님이 걸어 나오시면서 귀에 대고 한마디 하셨다. "야 피가 달라." 그제야 현실이 파악되었다. 젊은 부사장님 피가 우리 셋과 다르다는 뜻이었다. 부사장님께로 가서 가방을 받아들었다. 그러나 이상하게도 별다른 생각은 들지 않았다. 이제 이분이 큰일을 하실 때가 다 가오는구나 하는 기분 좋은 생각만 들 뿐이었다.

북경공항에서 하얼빈 행 비행기를 기다리며 우리는 공항 구내식당에서 저녁식사를 해결해야 했다. 식당 배식구에서 내가 음식을 몇 접시 사다 놓았다. 전부 합쳐 20위안 정도였으니 어떤 음식인지 알 만한 것이었다. 넷이 같이 앉아 식사를 하려는데 기름때 절은 숟가락은 휴지로 아무리 닦아도 미끈거렸다. 젊은 부사장님이 슬그머니 일어났다. 그리곤 아무 말 없이 매점으로 향해서는 싸구려 중국 비스킷 하나를 사 들고 와 우리에게도 권했다. 그것으로 끼니를 때우는 것이었다.

하얼빈에 도착하니 영하 20도가 넘었다. 하얼빈의 명물 빙등제가 한창

일 때였지만 누구도 밖으로 나갈 엄두를 내지 못했다. 방안에 갇혀 이런 저런 이야기를 나누는 데 정 부사장님이 한마디 하셨다. "중국에 꼭 공장을 지어야 할까요? 얼마 지나면 관세도 내리고 결국 무역도 자유화되는 시대가 올 텐데. 그때는 한국에서 만들어 수출하는 게 더 낫지 않을까요?"

그때 벌써 한중 FTA를 내다보신 건지, 모두들 합작 분위기에 휩쓸려있으니 한 번쯤 짚어보고 가자는 말씀이었는지는 몰라도 이 말씀은 나의 뇌리에 오랫동안 남아 있었다. 그리고 몇 년 후 부사장님이 회장님이 되어 계실 때, 나는 회장님 방에서 아쉬운 사직 인사를 드리게 되었다. 정몽규 회장님과의 추억을 생각할 때면 '다른 피'가 아닌 따듯한 마음만 떠오른다.

울란바토르

1993년 어느 날 울란바토르에서 몽골 손님들이 왔다. 몽골에서 정부자금으로 현대차를 구입하겠다는 것이었다. 당시로는 현대차가 몽골에 진출하기 전이었다. 본사에 연락하니 북경 사무소와 만나라고 했다는 것이다. 몽골에는 좋은 말들이 많고 아주 싸다고 했다. 여러 가지 상담을 하면서 자동차 출력 1마력당 말 한 마리로 바꿔도 좋다는 얘기도 하면서 즐거운 상담을 끝냈다. 다음엔 울란바토르에서 구체적인 이야기를 하기로 했다. 그날 저녁 광동 식당에서 식사를 하면서 랍스타 회를 시켰다. 그들에겐 처음 보는 이상한 물체였다. 랍스타는 속을 파서 회로 먹고 껍데기는 튀기고 나머지는 죽으로 먹는 게 보통이다. 그러나 이날은 이 친구들의 부탁으로 껍데기를 그대로 잘 포장해 주었다. 집에 가져가서 조립해 벽에 걸겠다고 했다.

그리고 얼마 후 그쪽에서 초청장을 보내와 몽골을 방문하게 되었다. 이번엔 가족 모두 같이 가기로 했다. 그런데 얼마 전에 울란바토르에서 온 외교관의 이야기가 생각이 났다. 북경에 사는 사람들은 홍콩으로 쇼핑을 가는데 몽골 대사관 직원들은 북경으로 쇼핑을 온다는 것이었다. 울란바토르에는 채소도 없어서 대사관 구내에 온실을 만들어 키워 먹는다고 했다. 떠나기 전 가족과 이런 얘기들을 하다 보니 오지에 수고하는 외교관들을 위해 한국 라면을 선물하는 게 좋겠다는 얘기가 나왔다. 본사 출장자가 선물로 가져다 줘 집에 고이 모셔둔 그 귀한 라면박스를 그대로 들고 떠났다.

울란바토르 호텔에 여장을 풀고 대사관을 찾아갔다. 대문의 초인종을 누르니 누구냐고 묻는다. 북경의 현대자동차 지점장이라고 해도 꼬치꼬치 용건을 따져 물었다. 결국 들어가니 영사 한 분이 나왔다. 대사께서는 한국 출장 중이라고 했다. 현대자동차 브로셔를 로비에 비치해 달라고 부탁하고 가져간 라면박스를 건네니 정말로 고마워했다. 우리 아이들도 뿌듯해하는 것 같았다. 그리곤 이삼일을 지냈는데 정말 울란바토르에는 먹을 게 없었다. 말고기, 말젖, 말젖치즈, 딱딱한 빵뿐이었다.

몽골의 전통가옥 게르로 초대받아 가서 먹은 음식은 더 힘들었다. 아이들이 라면 이야기를 꺼냈다. 대사관에 다시 가서 라면 몇 개만 빌려오면 안 되겠느냐고 했다. 북경으로 돌아가서 더 보내드리면 되지 않겠느냐고 했다. 자려고 눈을 감으면 그 라면들이 눈앞에 어른거린다는 것이었다. 나도 이미 그 생각이 굴뚝같았지만 못 꺼내고 있던 말이었다. 도리상 그럴 수 있겠느냐고 타일렀지만 아이들 성화에 결국 온 가족이 대사관 정문으로 다시 찾아갔다. 벨을 누르려는 데 도무지 누를 수 없었다. 아이들을 다시 설득해 그냥 돌아오는데 나 자신도 발길이 떨어지질 않았다.

울란바토르와 북경은 두 개 항공사가 각각 1주일에 단 한 편의 비행기만 운항하고 있었다. 비행기를 바꿔 타고 일찍 돌아오는 건 불가능했다. 영락없이 일주일을 갇혀 지내야 했다. 상담은 도착한 날 몇 시간 만에 끝나고 다른 할 일도 없었다. 그냥 소련제 볼가 자동차를 몰고 이곳저곳 구경만 다닐 수밖에 없었다. 초원의 경치는 정말 아름다웠다. 울란바토르 산 정상에 올라 화가들의 작은 그림도 사고 강가도 다니며 시간을 보냈다. 일본인이 만들었다는 어느 휴가촌은 정말 아름다웠다. 부근 들판에 핀 에델바이스와 콸콸 넘쳐나는 맑은 개울물은 영원히 잊지 못할 추억을 만들어 주었다. 그 개울에는 1미터가 넘는 육식 물고기가 산다고 했다. 같이 간 몽골 친구는 대못을 구부려 낚시 바늘을 만들고 쥐를 미끼로 끼우면 그 물고기를 잡을 수 있다고 했다. 나중에 자연사 박물관에 가니 그 물고기 박제가 있었다. 시라쿠스처럼 험하게 생겼다.

당시 울란바토르에는 약 50명의 한국인이 있다고 했다. 어느 날 한국 음식점이 있다고 해서 찾아갔다. 아리랑인지 하는 한국식 뷔페였다. 주인이 한국인이라고 해서 주인을 불러 몇 마디 나누니 자기도 북경에서 몇 년을 살았다고 했다. 원래 말장수라고 했다. 북경에 말을 사러 갔다가 말이 더 싼 몽골까지 오게 되었다는 것이다. 그분이 불고기를 추천해 주며 먹으라고 했다. 우리가 다 먹고 나니 맛이 어떠냐고 물었다. 우리가 그런 대로 괜찮다고 했더니 웃으며 "그거 말고기예요. 쇠고기랑 똑 같지요."라고 했다.

8월이었는데 밤새도록 이 세상에 태어나 처음 경험하는 심한 천둥 번개가 쳐댔다. 그리고 아침이 되니 상당히 추워졌다. 길거리 몽골인들은 긴 민속복장에 긴 부츠로 벌써 겨울 복장을 차려 입고 나왔다. 우리는 준비해간 다른 옷이 없었다. 며칠을 추위에 떨어야만 했다. 초청한 친구들은 늑대 사냥을 가겠느냐 곰 사냥을 가겠느냐 신경을 많이 써 주었다. 그러나 우리는 사냥을 좋아하지도 않을뿐더러 한번 떠나면 3박4일 코스라고 해 엄두도 나지 않았다.

어느 날 동쪽 교외로 나가니 거북이처럼 생긴 큰 바위가 있었다. 그 옆 오솔길을 잠시 걷다보니 우리 성황당 같은 돌무덤이 있었다. 행인들이 그곳을 지나며 돌을 하나씩 올려놓는다고 했다. 그런데 그 오지 그 산속 그런 곳에 우리 진로 팩소주와 초코파이 포장이 박혀있는 것이 아닌가? 참 대단한 한국 대표 상품이란 걸 실감했다. 몽골인들은 중국을 상당히 싫어하지만 한국은 무척 좋아한다고 했다. 한국을 '소동크스'라고 부르는데 '무지개 뜨는 나라'라는 뜻이라고 했다. 정말 한국을 좋아하기는 하는구나 하는 생각이 들었다.

북경으로 돌아올 때 사향노루의 사향을 선물로 받았다. 구하기 어려운 야생 사향이라고 하는데 배꼽 털과 함께 붙어 있었다. 그런데 이게 무슨 우연인가. 북경에 돌아와 바로 며칠 후 본사의 동기 친구가 전화를 했다. 어머니가 중풍을 맞았는데 사향을 구할 수 없겠느냐고 했다. 바로 보내드렸다. 완쾌되었는지는 아직도 묻지 못했다.

백두산 그리고 연변

1992년 초, 심양(瀋陽·선양) 진베이(金杯) 자동차의 자본주의적 경영방식이 미국 포천지에 소개되었다. 당시로는 중국 사회주의 경제의 놀라운 변화로 받아들여진 것이다. 회사에서 장 부사장님과 권 전무, 남 부장, 나를 포함해 네 사람이 진베이 공장을 방문해 생산라인도 둘러보고 새로운 경영체제에 대한 이야기도 들으면서 중국 자동차 산업의 새로운 분위기를 느낄 수 있었다. 엔진 전문 공장인 동안(東安)발동기창도 둘러본 후 심양 군구에서 내준 헬기를 타고 백두산 관광에 올랐다. 중국어로 헬기는 직승기(直昇機)다. 이 헬기는 밑바닥이 넓은 유리로 되어 있어 발아래에 펼쳐진 풍경은 보기 좋았으나 고소 공포증이 있는 나로서는 허공에 떠 있는 것 같아 여간 불안한 게 아니었다.

2시간 정도 난 후 연길공항에서 잠시 쉬어 가기로 하였다. 처음 보는 연길 공항에는 연길이라고 쓰인 한글 간판이 걸려 있었다. 당연히 반갑기도 했지만 중국 땅에서 한글을 본다는 것이 생경하게도 느껴졌다. 잠시 쉬는

틈을 타 공항 밖으로 나가 보니 가게들의 한글 간판까지 한국 시골 동네 풍경 그대로였다. 조선족 자치주라고 한글을 공용어로 쓰게 했다는 것이다. 중국이란 나라가 땅덩이만 큰 대국이 아니라 포용력도 큰 대국이라는 생각이 들었다.

다시 날아올라 백두산을 향했다. 얼마 후 백두산 근처라고 하는데 짙은 안개로 인해 아무 것도 보이지 않았다. 그냥 구름 속이었다. 천지 주변에 내리기로 했는데 내릴 곳을 찾지 못하고 한참 동안이나 선회했다. 안내하는 사람은 헬기가 백두산을 가운데 두고 북조선과 중국 국경을 넘나들고 있는데 북한에 넘어가 불시착할 수도 있다고 농담하기도 했다.

헬기에서 내려 지프를 이용했는데 모두가 일제였다. 5월 초였는데도 눈이 녹지 않은 곳이 많이 있었다. 국방색 솜 오버로 몸을 감싸고 화산석 더미를 오르니 백두산 정상이었다. 나름대로 감동이 몰려왔다. 그러나 아래쪽 천지는 안개인지 구름인지 모르지만 그것에 가려 보이지 않았다. 한참을 기다리니 잠깐씩 구름에 틈이 생기고 그 사이로 천지가 보였다. 천지는 아직도 얼어 있었다. 정상을 내려오며 작은 화산석 몇 조각을 집어왔다. 병에 넣어 아버님께 드리니 무척 좋아하셨다.

중국 측의 북쪽 등선으로 오르는 백두산은 나무도 없는 황무지 같았다. 천지를 구경하고 내려오니 길가에 간이 온천이 있었다. 판자로 얼기설기 엮어놓은 오두막이었는데 밖에서도 안이 훤히 들여다보였다. 길 위에 여기저기 뚫린 조그만 구멍들에서는 뜨거운 물이 하얀 김과 함께 보글보글 뿜어져 나와 작은 실개천을 이루며 흘러내렸는데 안내인이 미리 가져온 달걀을 그 실개천에 담가 놓았다. 우리 몇 명은 오두막 온천탕으로 향했다. 공짜에다 아무나 들어갈 수 있는 곳이다. 물은 궁둥이까지 찰 깊이였다. 기념으로 같이 간 남 부장이 목욕하는 모습을 찍어주고 밖으로 나오니 달걀은 벌써 다 익어 있었다.

출장에서 돌아와 여직원에게 사진을 현상하도록 부탁했다. 여직원은 백두산 사진이란 호기심에 사진을 미리 본 듯했다. 재미난 표정으로 나에게 사진을 전해 주는데 문제는 온천에서의 남 부장 사진이었다. 물 깊이의 절묘함 때문인지 남 부장의 주요 부위 앞부분이 머리를 내밀고 있는 게 아닌가? 필름을 긁어서 다시 현상했더니 더 검어졌다. 지금도 그 사진을 좋은 추억으로 잘 보관하고 계실지 궁금하다.

우리 출장자 일행은 시간적으로 여유가 좀 있어 몇 군데를 더 둘러보았다. 윤동주 시인이 다니던 용정중학교도 들르고 일송정에도 올라 해란강도 굽어보았다. 일송정에 푸른 솔은 없었다. 한국인들이 오기 시작하면서 심었다는 묘목 수준의 작고 어린 소나무 두세 그루만이 초라하게 서있을 뿐이었다. 멀리 보이는 해란강도 상상 속의 그 강이 아니었다. 어린 시절 목이 터져라 부르며 우리의 가슴을 뛰게 했던 '선구자'의 만주는 그냥 노랫말 속에만 있었다.

그러나 백두산으로 가는 길은 달랐다. 비포장 넓은 길을 따라 하늘로 쭉쭉 뻗은 흰색 자작 나무숲은 가슴까지 트이게 해 주었고 북국의 정취를 한껏 느끼게 해 주었다. 듣기로는 북한 쪽에서 올라가는 백두산은 정말 장관이라고 한다. 햇빛을 많이 받기 때문이라고 했다. 언젠가 남쪽에서 백두산을 오를 날을 기다려 본다. 백두산 천지에서 장백폭포를 통해 내려오는 개울은 너무나 맑고 차다. 그 개울이 군데군데 소를 이루기도 하면서 점점 굵어져 압록강도 되고 두만강도 되는 것이다. 그 개울에는 산천어가 많다고 했다. 화산 호수인 천지는 본래 생명체가 살지 않았는데 북측에서 언젠가 산천어를 풀어 놓았기 때문이란다. 지금은 그놈들이 번성해서 압록강과 두만강까지 퍼져 나갔다고 한다.

현대자동차는 1995년부터 2년간 연변 조선족 축구단을 후원한 적이 있다. 당연히 본사 관계자들을 모시고 정기적으로 연길을 방문하게 되었는데 그때마다 백두산 관광이 일정에 포함되어 있었다. 기획실에서 모시던 김형수 상무님이 마침 현대호랑이축구단장을 맡게 되서서 오랜만의 해후를 갖기도 했다. 그런 때를 포함해 이런저런 일로 백두산을 여러 번 가게 되었지만 천지에 오른 것은 결국 그때가 처음이자 마지막이었다.

연변 동포들의 축구 사랑은 대단했다. 경기가 열리는 날이면 축구장은 물론 축구장 밖 큰 나무마다 사람 열매가 주렁주렁 열렸다. 연변 방문에서 가장 인상 깊은 것은 동포들과의 술자리였다. 대부분 자치주 정부나 축구단 간부들과의 자리였는데 그분들 주량 정말 대단했다. 나도 술을 좋아하고 꽤 마시는 편인데 그분들과는 상대가 되지 못했다. 저녁에 그렇게 마셔 인사불성이 되고서도 다음 날 아침식사 때 바이주가 다시 나온다. 50도가 넘는 바이주(白酒)를 맥주잔에 부어주고 간베이 하자고 한다. 연변축구단 지원은 본사가 여러 가지를 고려해 2년 만에 끝내게 되었다. 그래도 나와 그분들과의 개인적 인연은 오래 지속되었다. 북경에 올 때마다 비원에서 한잔하고 우리 집으로 다시 옮겨 한잔 하면서 대취하곤 했다. 아직도 최 주임과 정 감독 잘 계시는지 궁금하다.

나 혼자만 백두산을 다닌 것이 미안해 몇 년 후 가족과 함께 백두산을 다시 찾았다. 그때도 오월이었는데 눈이 녹지 않고 허벅지까지 쌓여 있었다. 천지는커녕 눈 구경에 눈싸움만 즐기다 왔다. 판자로 만든 온천탕이나 뜨거운 실개천은 흔적도 없이 사라졌다. 허허벌판이던 그 부근은 번화한 동네가 되었고 판자 온천탕 대신 새로 생긴 빌딩엔 대형 온천탕이 문을 열었다. 옷장에 옷을 넣고 플라스틱 바가지로 목욕을 하니 동네 목욕탕과 차이가 없었다.

그로부터 10년여 후 다시 백두산을 찾았다. 이젠 내 장사를 하기 위해서였다. 백두산 광천수를 한국에 수출해 보고 싶었다. 백두산의 서쪽 끝자락에 있는 광천수 공장을 찾아갔다. 광천수가 땅에서 콸콸 솟아 올라왔다. 광천수 공장 사장은 8,000년 전 백두산에 내린 빗물이 지금 솟아오르는 것이라고 했다. 이는 권위 있는 기관에서 조사한 결과라고 했다. 물 솟는 구멍이 두 개가 있었는데 한 곳에서는 탄산수가 솟아올랐다. 물맛은 그런 대로 마실 만했지만 깔끔한 느낌은 없었는데 미네랄 농도가 높기 때문이라고 했다. 한국에 가져와 성분 검사를 하니 모든 점이 만족스러웠고 가격도 경쟁력이 있을 듯했다. 그러나 역시 물맛이 문제였다. 여러 사람을 상대로 유명한 제주도 광천수와 비교해 보았다. 역시 한라산 광천수가 더 나았다. 우리의 영산 백두산 광천수라는 이미지는 더없이 좋았으나 시장성에서 자신이 없어 접기로 했다.

동풍기차의 본산지 십언

오래된 자동차 공장들은 대부분 오지에 있었다. 중국 제2자동차그룹인 동풍그룹 본사도 그랬다. 동풍 본사는 호북(湖北·후베이)성 십언(十堰·스옌)시라는 도시에 있다고 하는데 십언시 시정부 비서장이 북경까지 우리를 데리러 왔다. 북경 서쪽에 있는 남위엔(南苑) 공항에서 출발하는데 50인승 정도 되는 프로펠러 비행기가 떴다. 지금도 남위엔 공항이 계속 사용되고 있는지 모르겠다.

도착해 보니 십언은 산속의 작은 도시였는데 중국 제2자동차그룹 본사가 이런 곳에 있다는 것이 이상하게 느껴질 정도였다. 공장을 둘러본 후 그 이유를 설명해 주는데 경제적 이유가 아니라 군사적 목적 때문이라는 것이다. 대륙의 중심이기도 하고 특히 공장을 둘러싼 산들의 위치가 공습이 불가능한 천혜의 요새이기 때문이라고 했다. 둘러보니 전부 산이다. 그러나 세상이 바뀌어 경제성을 생각해야 될 때가 됐고 여기서는 공장 확장도 할 수 없고 교통도 불편해 신규 시설들은 이미 무한에 많이 세웠고 앞으로의 새 공장은 상해 부근의 해안 지역을 생각하고 있다고 설명했다.

시정부의 특별한 환대 속에 장기적 협력을 약속하고 2박3일의 일정을 마쳤다. 무한 기차역까지 차를 내주어 다시 서기장이 차를 같이 타고 배웅해 주는 데 두세 시간을 달리니 무당산(武唐山 · 우탕산) 고개 마루에 닿았다. 비포장 길을 달리느라 좀 쉬어 갈 때가 되었는데 마침 길가에 농민들이 나와 좌판에 수박을 팔고 있었다. 비서장이 무당산 수박은 맛있기로 전국에서 알아준다고 했다. 일행이 모두 길바닥에 주저앉아 허겁지겁 수박을 먹어댔다. 그 수박 정말 달고 맛있었다.

수박을 먹으며 김 전무님이 무당산파와 아미산파, 곤룬파를 포함해 중국 무림의 계통과 상하 관계의 내력을 한참 강연해주셨다. 믿거나 말거나지만 전무님의 해박한 중국 지식에 감탄하지 않을 수 없었다. 중국 첫 출장으로 천진에 오셔서 첫 끼니로 중경(重慶 · 충칭) 훠궈를 드시고는 1주일을 아무 식사도 못하고 복통으로 고생하시기도 했는데 어느새 누구도 따를 수 없는 중국 고수가 되어 계셨던 것이다. 그리고 상해까지 기차로 달리는 18시간 꼬박 현대자동차 고스톱 무림의 최고수로 통하시던 장 부사장님으로부터 차원이 다른 고스톱을 사사받으며, 눈 한 번 붙이지 못했지만 지루하지 않은 여행을 즐길 수 있었다.

돈황 막고굴

돈황(敦煌 · 둔황)은 오래전부터 꼭 가고 싶었지만 교통편 때문에 엄두가 나질 않았던 곳이다. 그러던 차에 후배들이 그곳으로 출장을 간다는 소식에 내 친구 구 사장과 함께 따라 나섰다. 그 후배들은 자기 일을 하면서도 우리를 잘 챙겨 주었다.

오래전에 운강석굴과 용문석굴을 다 보았기에 다른 석굴에 관심은 없었지만 돈황만은 꼭 가보고 싶었다. 혜초 스님 때문이다. 가끔씩 서유기의 현장법사와 혼동이 되기도 했지만 혜초 스님의 구법 여행 이야기는 어린 시절 나의 상상력을 자극했다. 1200여 년 전 그 옛날, 10여 세 어린 아이가 지금으로 치면 경상도 산골을 떠나 어떻게 그런 위대한 여정을 할 수 있었을까? 돈황은 그 위대한 탐험가의 자취가 남아 있는 곳이다. 여행안내 책자에서 막고굴, 월아천, 명사산의 이야기를 듣고 언제나 가볼 수 있을까 했는데 기회가 온 것이다.

우루무치(烏魯木齊)에서 천산과 천지를 둘러보고 고비사막의 끄트머리를 거쳐 돈황에 도착했다. 물론 막고굴부터 들렀다. 아는 게 없으니 수많은 석굴과 벽화는 다 비슷하게 보였다. 단 하나, 어느 석굴에서인가 안내인이 외교 사신들을 그린 사신도를 손가락으로 가리켰다. 모두 다른 복장을 한 수십 명의 사람들이 그려져 있었다. 안내인이 그중 한 사람을 가리키는 데 고깔모자에 새 깃털 장식을 한 젊은이였다. 우리가 고구려 고분 벽화에서 본 바로 그 복장이다. 그가 고구려 사신이라는 것이다. 정말로 고구려에서 이토록 먼 서하까지 사신을 보내왔을까 궁금했지만 그건 아직 밝혀지지 않았다고 했다. 죽은 분을 위한 과시용으로 모든 나라의 사신이 다 온 것같이 그렇게 그려 놓았을 수도 있다는 설명이었다.

나의 관심은 장경동, 왕오천축국전이 발견된 17호 굴이었다. 안내원에게 부탁을 하니 안내원은 천천히 걸음을 옮기며 16호 동굴로 향했다. 석굴은 철문에 열쇠가 채워져 있었다. 안내원은 석굴 앞에 서서 이 석굴은 일반인에게는 개방하지 않는다고 했다. 우리의 조바심을 부추기는 것이었다. 그러나 우리가 누구인가? 관리인은 한국인의 마음을 잘 알고 한국인도 관리인의 마음을 잘 알고 있다.

문이 열리고 우리는 석굴 안으로 들어갈 수 있었다. 《왕오천축국전》이 발견된 17호 동굴은 16호 동굴 문 안 오른쪽에 있었다. 원래 흙으로 발라져 있어 아무도 그 동굴의 존재를 알지 못했는데 16호 동굴을 조사하면서 우연히 발견되었고 그 안에 있던 수천 권의 고문서들이 햇빛을 보게 됐다는 것이다. 17호 동굴은 동굴이라고 불리기에는 너무 작았다. 큰 캐비넷이나 작은 다락방 정도였다. 아마도 책을 숨겨두기 위해 따로 파낸 것 같다는 설명이 이어졌다.

많은 사람이 혜초 스님의 왕오천축국전이 우리나라가 아닌 프랑스 박물관에 있다는 데 대해 아쉬워하기도 한다. 그러나 프랑스 탐험가 펠리오가 아니었다면 그리고 수천 권의 문서 덩어리 가운데 한 장의 낡은 문서가 왕오천축국전의 일부이고, 그 기행문을 쓴 분이 신라승 혜초였다고 밝혀낸 중국 학자와 일본 학자가 없었더라면 우리는 1200년 전 그런 분이 우리에게 계셨는지도 몰랐을 것이다.

지금도 그곳을 가기 위해서는 많은 불편을 각오해야 하는데 100여 년 전에는 어떠했을까? 그때 프랑스를 출발한 펠리오가 고비 사막을 걸어 건너 막고굴에 도착해 그런 큰일을 이룬 것을 생각해 보면 경탄하지 않을 수 없다. 그때 펠리오의 나이는 스물아홉, 아직도 철없는 우리 아들과 같은 나이였다. 그는 그때 이미 10개국 이상의 언어에 능통했고 실크로드 고대 문명에 해박했던 역사 탐험가였다고 한다. 아들과 비교할 게 아니라 나도 헛살고 있는 것 같았다. 왕오천축국전의 저자가 혜초라는 것을 밝힌 일본인은 바로 오타니 컬렉션으로 유명한 그 오타니인데, 그도 그때 스물일곱 살의 나이였다고 한다. 100여 년 전의 실존 인디아나 존스를 만나고 온 듯했다. 부근의 명사산과 월아천 역시 평생 잊지 못할 것이다.

압록강 건너 저쪽으로

거의 20년 전 노동절 연휴에 아버님과 새어머니께서 북경에 오셨다. 그 이야기를 미리 들었던 심양의 중국인 친구가 부모님을 모시고 오라는 성화가 심했다. 현역 군인이지만 군대가 사업을 하던 시기여서 사업 파트너이기도 했다. 이 기회에 동북 몇 곳을 돌아보기로 하고 차 한 대에 여섯 식구가 타고 길을 떠났다.

심양에서 어른들에 대한 이 친구의 정성어린 대접을 받고 이 친구의 안내로 단동에 도착했다. 단동에서는 바로 얼마 전 개업한 현대 지정 정비공장 오너가 기다리고 있었다. 그 몇 달 전 개업식에 참석해 테이프 커팅을 해주었던 곳이다. 이 친구는 단동에서 거의 무소불위로 행동했는데 큰 사업체가 여러 개 더 있다고 했다. 그중 남아공에서 다이아몬드를 수입·판매하는 사업이 있었는데 나에게 한국 대리점을 주겠다고 하기도 했다.

아버지는 단동(丹東·단동)에 가시면 압록강 너머 신의주를 볼 수 있다는 얘기에 미리부터 고무되어 계셨다. 이 친구도 아버지의 마음을 잘 헤아려주었다. 배를 빌려 신의주 쪽으로 바짝 붙여 북한 사람들을 가까이 볼 수 있도록 배려도 해주었다. 그쪽 어린아이들이 강변과 허름한 어선 위에서 놀다가 우리 배를 바라보면서 오랫동안 눈을 떼지 않기도 했고 젊은 친구들은 장난인지 적개심인지 우리 고유의 욕하는 손짓을 해 보이기도 했다. 남북한이 제스처는 똑같았다. 처음 보는 북한 땅 아이들과 작업자들의 누추한 옷차림이 안쓰럽게 느껴지기도 했고 이렇게 가까이 보면서도 서로 만나서는 안 될 사람들이라는 생각이 실감나지 않기도 했다.

그런데 이 친구가 신의주 시내도 다녀올 수 있는데 가보겠느냐고 묻는다. 아무 말도 말고 자기들만 따라 다니면 된다고 한다. 호기심도 일었지만 그렇게는 할 수 없었다. 그럼 여기까지 왔으니 북한 땅이나 밟고 가라고 한다. 철로 다리인 조중우호교(朝中友好橋)를 지나 상류로 올라가니 압록강을 가로지르는 댐이 나왔다. 최근 찾아보니 태평만 댐이라는 것 같다. 그 친구가 댐 관계자와 몇 마디 하니 철문을 열어 주며 댐 위로 들어가게 하였다.

댐의 한 가운데에는 북한과 중국의 국경을 알리는 미닫이 철책문이 있었다. 그걸 열어젖히고 들어가면서 여기서부터는 북조선 땅이라고 한다. 약간의 불안한 마음이 들었다.

국경 철책문을 열자 댐 건너편 언덕 위 초소에서 북한 초병이 나와 우리를 지켜보기 시작했다. 댐을 다 건너니 작은 공터가 있었는데 바로 초병의 코 밑이다. 나이는 열예닐곱 정도의 어린 아이였다. 총을 어깨에 멘 채 우리를 계속 주시하고 있는데 우리는 그 친구와 눈도 제대로 맞추지 못하고 주변만 둘러 볼 뿐이었다. 총을 들고 있으니 겁먹을 만도 했다. 사실 댐 위에서 오래 둘러볼 것도 없었지만 아버지께 조금이라도 긴 시간을 드리고 싶어 그러고 있었다.

그런데 초병 이놈이 "야, 너희들 남조선에서 왔지." 하고 완전히 반말로 말을 걸어왔다. 약간 겁도 나고 어이도 없고 해서 올려다보니 체구도 작은 조그만 놈이 아주 당당한 자세로 "니들 종로 알아?" 하고 다시 묻는다. 대답을 하려니 말을 올릴 수도 없고 내릴 수도 없었다. 더구나 아무 말도 하지 말라는 얘기를 들었던 터라 애써 대답을 하지 않고 강물만 내려다보았다. 그리고 손을 들어 미소를 지어주곤 돌아서 나왔다. 정말 버르장머리 없는 놈이었다. 댐을 걸어 나오며 검푸른 물을 내려다보는데 무지무지하게 큰 물고기 한 마리가 바로 아래를 지나가고 있었다. 안내하는 사장 얘기가 저건 큰 것도 아니라고 한다. 더 큰 물고기도 많다는 것이었다.

댐을 둘러보고 나오니 작은 보트 하나가 준비되어 있었다. 댐 관리용인 것 같았다. 타라고 한다. 한번 둘러보자고 한다. 그 친구가 직접 노를 젓는데 북한 쪽으로 저어 들어가 북한 땅을 끼고 도는 게 아닌가. 북측 강변에는 중국 측을 향한 군사용 엄폐 시설들이 일정한 거리마다 설치되어 있었다. 중국과의 국경에도 이런 게 필요하구나 하는 생각을 했지만 군인들은 보이지 않았다. 군인들이 강변에서 낚시도 하는지 빈 낚싯대가 걸려 있기도 했다. 한참을 돌다 보니 강가에 비석 하나가 세워져 있었다. 김일성의 아버지 김형직이 항일운동 당시 이곳을 방문했다는 기념비였다.

아버님은 여기서 내려서 그냥 쭉 걸어가면 고향집에 가겠구나하고 말씀하신다. 그곳은 아버지가 북한에 두고 온 아내와 아들과 딸이 있는 곳이다. 혹시나 잘 있어라 인사를 하시며 배에서 내리시지 않을까 하는 생각도 들었지만 그런 일은 일어나지 않았다. 손을 짚어 흙만 만져 보실 뿐이었다. 지금도 그때 내가 아버지 입장이었으면 어떻게 했을까 생각하곤 한다. 북에 남겨두고 떠나온 아내와의 약속을 지키고 자식들에게 돌아갈 수 있는, 생애에 다시 올 수 없는 기회였기 때문이다. 그때는 북쪽 가족들의 생사를 모르셨던 이유도 있겠지만 그렇게 또 떠나가시면 이번엔 남쪽에도 또 그런 가슴 아픈 아들과 손자 손녀들을 남겨 놓을 수밖에 없는 게 두려우셨으리라. 이런 식으로 북한 땅을 다녀왔다는 것이 약간은 찜찜한 생각이 들었지만 아버지께 효도했다는 생각에 뿌듯하기는 했다.

북한 측 강변을 한 바퀴 돌고 나와 배에서 내리자 아버지께서 사진 한 장 찍으라고 하신다. 언제나 양복 정장이신 아버지께서 옷을 다시 추스르시고는 넥타이를 똑바로 매시더니 북한을 배경으로 얼굴만 나오는 독사진을 찍으라고 하셨다. 아버님은 귀국 후 이 사진을 확대해 놓으시곤 자기가 돌아가시면 영정 사진으로 쓰라고 말씀하셨다. 그리고 몇 년 후 그렇게 해 드렸다.

6
북경일기

북한 여행기

가고 싶던 평양

이제 꼭 10년이 되었다. 10년이면 강산도 변한다는 데 지금의 북한은 그때와 많이 달라졌을 것이다. 2002년 5월 몇 달간 북한 측과 얘기해 오던 사업에 대해 평양에서 담당 부서와 직접 얘기하자는 통지가 왔다. 북측의 담당하는 여러 사람들이 모두 북경으로 나오는 것이 쉽지 않았기 때문이다. 나로서는 반가운 소식이었다. 오랫동안 가보고 싶은 곳이었다.

북한 방문은 정부의 사전 허가가 필요하다. 바로 대사관 관련 부문에 그간 추진해 왔던 사업의 내용과 평양에서 만날 사람, 일정 등을 설명하고 방북을 신청하였다. 담당자 역시 그 사업에 대해 매우 흥미로워했다. 그리고 바로 며칠 후 방북 허가가 내려왔다. 그러면서 가는 기회에 아리랑 축전을 봐도 좋다고 더 기쁜 얘기를 해 주는 것이 아닌가? 당시 북한이 처음으로 아리랑 축전을 시작했는데 정부는 다른 목적으로 평양에 가게 되더라도 아리랑 축전만큼은 절대로 안 된다는 조건을 붙이던 시기였다. 매우 민감한 문제인데 관람해도 좋다고 얘기해 주니 더 이상 고마울 수 없었다.

북한 입국 비자는 북경 주재 북한대사관에서 받았다. 평양행 비행기는 차이나에어와 고려항공이 있는데 각 항공사가 매주 한 번씩 왕복하고 있었다. 우리 일행은 당연히 고려항공을 통해 예약하고 티켓을 받았다. 떠나기 전 며칠 동안 고려항공여행사의 북한 여직원이 날마다 전화를 걸어와서 일정을 확인했다. 매우 상냥한 태도였지만 너무 자주 확인을 해대니 나중에는 왜 그럴까 하는 의문이 생길 정도였다.

고려항공 비행기에 올랐다. 우선 제일 궁금했던 스튜어디스. 너무 순박한 모습에 초라한 복장이었다. 제복은 깨끗했지만 너무 많이 빨아 입은 듯 쪼글쪼글 했다. 모두 20대 중반의 젊은 아가씨들이었다. 사회주의에서도 스튜어디스는 나이가 들면 다른 자리로 옮기는가 보다. 비행기 기종은 생각나지 않는데 작고 오래된 듯했다.

평양까지는 한 시간 반 정도 걸리는 데 중간에 기내식이 서비스되었다. 햄버거와 지금 기억나진 않지만 마실 것이 한 잔 나오고 조금 지나니 사과 한 개씩을 돌렸다. 보리 햄버거인지 딱딱하고 내용물도 맛이 없어 한입 베어 먹고는 그만두었다. 사과 역시 그냥 농장에서 따온 것같이 못생기고 군데군데 검은 반점이 있었다. 그냥 닦아서 먹기에는 꺼림칙했는데 깎는 칼이 없으니 놔둘 수밖에 없었다.

비행기 좌석은 꽉 차있었다. 대부분이 미국 교포들이었는데 대화 내용을 들으니 여러 교회 목사들이 모여서 오는 것 같았다. 대화를 엿들으려고 한 건 아닌데 크게 떠드니 들리지 않을 수 없었다. 얼마 지나지 않아 평양에 도착하였다. 그렇게 가보고 싶었고 그렇게 가까운 곳을 이렇게 어렵게 오게 되다니….

말로만 듣던 순안비행장은 한적한 분위기다. 직원들이겠지만 일하는 사람들도 모두 무표정한 모습에 바쁠 것 없다는 듯 느릿느릿 움직이고 있었다. 비행기에서 내려 조금 걸어 가 작은 문을 열고 들어가니 입국장이었다. 목조 초소같이 생긴 입국 심사대가 두 개가 있는데 작은 창구를 통해 안쪽의 심사원에게 여권과 비자를 들여보내니 잠시 훑어보곤 아무 말 없이 들어가라는 손짓을 한다. 한국 어느 시골 버스 터미널보다도 작고 소박하다고 하면 상상할 수 있을까? 멀리 걸을 필요가 없으니 편리한 점도 있었고, 나름대로 정겨운 느낌도 들었다. 그래도 수많은 세계적인 인사들이 세계적 이슈를 갖고 출입하는 곳이라고 생각하니 나름대로의 감회가 서렸다. 심사대를 나오면 바로 수화물을 찾는 컨베이어가 있다. 길이는 5미터도 되지 않았다. 짐을 기다리며 서 있는데 유리창 밖에는 마중 나온 사람들이 보였다. 규모가 작아서 편리한 점도 있다.

평양으로 떠나기 전 북경에서 안내인 이름도 미리 다 알려주어 공항에서의 첫 대면부터 반가운 분위기가 되었다. 40대 후반과 중반의 두 사람이 공항에 마중 나왔는데 다음날부터는 젊은 사람 한 명이 더 추가되었다. 아마도 우리가 귀찮게 시키는 일이 많다 보니 아랫사람을 하나 더 불러낸 것 같은데 그 사람이 정말 고생을 많이 했다.

우리에게는 안내원 둘과 별도 기사가 달려 있는 도요타 미니버스가 준비되어 있었다. 핸들이 오른쪽에 달려 있는 것이 일본에서 쓰던 차를 그대로 들여온 듯했다. 호텔로 가는 평양 거리는 한산한 편이었는데 사진에서 보던 대로 대부분 신호등보다는 여자 경찰들이 수신호로 교통을 정리하고 있었다. 똑바른 몸매에 예쁜 얼굴, 절도 있는 동작은 누가 보더라도 기분을 좋게 만들었다. 거리는 깨끗하고 행인들도 깨끗하게 차려 입고 다녔다.

가끔 현대자동차의 덤프트럭이 모래를 싣고 다녔는데, 정주영체육관을 짓기 위해 현대에서 기증한 것이라고 한다. 고려호텔에 도착하자 안내원이 몇 가지 주의사항과 안내를 해 주었다. 우선 북한에 온 외국인 (당연히 한국인도 포함)은 이 호텔 밖을 나갈 때는 필히 안내원과 함께 다녀야 한다고 했다. 그리고 식사는 별도 외부 식사가 없는 한 호텔 2층 대식당에서 하면 된다고 했다. 웃으며 덧붙여 이야기하는데 나가봐야 먹을 곳도 없다고 했다.

며칠 먹어본 호텔의 식사는 맛깔스런 한식으로 모두 맛이 있었다. 김과 함께 김치나 나물, 고기 등 반찬이 나오고 흰밥과 국 모두 맛있었다. 크지 않은 호텔 로비에는 기념품을 파는 작은 가게가 있었는데 수공예품이나 경옥고 같은 약 종류와 인삼주, 철쭉주 같은 술을 주로 팔고 있었다. 북경에서도 살 수 있기도 했지만 기념으로라도 살 만한 물건이 하나도 없었다. 최고급 호텔이라고 하지만 방은 북경의 삼류 호텔 수준이었다. 컬러 방송은 한국보다 먼저 시작되었다고 하는데 나오는 화면은 흑백이 더 많았다. 거의 모든 방송이 옛날 항일 운동이나 한국전쟁 프로가 많다 보니 그럴 수밖에 없었다.

여장을 풀고 상담 일정을 기다리면서 관광을 하게 되었다. 가고 싶은 곳은 어디라도 갈 수 있으니 말하라고 했다. 우리는 평양에 도착할 때까지도 관광 스케줄이 있는 줄 몰랐기 때문에 평양에 무슨 볼거리가 있는지도 미리 알아보지 못했다. 평양이야 대동강하고 옥류관과 김일성 동상밖에는 들어보지 못했으니 그냥 볼 만한 데가 있으면 보여 달라고 했다.

세 명의 안내원들

우리는 여행복 차림으로 가볍게 도착했는데 안내인들은 모두 양복에 넥타이 차림이었다. 그해는 5월 말인데도 따가운 햇볕이 쨍쨍 내려쬐는 무더운 여름 날씨가 계속 되었다. 안내원들은 휴대폰도 없고 공중전화도 없는 가운데 모든 연락을 발로 뛰면서 했다. 특히 젊은 친구는 그 양복 차림에 땀을 뻘뻘 흘리며 뛰어다녔지만 항상 밝은 모습이었다. 넥타이를 좀 풀라고 해도 절대로 풀지 않고 도리어 더 조여 매며 "일 없습네다." 하는 모습이 착하고 사람 좋아 보였다. 반면 고참 두 사람은 좀 즐길 줄 아는 사람들이었다. 졸병에게 시켜놓고는 자기들은 차 속에서 에어컨 켜놓고 휴식도 취하고 담배나 피우면서 우리랑 한담을 나누곤 했다.

　북경에서 평양으로 떠나기 전에 주변 사람들에게 물어보니 북한사람들이 말보로 담배와 양주를 좋아한다고 했다. 말보로 담배 여러 보루와 양주 두 병을 챙겨 갔는데 업무 일정에 차질이 생기는 바람에 이 안내원들에게 모두 선물로 주었다. 정말로 좋아했다. 모두 골초들이었는데 이분들이 피우는 담배는 모두 일제 마일드 세븐이었다. 자기들은 북한 담배는 입에 맞지 않아 마일드 세븐이나 말보로만 피운다고 했다. 그분들이 특수 신분인지 모두가 그렇게 자유로운 것인지 갈피를 잡기 어려웠다.

　정치 얘기는 서로 입에 올리지 않았지만 내가 주민생활에 대해 물어보면 아무 거리낌 없이 솔직하게 대답해 주었다. 사실 처음엔 모두 주저했는데 한 사람이 터놓고 얘기해 버리니 나중엔 완전히 그런 분위기가 되어버렸다. 듣던 얘기가 있어서 여행하면서 사진을 찍어도 되는지 조심스레 물었다. 의외의 대답이 나왔다. 아무 것이나 다 찍어도 좋다는 것이었다. 정말 어디를 다니고 어디를 찍어도 제지하지 않았고 어떨 땐 저거 안 찍습니까? 하면서 사진 찍을 것을 추천해 주기도 했다. 그런지도 모르고 사진기를 화소가 낮은 똑딱이를 가져간 것이 후회가 되었다.

　궁핍한 그들의 삶을 대화 속 한마디 한마디에서 느낄 수 있었지만 그래도 정말 어려웠던 시절보다는 나아졌다는 분위기였다. 모두들 표정이 밝고 느긋한 것이 생활을 즐기는 듯이 보이기도 했다. 이런 느긋한 분위기로 민감한 질문이거나 내가 이해하지 못하는 내용은 부연 설명까지 곁들여가며 여유로운 태도로 솔직하게 설명해 주었다. 자아비판 거리거나 체제비하로 느껴질 내용도 스스럼없이 얘기해 놓고는 모두 같이 껄껄 웃어버리는 분위기는 나를 자주 어리둥절하게 만들었다. 체제나 지도층에 대해 억지스런 자랑이나 찬양도 없고 불만도 없고 그냥 다 받아들이고 익숙하고 순응하고 즐기는 보통사람들의 모습이었다.

함께 간 미국에서 오신 분이 중국 비자를 단수로 받아오는 바람에 평양에서 북경에 들어가는 비자가 또 필요하다는 사실을 늦게서야 깨닫게 되었다. 중국과 북한을 그냥 같이 생각한 것이다. 시간이 촉박했다. 평양 주재 중국 대사관을 찾아가니 철문이 굳게 닫혀 아무리 두드려도 인기척이 없었다. 오전 근무만 한다고 했다. 급하게 됐다.

안내원들이 모여서 의논을 하더니 근처 건물로 들어가 전화를 하고 나왔다. 외무성에 전화를 했는데 외무성에 직접 와서 설명하라고 했다는 것이다. 역시 젊은 친구가 외무성으로 뛰어갔다. 한참 후 땀을 뻘뻘 흘리며 돌아와서는 "선생님들 이제 됐습니다. 중국 대사관으로 갑시다."라고 했다. 외무성이 중국대사관에 연락을 해 놓았다는 것이다.

모두 중국 대사관으로 다시 찾아가 벨을 누르니 중년의 중국 여성이 자다 일어난 모습으로 걸어 나와 철문을 열어 주었다. 귀찮아하는 모습이 역력했다. 혼자서 창구 안쪽으로 돌아 들어가더니 몇 마디 물어 보곤 비자를 발급해 주었다. 그 아줌마가 일하는 동안 몇 마디 나눈 나의 중국어가 분위기를 부드럽게 하는 데 도움이 되었다고 생각한다. 한국에서라면 아무리 중요한 귀빈이 오셨더라도 우리 정부 누가 주한 중국 대사관에 휴일에 연락해서 누구에게 비자를 내주라고 할 수 있었을까? 하여튼 특별한 관계임에는 틀림없었다.

평양 가라오케

어느 날 저녁 안내원이 술 한잔하지 않겠느냐고 묻는다. 가라오케가 있다는 것이다. 여자도 있다고 부추긴다. 깜짝 놀라 여기도 그런 데가 있느냐고 물으니 조총련이 투자한 집인데 간부들이나 재일동포들이 다닌다고 했다. 저녁식사를 하고 로비로 내려가니 기다리고 있었다. 다섯 사람이 모두 같이 갔다. 고려호텔 앞 큰 길을 건너 깜깜한 뒷골목으로 들어가니 막다른 곳에 간판도 없는 캄캄한 건물로 들어선다. 2층으로 올라가니 한복을 곱게 차려 입은 미녀들이 기다리고 있었다. 안내원들이 남조선 귀빈들이니 잘 모시라고 하자 모두 반갑게 맞아 주었다.

방이 여러 개 되는 것 같았는데 모두 불이 꺼져 있고 손님은 아무도 없었다. 제일 좋다는 방으로 들어가면서 스위치를 올리니 여느 술집들처럼 무드 조명이 켜지고 천장의 회전등이 돌기 시작하면서 일제 가라오케의 대형 화면이 환하게 밝아왔다. 술은 위스키 코냑 등 원하는 대로 있었지만 조니 워커 블랙으로 두 병을 시키니 과일 한 접시와 북어포와 땅콩으로 된 마른 안주 한 접시를 내오면서 다른 무슨 안주가 더 필요한지도 묻는다. 안내원들은 자기들 식사거리로 국수와 만두를 더 시켰다. 복무원은 둘도 됐다 넷도 됐다 하면서 들락날락했다. 아가씨들이 '반갑습니다' 부터 한 곡조 뽑으면서 모두들 민요도 부르고 춤도 추면서 서서히 흥이 돋았다. 술도 많이 마셨다.

한국 요즘 노래는 거의 없고 두만강 푸른 물이나 처녀 뱃사공, 아침이슬 정도이다. 북경의 북한식당 가라오케 정도의 레퍼토리이다. 한복은 유행 속도가 빠르다고들 하던데 복무원들의 한복은 당시 한국의 유행 스타일 바로 그 수준인 듯했다. 손님 옆에 앉지는 못하게 되어 있다고 하지만 춤은 같이 춰주었다. 우리야 술집에서 추는 춤이란 껴안는 춤밖에는 없는데 아무리 껴안으려 해도 잘도 빠져 나간다. 그런 춤은 안 된다는 것이었다. 대신 내 손을 잡고 민속춤이나 소셜 댄스를 인도하는데 재미나게 손님을 다루는 솜씨가 정말로 평양 기생감들이었다. 담배도 일제 담배로 여러 갑 시켰다. 물론 안내원들 몫이다.

즐겁게 놀고 난 후 계산하는데 술값은 달러로 받는다고 했다. 미국에서 오신 분이 내셨는데 400달러 정도 낸 것 같다. 팁은 별도로 성의 표시를 했다. 안내원들도 우리도 아가씨들도 즐겁게 놀고 재미나게 마셨다.

평양 옥류관과 원조 냉면

어느 날 점심 때 옥류관에서 냉면을 먹기로 했다. 옥류관은 대동강이 내려다보이는 강변 높은 곳에 어마어마한 규모의 대형 건물 여러 채로 이루어져 있었다.

이상한 건 식사 때인데도 이 큰 건물 어디에도 손님은 아무도 없었다. 내부로 들어가자 수백 명이 함께 식사할 수 있는 대형 방들이 여러 개 있었는데 그것들도 모두 빈 채였다. 오랫동안 그런 상태인 듯했다. 우리는 큰 테이블이 하나밖에 없는 독실로 안내되었다.

냉면을 먹으러 갔지만 매상도 올려주고 안내원들 대접도 하고 싶어 몇 가지 다른 요리들도 추가로 주문하였다. 냉면이 나오자 옥류관 지배인이라는 중년 여성이 들어와서 냉면 먹는 법이 따로 있다면서 시범을 보여주겠다고 했다. 메밀국수를 젓가락으로 집어 백초에다 적시는 것이 핵심이다. 메밀이 알칼리성이기 때문에 산성 식초를 국수에 뿌려 주어야 중화가 되고 맛도 좋다는 것이다. 초를 냉면 국물에 뿌리지 말라고 했다.

지배인에게 왜 손님이 없는지 물어보니 들은 척도 하지 않는다. 못들은 척 하는 것이다. 나중에 솔직한 우리 안내원의 설명에 의하면 옥류관은 개인이 식사하러 오는 곳이 아니라는 것이다. 평양이나 인근의 직장 조직이 미리 배정된 일정에 따라 단체로 한 번씩 올 뿐이라고 했다. 1년에 한 번은 그런 기회가 있는지 물으니 그렇지 않다고 했다. 더 이상 묻지 않았다.

그날은 그런 단체 일정이 없는 날이라고 했다. 대부분은 일정이 없는 날로 보였다. 지배인, 복무원과 함께 사진을 찍었는데 북경에 돌아와서 옥류관에서 세웠다는 북한 술집 평양산관에 들러 그 사진을 보여주니 친한 사람들 모습에 너무나 반가워했다.

　서울의 유명한 평양냉면집의 평양냉면과 옥류관의 평양냉면은 근본적으로 다른 냉면이다. 면의 색깔도 다르고 맛도 다르다. 육수도 다르다. 같은 평양냉면이라고 하면서 서울의 평양냉면이 지금의 본토 평양냉면과 다른 건 무슨 이유인지 모르겠다. 피난 나오기 전 그 시절의 평양냉면이 원조이고 지금의 옥류관 냉면이 바뀐 것인지 서울의 평양냉면이 남쪽 사람 입맛에 맞춰 달라진 것인지 누군가의 설명을 듣고 싶다. 그러나 나는 깨끗한 면과 알 수 없는 미묘한 육수 맛의 서울식 평양냉면을 더 좋아한다.

평양의 밤거리 술집에서

　우리가 술 한잔 할 곳이 없는지 물었다. 안내원들도 술을 좋아하니 확실히 안내할 것이라는 확신이 있었다. 안내원 얘기로는 평양에 술집은 없다고 한다. 놀라운 얘기였다. 나는 살지 못할 곳이다. 그러나 지금은 아리랑 축전 기간이기 때문에 축전 손님들을 위한 조개구이 술집을 몇 개 만들어 놓았다고 한다. 조개구이라는 말에 군침이 돌았다. 멀지 않은 거리를 걸어가니 길가에 낮은 울타리를 치고 그 안에 십여 개의 테이블이 놓여 있었다. 조개를 굽는 연기가 회를 동하게 했다. 자리는 거의 다 차 있었는데 모두 술이 거나해져 떠들썩했다.

　복무원이 여럿 있었는데 그중 책임자로 보이는 30대 중반 여성이 너무나 싹싹하고 인상이 좋았다. 화장기 없는 맨얼굴에 철 아닌 인조 가죽 잠바를 입고 있었는데 숏커트 머리가 무척 예뻤다. 그 젊은 아줌마 서비스가 너무 맘에 들어 서비스가 전문 직업인 줄 알았는데 물어보니 그냥 일반 직장에 다닌다고 했다. 이번에 축전 손님들을 위해 직장에서 조개구이 가게를 열게 되었고 직장에서 자기에게 맡으라고 해서 일하게 됐을 뿐이라고 한다. 낮의 직장 일은 그대로 하면서 저녁 일도 하는 것이라는 데 이 일이 재미있다고 얘기하는 모습에 반하지 않을 수 없었다. 서울에서 술집이나 음식점을 열었다면 아마도 예약도 하기 어려운 집 사장이 되었을 것이다.

안내원들은 조개구이는 바닷가에서 먹어야 제 맛이라고 했다. 그건 당연한 말씀이겠지만 핵심은 굽는 방법이라고 했다. 가장 맛있게 먹는 법은 조개 입을 위쪽으로 해서 모래에 촘촘하게 박아 세워 놓고 자동차 휘발유를 빼서 조개에 뿌려 굽는 것이라고 했다. 휘발유 냄새는 타면서 다 날아가고 불붙은 조개들은 익는 순서대로 딱딱 소리를 내면서 입을 벌린다고 했다. 그때 그대로 먹어야 조개 즙이 살아 있어 제일 맛있다고 했다. 이번 여름에 모두 그렇게 즐겨 보시면 좋겠다.

조개는 정말 맛있었다. 큰 대합과 상합을 숯불에 구워 맥주와 도수 높은 북한 술 여러 병을 마시며 흠뻑 취했다. 옆 테이블 사람도 알고 보니 한국 사람들이었는데 우리를 경계하는 모습이 역력했다. 다른 외국에서 그렇게 가깝게 앉았다면 너무나 반가웠을 우리 사람들끼리인데 평양에서는 그렇게 하지 못했다. 우리도 말을 걸지 않았다. 안내원들이 술이 좀 거나해지니 복무원들과 야한 농담을 주고받는 데 그 농도가 상상 이상이었다. 더 놀라운 것은 복무원들의 태도였다. 너무나 잘 받아주고 어떤 경우에는 자기가 더 진한 얘기를 스스럼없이 던지곤 자기가 더 즐거워했다.

술자리 얘기지만 평양에서도 외도가 많다고 했다. 대부분 맞벌이이기 때문에 배우자가 없을 때가 많아 자기 집이 외도의 장소로 이용된다고도 했다. 그리고 놀라운 제안을 하는 것이었다. 평양 외곽 어느 지역에 여자들 몸 파는 곳이 있다고 했다. 지방에서 먹고살기 어려워 올라온 여성들이라고 했다. 그리곤 "한번 가시겠습니까?"라고 묻는 것이 아닌가? 모든 남자가 다 그렇듯이 술에 취해 하는 과장된 말이겠지, 그렇지 않으면 나를 테스트하려는 건가 하는 생각이 들었다.

술집에서의 대화는 그냥 같은 민족의 보통사람 사는 얘기, 그중에도 남자 여자 얘기들이 주된 화제였다. 술자리에서는 한국에서와 똑같이 정치 얘기도 많았다. 북한 정치 얘기는 누구도 입에 올리지 않았고 모두 남쪽 정치 얘기였다. 남쪽 정치 얘기인데 한국 사람들만큼이나 꿰고 있는 듯했다. 한국 사람들과 마찬가지로 한국 정치인들 가운데 서로 지지하는 사람도 달랐다. 그 몇 사람 안 되는데도 개개인마다 호불호가 갈려 있었다.

그러나 이 세상 사람이 아닌 박 대통령에 대해서는 남쪽에서 평가하는 박 대통령보다 훨씬 높게 평가하는 것에 놀라지 않을 수 없었다. 박근혜 대표에 대한 태도도 마찬가지였다. 당시는 박근혜 대표가 김정일 위원장 초청으로 평양을 방문하고 온 직후이어서인지는 몰라도 박 대표에 대한 감정이 특별한 듯했다. 자기 아버지의 친구 딸같이 친하게 생각하는 것 같았다.

이산가족이라는 개인적 사연으로 인해 그쪽 사람들에 대한 감정이 더 작용했는지는 모르겠지만 짧은 며칠 동안 만나본 모든 북한 사람들은 정말로 고향 사람들처럼 스스럼없이 잘 대해 주었다. 대화도 모두 솔직했다. 어느 쪽이 얼마만큼 더 잘 살고 못 살고는 관심의 대상이 아니었고 남쪽이 부러움이나 시기의 대상도 아니었다. 적대적인 이야기도 들어보지 못했다. 그냥 다른 부자 나라 사람을 대하는 그런 태도일 뿐이었다. 아, 미국에 대해서는 달랐다. 말끝마다 미국놈들이었다.

북한에 가기 오래전에 그쪽 사람으로부터 들은 이야기가 있었다. 북한은 지금이라도 잘 살려고 마음만 먹으면 당장 잘 살 수 있다는 것이었다. 그분은 몇 사람만 아는 이야기라며 비밀스럽게 얘기해 주었지만 그의 강한 확신은 느낄 수 있었다. 무슨 황당한 소리인가 했다. 그분 얘기로는 서해 평양 앞 대륙붕에 어마어마한 석유가 매장되어 있다는 것이었다. 그리고 그 유전은 중국의 여러 유전들과 연결되어 있어 그 곳에 파이프만 박으면 중국 여러 유전의 석유가 모두 그곳으로 빨려와 쏟아져 나오는 지질 구조라는 것이다. 그분은 다시 한 번 강조했다. 과학적으로 모든 것이 확인되었지만 북한 정부가 그냥 놔두고 있다는 것이다. 그 귀한 보물을 지금 당장 빼내 써서는 안 된다는 장군님 말씀에 따라 지금은 어려워도 견디고 있다는 것이다. 혹시 평양의 모든 사람이 이 말을 믿고 그렇게 여유로운 게 아닌가? 하여튼 모든 것을 떠나 친구같이 즐겁고 화기애애한 초여름 저녁의 술자리였다.

개성 장모님 고향을 찾아서

그때는 지금은 중단된 개성 관광 사업이 시작되기도 한참 전이었다. 안내원이 판문점과 개성 구경을 제안해 왔다. 마침 우리 처가가 모두 개성에서 피난을 나온 인연으로 개성은 정말 가고 싶은 곳이었다. 판문점은 말할 것도 없고. 개성의 장모님이 사시던 동네를 알고 있었기 때문에 그곳 사진을 찍어다 드리고 싶었다.

평양에서 개성으로 가는 길은 2차선 시멘트 도로였다. 중간에 검문소가 하나 있었으나 특별한 검문은 없었다. 초병이 다가와 안내원에게 누가 어디 가는지를 묻기만 할 정도였다. 개성으로 가는 중간에 작은 휴게소가 있었지만 휴게소에는 직원 외의 북한 사람은 한 사람도 없었다. 10여 명으로 된 중국 관광객 한 팀만 와 있을 뿐이었다. 우리도 휴게소에서 과자도 사먹고 좀 쉬면서 편안하게 달렸다.

5월은 신록의 계절, 산도 푸르기 시작하고 들도 그래야 했다. 그러나 개성 가는 길의 모든 산과 들은 황토색 그대로였다. 산에는 나무 한 그루도 없었다. 민둥산에 맨 흙뿐이었다. 가는 도중 멀리 들판에서 황소를 몰면서 농민 여럿이 밭을 갈고 있는 모습을 볼 수 있었는데 평양에서 개성, 판문점을 가는 동안 매점 직원이나 보초 같은 업무적인 근무자를 제외하고 내가 봤던 유일한 북한 민간인들이었다.

　멀리서 봐도 황소는 거의 아사 상태로밖에 볼 수 없을 정도로 말라 있었다. 어떻게 그런 몸으로 쟁기를 끌 수 있을지 의문이 들 정도였다. 일하는 사람들도 천천히 느릿느릿 슬로 모션으로 움직였다. 궁금해서 소는 누구 소유이고 누가 사육을 책임지는지 물어봤다. 집단 농장 소유이고 사육 책임은 돌아가면서 맡는다고 했다. 소가 저러다 죽으면 누구의 책임인지 물었다. 마지막 사육 책임자의 책임이 제일 크다고 했다. 모래밭에 세워놓은 젓가락을 마지막에 쓰러뜨리는 사람이 벌칙을 받는 것과 비슷한 것 같았다. 완전히 운일 수밖에 없겠다.

　농민들은 모두 농장에 소속돼 있고 작업을 해야 배급을 받는다고 했다. 낮에는 작업하고 저녁에는 학습하는 일정에 따른 단체 생활이라고 했다. 아프면 어떻게 되는지, 노인들에게는 어떻게 배급이 되는지 몇 가지 질문을 더 하다가 대답을 어려워하는 것 같아 더 이상 묻지 않았다. 내가 알아야 할 사항도 아닌 데다 그냥 심심풀이 궁금증 해소를 위해 더 이상 곤란하게 만들지는 말아야겠다는 생각이 들었다.

　개성에 들어서니 큰 길은 깨끗했고 한옥은 아름다웠다. 우리는 민속촌으로 안내되었다. 맑은 물이 흐르는 깨끗한 개울가로 한옥 여관들이 줄지어 있었다. 우선 기념품 상점을 둘러보니 민속촌을 대상으로 그린 유화 그림이 많았고 북한 특산품들도 많이 진열되어 있었다. 그리고 식사를 하기 위해 미리 정한 집으로 안내되었다. 서울 북촌에서나 볼 수 있는 20~30평 되는 전통 한옥과 똑같았다.

　같이 먹자고 해도 안내원들은 따로 먹겠다고 하며 우리 둘만 온돌방으로 안내되었다. 개인 독상으로 두 개의 소반 위에 유기그릇들이 가지런히 놓여 들어오고 한복을 입은 복무원 아가씨가 들어와 우리 사이에 앉았다. 개성 특산 술 한 병을 시켰다. 복무원 아가씨는 옆에 곱게 앉아 술도 따라

주고 안주도 집어 주면서 대화 상대를 해주는데 분위기가 차분하고 격조가 있었다. 깨끗한 개성 음식의 진수를 맛보는 듯했다. 북한에 이런 곳이 있다니 놀라울 뿐이었다.

식사 후 선죽교와 성균관을 둘러보았다. 그 유명한 선죽교는 상상 밖으로 작은 다리였다. 폭 2미터 정도의 낮은 실개천 위에 놓여 있는데 구조가 사람이 다닐 수 없도록 사면이 모두 돌기둥으로 막혀 있었다. 고려시대에 그렇게 공을 들여 그런 작은 개울에 다리를 놓았어야 했는지 이해되지 않았지만 어려서 듣던 대로 돌 위에는 옅은 붉은 반점은 확인할 수 있었다. 나중에 집에 돌아와 인터넷을 뒤져보니 정몽주 암살 당시에는 판 돌만 놓여 있었는데 나중에 정몽주 후손들의 요청으로 지금 형태가 되었다는 것이다.

성균관은 규모가 상당히 컸는데 깨끗하게 잘 보존되어 있었다. 옥색 한복을 차려 입은 중년 부인 안내원이 개성 부근의 유적들과 성균관에 대해 벽에 있는 약도를 가르치며 차분하게 설명해 주고 성균관의 이곳저곳을 따라다니며 안내해 주었다. 떠날 때는 성균관 대문까지 배웅을 해 주며 "우리 다시 꼭 만납시다."라고 해 주었다.

안내원에게 장모님이 사시던 옛 개성고녀(개성공립고등여학교) 부근으로 데려다 달라고 했다. 안내원은 개성고녀를 잘 모르는 것 같았는데 누군가에 알아보더니 해방 후 개성 노동당 당사로 쓰였다는 건물로 데리고 갔다. 그 자리가 원래 개성고녀 자리라는 것이었다. 돌 문주의 간판 자리는 뜯겨 있었다. 뜯긴 간판이 개성 고녀 간판인지 노동당사 간판인지는 아무도 몰랐다.

길을 가운데로 두고 동네가 형성되어 있는데 양쪽의 분위기가 너무나 달랐다. 한쪽은 서울 북촌같이 깨끗하고 반듯한 높은 한옥들이 모여 있고 넓은 길가에는 큰 나무들이 늘어서 있는 아름다운 동네였고 그 건너편 동네는 판자촌 같은 아주 허름한 동네였다. 왕래하는 사람들은 거의 이 허름한 쪽에만 있었다. 이곳 집들은 기와는 없었지만 오래되고 낡아 빗물이 샐 것 같았고 거의 동시에 지은 것 같은 집들은 시멘트벽들이 모두 낡아서 금이 가고 기울어져 있었다. 동네 입구에 가게도 보이고 이발소도 보이지만 안쪽이 너무 컴컴해서 들여다보이지는 않았다.

점심시간이 지나 2시 정도 되었는데 허름한 쪽 동네로 가까이 가 보았다. 깨끗한 쪽은 사람의 왕래가 거의 없었기 때문이다. 동네 안쪽에서 양복과 사무복의 남자 여자들이 부지런히 큰 길로 걸어 나오고 있었다. 중국에서도 그런 것같이 아마도 집에서 점심을 먹고 다시 직장으로 가는 것 같았다. 간혹 자전거를 탄 사람도 있었으나 드물었다. 나이 많은 사람은 출근하지 않는지 편안한 차림으로 동네 어귀에서 한가롭게 서성거리고 있었다.

학교 다닐 만한 아이들이 동네에 많이 보였는데 이미 수업이 끝난 것인지 한가로워 보였다. 그중 10세 좀 넘어 보이는 여자아이 하나가 멀리서 계속 나를 지켜보고 있는데 내가 어떤 표정을 지어줘야 할지 난감하였다. 세수도 하지 않은 얼굴인데 다른 곳을 보는 척 하면서 나에게서 눈을 떼지 않았다. 사람들의 의복은 제복이나 양복 같은 근무복은 모두 깨끗하게 차려 입었지만 평상 옷차림은 남루하고 빨아 입지도 않는 듯했다.

판문점에서 남쪽을 보다

개성 관광을 마치고 판문점으로 향했다. 판문점을 얼마 앞두고 바리게이트가 쳐져 있는 검문소가 나타났다. 처음 보는 긴장된 분위기이고 여러 명의 초병들도 부동자세로 서있기도 하고 일부는 일을 보느라고 왔다갔다 했다. 그중 일부 군인은 험상궂은 표정으로 우리 일행을 쏘아보고 있기도 했다.

안내원들은 우리를 판문점 안내소로 들여보냈다. 그곳에는 아까 만났던 중국 단체 관광객들을 포함해 10여 명이 미리 들어와 있었다. 잠시 후 안내자가 실물 모형의 배치판을 놓고 판문점의 위치와 한국과의 경계선 등에 대해 지형을 가리키며 설명을 해 주었다. 중국인들에게도 판문점은 긴장감을 느끼게 하는지 모두 심각한 표정으로 같이 온 통역을 통해 주의 깊게 듣고 있었다. 판문점을 중국인을 위한 관광 코스로 개발해 놓은 듯했다.

안내를 받고 나오자 30대 중반의 까무잡잡한 군인이 다가와 악수를 청했다. 단단하게 생긴 대로 작은 손에 힘이 느껴졌지만 표정이나 말투는 다정하고 살갑게 느껴졌다. 소좌라고 한다. 한국의 소령 정도다. 지금부터는 자기가 판문점 안내를 해드리겠다고 했다. 안내원들은 여기서 대기다.

첫인상 그대로 여러 가지 설명을 아주 상냥하게 잘 해주어 친밀하게 느껴졌다. 거대한 김일성 친필 비석을 배경으로 사진을 한 장을 찍고 정전협정 조인장, 김정일 방문 건물 등을 둘러보고 판문각과 사진에서만 보았던 남북 회담장소를 둘러보았다. 김정일 방문 건물은 '경애하는 사령관 김정일 동지께서 다녀가신 건물' 이라는 붉은 간판에 1972년과 1996년 두 번 온 날짜를 주체 달력과 함께 기록해 놓았다. 정전협정 조인장은 그때의 사진들을 걸어 놓고 기념관으로 운영하고 있는데 당시 회담에서 미군 대표들의 자존심을 어떻게 꺾으면서 회담을 했고 자기들이 얼마나 고자세로 임했는지 얼마나 통쾌했는지 자랑스러워했다. 사진의 내용도 대부분 그런 내용들이었다.

판문각에 올라가니 우리 자유의 마을 대성동의 태극기가 바로 눈앞에서 휘날리고 있었다. 여기서 나는 저쪽으로 바로 갈 수 없다. 중국으로 돌아가야 한다. 판문각 건물 바로 아래에 분계선이 있고 남북한 군인들이 서로 마주보고 있었다. 노려보고 있는지 어떤지는 모른다. 한국 측 병사들은 모두 헌병 완장에 짙은 선글라스를 끼고 있기 때문이다. 선글라스 착용은 이해가 되었다. 공연히 맨눈이 마주치면 눈쌈이 벌어질 것이 뻔했다. 한쪽이 양보하는 게 좋을 듯했다.

안내하는 소좌도 그렇지만 북측의 거의 모든 군인은 170센티미터나 70킬로그램이 되는 사람은 별로 없는 듯했다. 모두 작고 바짝 마르고 까무잡잡했다. 옛날 월맹군을 보는 듯했다. 북측에서 정면으로 한국 헌병들을 마주 보는 위치에서 비교해 보니 정말 대조가 되었다. 한국 헌병들은 키나 체격이 서양 사람들 같았다. 180센티미터 이상에 80킬로그램 이상의 잘 생긴 모습들이었다. 물론 우리는 대학도 나오고 체격도 좋고 믿을 만한 젊은이들로 엄선해서 그곳에 배치했겠지만 모두들 강남의 부잣집 귀공자 같아 약간은 허한 느낌을 주는 것은 어쩔 수 없었다.

지나가는 말로 소좌가 얘기한다. "여기 근무하는 우리 군인들은 주먹으로 돌도 깰 수 있습니다." 하며 주먹까지 쥐어 보여준다. 크지 않은 주먹이지만 정말로 돌같이 단단해 보였고 훈련의 강도를 느낄 수 있었다. 그러면서 도끼만행 사건 때의 얘기가 자연스럽게 나왔다. "미군 아이들 모두 한 방이면 다 갑니다." 소좌는 십대부터 군대생활을 해서 벌써 군 생활이 십수 년 되었다고 한다.

그 말을 듣고 보니 공부만 하다 의무 복무로 군대에 온 저 얼굴의 친구들이 정말 이런 친구들과 1대1로 붙어서 이길 수 있을까 하는 생각이 들었다. 하여튼 전쟁은 나지 말아야지라는 생각부터 들었다. 얘기를 해보니 남북회담장에도 들어가 기념사진을 찍어도 좋다고 한다. 테이블의 가운데가 휴전선이다. 한국전 참전 16개국 국기와 유엔기가 벽면에 걸려 있었다. 그 옆에 어색한 표정으로 서있는 북한 초병들을 배경으로 귀한 기념사진을 한 장 찍었다.

관광을 마치고 판문각 뒤편 마당에서 차를 기다리고 있는데 소좌가 다시 얘기를 꺼냈다. "1996년은 전쟁 위기가 한참 높을 때였는데 어느 날 장군님께서 여기를 오셨습니다. 미국 놈들이 위성으로 여기를 항상 감시하고 가까운 남측 부대에서 도청도 하고 있기 때문에 장군님께서 여기 오시는 건 너무나 위험한 일이었습니다. 그 위험한 곳을 장군님께서는 자신을 돌보시지 않고 우리를 위해 여기 오신 것입니다. 그런데 장군님은 하늘이 내신 분입니다. 장군님께서 개성 근처에 오시니 갑자기 판문점 지역에 하얀 안개가 내려앉더니 미군 위성이고 정찰기가 전혀 볼 수 없게 만든 것입니다. 그때 장군님께서는 우리를 불러놓고 소리나지 않는 박수만 치시며 우리를 격려해 주셨습니다. 말씀도 도청되기 때문입니다. 장군님과 우리는 서로 마주보고 소리를 삼키며 감격의 눈물만 하염없이 흘렸습니다. 통일이 될 때까지만 우리 고생 좀 하자고."

소좌의 눈시울은 벌써 벌게 있었고 목소리는 감동에 북받쳐 떨리고 있었다. 황당한 상황에 내가 이 사람에게 무슨 반응을 보여야 할지 몰랐다.

판문점을 다 돌아보고 떠나면서 수고했다고 소좌에게 인사를 해 주었다. 차에 오르는 데 소좌가 한마디 했다. "돌아가시다가 시장하시면 가까운 데 식당이 하나 있는데 식사하고 올라가십시오. 저희 누나가 하는 식당인데 맛이 좋습니다." 친누나인지 아는 누나인지는 몰라도 판촉이 분명했다. 인지상정이라고 우리도 이왕이면 한번 들러 팔아주고 싶었지만 시간이 없어서 그냥 지나치기로 했다. 판문점은 많은 걸 생각하게 해 주었다. 우리 대통령까지야 가실 필요는 없겠지만 우리 젊은이들도 직접 판문점을 방문해 보면 많은 걸 느낄 수 있을 것 같았다.

평양 시내 나들이

눈에 보이는 평양의 외관은 전체적으로 깨끗하고 아름다웠다. 파란 대동강이 특히 아름답고 도시 전체가 공간이 많아 시원한 느낌을 주었다.

김일성 동상이 있는 곳은 어마어마한 구릿빛 동상을 가운데 높이 두고 양쪽에 역사적인 사실을 기념하는 조각 벽면이 배치되어 있었다. 동상 앞에는 꽃다발이 놓여 있었는데 우리가 구경을 하는 동안에도 여러 커플들이 와서 꽃다발을 놓고 절을 하고 돌아가곤 했다. 우리에게 절을 권유하거나 참배를 유도하는 어떤 말도 없었고 안내원 자신들도 절 한 번 하지 않고 주머니에 손을 꼽은 채 우리와 함께 이 구석 저 구석을 서성거리며 구경만 할 뿐이었다. 커플들은 데이트하는 분위기였고 단체로 온 사람들은 보지 못했다.

　대동강변에 높이 솟은 승리탑은 평양의 랜드마크나 다름없다. 어디에서도 잘 보이는 위치에 높이 달린 횃불은 밤에는 조명으로 붉게 빛난다. 입구를 지나 엘리베이터를 타기 위해 탑 건물 1층을 한참 걸어서 들어가는데 평면적이 상당히 컸다. 탑 위에 올라가면 횃불 바로 아래의 노천 발코니가 나오는데 빙글빙글 돌아가면서 평양 전체를 내려다 볼 수 있었다. 아마도 특별한 경우에만 올라갈 수 있는 곳 같았다.

　우리가 갔을 때에는 관광객은 물론이고 승리탑 근처에는 지나다니는 사람조차도 없었다. 하릴없이 보이는 관리 직원 한 사람이 혼자 나와서 엘리베이터까지만 안내해 주고 돌아갈 뿐이었다. 대동강의 푸른 물과 주변의 나무들, 산들의 전망은 매우 좋았지만 바람이 심하게 불어 오래 있을 수 없었다. 탑을 내려와 대동강변으로 가니 화강암으로 만든 광장이 나왔다. 이렇게 좋은 곳에도 우리 외에는 개미새끼 한 마리도 보이지 않았다.

　서커스와 북한의 유명한 가극 꽃 파는 소녀도 관람하였지만 어린 아이들의 위험한 묘기를 보는 것은 마음이 편하지 않았고 가극도 아무런 감흥을 주지 못했다. 평양의 지하철은 정말 세계적이라고 할 수 있을 것이다. 거의 100미터 지하에 있는 듯했다. 오래전에 만들었다고 하는데 특정 구역은 대외 선전용으로 보인다.

　우리는 두 정거장을 탔는데 지하철 내부가 그렇게 호화로울 수 없다. 모자이크 벽화도 화려하고 높은 천장의 대형 샹들리에는 지하철의 실용성과는 별개로 보였다. 이용 승객은 우리 평일 낮 수준이나 비슷하였다. 에스컬레이터를 이용하는 데 아래에서 위를 올려다보니 거의 보이지 않을 정도로 까마득히 높고 길었다. 이러한 에스컬레이터를 설치하고 고장을 내지 않고 운영하는 데에는 상당한 기술이 필요할 것으로 생각되었다. 그러나 전혀 실용적은 아니었다. 지하에서 지상으로 올라가기 위해 너무 오랜 시간이 걸렸다.

중국으로 국제전화를 걸 일이 생겼다. 일반인들이 국제전화를 할 수 있는 곳은 국제전화국 한 곳뿐이라고 했다. 다른 사업 건으로 평양에서 걸어 온 전화를 받아 본 적이 있는데 사무실 전화로 교환국의 교환원을 통해 걸어왔다. 기업체는 그런 식으로 국제전화가 가능한 것 같았지만 일반인은 이 국제전화국을 직접 와야 해외 통화가 가능하다는 것이었다.

국제전화국은 2층 건물에 50평가량 되었다. 목조의 전화 부스가 대여섯 개 있었는데 닫는 문은 없다. 통화 내용을 누구라도 들을 수 있는 것이다. 외국인들도 보였고 북한 사람들도 있었다. 먼저 카운터에 가서 신분증과 함께 이름과 상대방 전화번호 등을 기입해 통화 신청서를 써내면 조금 있다가 카운터에서 불러 몇 번 부스로 가라고 얘기해 준다. 벌써 상대방이 나와 있는 상태다. 통화가 끝나고 카운터에 가서 요금을 내고 나오게 된다. 크게 비싼 것 같지는 않았다.

백화점에도 안내해줬다. 제일 좋은 백화점이라고 했다. 판매원들은 파란 원피스 제복을 깨끗하게 차려입고 친절한 미소로 맞아주었지만 살 만한 물건이 없었다. 신발이라든가 이불, 옷, 일용품들과 간단한 전자제품, 담배, 술 그리고 청심환이라든지 경옥고 같은 오래된 전통 보약들과 암 치료제로 한국에서도 인기가 있었던 허무맹랑한 생약들뿐이었다.

평양 골프장에서의 라운딩

말로만 듣던 평양 골프장에서의 라운드가 준비되었다. 골프장은 남포로 가는 길목의 산 위 전망 좋은 곳에 있었다. 재일동포가 투자인지 기부를 했다고 한다. 내 생각엔 사업을 염두에 둔 투자는 아닌 듯 했다. 그날도 손님은 우리 두 사람뿐이었다. 골프 피는 1인당 100달러 정도였다. 골프채를 빌리고 캐디는 한 사람씩 붙였는데 골프채를 빌리는 값이나 캐디피나 모두 북경 수준과 비슷했다. 합리적인 수준이었다.

단지 클럽하우스로 돌아와 점심을 시켜 먹는데 밥값은 15달러 정도로 조금 비싼 것 같았다. 매니저에게 캐디 식사를 어떻게 해야 하는지 물었더니 다른 방에서 우리가 주문한 것과 같은 걸 먹는다고 했다. 당연히 식사비는 네 사람 분을 지불해야 했지만 캐디들이 우리와 같은 식사를 했을 리는 없다.

높은 곳에 있어 대부분의 코스는 전망이 좋았다. 그러나 페어웨이는 거의 세미 러프 정도로 길게 자라 있었고 그린 관리도 제대로 되어 있지 않았다. 손님이 없으니 그럴 만했다. 캐디들은 시골 아가씨 그대로이다. 햇빛에 빨갛게 그을고 찌든 모습이 청춘 아가씨들의 고생스런 일상생활을 얘기해 준다. 손님이 없을 때는 풀도 뽑아야 하고 다른 작업도 많다고 했다. 한 아가씨는 경력 5~6년의 고참인데 얼마 되지 않은 신참 아가씨까지 리드하면서 게임을 잘 이끌어 주었다.

누가 퍼뜨렸는지 모르지만 김정일 위원장이 평양 골프장에서 수십 언더파를 기록했다는 이야기가 있었다. 내가 직접 캐디에게 물어봤다. 평양 골프장 캐디들은 처음 듣는 이야기라고 했다.

골프를 마치고 돌아왔는데 까만 양복과 분홍색 한복을 곱게 차려 입은 한 쌍이 클럽하우스 앞을 거닐고 있었다. 한 눈에 보아도 갓 결혼한 신혼부

부였다. 물어보니 지금 정말 막 결혼식을 마쳤다고 한다. 같이 온 친구들도 없이 딱 둘뿐이었다. 사진을 찍을 작은 카메라도 없었다. 이것이 신혼여행이라고 했다. 이런저런 얘기를 하다가 같이 가신 분이 축의금으로 100달러를 건넸다. 쑥스러워 하더니 결국은 고맙게 받아들였다. 잘들 사시고 있을 것이다. 첫아이도 열 살은 됐겠다.

아리랑 축전 관람기

다행히 평양에 간 김에 한번 보고 오라는 얘기를 듣고 떠났기 때문에 가벼운 마음으로 아리랑 축전을 구경할 수 있었다.

축전은 저녁에 시작하기 때문에 미리 행사장인 오일 체육관 앞 광장에서 낮부터 시간을 보내게 되었다. 광장에는 한국의 풍물축제처럼 포장마차들이 줄지어 서 있었다. 음식도 팔고 약도 팔고, 소프트 아이스크림 집도 있고, 맥주를 마시는 집도 있었다. 가게 보는 사람들 대부분은 쑥스러운 듯 그냥 앉아 있었지만 어떤 사람은 들어와서 앉으라고 손님을 끌기도 했다. 모두 각 기업체에서 행사 기간에만 운영하는 임시 상점들이다.

아리랑 축전 입장료는 여러 등급으로 나뉘어져 있었는데 우리는 100달러짜리 이등석에 앉았다. 정중앙의 가장 잘 보이는 높은 곳이다. 바로 우리 뒷자리가 150달러짜리 일등석인데 앉아 있는 사람은 아무도 없었다. 5시쯤 환할 때 입장이 시작되었다. 들어가 앉으니 벌써 건너편 스탠드에는 한치의 틈도 없이 수많은 사람들로 꽉 차 있었다. 우리 쪽 관객석은 북한 사람들도 있기는 했지만 비어 있는 자리가 많았다. 날이 어두워지면서 웅장한 소리와 함께 프로그램이 시작되었다.

감탄하지 않을 수 없었다. 정면 스탠드는 카드섹션 구역이었는데 2만 명 정도 된다고 했다. 초 단위로 바뀌는 장면은 동영상을 구현하는 등 거의 살아있는 화면이었다. 체제 찬양이나 항일 전쟁, 미국에 대한 적개심을 포함해 수많은 장면이 표현되었다. 운동장에서는 수천 명으로 이루어진 군무와 체조 등이 현란한 불빛 아래 한 치의 오차도 없이 일사불란하게 움직였다. 보는 사람들의 감탄사가 연이어 터져 나온다. 수십 미터 상공에서 벌어지는 공중묘기는 보는 사람 심장을 오그라들게 만들었다.

이렇게 큰 카드 섹션과 집단 체조를 위해서 저 어린 것들이 얼마나 연습을 했을지 가슴이 짠해졌다. 내가 다닌 고등학교도 카드 섹션 행사가 많았는데 몇 장면도 안 되는 연출을 위해 몇 달씩 연습을 했던 경험이 있어 나도 그 고생을 잘 알기 때문이다.

교대 팀이 있어서 동원된 학생들 전체 인원수는 15만 명 정도라고 한다. 카드 섹션이나 집단 체조의 성격상 그 많은 학생 중 한 사람도 아프면 안 된다. 행사 중엔 오줌이 마려워도 설사가 나와도 안 된다. 2만장의 카드가 그렇게 움직이는 데도 한 장의 실수도 보지 못했다. 관람 시간이 흐름에 따라 환호보다는 가슴이 아파왔다.

행사가 끝나고 밖으로 나와 있으니 공연을 마친 학생들이 몰려 나왔다. 서로 소속된 깃발 대열을 찾으면서 친구들 이름을 부르는 모습은 우리 고등학생들이나 똑같이 즐겁고 활기차 보였다. 나름대로 큰일을 잘 하고 있다는 자부심을 느끼는 듯했다. 돌아와 호텔에서 TV를 켜니 이 행사에 참여하고 있는 학생 집을 방문해서 취재하는 방송이 나왔다. 힘들지 않는지 등에 대해 기자가 물으니 학생은 씩씩한 목소리로 "힘들 리 있습니까. 장군님께서…." 하며 정말 기쁘게 영광으로 알고 참여하고 있다고 대답하고 있었다. 부모들도 옆에서 아들이 영광된 마음으로 하고 있다고 맞장구치고 있었다.

아버지 고향

안내원과 편하게 얘기하는 사이가 되자 내가 이산가족의 아들이고 황해도 장연에 아버지 가족이 아직도 살고 있다는 얘기를 털어놓았다. 그러자 안내원이 "송 선생, 가고 싶으면 갑시다."라고 시원하게 말하는 게 아닌가?

정말 가고 싶었다. 아버지는 이미 돌아가셨고 같은 피난민인 어머니까지 모두 돌아가셨기에 반쪽의 혈육이라도 만나고 싶었다. 그리고 아버지가 평생을 가슴 아프게 사랑했던 분도 꼭 만나서 아버지의 그 미안해하고 가슴 아파하시던 오랜 세월의 이야기도 전해 드리고 싶었다.

어머니는 내가 어려서부터 내 이름의 돌림자를 강조하며 나에게 아버지의 두고 온 자식들의 이름을 잊지 말라고 당부하셨다. 외아들인 내가 외로울까봐 그러시기도 하셨겠지만 통일이 되면 꼭 찾아가서 형님들과 잘 지내라고 늘 말씀하셨다. 아버지가 이북의 그분을 떠나올 때 그분께서 몸 성히 빨리 다녀오시라고 머리카락을 잘라 실과 엮어 양말을 지어 주셨다는 말씀도 어머니가 해 주셨다.

그땐 그냥 흘려들었던 그런 얘기들이 나이가 들면서 아버지, 한 불쌍한 남자의 슬픈 인생에 가슴이 저려왔다. 아버님은 북쪽 가족의 사진 한 장도 없었다. 며칠 떠났다가 돌아올 생각이셨으니. 그걸 더 가슴 아파하셨다. 10년여 전 아버님 살아 계실 때 기회가 되어 아버님 고향집 소식을 구하게 되었다. 그분의 환갑 사진도 구해드렸다. 아버님은 못 알아보시겠다고 더 가슴 아파하셨다. 그분의 환갑 사진인데 남쪽의 구순 사진같이 하얗게 늙어 계셨다. 홀로 늙으셨다고 한다. 맏딸은 이미 돌아갔다. 신장병이었다고 한다. 아버지가 제일 불쌍해하던 따님이다.

어른들의 강제로 16세 때 얼굴도 모르고 결혼한 여러 살 연상 첫 부인과 사이의 따님이다. 결국 거의 결혼생활을 하지 않은 채 헤어지고 아버지는 오랫동안 흠모하던 분을 만나 새 장가를 드셨다. 북에 두고 오신 그분이다. 열여섯 살에 낳은 딸은 아버지가 키우셨지만 그 딸과는 같이 다니지도 않았다고 하셨다. 나이 차이가 나지 않아 부끄러우셨다는 것이다. 그래서 더 미안해하시고 더 측은해 하셨다.

나머지 자식들은 모두 살아 계셨다. 다들 결혼해서 손자들도 여럿이 되었다. 집단 농장에서 뜨락또르(트랙터) 운전을 하시는 분도 있고 모두 농사를 지으면서 고향에서 잘 지내고 있다는 소식을 전해드렸다. 북한이 아무리 어려워도 시골에서 농사짓는 사람들은 굶지 않는다는 다녀오신 분의 말씀도 함께 전해 드렸다.

그리고 조부모님의 돌아가신 날도 알려 드렸다. 헤어질 때는 생존해 계셨지만 틀림없이 돌아가셨을 조부모님 제사를 드리지 못해 명절이면 눈물 흘리시던 분이다. 부자 간에 의사소통이 별로 없는 사이였지만 아버지께서 "고맙다. 내 소원을 네가 풀어 주었다."라고 한 마디 해 주셨다. 그런데 당연하지만 섭섭한 말씀도 덧붙이셨다. "너는 조상님들 제사 지내지 말라."고 하시는 것이었다. 장남이 따로 있다는 생각에서 말씀하신 것이다. 그러나 형님들이 아버님 돌아가신 것을 알기까지는 내가 대신 드릴 수밖에 없겠다.

안내원은 주소를 묻더니 바로 가자고 했다. 그러나 미리 마음의 준비를 해 둔 것도 아니어서 당황하지 않을 수 없었다. 망설인 끝에 결국 가지 않겠다고 했다. 내가 그분들에게 어떤 존재가 될까, 그분들 지금의 삶과 그분들이 지금까지 간직해온 아버지에 대한 기억에 어떤 영향이 미칠지 두려웠다. 사랑하는 처와 아들, 딸들을 그렇게 가슴 아프게 남겨놓고 남으로 내려가 거기서 새장가 들어 자식을 낳았다니. 그 자식한테 자신들이 이렇게 사는 모습을 보여 주어야 한다면 어떻게 생각하실지 내 마음이 복잡해졌다. 그렇게 헤어져 홀로 남아 그 모진 전쟁과 배고픔을 겪으며 기다려온 그분이 느끼실 배신감은 없으실지. 나 자신 아프고 슬픈 이산가족의 자식일 뿐이지만 나 역시 죄인인 것 같았다.

아버지라고 편하게 사셨을까. 며칠 먹을 양곡 주머니 한 자루가 남쪽으로 오실 때 가져온 전 재산이었다. 그리고 전쟁은 교착되고 돌아갈 수 없으셨고 혼자 살 수도 없으셨다. 그리고 또 다른 가슴 아픈 피난민 어머니를 만나 그렇게 살아오신 것이다. 두 분은 행복하셨지만 두 분 모두 북에 두고 오신 분들을 가슴 아파하고 안쓰러워하셨다. 아버지는 정말 북에 계신 분을 잊어 본 적 없다. 그러나 무슨 기구한 운명인가, 아버지는 졸지에 또 나의 어머니를 먼저 보내셔야 했다. 그리고 이번엔 아들이 주선한 네 번째 부인을 맞이하셔야 했다. 전쟁이 만들어낸 불쌍한 아버지이시다.

지금은 가지 않겠지만 다음에는 꼭 찾아뵈리라 마음먹었다. 그리고 어머니 말씀대로 형님들 찾아뵙고 서로 돕고 잘 살겠다고 마음먹었다. 북에 있는 아버님의 가족이 아버님의 아픈 가슴을 이해해 주시고 나란 존재도 인정해 주길 바라는 마음에서 이 이야기를 적어 놓는다.

북한을 다녀온 지도 벌써 10년이 되었다. 북한의 여러 분의 호의로 여러 곳을 자유롭게 구경할 수 있었던 것을 고맙게 생각한다. 그때의 10년 전, 적성국 방문 허가를 받아왔던 중국이 지금은 나의 생활터전이 되어 있다. 다음 10년이 지나서 뒤돌아볼 때 남북한도 그렇게 되어 있기를 기원해 본다. 통일이 되어 있다면 더 바랄 나위가 없겠지만.

7
북경일기

북경에서
살고 즐기기

북경의 한국 사회 – 왕징에서 살기

　북경에 상주하는 한국인 수에 대해서는 통계마다 들쭉날쭉하지만 8만 명은 넘는다고 하고 그중 왕징 지역에 3만 명 이상이 몰려 있다고 한다. 북경에서 공부하는 유학생 수가 2만 명 정도라고 하니 나머지 5만~6만 명은 거의 사업과 관련된 분들과 그 가족들일 것이다. 주재원들과 개인 사업가들이 대부분이겠지만 지금 당장 뭘 하겠다는 것보다는 중국어도 배우고 사업 기회를 엿보고 있는 분들도 있고, 회사생활을 마치고 중국에서 그냥 눌러 사시는 분들도 있다.

　북경엔 한국인 모임도 많다. 단순한 친목이나 취미 모임도 많지만 사회단체 모임도 상당히 많다. 어떤 모임에도 참가하지 않는 분들도 있지만 이 모임 저 모임의 모든 간부직을 도맡아 활동하는 열혈 참가자도 많다. 교민 사회란 누군가는 봉사하고 희생해야 하는 곳이기에 대부분의 교민들은 그런 분들에게 신세를 지고 있는 셈이다. 가끔은 큰 사업하러 중국에 왔다는 사람들이 나타나곤 한다. 그리고 그런 모임에 나타나 자기는 한국에서 무슨 자리에 있던 사람이고 자기가 하려는 사업의 엄청난 규모를 자랑하기도 한다. 그러나 그렇게 큰소리치던 분들이 어느 날 소리 소문 없이 사라져 버리기도 한다. 언제 어디로 사라졌는지 아무도 모르는 경우도 많다.

북경의 한국 사회는 왕징을 중심으로 이루어진다. 일부 한국인 사회에 어울리기 싫어하는 분들은 왕징을 일부러 피하기도 하지만 대부분은 왕징에 모여 산다. 우리도 왕징에 사는데 우리 아파트 단지를 걷거나 근처를 걷다보면 열 명 중 한두 명은 한국 사람인 것 같다. 주위 어디에서든 한국말이 들린다.

왕징에서의 생활은 한국 생활과 비슷하다. 아이들은 학교를 다녀와서 학원에 가고 과외를 받고 태권도장에 다니고, 엄마는 시장 다니고 엄마들끼리 마실도 다니는 모습이 꼭 서울의 보통 아파트 단지와 똑같다. 전화를 해서 짜장면이나 피자도 시켜 먹고, 슈퍼마켓에서 라면이나 맥주도 배달해 먹는다. 밤에 출출해지면 족발이나 닭튀김도 시켜 먹는다. 모든 한국 브랜드 치킨집들이 다 들어와 있는 듯하다. 아파트 층층을 돌아다니며 세탁을 외치는 소리는 없지만 전화를 하면 세탁물도 받으러 오고 다 되면 갖다 준다. 뭐 하나 다를 게 없다. 머리도 한국 미용실에서 한국 사람한테 커트하고. 밤에 나가보면 한국 학생들 몰려다니고 그중에는 큰 길에서 버젓이 담배를 피우는 고딩과 중딩도 있다.

한국 남자들 사는 것도 다들 비슷하다. 특히 저녁이나 휴일을 즐기는 방식은 한국 생활 거의 그대로다. 지인들과 어울려 한국 식당에서 소주잔을 기울이고, 기분이 나면 입가심으로 한잔을 더 하고 그러다가 아가씨 있는 가라오케도 간다. 지인들과 가족 모임도 갖고, 주말엔 골프도 같이 치면서 유유상종한다.

금전적으로 여유가 있으나 없으나 생활방식에는 크게 차이가 나지 않는다. 같은 소주도 60위안을 받는 식당이나 15위안을 받는 식당이나 다 그게 그거고 1,600위안짜리 골프나 200위안짜리 골프나 다 그게 그거다. 이국이다 보니 한국에서보다는 비교적 더 가정적이 되고 가격 선택의 폭이 크다 보니 좀 더 여유롭게 지낼 수 있는 듯하다.

부인들은 좀 다를지 모른다. 소규모 개인 사업가의 부인들이야 대부분 맞벌이로 같이 뛰지만 주재원 부인들은 맞벌이가 금지되어 있을 뿐만 아니라 상대적으로 생활비나 시간적으로 여유가 많을 수밖에 없으니 겉보기에는 시간도 많고 윤택하게 사는 것처럼 보일 수도 있다.

3대에 걸쳐 덕을 쌓아야 대기업 북경 주재원 사모님이 될 수 있다는 농담이 있을 정도로 밖에서 보는 주재원 부인들의 생활은 부러움을 살 만도 할 것이다. 회사에서 부담하는 모든 가구가 갖춰진 넓은 아파트에서 중국 아줌마가 청소와 빨래를 해주지, 매일 골프장 나가는 것 같지, 점심이면 맛있는 집을 찾아다니고 그리곤 커피집에서 수다를 떨다가 아이들 돌아올 때나 집으로 돌아오면 되는 것처럼 보이기 때문이다.

꼭 그런 것도 아니고, 부인 나름이고 남편 나름인데도 주재원 부인에 대한 인상은 그냥 그렇게 각인돼 있는 듯하다. 사실 주재원들 특히 책임자급 주재원들의 부인들은 도리어 그렇게 마음이 편하지 않은 경우가 더 많은 듯하다. 툭하면 귀임 발령에 툭하면 모가지인 어느 그룹 중역의 부인은 남편이 술 마시고 늦게 들어오는 건 아무렇지도 않다고 한다. 아침 출근길을 나서는 남편의 뒷모습을 바라보면서 오늘도 무사히, 회사 관뒀다고 대낮에 들어오지 않기만을 바라기도 한다.

왕징 아파트에 한국인이 많이 살다보니 아파트 공고문도 한글을 병용해주기도 하는데 누가 번역을 하는지는 몰라도 가끔은 우스꽝스런 표현이 정감을 더해 주기도 한다.

왕징에 한국인이 많다고 해도 그래도 중국인 동네이고 대부분은 부유층이다. 중국 사람들도 한국인들과 사는 게 싫지는 않은 표정들이고 신경도

써 주는 것 같다.

　동네 중국인들 사는 모습을 보면 너무나 편하고 생활을 즐기고 있는 것처럼 느껴진다. 아침 출근길에는 이미 중국 아줌마들 대여섯 명이 모여 화기애애한 분위기에 제기차기를 하고 있기도 하고, 우리 아파트 동 할머니는 강아지와 함께 나와 태극권을 연마하고 있기도 한다. 회사에 도착하면 건물 아래에는 주변 주민들이 넓은 공터에 모여 똑같은 복장을 맞춰 입고 음악에 맞춰 율동을 하고 있다.

　저녁 어두컴컴해질 무렵이면 식사를 끝낸 주민들이 동네 광장으로 삼삼오오 모여든다. 이미 한 패거리는 전통악기에 부채나 꽹과리를 갖춰들고 민속춤을 추고 있기도 하고 음악을 틀어놓고 사교춤을 추기도 한다. 길거리 양꼬치 가게에는 맥주를 마시며 떠드는 젊은이들이 이미 불콰해져 있다. 참 행복해 보이고 어떤 스트레스도 없는 듯하다.

　그러나 왕징에 사는 중국인들이 모두가 그렇게 여유 있게 즐기는 것만은 아니다. 어느 구역의 공기가 통하지 않는 지하방에는 외지에서 올라온 많은 아줌마와 아가씨들이 한 방에 여러 명씩이나 기거하면서 식당 복무원이나 가사 도우미로 어렵게 생활하고 있다. 물론 모두 다 꿈을 이루기 위한 자발적인 고생이겠지만.

북경 교외 즐기기

　외국인 특히 한국인으로 북경에 살다보면 나름대로 재미있는 생활을 즐길 수 있다. 수천년 역사의 중국 문화와 북경 주위의 아름다운 자연에 흠뻑 빠질 수도 있고, 국제 도시 북경의 다양한 체험도 즐길 수 있다.

　만리장성 자금성 이화원은 당연히 북경에 도착한 지 며칠 만에 한 바퀴 돌게 되고 시간이 흘러 심심해질 때쯤이면 다른 어디 가볼 만한 곳이 없나 궁금해진다. 명승고적들이야 관광 사이트에 다 나와 있으니 가보면 되지만 물 좋고 산 좋은 곳들은 주로 입소문에 의지할 수밖에 없다.

  북경에는 산이 없는 줄 아는 사람이 많지만 사실 북경의 북쪽은 모두 산지로 둘러싸여 있다고 할 정도로 산이 많다. 2,000미터 이상인 험산 준령도 있다. 북경의 산들은 우리와 달리 가파르고 웅장하다. 아마도 우리보다 늦은 지질 시대인 듯하다. 북경 한국인 사회가 가만히 있을 리 없다. 산을 즐기기 위한 등산 구락부가 여러 개 조직되어 있어 교민 생활 잡지도 매 주말의 출발 소식을 알려준다. 가족 나들이 위주인 구락부도 있고 산악인 모임 수준인 구락부도 있다. 비용도 모두 버스 비용 정도의 실비이고 누구에게도 개방되어 있어 출장을 와서도 시간이 나는 주말이면 같이 즐길 수도 있다.

  운동이나 취미 동아리도 많이 있지만 여행과 관련된 동아리도 많이 있다. 이름 그대로의 여행 구락부도 있고, 역사탐방 구락부 같은 테마여행 동아리들도 활발하게 운영되고 있다. 동아리에 참가하지 않아도 가볍게 다녀올 수 있는 물 좋고 산 좋은 곳도 부지기수다. 우리 부부가 가끔씩 차를 타고 한 바퀴 돌아오는 운몽산 - 화이로(云蒙山-怀柔) 코스도 좋고, 사마대(司馬台·스마타이)장성도 좋다. 다녀오면 기분이 상쾌해진다.

  지난 가을 집사람이 서울에 들어가 혼자 심심하던 차에 카메라를 챙겨 들고 영산(灵山)으로 향했다. 야생화가 유명한 곳이다. 이젠 내비게이션을 켜 놓으면 중국 어디라도 두려울 곳이 없다. 시골 길가에 숯불로 구운 옥수수로 점심까지 때우고도 한 시간도 안 돼 도착했다. 차로 산의 중턱까지 올라갈 수 있었는데 산마루에 올라서니 정말 야생화 벌판이 펼쳐져 있었다. 정상은 2,300미터라고 하니 반밖에 오르지 못했는데 그래도 돌아와 자랑삼아 이야기를 꺼내니 듣는 분은 벌써 몇 년 전에 그 산줄기를 타고 2박3일 동안 트레킹으로 관통했다고 말했다.

  북경에 온 첫해 겨울 아이들과 스키장을 가볼까 하니 하얼빈이나 백두산으로 가야 한다고 했다. 북경 근처에는 아직 스키장이 없었다. 북경은 겨울에 눈이 없기 때문에 앞으로도 없을 거라고들 했다. 그런데 다음해 겨울 북경에 스키장이 생겼다고 TV에서도 난리들이었다. 찾아가보니 서삼환로 길가 공터에 나무판으로 슬로프를 만들어 놓고 플라스틱 바가지 같은 것을 타고 내려오는 것이었다. 한국인이 만들었다는 것이다. 그래서 북경에서 스키 탈 생각은 다 접었는데 몇 년 후 정식 스키장들이 생겨나기 시작했다. 북경시 안에도 여러 개가 있고 조금만 더 나가면 아주 좋은 곳들이 많이 생겨났다. 우리 아들도 초등학교 1학년 때 용평의 스키 학교를 1주일 다녀온 덕분에 겨울이면 중국 친구들을 데리고 며칠씩 다녀오곤 한다.

두세 시간만 운전해 나갈 생각이라면 내몽골의 초원이나 사막을 말을 타고 돌아볼 수도 있고, 양고기에 몽골 술로 알딸딸한 중에 별이 쏟아져 내리는 황홀함을 경험해 볼 수도 있다. 두 시간만 나가면 정말로 은하수를 볼 수도 있다.

중국으로 발령을 받고 북경에서 제일 먼저 가보고 싶었던 곳은 만리장성이나 자금성이 아니라 주구점(周口店)과 노구교(盧溝橋)였다. 주구점은 우리가 교과서에서 보아왔던 북경원인 발굴지로 유명한 곳이고 노구교는 청일 전쟁의 시발점이 되었던 곳이다.

북경에 가족이 합류한 후 어느 주말 가족과의 첫 나들이 목적지를 십도(十渡)와 야산파(野山坡)를 거쳐 주구점과 노구교를 들러 오는 코스로 잡았다. 모두 북경의 서쪽 같은 방향이고 경치가 좋기로 유명하다고 했다. 주위에 아무도 다녀온 사람은 없었지만 그렇다고들 했다.

북경~석가장(石家莊·스좌장)의 고속도로가 아직 들어서기 전이라 시골길과 골목길을 거쳐 찾아가는데 물어보는 사람마다 길을 제대로 아는 사람이 없었다. 나중에 돌이켜 보니 이해할 만했다. 직원을 채용했는데 북경 본토박이인 이 친구가 북경 안에서 어디 가본 곳이 없었다. 교통 문제였다. 학교와 집 근처 자전거로 다닐 수 있는 만큼의 반경 바깥은 가볼 수 없었다는 것이다. 그 시절은 모두 그럴 만했다.

첫날은 그렇게 헤매다가 너무 늦어져 그냥 돌아왔다. 그리고 다음 주말 다시 떠났다. 역시 같은 이유로 멀리 나가는 것은 중간에 포기하고 주구점과 노구교만 보기로 하였다. 세계적인 명성에 맞지 않는 작은 표지판을 따라가니 유적지가 나왔다. 언덕을 조금 올라가니 호모에렉투스 북경원인 화석이 발굴된 동굴이 있었다. 아무런 보호 시설도 없었고 그냥 웅덩이 같았다. 언덕 아래로 넓은 평야가 펼쳐져 있는데 안내판에는 '북경원인이 살던 50만 년 전에는 그곳이 강이었다.' 라고 적혀 있었다.

현생인류의 조상인 산정동인의 발굴지도 둘러보고 아래로 내려와 전시관에 들어가니 우리가 교과서에서 본 바로 그 북경원인 화석이 전시되어 있었다. 감동적이었다. 그러나 그 화석은 복제품이라는 설명에 크게 실망하지 않을 수 없었다. 진품 화석은 2차 세계대전 중에 사라져 버렸는데 우리 서해 어딘가에 수장되어 있든가 일본 아니면 미국이 가져갔을 것이라는 심증만 있다고 한다. 북경원인의 발굴과 진품 화석의 실종에 대한 이야기는 중국 작가 웨난의 '주구점의 북경인' 이라는 역사추리소설에 아주 흥미롭게 펼쳐져 있다.

돌아오는 길에 노구교를 들렀다. 마르코 폴로가 세계에서 가장 아름다운 다리로 서양에 소개했다는 말이 수긍할 만했다. 지금은 많이 훼손되어 있지만 다리 난간의 사자 조각이나 대리석 상판 거대한 아치 교각은 그때 그런 말을 들을 만했을 거라고 생각되었다. 다리의 곳곳의 파인 자국은 노구교사건 때의 총알자국이라고 한다. 어느 날 밤 울린 한 발의 총성으로 일본의 중국 침략이 시작된 그 유명한 노구교사건의 역사 현장이었다.

북경의 서쪽 교외에는 가볼 만한 곳이 많다. 십도 야삼파도 그렇지만 갈대숲으로 가득 찬 백양정(白洋淀) 호수에서의 뱃놀이나 낚시를 하는 것도 상당히 운치가 있었다. 청나라 황제들의 무덤인 청서릉도 있고, 가보진 못했지만 삼국지의 도원결의를 했다는 곳도 근처에 있다. 얼마 후 결국 십도도 가고 야삼포도 찾아갔다. 십도의 절벽 아래로 작은 강이 굽이굽이 흐르는 십도의 경치는 감탄할 만했다. 맑은 물은 깊지도 않고 군데군데 여울이 있어 견지낚시하기에도 좋아보였고 모래밭도 넓고 깨끗해 아이들이 놀기에도 좋았다. 우리 가족이 갔을 땐 사람 그림자 하나 없는 적막강산이었다. 떡밥을 크게 뭉친 릴을 강물 가운데에 던져 놓고 모래밭에서 고기도 구워 먹으며 새로운 중국 생활의 맛을 만끽하고 있었다.

그런데 모래밭 저 먼 곳에서 두 마리 말이 우리를 향해 전속력으로 달려왔다. 험하게 생긴 젊은이들이 말을 멈추었다. 말의 뜨거운 콧김이 내 머리 위로 쏟아져 내렸다. 우리에게 말을 타라고 한다. 타지 않겠다고 했더니 그럼 입장료를 내란다. 말이 곧추섰다가 앞발을 쿵쿵 내려찍는데 눈앞에서 높이 일어선 말은 정말 크고 무서웠다. 어린아이들이 있는데 아무도 없는 외딴 곳에서 사고라도 생기면 큰일 날 것 같았다. 일단 차 있는 데로 가자고 하니 따라 나오면서도 말을 내 몸으로 밀어붙이며 겁을 주기도 했다.

무섭다고 해서 달라는 돈을 주기위해 지갑을 열었다가는 지갑 채 빼앗기거나 더 위험해질 것 같았다. 큰 길로 나오니 행인들이 보였다. 좀 안심이 되었다. 입장료가 있는지 직접 물어보겠다는 시늉으로 행인들을 부르니 여러 명이 가까이 와 주었다. 주민인 듯한 사람들이 입장료가 어디 있느냐는 식으로 그 친구들에게 대신 항의해 주고 나도 휴대폰을 꺼내 경찰에 전화를 거는 시늉을 하자 말 위에 앉아 내려다보던 이 친구들이 조용해지기 시작했다. 그러더니 휙 돌아서서는 박차를 차곤 달려왔던 그 속도로 도망쳐 멀어져 갔다.

돌아와 주위 사람들에게 그 이야기를 하자 외딴 곳은 절대로 혼자 가서는 안 된다면서 여러 가지 이야기들을 해 주었다. 외딴길을 차 한 대로 여행하다가 강도를 당한 얘기도 있었고, 기차가 통째로 강도를 당한 이야기도 있었다. 선로에 놓인 큰 바위를 치우기 위해 기차를 세웠는데 십수 명의 도둑들이 기차에 올라와 첫 칸부터 끝 칸까지 모조리 강탈해 갔다는 것이었다. 뉴스에 난 이야기라고 한다. 사실 몇 년 전에도 대만 관광객이 탄 중국 유명 호수의 유람선에 강도가 올라가 돈도 빼앗고 사람도 죽이고 배까지 통째로 불태워 버린 이야기도 있었다.

그리고 10년여 후 다시 찾은 십도나 야삼파는 그 시절의 그곳이 아니었다. 물을 막아 유원지를 만들어 놓아 바글대는 실내 수영장같이 되어 있었다. 그 주위엔 보트 놀이에 번지 점프에 유락시설과 음식점, 가게로 빈 곳이 없을 정도가 되어 있었다.

그 후 우리는 말타기에 취미를 붙였다. 북경 북쪽의 강서 초원에도 다녔지만 대흥(大興·다씽)이라는 남쪽에 있는 정규 승마장을 자주 다녔다. 서역 한혈마의 본고장인 신강회족자치구 이리(伊犁)라는 곳 사람들이 운영하는 곳이다. 말들도 그곳 한혈마의 후손이다. 주말이면 1킬로미터가 넘는 트랙을 전력으로 질주하기도 하고 야외로 나가 풀밭을 질주하기도 하면 기분이 날아 갈 듯했다. 어느 날 아들이 탄 말과 나란히 차를 달리며 속도로 재어보니 시속 60킬로미터 이상이었다. 정말 말이 힘껏 내달릴 때면 바람이 얼굴을 때리는 것 같다. 이젠 북경 가까운 곳에도 승마장이 생기고 전문 승마장 비점도 성업할 정도가 되었다. 이제 북경에서 할 수 없는 아웃도어란 없는 것 같다. 우리 아들을 보면 수상 스키에 래프팅에 서울보다도 더 다양한 놀이들을 즐기고 있다.

북경 시내 즐기기

특히 어스름한 저녁에 시작하는 밤거리 산책은 기분을 좋게 한다. 왕부

정도 좋고, 신가구(新街口·신지에코우) 옛 거리의 상점을 구경하는 것도 좋으며, 후해(后海·호하이)에서 맥주를 마시며 한 바퀴를 도는 뱃놀이도 좋다. 시내 최고급 백화점도 구경거리이지만 재래시장을 구경하는 것도 흥미진진하다. 지금은 롯데마트다, 월마트다, 까르푸다 하는 대형 슈퍼들이 동네마다 서너 개씩 널려 있지만 재래시장 쇼핑도 나름대로 재미가 있다.

재래시장 공산품들도 허술해 보이기는 하지만 슈퍼나 백화점에 비해 아주 저렴하고 색다른 물건도 많다. 과일 종류는 슈퍼보다 훨씬 다양하고 싸다. 한국에서 보지 못하던 과일도 너무나 많고 모두 맛있다. 하미과나 대형 유자, 리쯔, 신강배, 두리안 같은 과일들은 한국에서 보지 못했던 것들이다. 요즘 과일값이 많이 오르긴 했어도 아직은 집어 들었다 놓을 정도까지는 아니다.

시장을 구경하면서 먹는 중국 간식거리들도 맛있고 우리나라 장아찌 같은 짜차이와 밑반찬들도 조금씩 사들고 와서 반찬으로 먹어보면 의외로 맛있는 것들이 많이 있다.

북경에 살다보면 서울 손님들의 쇼핑 가이드 역할도 중요한 일과 중 하나가 된다. 진주 시장, 골동품 시장도 좋지만 아마도 짝퉁 시장이 가장 인기 있는 곳일 것이다. 그러나 짝퉁 중에 특별한 것은 공개된 시장에서는 구할 수 없다. 서울도 그렇다고 하지만 정교한 비싼 짝퉁은 모두 비밀리 판매된다. 전화로 시간을 약속해서 찾아가면 인터폰으로 고객을 확인하고서야 문을 열어준다. 나는 잘 모르지만 이런 곳에서 파는 짝퉁은 진품과 거의 차이가 없다고 한다. 그러다보니 이태리 명품을 만드는 중국 현지 공장에서 흘러나온 보세 진품이라고 우기는 주인의 말을 믿지 않을 수 없다고 한다.

나도 짝퉁 양복을 한 벌 사서 서울에서 양복점 수선을 맡긴 적이 있는데 수선하는 분이 옷의 단추를 단 방식을 보면서 역시 명품은 다르다고 침이 마르게 칭찬하는 바람에 고소를 금치 못하기도 했다. 시계는 정말 정교하게 잘도 만든다. 그런 짝퉁 집을 가면 최신 명품시계 카탈로그까지 갖춰져 있고 카탈로그에서 고르기만 하면 어디론가 가서 몇 분 후면 똑같은 모델을 가져온다. 물론 포장 박스에 보증서에 시리얼 넘버까지 새겨져 있다. 트레비용에 진짜 백금, 진짜 다이아몬드를 박아 수억 원대 진품과 똑같은 짝퉁 시계까지도 있지만 이젠 가격도 만만치 않아 그런 짝퉁은 수백만 원대에 이르기도 한다.

골동품 시장도 유명하다. 황학동 같이 고품도 일부 취급하지만 골동품 또는 유사 골동품을 취급하는 반가원(潘家園·판자위엔) 주말 시장이다. 볼 것도 무궁무진하고 중국 냄새도 흠뻑 맡아 볼 수 있다. 수십 년 된 축음기, 도자기, 민속 장식품, 러시아제 구형 카메라부터 공룡 알까지 없는 게 없다. 가짜인지 진짜인지 따지지 않는다면 중국 향기가 나는 전통 장식품들을 값싸게 마련할 수도 있다. 그런 수요가 많다보니 이젠 그 시장 입구에 '구완청(古玩城)'이라는 전문 골동품 예술품 백화점도 생겨났지만 가격표를 들여다보면 우리 같은 비문화인들에게는 그냥 황당한 그림의 떡일 뿐이다.

집사람도 중국 생활 초기 한동안은 고가구 전문시장을 출근하다시피 하면서 집에 많이도 사다 쌓아 놓으셨다. 어느 날에는 홍목가구, 또 어느 날에는 포도장, 티베트장, 실크카펫 등등 이젠 질리셨는지 더 이상 새로 보이는 게 없다.

애완동물 키우기

애완동물 시장도 몇 개나 된다. 중국에 와서 가장 궁금했던 것은 아침이면 노인네들이 들고 다니는 파란 보자기로 덮은 광주리였다. 아침이면 흔들면서 다니는데 그 속에 도대체 뭐가 들었는지 정말 궁금했다. 새장이었다. 화메이(畵眉)라는 새를 키우는 것인데 이 새는 훈련시키기에 따라 수십 가지 소리를 낸다고 했다. 훈련이란 별게 아니고 새장 횃대에 올려놓고 햇빛을 가리고 흔들어 주는 것이라고 했다. 아침에 그 천을 벗겨 주면 노래를 시작한다고 했다. 그걸 보기 위해 어느 날 아침 동네 공원을 나가 보았다. 정말로 수십 명의 사람들이 모여 새소리 경연대회를 펼치고 있었다. 모두 화메이였는데 새소리가 정말 기기묘묘했다.

  우리도 키워 보고 싶어 기사와 함께 애완동물 시장을 찾았다. 대형 구관조 앵무새부터 새란 새는 다 있었고 파충류, 햄스터, 금붕어, 귀뚜라미에서 원숭이까지 그리고 새들의 먹이인 별별 벌레들과 구더기들까지 모든 생명체가 다 모여 있는 듯했다. 화메이는 노래하는 실력에 따라 값이 천차만별이었다. 훈련이 잘된 놈으로 한 마리 사왔다. 당연히 먹이도 필요해서 싱싱하게 꿈틀대는 벌레를 한 근이나 사왔다. 2~3센티미터 길이의 털 난 긴 구더기같이 생긴 벌레는 보기에는 끔찍했지만 인공으로 사육한 것이라 깨끗하다고 했다. 화메이는 이 벌레만을 먹는다니 별 수가 없었다.

  베란다에 내다놓고 키우는 데 아침마다 얼마나 시끄럽게 지저대든지 주민들한테 미안할 정도였지만 소리는 정말로 기가 막혔다. 낮은 음계로 한참을 지저귀다가는 완전히 다른 새가 된 듯 다른 음색과 다른 옥타브로 불러대는 것이었다. 벌레가 새어나와 온 집안을 기어 다니는 참상 속에서도 화메이의 노랫소리엔 감탄하지 않을 수 없었다. 그러나 한 달여가 지나니 지저귀는 소리가 현저히 작아지기 시작했고 얼마 후부터는 노랫소리는 전혀 없이 가끔씩 참새소리같이 짹짹거리기만 할 뿐이었다.

  주변에 물어보니 훈련을 시키지 않아서라는 것이다. 푸른 천으로 덮어 놓았다가 아침에만 벗겨주고 자주 흔들어 주면 곧 좋아질 거라고 한다. 그러나 그건 내 현실로는 불가능한 일, 모든 먹이를 털어 넣어 배불리 먹인 후 새장을 열어 주었다. 화메이는 나가질 못하고 머뭇거렸다. 훈련까지 받으면서 억지로 노래하지 말고 네 목소리대로 편히 지내라고 손을 넣어 밀어

냈다. 아파트 뜰로 떨어지는 듯 내려가기에 날지 못하는 걸 괜히 그랬지 않나 겁이 덜컥 났는데 바로 활강 자세를 취하더니 하늘로 솟아올라 사라져 갔다.

동물 시장에 가면 기념으로 귀뚜라미 한 마리는 사올 만하다. 옛날 우리에게도 있었던 밀짚으로 만든 조리 속에서 잘들 울어댄다. 귀뚜라미를 품속에 넣고 다닐 수 있게 만든 작은 함도 있다. 비싼 것은 은으로 만들어 보석을 치장한 것도 있다. 겨드랑이에 넣어 갖고 다니면 겨우 내내 귀뚜라미 소리를 들을 수 있단다. 어느 겨울 사무실 안에서 때 아닌 귀뚜라미 소리가 시끄러웠다. 여진족 기사가 품속에서 키우는 것이었다. 그 친구는 청나라 황족의 후예라는 데 귀뚜라미 키우기는 청나라 황족만이 즐길 수 있던 황족만의 취미였다고 한다.

아이들이 어렸을 때는 창평의 개공원과 통주의 개시장엘 자주 갔었다. 귀여운 잡종 강아지부터 티베탄 마스티프라는 장아오(藏獒)까지 없는 견종이 없다. 아이들 성화에 베이징고(北京犬)라고 불리는 흰색 페키니즈 강아지 한 마리 사왔는데 1주일도 안 돼 설사병이 나 버렸다. 북경대 수의과에서 직영하는 총우병원(애완동물병원)을 며칠을 다녔는데 장티푸스라고 한다. 결국 한 달도 안 돼 죽어 버렸다. 시장에서 사는 강아지는 예방 접종이 되어 있지 않아 그런 경우가 많다는 것이었다.

북경의 개 사육 정책은 너무나 자주 바뀌는 바람에 시민들의 원성이 컸다. 처음 도착했을 때에는 이렇다 할 정책이 없었는데 느닷없이 어느 날 북경 시내의 개 사육을 무조건 금지한다는 발표가 나왔다. 그때 '바람'이라는 이름의 푸들을 키우고 있었는데 아이들의 통곡을 뒤로하고 북경 외곽에서 공장을 하는 친구에게 잘 키워달라고 부탁할 수밖에 없었다. 아이들은 20년 전의 그 일을 지금도 가슴 아파하고 있다.

그리곤 시민들의 원성이 자자해지자 허가제로 바뀌었다. 한 마리당 1년에 8,000위안을 부담하라는 것이었다. 8,000위안이라면 집에서 일해 주는 아줌마 월급 1년치에 해당하는 거금이었다. 그리고 얼마 후 값이 내리고 지금은 대형견 금지, 두 마리 이상 금지 등과 함께 1년에 200위안씩을 내도록 하고 있고 대신 예방주사는 정부에서 무료로 접종해 주는 것으로 많이 완화되었다. 중국인의 개 사랑도 우리 못지않다. 대형견 사육이 금지되어 있어도 아파트에서 라브라도나 사자개 정도 키우는 사람도 많고 서너 마리씩을 데리고 산책하는 사람도 많다.

개 사육을 위한 비용도 만만치 않다. 내가 이발하는 가격은 60위안에서 120위안 정도인데 우리 강아지들 털 깎는 비용은 200위안씩이다. 집을 비울 땐 개 숙소에 맡긴다. 우리는 하루 50위안씩에 맡기지만 하루에 300위안 이상 하는 곳도 있다. 그곳 주인에게 그렇게 비싼데도 맡기는 사람이 있느냐고 묻자 방이 부족하단다. 주인이 인터넷으로 강아지들 상태를 항상 확인할 수 있도록 인터넷 카메라가 지키고 있었고 매일 운동도 시켜 준단다. 내 친구 아들은 혼자 사는 아파트에 래브라도 한 쌍을 키운다. 개 공원에도 데리고 가고 한 달에 한 번은 교외에 있는 개 수영장에도 데려간다고 한다. 이놈들이 지난 달 새끼를 9마리나 낳았다고 한다. 11마리의 래브라도와 같이 살고 있다는 것이다. 중국은 당연히 세계 최대 개 수입국가인데 개값도 천정부지로 올라 한때 짱아오 가격이 십수 억 원을 호가하기도 했다.

공연 즐기기

북경이 아니면 보지 못했을 구경도 많다. 세계적인 공연과 전시도 끊임없이 열린다. 몇 년 전 천안문 옆 북경 음악당이 수년에 걸친 공사 끝에 개관하였다. 언젠가 가봐야지 했는데 마침 북한의 '꽃파는 처녀'의 공연 소식이 들렸다. 집사람과 같이 표를 사고 시간을 기다리는데 이곳저곳에 아는 한국분들도 이미 와 공연을 기다리고 있었다. 북경에 살지 않았다면 볼 수 없는 공연이었다. 재미는 없었지만 기념은 되었다.

북경올림픽도 북경에 있었기에 참관할 수 있었다. 더구나 우리 부부는 지인의 배려로 북경올림픽 전 경기 무제한 관람 패스를 발급받았다. 그러나 그 배려가 미안하게도 운동경기 관람에 열정도 없었고 주차장에서 경기장까지 가는 길도 너무 멀어 무제한 패스는 우리에게 별로 소용이 없었다. 서울올림픽 때도 경기장 옆에 살면서 단지 기념 삼아 관중 없는 복싱 예선 전 한 게임만 보았을 정도였으니 말이다.

그래서 사람이 많지 않을 듯한 우리나라와 스페인의 하키 경기와 아무리 고생해도 응원해야 할 박태환 선수 수영 경기만 참관키로 했다. 하키팀에는 미안하지 않을 수 없었다. 우리나라 하키팀이 그렇게 잘하는지 정말 몰랐기 때문이다. 경기장 바로 옆 관중석에 앉으니 우리 선수들의 헉헉대는 숨소리가 코 앞에서 들리는 듯했다. 결국 졌지만 얼마나 열심히 뛰고 잘했는지 가슴까지 뿌듯했다. 박태환 선수 경기를 보기 위해서는 한참을 걸어야 했다. 그런데 수백 명의 검은 양복 검은 안경의 맨인블랙 미국인들과 자동차들이 주위를 삼엄하게 경비하고 있었다. 부시 대통령이 수영 경기를 참관하러 온 것이다. 박태환이 금메달을 따고 태극기가 올라가고 애국가가 울려 퍼지는 배경으로 집사람 기념사진을 한 장 찍어 주었다. 좋은 기념이 되었다.

북경은 서커스에 소수민족 공연에 경극이나 만담에 수많은 중국 전통 공연들을 언제라도 즐길 수 있고, 조금만 관심을 갖는다면 세계적인 전시회나 공연들을 마음껏 골라 즐길 수 있는 곳이다.

영화관도 상당히 많아져서 동네마다 넘쳐날 정도가 되었다. 세계적인 최신작들이 우리와 거의 비슷한 시기에 상영되지만 안타까운 것은 한글 자막이 없다는 것이다. 그나마 전에는 무조건 중국어 더빙이었지만 지금은 원어에 중국어 자막이 있는 상영실을 골라 볼 수 있게 됐다. 그것도 이해하지 못하는 것은 마찬가지이지만 배우 목소리라도 들으니 조금은 낫다고 할 수 있다. 3D는 물론 4D 영화관도 있다.

먹거리 즐기기

북경은 미식가들의 천국이다. 없는 요리가 없다. 중국 각 지방 요리가 모두 다 있고 세계 각국의 요리가 다 있다. 비슷한 요리를 값싸게 먹을 수도 있고 비싸게 먹을 수도 있다. 식당 임차료와 장식과 그릇과 복무원의 외모가 음식값을 결정하는 것이지 음식의 질과 맛이 가격과 정비례하는 것이 아니기 때문이다.

중국의 지방 요리들은 나름대로의 풍미를 갖고 있다. 북경요리, 사천요리, 광동요리, 호남요리, 산동요리 등등. 중국 각 지방 요리를 가장 맛있고 저렴하게 먹는 방법은 그 지방 성 정부의 북경 사무소 빌딩에 있는 식당을 찾는 것이다. 한국도 그런지는 모르겠지만 각 지방 성 정부는 물론 시 정부나 큰 기업들까지 거의 모두 북경에 자체 연락 기구들을 갖고 있다. 각 성 정부는 산동빌딩, 사천빌딩 하는 식으로 자기 건물들을 갖고 있으면서 일도 하고 호텔과 식당도 운영하고 있다. 그 지방 공무원들이 출장을 와서 그 호텔에서 먹고 자고 일하면서 성 정부 예산도 절약하고 북경 손님들을 자기 고향 음식점으로 초대해 접대도 한다. 음식은 대부분 저렴하고 진짜 그 지방 오리지널 풍미를 갖는다.

중국 요리는 중국 친구들과 먹어야 제대로 먹을 수 있다. 음식 재료의 종류도 많고 조리 방법도 많아 주재원이 중국음식을 시킬 만하면 귀국할 때가 되었다는 이야기도 있지만 사실 보통 식당의 일반적인 중국음식 주문은 시간이 좀 지나면 그렇게 어려운 것이 아니다.

문제는 새로운 음식과 별난 음식들 즉 별미 음식들이다. 중국인들 본인들이 좋아해서도 그렇겠지만 좋은 먹거리를 발견하면 친구들을 부른다. 사람 사귀는 방법일 수도 있겠지만 오래 연락하지 못했던 사이라도 맛있는 전문 음식점을 알게 됐다든가 좋은 식당을 새로 발견했다고 같이 가자는 데야 어떻게 같이 가지 않을 수 있고 기분이 좋아지지 않을 수 있겠나. 식도락을 통해 우정도 쌓고 어른도 모시는 좋은 풍습인 것 같다.

중국에서는 복어의 판매와 요리가 금지되어 있다. 양식은 많이 해도 모두 일본과 한국으로 수출된다고 한다. 그런 까닭에 중국에 와서 오랫동안 복요리를 먹어 보지 못했는데 거래처 사람과 식사 중에 그런 얘기가 나오자 중국에서도 복요리를 먹을 수 있는데, 복은 벚꽃 피는 봄 강소성 양주(揚州·양저우)에 가서 먹어야 한다는 것이다. 그렇게 몇 달이 지난 어느 날 연락이 왔다. 양주 복집에서 연락이 왔다는 것이다. 복이 돌아왔다는 것이다. 그 친구들은 먼저 가서 준비해 놓겠다고 미리 떠나고 나는 다음 날 떠났다. 양자강 강변 도시인 양주의 복어는 양자강에서 잡히는 것인데 이 시기에만 있다고 한다. 가서 살펴보니 우리나라 임진강에서도 나는 황복이었다.

복에 양념을 한 후 국물이 자근자근해질 때까지 조려 나왔다. 여기도 중국인데 어떻게 복요리가 불법이 아니냐고 묻자, 불법은 불법이지만 강택민 주석의 고향이고 강 주석이 매년 내려와 드시기 때문에 괜찮다고 했다. 강 주석 누님의 집이 저 집이라면서 지붕만 삐죽 나온 기와집을 손가락으로 가리켰다. 우리 방식의 복찜이나 복지리였으면 더 좋았을 것 같았다. 복요리를 먹고 양주의 유명한 꽃 공원을 구경했는데 김일성 북한 주석의 공원 방문 기념사진과 기념표지가 세워져 있었다. 김일성 주석이 1991년 중국을 방문했을 때 강 주석이 자기 고향집으로 초청하고 이 공원도 같이 산책했다는 것이었다. 미국 대통령들이 중요한 국빈을 백악관이 아닌 캠프 데이

비드 산장으로 초청하고 부시 대통령이 특별한 사람을 텍사스의 자기 목장으로 초대하는 것과 같은 최고 예우를 한 것이었다.

나도 맛있는 추어탕 한 그릇을 먹기 위해 몇 시간의 운전을 마다않는 미식가라고 자부하지만 복요리 한 번 먹으러 몇 달을 별러 며칠 일정으로 비행기를 타고 갔다오는 이 여행은 사치일까 풍류일까? 하여튼 그 친구들과는 좋은 추억을 만들었다. 외국인이라면 이런 걸 어떻게 알고 다닐 수 있을까? 중국요리는 역시 중국 친구들을 따라 다녀야 한다는 것을 실감했다.

서안에 살던 양귀비가 남방에서 파발마로 보내와 먹었다는 리쯔라는 과일이 있다. 광동성이 산지인데 5월이 제철이다. 광주에서 연락이 왔다. 일 얘기도 할 겸 한 번 내려오라는 것이었다. 오라는 날에 내려가니 일 얘기는 간단했고 야외로 나가자고 했다. 리쯔 과수원이었다. 과수원의 울창한 리쯔 나무숲을 헤치며 어느 나무에 도착하니 이미 그 회사 간부들 10여 명이 미리 와서 자리를 깔아놓고 기다리고 있었다.

리쯔를 즐기러 갈 때는 과수원에 미리 날짜와 시간과 특정 나무를 지정해서 예약한다고 한다. 가장 좋은 나무는 수령이 수백 년에 맛도 훌륭해서 예약 경쟁이 심하다고 한다. 어떤 나무는 중앙정부의 누가 와서 먹었다는 소개도 곁들여진다. 나무 아래 다리를 쭉 펴고 앉아 리쯔를 까먹으며 한가하게 시간을 보내고 나니 광주리에 리쯔를 가득 담아 건네준다. 타이타이(太太・부인)에게 갖다드리란다. 멋진 풍류다. 기회가 되면 한번 즐겨 보시기 바란다.

만한전석(漫漢全席・청나라를 세운 만주족의 황궁 요리로 만주족과 한족 요리를 함께 곁들인 108가지 음식으로 사흘에 걸쳐 먹는다)이란 이름은 들었지만 굳이 그 많은 요리를 그 오랫동안 먹고 싶은 생각도 없다. 맛있는 것을 골라 먹을 수 있으면 그것으로 행복해 진다.

추운 겨울 저녁엔 양고기 원앙훠궈(鴛鴦火鍋・매운탕과 맵지 않은 탕을 분리해

둔 냄비요리)에 이과두주(二鍋頭 · 얼궈토) 한잔, 연변식 매콤한 양꼬치도 좋지만 회족 식당의 밤톨만한 정통 양꼬치, 길거리의 젠빙이나 라오 베이징 짜장면도 북경에 사는 사람들을 행복하게 한다. 매운 음식이 생각날 땐 생선이나 고기를 빨간 고추를 수북하게 쌓아 뜨거운 기름에 담가 나오는 수에주(水煮)요리가 제격이다. 아침부터 외식을 하고 싶다면 시내로 나가 정통 홍콩식 딤섬을 즐길 수도 있고 동네에서 훈둔 한 사발과 징동로빙(京東肉餠 · 고기를 가운데 넣은 호떡 종류) 몇 개로 행복해질 수도 있다.

중국음식 말고도 세계 모든 요리를 다 즐길 수 있다. 물론 한국에서도 돈만 내면 그럴 수 있겠지만 서울보다 훨씬 접근성도 좋고 가격대도 다양하다. 특별히 무슨 호텔을 갈 필요도 없이 러시아 요리, 이태리 요리, 일본 요리, 미국 요리, 프랑스 요리를 분위기에 맞춰 골라가며 즐길 수 있다. 한국음식점도 요리별로 무수히 많고 조선족 아줌마가 만들어 내는 값싸고 맛있는 동북 요리도 시골 맛을 생각나게 해 준다. 평양 본토 냉면이나 함흥 가자미 식혜, 함경도 순대는 북한식당으로 가면 된다. 같은 음식도 골라 먹는 재미가 있다.

스토리가 있는 요리면 더 좋다. 양고기를 많이들 먹지만 양고기라고 다 같은 것이 아니다. 어느 날 삶은 양고기를 먹자고 해 따라 나섰다. 차를 몰고 만리장성 쪽으로 한참을 가는 동안 이 친구는 이 집 양고기 얘기를 침이 마르도록 설명해 준다. 이 집 양고기는 아무 양념도 필요 없이 그냥 맑은 물에 삶아서 소금만 찍어 먹는다고 한다. 허술한 농가에 도착하니 문 앞 주차장엔 벤츠들이 가득했다. 고유명사들은 다 잊었지만 대충의 뜻은 이 집은 내몽골 특정 지역 자기농장에서 특정한 풀만 먹고 자란 특정 개월 동안 키운 양만 취급한다는 것이다. 매일 직접 산 채로 가져와 삶아낸다는 것이다. 이렇게 스토리를 듣고 먹어 보니 정말 더 깨끗하고 맛있는 듯했다.

북경오리하면 전취덕(全聚德 · 취안쥐더)으로 알고 있지만 그건 대중용이고 맛있는 집은 따로 있다. 특수한 비법으로 키우고 특수한 조미를 해서 사과나무 숯으로 굽는 그 오리 구이집은 아는 사람만 다닌다. 며칠 전에 예약해야 하고 예약한 그 시간에 딱 도착해야 제대로 먹을 수 있다. 처음 먹을 땐 전취덕 오리나 비슷했지만 초대한 사람의 장광설을 듣고 보면 분명히 차이가 있는 듯하다.

얼마 전에 개업한 물고기 샤브샤브집. 러시아 국경 우수리강에서 잡아 얼리지 않고 바로 가져온다는 이 생선은 길이가 2미터가 넘고 무게는 50킬로그램을 넘는다. 가장 맛있는 부위인 머릿살만 발라내 샤브샤브로 먹는데 이 식탁에 올라올 때까지의 여정을 생각하면 맛이 없을 리 없고 맛이 없다고 해서도 안 된다. 이밖에도 북경엔 외국인이 듣도 보도 못한 수많은 요리들이 숨어 있다. 중국 친구들과 어울려 즐거운 식도락의 세계를 즐겨 보시기 바란다.

명의와 건강법

중국 사람들과 살다 보면 명의나 건강에 대해 많은 얘기를 듣게 된다. 아마도 대화가 부족할 때 꺼내는 양념 같은 화제일 수도 있지만 한 번 들으면 또 솔깃해지기도 한다. 중국도 한국의 한의학과 서양의학이 나뉘는 것과 마찬가지로 중의와 서의로 나뉘어 있는데 이런 류의 얘깃거리는 모두 중의에 해당되거나 유사 의술에 해당되는 얘기들이다.

중의 중에는 국의(國醫)라는 분들이 있다. 나라에서 정식으로 그런 타이틀을 주었는지는 모르지만 그렇게 불리는 분들이시다. 300위안짜리 담배를 피우시는 그분도 그렇다. 나는 특별히 그런 곳을 찾을 일이 없기 때문에 특별히 갈 일은 없지만 가끔 호기심 많은 서울의 귀한 분들이 오시면 안내를 하기 위해 갈 때가 있다. 그런 분들은 대부분 돈을 받지 않는다. 알아서

놓고 가라고 하면 놓고 오는데 사실 다른 의사들에 비해 몇 배는 놓고 올 수 밖에 없는 분위기다. 가시는 분들도 어디가 아파서가 아니라 호기심으로 가셨기 때문에 누구도 치료를 받아본 적은 없지만 그래도 중국 국의가 괜찮다고 한마디 하시면 다들 다행으로 알고 좋아하신다.

그러나 그런 타이틀도 없는 분한테서 놀라운 치료를 경험하기도 했다. 집사람이 편두통으로 오랫동안 고생했는데 어느 분의 소개로 침놓는 분을 찾아가게 되었다. 거의 90세나 되신 분이었다. 이분이 집사람 머리 정수리에 10센티미터나 되는 침을 끝까지 꽂았다가 뺐다. 집사람 얘기로는 머리에서 무슨 가스가 뿜어져 나오는 느낌을 받으면서 정말 시원해졌다는 것이다. 그리고 신기하게도 그 이후 집사람이 머리 아프다는 소리는 듣지 못했다. 우리나라에도 그런 의술이 있나?

국교 수립 직후 현대자동차 대만 대리점 사장이 자기 어머니를 모시고 북경에 와 몇 달 묵었다. 어머니 진료차 왔는데 치료해 주는 분이 보통 사람이 아니라고 했다. 본초강목의 저자 명나라 이시진의 직계 후손이라는 것이었다. 어느 날 우리 귀빈을 모시고 같이 찾아갔다. 물론 호기심에 진맥을 보고 무슨 말을 할까 궁금해서였다. 북경 외곽의 허술한 동네 구석에 간판도 없는 집이었는데 문 앞은 이미 전국에서 온 난치병 환자들로 문전성시였다.

미리 연락이 닿은 덕분에 관리하는 사람이 우리를 먼저 불러들이고는 허술한 차림의 중년 여자를 소개해 주었다. 이시진의 직계 후손이다. 모두 건강하다는 얘기에 기분도 좋았지만 큰 영광이기도 했다. 그곳에서는 처방을 하고 약도 끓여주는데 양은냄비에 약초를 넣고 펄펄 끓여서 그냥 따라주었다. 우리같이 무슨 정성으로 다리는 것도, 약탕기가 필요한 것도, 꼭꼭 쥐어짜내는 것도 아니었다. 탕 달이는 젊은 아가씨에게 물어보니 약은 짜내면 안 된다고 한다. 우리와는 다른 것 같았다.

신기한 투시안을 갖고 있는 분도 있었다. 직접 경험해 보지 않고 말로만 들으면 누구도 믿지 못하겠지만 내가 현장에 있었다. 대련(大連·다롄)시 정부와 미팅 후 대련시 정부 주관으로 저녁식사를 같이하는 자리였다.

요즘 뉴스에 많이 나오는 그때의 대련시장이 초대한 오찬에서 초능력자 얘기가 나와 모두 신기해했는데 그날 저녁 경제 주임이 초청한 식사 자리에 그 초능력자를 초대해 놓은 것이었다. 우리 일행 하나하나를 벽 쪽에 서게 하곤 자기는 그 자리에 멀리 앉아서 손을 휘 젓고는 비키라고 했다. 스캔이 다 끝난 것이다. 그리곤 우리가 서 있던 뒤쪽의 빈 벽을 앉은 자리에서 바라보면서 당신은 어디 어디가 좋지 않다는 얘기를 했다. 다들 미심쩍어 하니 당신은 맹장수술 자국이 있다, 경추 몇 번에 문제가 있다고 하면서 본인 외에는 아무도 알 수 없는 실제 상황을 얘기해 주는 것이었다. 믿거나 말거나지만 사실이다.

발은 전신의 각 부위와 연결되어 있다고 한다. 그래서 족부 반사구라고 부른다는 것이다. 지금은 피로회복 정도로 생각하고 또 그 정도의 역할밖에는 하지 못하는 것 같지만 전에는 그렇지 않았다. 어느 날 대단하다는 족저 안마사(발안마사)를 소개받았다. 그는 우선 족저 안마에 대해 소개하고는 자기가 한국의 누구누구를 해 드렸고 그분이 초청해서 한국에 들어가 몇 달을 묵으면서 그분 지인들도 다 해 드렸다는 얘기를 했다. 이름만 대면 다 아는 사람들이었다. 우리나라도 하여튼 끼리끼리다. 중동 어느 나라의 대사도 해준 적 있는데 얼마 후 그 나라 초청으로 현지에 가서 그곳 왕족도 모두 해주고 왔다고도 했다.

눌러서 시원하게 하는 마사지가 아니라 그분이 손끝으로 발의 구석구석의 감촉을 느끼면서 그 감촉에 따라 어디가 안 좋다 어디가 어떻다며 신체 각 부위의 상태를 검진해 주는 것이다. 마사지가 아니라 촉진이라고 해야 할 것 같다. 그리곤 나쁜 장기의 해당 부위를 가르쳐 주고는 마사지는 본인이 직접 하라고 한다. 그러면 연결된 그 부위가 좋아진다는 것이다. 반사구이기 때문이다.

　진찰은 놀랄 만했다. 나의 경우도 정확했다. 그리고 우리 사무실 한국 직원과 가족들도 모두 돌아가면서 발 진료를 받았다. 다시 믿거나 말거나, 그 몇 달 전 과장의 아들이 집에서 TV가 떨어져 어깨를 다친 일이 있었는데 그 아이 발을 만져 보고는 어깨가 좋지 않다는 얘기를 하더라는 것이었다. 이미 모두 잊고 있던 일이었다. 그러나 그분의 문제는 진찰은 놀랄 만하지만 진찰로만 끝나는 것이다. 치료는 병원에서 하든지 좋지 않은 그 부위의 족부 반사구를 계속 마사지해 주든지 하는 수밖에 없었다.

　사혈이라는 것이 있다. 어디가 아프면 침으로 구멍을 내고 부항으로 피를 뽑아내는 것이다. 혀 밑을 자르는 사혈도 있는데 혀 밑을 베어내면 피와 함께 실 같은 기름띠들이 같이 나온다. 많이 나오는 사람은 소주병이 다 차기도 한단다. 이것이 콜레스테롤 덩어리라고들 해서 한동안 사혈이 유행하기도 했다. 나는 겁이 나서 혀 밑을 베지는 않았지만 어깨 사혈은 몇 번 해 보았다. 그러나 어느 날 사혈을 마치고 그 집을 나서는데 이 사람 저 사람 핏덩이를 닦아낸 솜뭉치들이 휴지통에 가득한 걸 보고는 더 이상 가고 싶은 마음이 없어져 버렸다.

　나는 1년 이상 어깨 때문에 고생을 많이 했다. 오십견 또는 무슨 협착이라고 했다. 밤에 잠자는 것도 힘들 때가 많았다. 한국의 정형외과도 여러 번 갔지만 백약이 무효였다. 그런데 어느 날 치료 안마를 한다는 사람이 있어 찾아갔는데 젊은 친구였다. 그 친구 얘기가 자기가 보증하는데 열 번 20일 동안 하면 완치한다는 것이었다. 정말 열 번이 안 되어 완전히 나았다. 모든 증세가 없어지고 어깨도 잘 돌아간다. 근육에 염증이 생겨 서로 붙어 있어 생긴 증상인데 두 근육을 잘 떼어주고 탄력을 주면 된다는 것이었다. 정말 이 젊은 다이푸(大夫 · 의사)에게 감사하지 않을 수 없었다. 더 신기한 얘기들이 많고 내가 믿을 만한 사람이 직접 경험했다는 대단한 이야기도 많다. 그러나 내가 경험하지 않은 다른 이야기들은 더 이상 하지 않겠다.

그래도 중국에 사는 재미 중 하나는 동네에서 편하게 안마를 받을 수 있다는 것이다. 몸이 찌뿌둥하면 가족과 함께 발안마를 받으러 간다. 아파트 단지 안에도 몇 집씩이나 되니 갈 곳은 많은데 꼭 단골 안마사에게 예약해 가는 수가 많다. 안마의 종류도 수십 가지나 되고 가격도 40~50위안짜리 발 안마부터 200~300위안 하는 중의안마까지 천차만별이지만 대부분은 발 안마만으로도 웬만한 피로는 씻어낼 수 있다.

몸보신 하기

중국 하면 웅담이나 웅담가루 얘기가 많이 있었다. 중국 쇼핑 리스트에는 백두산 웅담분이 꼭 포함된 적도 있었다. 그러나 실제 웅담의 설명서를 보면 몸보신에 대한 얘기는 없다. 각종 염증을 치료하고 눈과 간에 좋고 특히 치질에 좋다는 내용이다. 그러나 그 내용도 믿기 어려운 것 같다. 치질로 고생할 때 살아 있는 곰의 쓸개에다 호스를 박아 빼내왔다는 웅담 즙도 진짜 웅담도 아무 소용이 없었다. 수술만이 가장 깨끗하고 빠른 치료법이었다.

한국에서는 가끔씩 녹용이나 인삼을 넣은 보약을 지어 먹기도 하지만 중국에는 보약이라는 것이 따로 없다. 병이 들면 고치는 것이고 그냥 몸의 균형을 이루는 것이 최고라는 개념이다. 인삼이나 녹용은 몸의 균형을 깨뜨려 도리어 좋지 않다고들 한다. 단지 항상 몸을 따뜻하게 하는 것이 건강의 기본 원칙으로 여기고 있다. 여름에도 맥주나 콜라를 차게 마시지 않는 사람이 많고 찬바람 불기 전부터 내복을 챙겨 입는 것이 보통이다. 대부분의 내복 색은 빨간색이다. 멋으로 빨간색을 입는 건 아니고 나쁜 것을 막아주기 때문이란다. 한국인들이 냉수를 벌컥벌컥 들이키는 걸 보곤 깜짝 놀라는 사람도 많이 있다.

  중국인들은 보약을 지어 먹지는 않아도 몸에 좋다는 건 많이 챙겨 먹는다. 별의별 희귀동물을 다 잡아 먹는다. 그래도 가장 보편적인 것들은 아마도 동충하초와 마른해삼과 연와(燕窩 · 제비집)가 아닐까 한다. 동충하초나 마른 해삼을 따뜻한 물에 불려 매일 아침 먹으면 그렇게 몸에 좋다고 한다. 동충하초는 자기가 사서 먹는 사람은 별로 없을 것이고 거의 선물로 받는 것이다. 너무 고가라서 아무리 부자라도 자기가 사먹기는 아까울 수밖에 없을 듯하다. 연와는 여성에게 좋다고 사모님 드리라는 선물로 인기가 있다.

  이제 이런 보신 재료들의 가격은 천정부지가 되었다. 동충하초의 지금 가격은 100그램에 3만 위안 정도한다니 금값하고 거의 비슷하게 되었다. 10년여 전 청해성 산지에서 500그램에 1만 5,000위안을 주었던 기억이 있는데 지금은 열 배나 오른 것이다. 반근인 500그램은 두 손 가득한 양이다. 가장 귀한 보약이라 아버지께 드렸지만 벌레를 징그러워하시는 아버지는 드시지 않으셨다. 사실 그렇게 좋은 보약이라면 중국의 높은 사람들, 돈 많은 사람들은 아플 일도 죽을 일도 없을 텐데 그렇지도 않다.

  중국인들은 산삼이나 한국 인삼은 먹지 않는다. 너무 강해서 몸에 열이 오른다는 것이다. 미국이나 캐나다산 서양 인삼을 절편으로 해서 먹기도 하지만 홍콩에서와 같은 인기는 없다. 한국인 덕분에 홍삼이 조금씩 알려지고는 있지만 아직 아는 사람이 많지 않다.

  한국인은 뱀을 고아 생사탕을 만들고, 개를 고아 개소주로 만들어 찡그리며 먹지만 중국인은 요리로 만들어 맛있게 즐기며 먹는다. 뒤에서 얘기하겠지만 우리 지점에 있다가 GM으로 옮긴 한 아가씨는 성격도 밝고 예쁘게 생겼는데, 중국인답게 못 먹는 요리가 없었다. 특히 뱀을 그렇게도 좋아했다. 중국에서도 물리면 일곱 걸음 안에 죽는다는 칠보사나 코브라처럼 독이 많고 큰 뱀들이 인기가 있고 비싸다. 이 아가씨도 그런 뱀들을 더 좋아했다. 손님들과 식사 때 음식을 시키려면 꼭 뱀 요리를 시키고 싶어했다. 종업원은 뱀을 테이블까지 가져와 살아있는 걸 보여주고 종류와 무게, 가격을 얘기해 준다. 중국의 뱀요리는 주로 볶아서 나오고 탕으로도 나오는 데 살은 별로 먹을 게 없다. 전부 가시 같은 가슴뼈로 온몸이 둘러싸여 있기 때문이다. 예쁜 아가씨가 뱀 뼈 사이사이의 살을 열심히 발라 먹는 모습은 독특한 매력을 풍기는 듯했다.

한때는 자라 요리가 크게 유행했다. 살아 있는 자라를 골라 깨끗하게 씻어 모가지와 다리 네 개를 분해하고 몸통은 크기에 따라 여섯 토막이나 여덟 토막으로 내서 다시 조합해 접시에 나온다. 자라는 생명력이 질겨서 그렇게 분해돼 있어도 다리는 다리대로 움직이고 머리는 머리대로 움직인다. 그걸 한 부분씩 샤브샤브해서 먹는다. 맛은 정말 좋다. 닭고기 비슷한 맛이지만 훨씬 부드럽고 감칠맛이 있다. 특히 등껍질의 바깥 부분 날개는 젤라틴으로 되어 있어 식감도 좋고 몸에 좋다고 최고의 부위로 친다. 모든 회사 공금이 전부 자라 요리 집으로 들어간다는 얘기가 돌던 때도 있었다.

그러나 어느 한 순간 정부가 공무원들에게 자라 요리를 먹지 못하게 하자 그 많던 자라 전문집들도 순식간에 사라져 버렸다. 전문집이 아닌 일반 식당에서는 아직도 자라 요리가 인기 메뉴 중 하나다. 나는 뱀은 좋아하지 않아도 자라는 꽤 자주 먹었다. 하루는 자라를 샤브샤브로 해서 다 먹었고 마지막에 머리만 남아 있었다. 큰 엄지 손가락만한 머리가 접시 위에 댕강 남아 굴러 다녔다. 우연히 머리를 내려다보게 됐는데 그 자라가 눈을 껌벅이며 나를 쳐다보고 있는 게 아닌가. 눈이 딱 마주치는 데 소름이 끼치는 것 같았다. 너무나 미안한 마음이 들었다. 그 이후로는 자라 요리를 먹지 않는다.

봄이 되면 가끔씩 동북 지방에서 린와(林蛙)라는 살아 있는 산(山)개구리를 한 포대씩 보내온다. 뱃속에 노란 기름 주머니가 있는데 개구리가 월동을 위해 몸속에 축적해둔 영양 덩어리라는 것이다. 봄이 되면 그 기름이 다 없어지기 때문에 월동이 끝날 때쯤 잡는다고 했다. 지금은 포획이 금지되었다는 데도 올해에도 누군가가 보내주었다. 성의를 다해 가져온 것을 버릴 수 없어 매운탕으로 끓이기는 했지만 수저가 잘 가지 않았다. 동인당에서는 그 기름 덩어리를 말려서 따로 파는데 동충하초에 버금가는 높은 가격이다. 아침에 따뜻한 물에 담갔다가 부드러워지면 마시는 데 효과가 크다고 주장하는 사람이 많이 있다.

왕징의 한국사회에는 한국식 탕약 집들도 있다. 석류나 포도 같은 과일즙도 만들어 주지만 한국식 생사탕이나 개소주도 달여 준다. 생사탕을 주문하면 동북에서 뱀을 보내온다. 모든 뱀의 종류가 다 가능하지만 들어가는 뱀의 종류와 마리 수에 따라 가격이 정해진다. 가격은 한국의 몇 분의 1이니 북경에서 만들어 서울로 가져가는 사람들도 있다. 고객이 직접 가공의 전 과정을 지켜 볼 수도 있지만 끔찍해서 "그냥 잘 해 주세요."라고만 하고 팩으로 포장된 박스만 배달받기도 한다. 한국 남자들 몸에 좋다는 건 별 것 다 먹는다고 하지만 중국인도 마찬가지다. 단지 우리는 약으로 먹고 그들은 음식으로 먹는다는 것이 다를 뿐이다.

공부하고 배우기

모든 사람이 다 그런 것은 아니지만 한국분들 중에는 배우는 걸 좋아하는 분도 많이 있다. 그런 분들께는 북경생활이 즐거울 것이다. 배울 기회가 무궁무진하기 때문이다. 중국에서 공부한다면 대부분 중국어를 생각하지만 중국어 말고도 배울 건 많다. 언어도 중국어 외에 영어나 일본어도 배울 수 있다. 학원도 많지만 원어민 교사를 집으로 불러서 배울 수도 있다. 원어민 교사 대부분은 중국에 유학 온 젊은이들이기 때문에 한국에 비해 저렴하게 배울 수도 있다. 시간 여유가 있는 주재원 부인들은 오랫동안 배우고 싶었던 많은 것들을 북경에서 마음껏 배워 볼 수 있다. 골프 레슨도 좋지만 귀국해서 한동안 치지 않으면 다 잊어 먹을 수 있으니 다른 것도 생각해 보는 것이 좋다. 동양화도 좋고 유화도 좋고, 서양 악기나 중국 전통 악기도 대학 교수급 선생님들로부터 저렴하게 배울 수 있다. 중국 전통악기 얼후(二胡)를 배우는 게 유행인 시절도 있었다.

우리 집사람은 중국요리에 관심이 있었다. 중국에 와서 말이 좀 통하게 되자 노동국 소속 요리학원에 등록해 중국요리를 배웠다. 3개월 코스를 끝내고 시험을 보고 초급 요리사 자격증을 받아왔다. 그리고 2년 후 다시 중급 코스 3개월을 끝내고는 중급 자격증을 획득했다. 중국요리 자격증은 초급 중급 상급의 세 단계가 있다고 한다. 각 급의 자격은 노동국 소속의 요리학원에 등록해서 3개월을 배우고 실기와 필기를 합격해야 자격증이 발급된다. 그러나 각 단계를 한꺼번에 계속 이수할 수는 없다. 초급 자격증을 받고 나서 2년의 실무 경력을 거친 다음에야 중급 시험을 칠 수 있다. 집사람은 자기 식당에서의 경력으로 실무 경력을 갈음할 수 있었다. 그러나 상급 시험에 응시하기 위해서는 중급 자격을 취득한 후 다시 2년 이상 오성급 호텔에서 근무를 해야 시험 자격이 주어진다. 그러니 집사람은 아무리 더 올라가고 싶어도 더 올라갈 수 없는 것이다.

중국요리를 배우기 위해서는 강의를 듣고 필기도 할 수 있는 정도의 중국어 실력은 있어야 한다. 그리고 힘도 필요하다고 한다. 중국요리 사용하는 프라이팬이나 작두 같은 큰 칼이 너무나 무겁다는 것이다. 학원 한 번 갔다가 돌아오면 집사람은 팔목이 시큰거린다며 힘들어 했다. 그리고 나와 아이들은 집사람이 학원에서 만들어 온 중국요리들을 다 먹어치우느라고 힘들어 했다. 그래도 힘 있는 젊은 엄마들은 배워볼 만하지 않을까.

술 마시기

술 마시기는 나의 소중한 취미다. 학생 때부터 많이도 마셔댔다. 회사도 제대로 잘 들어갔다. 기획실의 대외협력팀은 술을 마시지 않으면 직무유기인 자리이다. 접대도 임무 중 하나이기 때문이다. 공적인 접대가 없는 날은 동료들과 회사 옆 소줏집으로 출근을 했다. 중국으로 떠난다니 적성국에 잘 간다고 축하했다. 술 좋아하는 내 적성에 딱 맞는 나라라는 얘기였다.

주재원에게도 술 마시는 일은 업무 중 하나다. 지방 출장을 가서도 고객들이 찾아와서도 술은 마셔야 한다. 본사에서 출장자가 와도 마셔야 한다. 의무다. 그리고 아무 일이 없을 땐 내가 기회를 만들어 마신다. 이건 취미다. 본사에서도 중국은 술을 마셔야 하는 곳으로 인식이 돼 있었다. 중국 출장 나오는 직원들도 중국에서 술독에 빠졌다 들어가야 일 좀 하고 온 것이 되었다.

어느 날 부품 담당자가 북경을 거쳐 산동의 대리점을 다녀왔는데 반창고를 더덕더덕 붙이고 돌아왔다. 반창고 사이로 대형 사고의 표시가 드러나 보였다. 산동의 부품 대리점 사장의 주량과 술 접대 방식은 내가 잘 알고 있다. 그래서 산동으로 떠나기 전부터 경고했는데 기어코 당하고 온 것 같았다. 그랬다. 산동 바이주를 맥주잔에 가득 부어 간베이를 몇 번이나 했는지 모른다는 것이다. 그리고 호텔로 걸어서 들어가는데 갑자기 땅바닥이 벌떡 일어나더니 자기 얼굴을 때리더라는 것이었다.

산동이나 동북 지방에서 술 마시다 보면 누군가는 쓰러져야 자리가 파할 때가 많다. 호스트에게 접대 잘 받았다는 표시를 확실하게 하기 위해서는 내가 먼저 그로키나 케이오가 되어 자리를 마감하는 게 도리인 듯하다. 그리고 그렇게 술자리가 끝나야 주인장도 쓰러진 나를 안쓰럽게 여기고 자기도 충분히 대접했다는 만족감을 갖게 되니, 술 잘 마시는 것이 인간관계에도 사업에도 도움이 되는 것 같다. 요즘은 중국인도 업무를 위해서 그렇게 목숨 걸고 마시지 않는다. 예전엔 회사에 외국 손님이 찾아오면 직원들도 그 기회를 이용해 많이 마시기도 했지만 지금은 술자리를 피하는 분위기다.

중요한 손님이 아니라면 자기 몸까지 버리면서 마시고 싶지 않은 것이다. 만약 지금도 누군가가 당신과 대취하고 싶어 한다면 그 사람은 당신을 친구라고 생각하고 있기 때문일 것이다. 그럴 땐 모두 대취하는 것이 도리가 아닌가 싶다.

지사원이 본사 출장자를 맞이하는 것도 중요한 일이다. 본사의 중국 일은 중국지사의 일이기도 하고 서로의 협조도 중요하기 때문이다. 식사도 하고 술도 같이 하면서 서로 좋은 관계를 유지해야 본지사간 협력도 잘되고 회사 일도 잘 되는 것이다. 그러나 출장자들도 여러 부류다. 출장자 대부분은 양주 한 병 가져 오는 게 보통이지만 어떤 분은 중국에서 구하기 어려운 밑반찬이나 아이들 과자까지 챙겨 오는 분도 있다. 그럴 땐 감동일 수밖에 없다. 지사 사원들에게 술 한잔 사고 가려는 분들이 있는가 하면 지사 예산으로 요리에 가라오케를 대접해도 그것만으로는 섭섭해 하는 사람들도 있다. 주재원도 본사 출장자가 기다려질 때가 많다. 가깝고 보고 싶은 분이라면 더 이상 반가울 수가 없다. 2차 3차를 내가 우겨서라도 갈 때가 많았다.

한국인을 상대로 하는 가라오케가 생기기 전에는 량마호텔이나 광명호텔의 일본인 상대 가라오케가 전부였다. 방이라고는 유리로 된 칸막이 방뿐이었다. 아가씨가 손님 옆에 앉는 것은 법으로 금지되어 있었다. 아가씨들은 바닥 방석에 무릎 꿇고 앉아 술잔을 따르고 나가야 했다. 얼마 후 장안가 국제호텔에 보배소주에서 투자한 한식당 보배원이 문을 열고 그 위층에 88가라오케가 개업했다. 한국인 상대 가라오케 시대가 열린 것이다. 그리고 북경에 내로라하는 모든 한국인은 거기에 다 모였다. 거기서는 아가씨도 옆에 앉았다. 아가씨 팁은 줘도 그만, 안 줘도 그만이었지만 보통은 20위안, 기분 좋으면 50위안 정도를 주었다.

출장도 없고 손님도 없으면 집에 가서 간을 좀 쉬게 해주는 게 맞다. 그러나 취미인지 버릇인지 어쩔 수 없었다. 전화를 돌려대 술친구를 불러낸다. 역시 그렇게 마시는 술이 제일 맛있다. 그냥 술 좋아하는 사람끼리 잡담하면서 마시는 술이 제일인 것이다. 그리고 그런 사람들에게는 북경은 천국이다. 소주나 막걸리는 물론이고 중국 전역의 명주란 명주는 다 즐길 수 있다. 손님들이 가져오기도 하고 지방 출장을 가서 선물로 가져오기도 하기 때문이다. 북경엔 세계 각국 모든 술도 다 구비되어 있다. 그러나 소주가 제일이다. 옛날이야 출장자들이 가져오는 팩소주에 주재원 모두가 환호하기도 했지만 지금은 중국 슈퍼에서도 한국 소주를 살 수 있는 시대가 되었다.

며칠 전 다녀온 동유럽 여행길에 한국식당을 들르게 되었다. 소주 한 병이 15유로였다. 계산해 보니 120위안, 2만 원 정도다. 그곳 교민들이 불쌍하게 여겨졌지만 북경도 20년 전에는 마찬가지였다. 그 시절 그렇게 자주 술자리를 가졌던 현대종합상사의 정재관 부사장님, 이승오 상무님, 현대전자 허철 이사, 고인이 된 현대정공의 송시룡 부장 모두 그립다. 당시는 현대그룹이란 울타리 안에 있었기에 같이 어울릴 기회가 많았다. 아, 그리고 현대 직원도 아니고 지금은 소원해 졌지만 K사장과도 많이 마셔댔다.

특히 정 부사장님과는 업무적인 연관도 깊었지만 개인적인 사연들도 많았다. 어느 평일 땡땡이 골프를 즐기는데 갑자기 하늘이 컴컴해지고 천둥이 치면서 폭우에 일진광풍이 휘몰아쳤다. 그리곤 벼락이 떨어지는데 바로 옆에 떨어지는 것 같았다. 정말 무서웠다. 골프채고 뭐고 다 던져놓고 클럽하우스로 뛰는데 가도 가도 끝이 없었다. 땡땡이쳐서 벌 받는 거라고 하면서 이렇게 죽으면 불명예에 퇴직금도 받지 못할 거라고 그 와중에도 걱정하던 추억도 있다.

정 부사장님은 식사나 술 마신 후 계산을 하실 때면 꼼꼼히 체크하고 비싸다고 생각되면 몇 푼이라도 깎으려고 하셨다. 심하신 것 같아 어느 날 여쭤보니 "내 돈이 아니라 회사 돈이니까 깎는다. 남의 돈인데 아껴야지."라고 말씀하는 것이었다. 직장인이 가져야 할 자세를 다시 한 번 느끼게 되었다.

중국인 친구 중에도 20년 술친구가 있다. 처음엔 업무로 만났지만 지금은 그냥 술 마시러 만나는 친구다. 양쪽 부인들은 둘이 만난다는 소리를 들으면 그날 어떤 상태로 집에 들어오게 될지 미리 다 안다. 그러나 처음엔 중국술로 마시면서 모두 힘들어 했지만 한국 소주로 바꾼 후론 대체로 멀쩡하게 들어가게 되었다. 많은 이들이 중국술이 뒤가 깨끗하다고 하지만 실제로 잔을 부딪치며 마시면 중국술은 알코올 섭취량이 어마어마해지게 마련이다. 술이 좋아 머리는 깨끗해도 몸에 부담이 많이 간다. 두통은 없어도 떵한 건 더 오래간다. 특히 독한 중국술은 식도나 위에 상당히 좋지 않다. 식도염도 쉽게 걸린다. 물론 이건도 있겠지만 술에 대해서만큼은 내 말을 믿어도 된다. 20년 이상 내 몸으로 인체실험을 끝낸 결론이다.

나의 그런 시절이 지났음을 알기에 이제는 갈 일도 별로 없지만 그 시절의 가라오케는 어쩌면 우리 모두의 사랑방이었는지도 모른다. 가끔 대폿집도 되고 니나노집 안방 역할도 했다. 여기야 방 있는 전문 술집이 없으니 그렇게라도 오순도순 모일 수밖에 없기도 했다. 그 시절 새파랗던 술집 주인이나 마담들도 이제 쉰 살이 훌쩍 넘어 같이 늙어간다. 어찌 보면 안쓰러워 보이기도 하지만 얘기를 들어보면 그렇지도 않다. 딸들 아들들 영국 미국 유학 다 보내고 고향엔 땅 사놓고 집 사놓고 다들 잘 살고 있다.

소주 먹고 가라오케 갔으니 다음은 입가심이다. 다른 가라오케로 또 한 번 옮기기도 하고 켐핀스키 호텔 폴라너에서 진짜 입가심도 하지만 길거리 연길식 양꼬치집에 쭈그리고 앉아 이리저리 연기를 피해가며 병 나팔로 마시는 미지근한 연경 맥주도 마실 만하다. 매일 하던 얘기를 또 하고 매일 듣던 얘기에 또 웃고 하지만 남자들끼리의 술자리 노가리는 항상 즐거웠다.

북경의 주당들이라면 캠핀스키의 폴라너를 빼 놓을 수 없을 것이다. 지금도 가끔 들러 여과하지 않은 뿌연 생맥주를 즐길 때면 그때 그 시절 따뜻했던 장면들과 좋은 분들의 모습이 떠오르곤 한다. 가끔은 흘러간 세월이 덧없이 느껴져 서글퍼지기도 하지만 그 집 맥주 맛만큼은 변함이 없다.

쉐라톤 호텔의 천상인간도 원래는 좋은 곳이었다. 2차나 3차로 간단히 입가심만 하던 집이었다. 혹시 놀러온 아가씨들이 있으면 맥주나 칵테일 몇 잔만 사주면 같이 대화도 하고 플로어에서 춤도 잠깐 추는 건전한 곳이었다. 문제는 가라오케 독방이 생기고 아가씨들이 앉기 시작하면서부터다. 완전히 다른 집이 되어 버렸다. 돈 자랑하는 젊은 친구들이 코냑을 상자로 쌓아놓고 그 시절 그렇게 귀한 100위안짜리 현찰을 목욕가방 같은 손가방에 빵빵하게 채워 와서는 덩어리째 꺼내 공중에 뿌려댔다. 그때의 그 젊은 트럭 고객들은 지금쯤 어디서 무엇을 하고 있을까? 갑부가 되어 있든가 감옥에 들어가 앉아 있든가 둘 중 하나일 것 같다. 술 좋아하는 분들 북경 주재원으로 나오면 즐거운 생활을 즐기실 수 있을 것이다. 음주가 적성에 맞는 분들에게는 중국이 적성국인 것이다.

골프 이야기

북경에 와서 확실하게 달라진 것은 골프에 대한 접근성이다. 20년 전 북경에 골프장이나 골프 연습장이 몇 개 되지 않던 시절에도 그랬다. 북경을 통틀어 연습장 두 곳, 골프장 세 곳밖에 없었어도 부킹은 전혀 문제가 되지 않았다. 골프 인구라 해 봐야 한국인과 일본인뿐이었기 때문이다. 그러나 지방은 좀 달랐다. 천진에는 온천 골프장이라고 하나 있었으나 심양이나 대련에는 연습장만 있고 아직 골프장은 없었다. 그러다보니 사오월만 되면 심양과 대련의 연습장 회원들이 단체로 북경으로 날아오곤 했다. 겨울 동안 연습장에서 갈고 닦은 실력을 북경에서 겨루기 위해서다. 당연히 헤매는 분들도 많이 있어 뒤 팀 게임이 지연되기도 했다. 그래도 그분들의 심정을 충분히 이해하는 북경 플레이어들로서는 즐거운 마음으로 양보하고 기다려주곤 했다.

이젠 북경 근처만 해도 골프장이 30개도 넘는다고 한다. 한국인 밀집 지역인 왕징에도 몇 개의 실외 연습장을 포함해 한국 브랜드의 실내 연습장도 많이 생겼다. 그런 연습장에는 한국인 레슨 프로도 상주해 있고 좀 비싼 연습장에서는 노랑머리 PGA 프로의 레슨도 받을 수 있다.

골프에 관심이 없던 사람도 북경에 와서 사람들을 만나면 그 자리에서부터 골프 얘기를 듣게 된다. 도착하자마자 골프는 배워야겠구나 하는 생각이 들 수밖에 없는 것이다. 서울보다 비용도 적은 편이니 오자마자 연습장에 등록하고 재미가 붙으면 주말마다 코스에서 살기도 한다.

나는 중국생활 초기 몇 년 동안은 골프에 재미를 느끼지 못했다. 골프를 치지 않는 건 아니었지만 대부분의 주말은 가족과 함께 지냈다. 아이들과 교외도 다니면서 모범 가장의 역할을 한 것이다. 북경 교외 대부분의 명승지나 유명한 지역은 그때 거의 다 다녀 보았다. 그리고 아이들이 머리가 커지면서 같이 놀러 다닐 일이 없어지자 나도 골프에 빠져들 수밖에 없게 되었다.

북경이기 때문에 가능했던 기록도 있다. 하루에 걸어서 72홀을 돌기도 했고 몇 년 후에는 100홀을 마치기도 했다. 그날은 사실 108홀을 목표로 했는데 아쉽게도 목표를 달성하지 못했다. 그러나 이제 그런 기회는 다시 오지 못할 것 같다. 나이나 체력 때문이 아니라 모든 골프장이 홀마다 플레이어들로 가득 차 있기 때문이다.

골프가 다 좋아도 골프는 시간을 많이 소비한다. 해야 할 일이 있는 사람들이라면 지나치면 곤란하다. 간혹 보면 자기 장사에 코가 석자인데도 내기 골프에 빠져 사는 분들도 있고 남의 가게에서 일 봐주고 있으면서도 골프에 열 올리는 분들도 있다. 주재원들도 마찬가지이다. 며칠 전 누군가가 얼마 전에 있었던 골프대회 얘기를 꺼냈다. 이름 있는 회사의 어느 지점장이 이븐파를 쳐서 일등을 했다고 했다. 그리고 한마디 덧붙였다. "그 지점장 골프만 치나? 회사 일은 언제하나?" 자기가 투자한 사업이 잘 굴러가고 골프도 잘 치면 누가 뭐라고 하겠나. 금상첨화겠지. 그러나 직장인이 골프를 지나치게 잘 친다는 건 자기 개인이나 회사를 위해서 높게 평가되는 일은 아닌 듯하다.

이제는 중국인 사회에서도 골프가 기업 활동이나 사회생활에 필요한 도구가 되었다. 사람을 사귀고 인맥을 유지하는 데에도 술자리보다 골프 모임을 선호하는 경우도 많다. 회사를 그만두고 고생할 때였다. 오래전부터 잘 알고 지낸 친구가 몇 년간의 지방정부 근무를 마치고 북경으로 귀임해 왔다. 공무원이지만 개인 자산도 엄청난 것으로 소문난 친구였.

어느 날 이 친구가 골프 모임을 갖자고 연락을 해왔다. 클럽하우스에 다들 모였는데 나를 포함해 20여 명 되었다. 창립 총회였다. 명단은 자기 임의로 선정했다는 데 명단과 연락처와 핸디캡이 정리된 회원 수첩도 이미 다 만들어져 있었다. 외국인은 나 한 명이었다. 멤버는 공무원도 있었고 주로 은행이나 국영기업 간부나 회사 오너들이었다. 그 20여명 멤버끼리 서로 도우면 모든 중국 사업이 다 될 것 같았다. 그러나 나는 몇 개월 뒤 그 모임에 더 이상 나가지 않았다. 내가 속할 사회가 아니었던 것이다.

우선 언어가 문제였다. 자기들끼리 떠들며 재미나게 얘기하는 내용의 대부분을 알아듣기 힘들었다. 설사 알아듣더라도 대화의 주제가 나와는 전혀 상관이 없었다. 그들이 얘기하는 돈의 규모와 중앙정부 인사 얘기는 나에겐 아무런 의미가 없는 다른 세상의 일이었다. 점점 꿰다 놓은 보릿자루가 될 수밖에 없었다. 그때의 내 상황이 이 그룹과 어울릴 처지가 아니었고 이 친구들의 도움이 필요할 만한 대단한 사업을 하는 것도 아니었기 때문이다. 하루하루 생존이 급했던 시절이었다. 유유상종으로 지내고 사는 것이 편하고 행복할 듯했다. 골프 모임도 유유상종 멤버끼리 어울리는 게 편하고 즐겁다.

오랫동안 많이 도와주시던 분이 있다. 그분은 가끔씩 나로서는 만나기 어려운 분들을 소개해 주었다. 역시 대부분은 골프 약속을 통해서였다. "송 선생, 누구랑 골프 한번 합시다." 하면 모두 그런 분들이었다. 현역 부장도, 부부장도, 대집단 총재도 있었다. 이름만 대면 다 아는 국제적인 인물들이었다. 나는 그분들이 골프를 같이한 유일한 외국인인 경우가 많았다. 한국에서도 장관 얼굴 보기 어려운데 이런 분들과의 라운딩은 영광이 아닐 수 없었다. 가끔은 바람도 쐴 겸 가족도 같이 나오시라고 하면 손자들과 강아지까지 출동하기도 했다.

나중에 고위 공무원들에 대한 골프 자제 조치가 내려지면서 동반 라운드의 기회는 없어지고 그분들은 TV 뉴스에서나 보게 되었다. 그러나 그런 조치가 없었더라도 그분들과의 더 이상의 골프 모임은 어려웠을 것이다. 나 자신이 불편하고 부담이 되었기 때문이다. 어차피 친구로 지낼 수도 없는 분들이다. 중국 친구들과도 부담 없이 즐기는 것이 좋지 잘 보이려고 하면 공도 안 맞고 재미도 없다.

그러나 사업 파트너들(잠재적인 파트너까지 포함해)과 즐기는 골프는 장사에 두 도움이 된다. 이미 기업 활동에 필수 요소가 되었기 때문이다. 우리 합작회사 가운데 하나는 겨울에 4박 5일 정도 해남도로 골프여행을 떠난다. 명분이야 이사회 회의를 하러 가는 거지만 목표는 골프다. 이사들만 가는 게 아니라 가족이나 거래처 사람 그리고 골프를 치는 직원까지도 같이 간다.

가족은 해변 호텔에서 스파를 즐기는 동안 남자들은 매일 36홀이다. 한겨울 그렇게 며칠 다녀오면 그 겨울은 정말 빨리 지나간다. 그리고 파트너들도, 거래처도, 그리고 가족도 모두 행복해지는 것 같다.

부부끼리의 골프도 필요해 보인다. 골프장에 나가 다른 부부나 가족이 라운딩하는 모습을 바라볼 때면 따뜻하게 느껴지고 부러울 때가 많다. 물론 그 부부 사이에는 왜 그렇게 못 치느냐, 참견하지 말라 하면서 싸우고 있는지는 모르겠지만 겉보기엔 부러워 보인다. 집사람이 골프를 치지 않으니 다른 부부와도 골프로 어울릴 기회가 없다. 나중에 늙어서도 나 혼자 공을 칠 생각을 하면 벌써부터 답답한 마음이 들기도 한다. 북경은 부부가 같이 즐기는 골프가 가능한 곳이다. 주말마다 가정을 떠나 내기에만 열중하기보다는 북경에 사는 동안이라도 사모님들 모시고 같이 나가는 기회를 자주 가져보는 것도 좋겠다.

골프는 과하지만 않다면 정말 좋은 운동이라고 생각한다. 북경에서 지낼 동안 충분히 즐기시길 권한다. 그러나 어느 주재원의 경험담도 잊지 마시길. 그분도 중국 도착과 함께 골프에 빠져 퇴근 후엔 연습장에서, 주말엔 골프장에서 살다시피 했다. 그런데 예정과는 달리 어느 날 갑자기 귀임하게 되었는데 그때서야 뒤돌아보니 북경생활 몇 년 동안 가족과 함께 중국 어디도 같이 가본 곳이 없는 것이었다. 가족 모두가 섭섭해 하고 본인도 후회했지만 그땐 이미 늦었더라는 얘기다.

낚시 이야기

물을 좋아하는 나는 북경에 오기 전까지는 주말이면 전국 계곡과 바다를 헤매고 다녔다. 루어와 견지낚시를 즐기며 캠핑도 하고 바닷가 갯바위 낚시와 스쿠버 다이빙도 즐겼다. 여주의 이포나루는 내가 좋아하던 배 견지 낚시터였다. 넓고 맑은 강물은 이곳저곳이 여울이고 그곳에 있으면 산수화 속에 있는 듯했다. 바늘에 입이 꿰고도 배 밑에서 잠수함같이 버티던 누치가 얼굴을 내밀어 줄 때 그 모습이 지금도 생생하다. 그 이포나루의 여울은 이제 없어졌다고 들었다.

중국 발령을 받고 가장 먼저 챙긴 것도 낚시 장비였다. 계림(桂林·꾸이린) 사진만으로만 중국을 대하던 그때는 중국 대륙의 산과 강이 전부 그런 곳인 줄 알았다. 못 보던 물고기도 엄청 많을 것 같았다. 중국에 가면 중국에서의 낚시 이야기를 낚시 월간지에 소개하겠다는 희망에도 부풀어 있었다.

쉐라톤 호텔에 여장을 풀고 드디어 첫 주말이 되었다. 나중에 돈 많이 벌었다는 빠릿빠릿한 도어맨에게 낚시터 잘 아는 기사 택시 좀 대절해 달라고 부탁했다. 하루 대절에 500위안이라고 한다. 택시라고는 호텔 손님을 위한 외국인용 택시밖에 없었기 때문에 값도 비쌌다. 대부분 도요타 크라운이나 닛산 세드릭류의 차종들이었다. 우리나라 외국인 전용 아리랑 택시와 같다.

한참을 돌고 도는데 교외로 나가지는 않고 시내 뒷골목만 다니는 것이었다. 한참을 그렇게 헤매는데 노인 몇 분이 낚시를 하고 있는 작은 연못이 나타났다. 기사가 그곳에 차를 대더니 여기서 하면 된다고 한다. 그 노인의 낚싯대는 우리의 안테나 접이식이 아니라 그냥 긴 통 대나무 한 그루로 된 통낚싯대였다. 미끼도 던져 넣는 방식이 아니었다. 낚싯대 아래 고리를 달아 도르래 식으로 미끼를 이동해 집어넣는 것이었다. 무척 신기해 보였는데 수초낚시에는 제격인 듯했다. 붕어도 많이 잡아 놓고 있었다.

나도 옆에 앉아 서울에서 가져온 떡밥을 개어서 최신형 카본 낚싯대를 드리웠다. 그러나 물에서 올라오는 냄새가 너무나 역겨워 오래 앉아 있을 수가 없었다. 30분도 참지 못하고 낚싯대를 접고 기사에게 호텔로 돌아가자고 했다. 기사는 500위안씩이나 받고 단 몇 시간 만에 돌아가자고 하니 얼굴이 환해졌다. 그 때 500위안은 식당 복무원 한 달 월급보다 많은 금액이었다. 그리고 호텔로 돌아오는데 10분도 걸리지 않는 것이었다. 내가 지리를 전혀 몰라서 당한 것이었는데 그냥 쉐라톤 호텔 뒤 어느 웅덩이였던 것이다. 그때는 그런 곳에서도 물고기가 살았다. 켐핀스키 호텔 뒤쪽 량마하 개울에서도 그물로 민물새우를 잡아내는 사람들도 있던 때였다.

중국에서 낚시 손맛은 꼭 봐야만 했다. 열정이 식지를 않았다. 얼마 후 비서를 데리고 천진으로 갔다. 바다 갯바위 낚시를 해 볼 참이었다. 아무리 뒤져도 갯바위가 있는 해안에는 도달할 수 없었다. 천진은 돈을 받고 길을 알려주는 사람들이 생겨났을 정도로 시내가 복잡한 도시다. 길을 안내해 준다는 팻말을 들고 고속도로 출구에 서 있다가 외지 차가 오면 차에 동승해서 길을 알려주고 몇 십 위안을 받는 직업이다. 분명히 바닷가 근처까지는 접근한 것 같은데 바닷가로 들어가는 길을 찾을 수 없었다. 여러 사람들에게 물어도 바다로 들어가는 길은 알지 못했다. 몇 시간을 허비한 후 다시 천진 토박이 같은 노인에게 가까이 다가가 바닷가가 어디냐고 물었다. 그분이 왜 그러느냐고 되묻는다. 바다에 고기 잡으러 왔다고 했다. 그분이 우리 일행을 이상한 듯 한참이나 쳐다보더니 건너편 동네를 가리키며 저기가 시장이라고 했다. 거기 가면 생선을 판다는 것이다. 그 말씀 한마디에 우리는 북경으로 향할 수밖에 없었다.

10년여 후 천진에 합작회사가 있어 천진을 자주 가게 되었다. 결국은 찾아냈다. 갯바위 낚시는 아니지만 어항에서 어선을 빌리면 바다낚시를 할 수 있는 것이다. 항구에 들어가 뱃사람에게 물어보니 500위안만 내면 미끼까지도 준비해 준다고 했다. 그러나 근처 바다는 생선 씨가 말라서 2시간 이상은 나가야 물고기를 잡을 수 있는데 그 것도 잔챙이들뿐이라고 했다. 수백 척의 어선들이 온갖 울긋불긋한 깃발을 꼽아놓고 항구에 늘어서 있었다. 그 배들을 바라보며 저 배들이 우리 바다로 건너가 불법 조업하는 배들이 아닌가 싶었지만 한편으론 고기 없는 바다의 어부들로선 우리 바다로 건너가고 싶기도 하겠구나 하는 측은한 생각도 들었다.

쉐라톤 호텔에서의 낚시 실패 후 어느 날 사무실에서 북경 지도를 보고 있노라니 조어대(釣魚台)란 곳이 있었다. 낚시하는 곳이 분명한 이름이다. 비서에게 물었더니 국가 지도자들이 외국 귀빈들을 접대하는 곳이란다. 그래도 혹시나 해서 조어대에 전화를 걸어 그곳에서 낚시할 수 있는지 알아보라고 시켰다. 통화 내용을 옆에서 듣고 있으니 조어대 측에서 꼬치꼬치 물었다. 그리고 결국은 "낚시는 가능한데 구락부에 가입해야 한다. 외국인이 그 구락부에 가입이 되는지는 위에 물어봐야 한다. 구락부 가입을 위해서 회비는 내야 한다."는 것이었다. 지금 생각하면 나 자신도 믿어지지 않는 대화 내용이었지만 사실이었다. 그리로 얼마 후 국교 수립 행사부터 시작해 조어대에서의 식사 기회가 많아졌다. 역시 조어대는 최고 낚시터가 될 만했다. 넓고 아름다운 호수와 호숫가에 드리워진 큰 나무 그늘들은 한 폭의 그림 같았다. 정말 낚시만 할 수 있다면 그림 속의 낚시가 될 만했다.

조양공원이나 단결호 공원, 북해공원 모두 낚시는 가능했다. 단지 순찰하는 경비원이 자전거를 타고 돌다가 낚시 비용을 받아가는 것이다. 낚싯대 한 대에 얼마 하는 식인데 공식적으로 받는 건지 아닌지는 지금도 모르겠다. 그리고 몇 년 후 북경에도 낚시 붐이 불었다. 우리 아파트 바로 건너편 지금의 솔라나 쇼핑센터 자리에도 양어장 낚시터가 생겼다. 그러나 양어장 낚시터는 갈 때부터 걱정이 앞설 때가 많다. 중국의 양어장 낚시터는 입장료가 없다. 잡은 물고기의 무게를 재서 낚시 요금을 내기 때문이다. 못 잡으면 한 푼도 내지 않지만 문제는 너무 많이 잡힌다는 것이다. 그리고 잡힌 물고기는 절대로 놓아줄 수 없다. 잡은 물고기를 풀어 놓는 걸 주인이 보게 되면 달려와서 난리가 난다. 무조건 무게를 재서 돈을 내고 가져가야 한다. 한 마리도 잡지 못하건 한 망태기를 잡건 낚시터에 들어갈 때 같은 입장료를 내는 한국 방식이 옳은 건지 이런 중국 방식이 옳은 건지 아직도 판단이 서질 않는다.

중국인들이 아직 골프를 치지 않던 시절 낚시를 통해 여러 중국 회사들과 어울릴 수 있었다. 특히 중기는 단체 낚시 겸해서 양사 직원들과 가족들이 물가 야유회도 나가 고기도 구워 먹곤 했다. 당시 중국인들에게 이런 야외 바비큐 파티는 아주 새로운 경험이어서 모두 즐거워했다.

내 나름대로 내가 좋아하는 북경 즐기기 얘기를 늘어놓았지만 더 고급스런, 더 보람찬 북경 즐기기는 더 많을 것이다. 그러나 외국인은 잘 알 수 없다. 중국인에게 물어야 하고 그들과 친구가 되어야만 그런 세상을 알게 된다. 즐겁고 인생에 남는 베이징 라이프를 즐기시기 바란다.

8
북경일기

중국에서
사업하기

중국에서 사업하기

　중국에 진출한다거나 중국에서 사업한다고 하면 다들 큰 사업만을 생각하게 된다. 그러나 큰 사업은 대기업들이 하는 것이고 우리 보통 사람들이 할 수 있는 생계형 사업도 많이 있다. 대박을 꿈꾸기보다는 우선은 중국에서 뭐해서 먹고살 수 있나에 초점을 맞추면 조금은 쉽게 접근할 수 있을 것이다. 그렇게 생각하면 업종은 무한정이다. 한국에서 가능한 사업이면 중국에서도 가능하기 때문이다. 한국에서의 경험이 있거나 확실한 거래처가 있다면 무역이나 작은 제조 판매업까지도 가능하겠지만 가족 생계형 가게나 식당들이라면 보다 쉽게 시작할 수 있을 것이다. 이미 개업해 있는 수많은 식당과 미용실, 옷가게들이 그런 사실을 증명하고 있다.

　그러나 사업을 시작하는 것과 사업에 성공하는 것은 완전히 다른 이야기다. 자기가 하기 나름인 것이다. 중국에 처음 나올 때 회사에서 소개해준 중국 본토 출신 가정교사가 있었다고 얘기했었다. 사전에 가족에게 적지 않은 중국 생활정보를 주었는데 그중에 한마디가 있었다. 한국에서 돈 벌어 중국에서 사는 것이 최고라는 것이었다. 한국의 월급 수준이 높으니 한국에서 월급을 받고 생활비가 싼 중국에서 살다보면 여유 있게 살 수 있다는 것이다.

그러나 이제는 거꾸로 된 듯하다. 중국 물가 수준도 높아졌고 돈의 가치도 달라졌기 때문이다. 중국에서 돈 벌어 한국에서 사는 게 더 나은 세상이 되었을 수도 있다. 한국식당의 김치찌개는 10년 전에도 50위안이고 지금도 50위안이다. 그런데 원화로 환산하면 10년 전엔 5,000원을 버는 것이었고 지금은 9,000원을 버는 셈이 된 것이다. 그러나 그 만큼 재료비를 포함한 모든 물가가 올랐고 초기 투자 규모도 그 만큼 커져 버렸지만 사업이 잘 된다면 북경에서 장사하는 것이 더 효과적일 수 있다는 이야기다.

북경에는 많은 부류의 한국인 사업가들이 있다. 출신도 다양하다. 주재원이나 유학생으로 중국 경험이 있는 분들도 있고 그렇지 않은 분들도 있다. 70세가 넘으신 분도 많고 20대 젊은 사람도 있다. 중국말을 유창하게 하는 사람도 있고 몇 마디 못하는 사람도 있다. 그 가운데는 큰 돈 번 사람도 있고 그냥저냥 생활비 정도 버는 분도 있다. 다 까먹고 빈손이 되어 이미 떠난 분은 북경에 없으니 논외다. 하여튼 예상과 다르게 어떠한 배경이나 학벌이나 출신은 중요하지 않은 듯하다.

물론 주재원 출신도 꽤 있다. 사실 북경에서 오래 생활한 사람들, 특히 주재원들에게는 북경은 중독성이 있다고 한다. 본사에 귀임해서도 중국 향수가 쉽게 사라지지 않는다는 것이다. 휴가를 내서라도 한번은 다시 찾아오는 것이다. 회사를 그만두게 되는 경우에도 북경을 온다. 추억 때문에 옛날 지인들과 한잔할 목적도 있겠지만 사업 기회를 찾으려는 목적도 있다. 그러나 사업하려는 생각은 대부분 접게 되는 듯하다. 주재원 시절의 거래처를 찾아가도 개인으로 달라진 자기의 작아진 모습만 확인하게 될 뿐이고 사업을 생각해도 소자본의 개인이 할 수 있는 일이 거의 없다는 걸 실감하게 되기 때문이다. 나이라도 많다면 더 어렵다. 작은 가게라도 하려면 주재원 시절의 체면이 문제가 되고 조금 큰 투자라도 하려면 남은 인생이 걱정되기 때문이다. 이것이 북경의 주재원 출신 사업가들이 대부분 젊은 사람들인 이유일 것이다.

그러나 주재원 생활을 하면서 뭔가를 미리 준비해 놓았던 사람들이 그때 나타나기도 한다. 귀임 명령과 동시에 사표를 내는 것이다. 그리고 미리 차명으로 만들어 남에게 맡겨 놓았던 자기 회사의 사장으로 의젓하게 나타난다. 그러나 미리 준비해 놓았다고 다 성공하는 건 아닌 듯하다. 그런 분들 가운데서도 나중에 손을 턴 분이 꽤 있다.

나이든 주재원 얘기가 나왔으니 재미난 일화 하나가 있다. 지점장이었는데 오너의 신임을 과신하고 안하무인격으로 행동하고 같은 주재원 직원들에게도 독재가 심했다고 한다. 그러다 귀임 발령이 나서 들어갔는데 어쩐 일인지 바로 잘렸다는 것이다. 이분 역시 북경으로 돌아왔다. 그리고 당연히 근무하던 지점을 찾아갔다고 한다. 환한 얼굴로 지점을 들어서는데 같이 일하던 부하 직원들의 반응이 충격적이었다. 모두 이분을 힐끗 쳐다보고는 어느 누구도 인사는커녕 아는 체도 하지 않고 하물며 옛 부하 중 한 사람이 문 앞에 앉은 현지 직원에게 "저 사람 내보내고 문 닫아!"라고 소리쳐 내쫓았다는 것이다. 그 직원도 매몰찼지만 지점장 자신도 문제가 적지 않았던 것이다. 말단에서라도 대장으로 오래 있다가 보면 자기 신분을 잊는 수가 적지 않다. 현직 때 처신을 잘해야지 그렇지 못하면 나중에 망신을 당하는 수가 있는 것이다.

유학생 출신 젊은이들 중에도 번듯한 자기 사업을 잘해가고 있는 사람이 많다. 대부분은 처음엔 작게 시작했지만 이미 큰 사업을 이룬 사람도 있다. 주재원이나 유학생 출신 말고도 중국과 아무런 연고도 없던 사람이 북경으로 건너와 잘하고 있는 경우도 많다. 처음엔 혼자 건너와 사업 준비를 해 놓고 사업이 안정되면서 가족을 불러들이는 경우가 많다. 그러나 어떤 분들은 용감한지 무모한지 처음부터 가족과 함께 건너와 그때부터 일거리를 찾기도 한다. 물론 중국어도 한마디 못하는 상태다. 그런데 그렇게 시작한 분 중에도 몇 년 지나 만나보면 이미 안정된 생활을 하는 사람도 있다. 서부개척시대에 마차 한 대에 온가족을 태우고 총 한 자루 든 채 무작정 서쪽으로 떠났던 용감하고 외로운 아버지들의 모습이다.

이렇듯 중국에서 사업을 하는 데는 어떤 경험이 필요하고 어떻게 시작해야 한다는 공식은 없는 듯하다. 서부로 마차를 몰고 떠난 아버지들 가운데 누가 금광을 발견하고 누가 노상 갱단의 총에 맞아 죽을지 미리 알 수 없는 것과 마찬가지다. 하지만 알고 시작하는 게 더 낫고 준비하고 시작하는 게 더 좋지 않을까. 가능하면 리스크를 낮추는 것이 바람직한 것은 사실이다. 중국에서의 사업을 생각하시는 분들을 위해 참고가 될까 하는 마음에 몇 가지 제언을 한다.

객관적인 자기 평가 – 과욕 금지

중국어를 한마디도 알아듣지 못하고 교육 수준 낮은 통역에게 모든 걸 의지하면서 잘 알지도 못하는 사업을 위해 알지 못하는 사람과 같이 사업한다는 것은 위험한 일이다. 리스크가 없을 수 없다.

며칠 전 늦은 점심을 하기 위해 사무실에서 가까운 일본음식점에 들러 혼자 밥을 먹고 있었다. 그런데 마침 옆에 세 사람이 앉아 열심히 대화를 나누고 있었다. 중국어로 이야기하니 중국 사람들인가 하고 흘려듣고 있었는데 한참 지나니 한국어가 나오는 것이었다. 자연히 관심이 생겨 밥을 먹으면서도 귀를 기울이게 되었다.

대화의 내용은 통신 중계기 쪽에 좋은 사업이 있으니 투자하라는 것이었다. 그런데 듣자하니 한국 사람은 그 분야와는 전혀 관련도 없고 돈만 있는 분인 듯했다. 중국인의 요점은 단지 투자만 하면 꽌씨(關係)를 통해서 큰돈을 벌게 해준다는 것이었다. 투자하라는 금액은 수천만 원 정도로 그런 사업으로서는 큰 금액도 아니었다. 예순 중반의 한국 사람은 매우 진지했다. 그 정도의 자금은 큰 부담이 아닌 듯했고 기대수익에 큰 관심을 보이고 있었다. 어떻게 만났는지는 몰라도 한국 사람과 상대방 중국인은 그날 처음 보는 사이가 분명했다. 그 한국 사람은 거의 투자하는 쪽으로 기울어 있는 것 같았다.

겉으로만 그렇게 표현하는 고수이신지는 몰라도 듣는 내가 걱정이 되었다. "얼마 되지 않는 투자 규모라면 자기가 친구들하고 하면 될 것을 왜 생판 모르는 나에게 큰돈을 벌어주려고 저렇게 노력할까?"라고 생각해야 하는데 그분은 호박이 덩쿨째 굴러온다고 생각하시는 것 같았다.

일반적으로 중국인이 한국 사람과 합작 사업을 하려는 이유는 간단하다. 한국 사람이 필요하기 때문이다. 그러나 이 사람이 왜 나를 필요로 하는지 합리적인 이유가 있어야 한다. 자기 자신을 뒤돌아보면서 내가 한국 대기업의 이권을 따올 수 있어서인지, 내가 특별한 노하우가 있어서인지, 돈이 많아서인지 나 자신을 먼저 돌아보아야 한다. 서너 단계만 걸치면 서로 다 연결되는 한국인들끼리도 하기 어려운 사업을 낯선 외국 땅에서 잘 알지도 못하는 외국 사람들과 함께 해 성공한다는 건 정말 쉽지 않은 일이다.

꿈과 비전 없이 사업하려는 사람은 없을 것이다. 문제는 과욕이다. 위에서 얘기한 분도 그분이 정말로 진지하게 생각하는 것이라면 그건 과욕 때문이다. 과욕을 가지다 보면 사기를 당하기 쉽다. 지금은 거의 들리지 않지만 10년여 전만 해도 일확천금을 노리는 수많은 한국인들이 중국을 헤매고 다녔다. 교육도 받고 인생 경험도 많은 분들까지도 그랬다. 국민당 정부가 대만으로 가면서 숨겨 놓은 보물을 싸게 넘기겠다는 얘기에 큰돈을 써가며

1년여를 기다리는 사람도 있었고, 땅을 파다가 발견했다는 명·청대 보물을 거금을 주고 사들였다가 큰돈을 날린 사람도 있었다. 보물 얘기뿐만 아니라 보통의 사업에서도 적은 돈으로 단기간에 큰돈을 벌 수 있다는 한탕주의 제안은 다 비슷한 결과를 낳을 수밖에 없었다.

어느 날 중국통으로 이름난 친구가 사람들과 함께 나를 찾아왔다. 중국에서는 묘지가 문제라고 하면서 얘기를 꺼냈다. 그건 나도 들었다. 그 문제 해결을 위해 외국자본을 들여와서 네트워크를 만들어 전국 각지에 산을 개발하고 묘지를 조성하고 전국에 화장장과 장례식장을 짓는 프로젝트를 맡게 되었다는 것이다. 높은 사람과 꽌씨가 있기 때문에 전국 사업을 독점으로 맡아 각 지방에 프랜차이즈를 내줄 계획이라고 했다. 나에게는 운구용과 장의용으로 사용할 각종 자동차를 수백 대를 주문할 테니 좋은 조건에 공급해 달라고 했다. 차를 파는 건 좋지만 그런 사업이 가능할까 하는 의구심이 들었다. 그래도 재를 뿌리는 얘기는 할 수 없었다.

그런데 며칠 후 또 다른 한국 사람이 찾아왔다. 나이가 지긋한 분인데 처음부터 중국 영도자들의 이름을 대면서 거의 반말로 거만하게 얘기를 시작했다. 같은 얘기였다. 며칠 후 알게 되었는데 그 제안의 원천은 같은 사람이었고 몇 년 전에도 다른 황당한 건으로 나를 찾아왔던 동포였다. 중국 정부가 뭐가 부족해서 그런 큰 국가적 사업을 일개 조선족 개인에게 부탁해서 한국 사람에게 맡길까 스스로 물어봐야 했다. 크로스 체크가 필요한데도 사업 정보가 새어 나갈까봐 그러지도 못하고 혼자 고생만 하는 경우도 많다. 다른 사람과 의논해 보면 당장 결론이 날 이야기들이나 말도 되지 않는 사업 제안에 수많은 사람들이 꿈속을 헤매는 경우가 많이 있었다.

수년 전, 1년도 안 돼 아파트값이 배로 오르던 시절, 중국인 사업가들은 몇 달 안에 원금 회수를 할 수 없는 사업은 사업도 아니라고 했지만 지금 그런 사업은 없다. 땅도 크고 기회도 많다고 하니 당연히 좋은 사업거리도 있겠지만 그 사업이 외국인들에게 돈 벌어가라고 기다리고 있는 것은 아니다. 외국인이 좋은 사업 기회를 만나는 것은 쉽지 않다. 누가 제안하든지 철저한 검증이 필요하다. 작고 비밀스런 목소리의 제안일수록, 높은 사람이 뒤에 있다는 제안일수록 더 그래야 한다. 중국 사회도 많이 투명해졌고, 꽌씨만으로 모든 걸 해결하는 시대도 지났다. 더구나 중국인들끼리 나눌 수 있는 이권이라면 한국인에게 나누어줄 이유가 없는 것이다.

완충구역사업

중국 사업의 타깃은 당연히 중국 시장이고 중국인 고객이지만 처음부터 그 목표를 이루기는 쉬운 일이 아니다. 중국에서의 실전 경험이 필요하고 그러기 위한 시간이 필요하다. 포기하라는 것이 아니다. 이번에 들은 이야기이지만 과천 돌고래를 바다로 보내기 위해 몇 년간은 바다는 바다이지만 대양이 아닌 완충구역에서 적응토록 해야 한다고 한다. 중국시장 진출에도 중국 내 완충구역 시장을 고려해 볼 수도 있다. 중국 내 한국인 사회이다. 북경에서는 교민이 많이 사는 왕징이나 유학생 지역인 오도구(五道口 · 우다오커우) 지역에 진출한다면 우선은 중국어 한마디 하지 않고도 사업을 시작할 수도 있다.

완충구역사업이 물론 모든 업종에서 가능하다고는 할 수 없다. 그러나 수만 명으로 이루어진 교민사회는 이미 서울 수준의 생활 수요를 필요로 하고 있다. 한국에서 잘나가는 사업이라면 중국의 한인 사회에서도 가능할 수 있다. 왕징 지역의 한국인을 상대로 시작하면 된다. 중국 고객이나 중국의 타 지역으로 확대해 나가는 것은 천천히 생각해 보면 된다.

북경에서 사업하기 위해서는 북경에 묵으면서 사람도 많이 만나고 이런저런 이야기도 들어보는 것이 좋다. 어떤 분은 단지 그런 목적만으로 북경에 와 묵는다고도 한다. 북경 민박은 값도 싸고 식사도 제공된다. 주인이 한국인이나 조선족이니 말도 잘 통한다. 민박에 묵으면서 북경생활에 적응도 하고 사업구상도 해 볼 수 있다. 가끔 함께 묵는 손님들과 술 한잔을 걸치고 이런저런 얘기를 나누다보면 민박 고참들에게서 좋은 정보도 많이 얻을 수 있을 것이다. 큰 사업을 하러 왔다는 분들 이야기만 듣지 않으면 된다.

중국 사업의 기본은 신용과 준법

내 주위에도 정말 빈손으로 중국에 와 성공한 사람들이 있었다. 그러나 그중엔 다시 빈손이 되어 사라져 버린 사람들도 있다. 아이디어도 좋고 인상도 좋아 돈도 많이 빌리고 투자도 많이 받아 한때 사업이 번창했지만 신용 문제에 대한 소문이 퍼지자 자금 유입이 끊기면서 더 이상 견딜 수 없었던 것이다. 어느 나라 교민사회나 비슷하지만 북경의 한인사회에서도 소문은 빠르게 퍼진다. 없는 사실도 실제처럼 유포되는 마당에 실제 사실이야 두 말을 할 필요가 없는 것이다. 지금 생각해도 그분은 정상적인 신의만 지켰어도 지금쯤 북경에서 재벌 소리를 들을 사람이었다. 이젠 그가 언제 어디로 떠났는지 아무도 모른다. 단지 신화만 남아 있을 뿐이다.

중국 수도인 북경에서의 사업은 법규와 규정을 잘 지키는 게 좋다. 어떻게 보면 중국에서 사업하는 모든 사람은 자기도 모르는 사이에 잠재적 범법자로 살고 있는지도 모른다. 외국인의 경우 여권을 들고 다니지 않는 것도 법규 위반이지만 한국인 누구도 일상생활에서 여권을 갖고 다니는 사람은 없다. 분실 위험 때문이다. 이런 소소한 것들을 포함해 우리는 그들이 그냥 봐줘서 살고 있는 것 같은 기분이 들 때가 있다. 모든 일이 누군가가 문제를 삼으면 문제가 될 수밖에 없는 것 같다. 앞서 식당사업에서도 소개했던 메뉴판 문제도 그랬다. 신문 기사를 그대로 옮긴 김치 소개 내용도 문제를 삼으면 문제가 되는 것이었다.

한국도 마찬가지라고 하지만 어떤 사업을 막론하고 누군가의 표적이 된다면 당할 수밖에 없다. 최선의 방법은 처음부터 법대로 시작하고 규정대로 운영하는 것이다. 나중에 대충 무마하면 되겠지라는 생각은 예상보다 큰 대가를 치러야 할 수도 있다.

불법이 분명한 사업에도 불나방같이 달려드는 한국인들도 있다. 안일한 것인지 중국을 깔보았는지 알 수 없다. 누구의 배경을 철석같이 믿었는지도 모른다. 북경 교외에 바카라 도박장을 만들어 놓고 셔틀버스까지 운행하기도 하고 왕징 한가운데에 바다이야기를 설치하고 대박을 광고하기도 했다. 물론 몇 달 후 모두 사라져 버렸다. 모두 누구 말을 듣고 이런 사업들을 시작했는지 신기할 뿐이다.

직원과의 관계에서도 규정은 잘 지켜야 한다. 종업원과는 노동계약도 맺고 규정대로 대우해 주는 것이 좋다. 그리고 종업원에게 꼬투리 잡힐 사업이나 규정 위반은 처음부터 하지 않는 것이 안전하다. 내부의 고발이 더 무서울 수도 있는 것이다.

회사 설립하기

중국에서 사업하실 분들을 위한 팁 한 말씀을 드린다. 중국에서 사업을 하기 위해서는 일단 사업의 주체가 있어야 하고 일을 할 수 있는 신분이 되어야 한다. 그러나 이 두 가지는 동시에 해결될 수 있다. 사업 주체를 만들면 된다. 그러면 신분을 보장하는 Z비자나 공작증이 당연히 발급되기 때문이다.

사업주체는 일반적으로 법인이다. 일부는 한국 회사의 중국 대표사무소(지사) 주재원의 자격으로 사업을 하기도 하지만 사무소는 사업주체가 될 수 없다. 대표사무소는 사무실 이외의 별도 투자도 필요 없고 설립 절차도 간단하기는 하다. 한국에 있는 친구 회사를 이용해 중국 사무소를 만들어도 된다.

　문제는 정상적인 사업 주체가 될 수는 없다는 것이다. 영업 활동은 할 수 있어도 거래는 할 수 없는 것이다. 커미션도 직접 받을 수 없다. 물론 영수증 발급도 안 된다. 원칙적으로 모든 예산이나 월급도 한국에서 송금을 받아야 한다. 영업 활동은 중국에서 하지만 거래는 한국 본사가 주체가 되어야 하는 것이다. 사업주체를 만드는 가장 보편적이고 합리적인 방법은 중국 법에 따른 법인 설립이다. 사업의 주체가 있어야 영수증도 발급할 수 있고 영수증이 있어야 거래를 할 수 있기 때문이다.

　참고로 가장 일반적인 법인 설립 절차를 단순화해 간단하게 소개드린다. 법인을 세우기 위해서는 자본금이 필요하다. 문제는 자본금 납입 방식이다. 중국에 현찰을 쌓아놓고 있다고 해도 그 돈으로 자본금을 납입할 수는 없다. 외국인의 투자금은 반드시 외국에서 들어와야 한다. 한국이 아니라도 문제는 없다. 모든 절차는 몇 천 위안만 내면 대행사가 다 알아서 처리해 준다. 투자자가 상세한 내용까지 알 필요는 없다. 하여튼 첫 단계는 상무국에 외국인 투자 신청을 하는 것이다. 대행사가 사업계획서 등의 부대 서류까지 대신 만들어 제출해 준다. 투자자의 일은 북경에서는 사무실 임대차계약을 체결하고, 한국에서는 투자금액 이상이 예금되어 있는 은행잔고증명과 개인공증서를 발급받아 오는 것이다. 그것만 대행사에 넘겨주고 3~4개월 기다리면 된다.

　대행사는 그동안 상무국과 공상국 등을 다니며 외국인투자허가나 사업자등록 같은 모든 절차를 끝내고 질량검사국, 세무국 등을 다니면서 나머지 절차도 마무리하게 된다. 그리고 세무서에서 회사가 사용할 영수증을 받아오면 회사는 설립된 것이고 사업을 시작할 수 있는 것이다.

당연히 별도의 추가 신고나 허가가 필요한 업종도 있지만 일반 상업을 위한 기업 설립은 이것으로 충분하다. 요즘은 기간산업 같은 특수한 업종이 아니라면 외국인의 투자라도 중국인 투자와 거의 동일하게 처리된다. 일반적인 사업의 경우 외국인 투자 금액의 하한선도 없어졌다. 단지 100만 위안 이하 소액투자에 대해서는 브레이크가 많이 걸린다는 실무적인 얘기는 들린다. 하여튼 중국에서 한국 사람이 사업하는데 특별한 장애나 어려움은 이제 없다는 것이다.

물론 어떤 사업주체가 없이도 개인 간의 영수증 없는 현금 거래는 가능할 수도 있다. 무역업무까지도 중국의 아는 업체를 통해 거래를 부탁하거나 대행시킬 수도 있다. 하지만 그 거래가 안전할 수도 없고 지속적일 수도 없다. 돈을 주고받는 데도 제약이 많다.

왕징 지역의 작은 가게들은 소자본으로 간이영업허가증을 받아 장사하는 곳이 많다. 외국인에게 허가될 리 만무한 장사들이다. 그런데도 많은 한국인이 그런 가게에서 장사를 하고 있다. 벽에 걸려있는 영업허가증은 다른 중국인 이름이다. 가게를 빌린 것이다. 비자는 어떻게 해결했을까? 아마도 방법이 있을 것이다. 소액이고 투자할 자금이 중국에 있고 상대방도 믿을 만하면 그렇게 이름을 빌려 시작할 수도 있다. 특히 동네 장사인 경우는 중국인을 앞세우는 것이 유리할 때도 많기 때문이다. 동네 관공서와 관련된 일은 중국인끼리는 그냥 넘어가는 일이 많다.

그러나 투자 규모가 커지면 조심해야 한다. 내 주위에도 파트너나 직원 명의로 사업체를 설립하고 낭패를 본 사람이 한두 명이 아니다. 대부분 회사설립 절차를 복잡하게 생각했거나 상대방을 믿었던 경우가 많다. 혹은 정식 송금에 문제가 있었는지도 모른다.

투자한 회사에 문제가 생겼을 경우 외국인의 비정상적인 투자는 보호받지 못하는 경우가 많다. 계약이 잘 돼 있으면 원금만은 회수할 수도 있지만 대부분은 그렇지 못하다. 혹시 회사가 잘 돼서 이윤이 생겨도 과실 송금에도 문제가 있다. 외환과 관련된 법적 문제를 계속 안고 가야 한다.

그러나 가장 큰 위험은 다른 데 있다. 그런 방식의 투자는 없어도 될 인간적인 문제까지 만들기 때문이다. 회사의 실제 주인은 나지만 나에게 이름을 빌려준 명의상의 주인이 점점 불안해지는 것이다. 그러면 둘의 관계는 서로 의심하게 되고 멀어질 수밖에 없다. 처음엔 아무리 믿는 사이라고 해도 시간이 흐르면 달라진다. 특히 사업을 하면서 그 직원이나 파트너(명의상 대표)에 대한 의존도가 높아질수록 직원과 투자자의 관계는 더욱 미묘해질 수 있다. 그 직원의 힘으로 사업이 성공하면 이 회사가 누구 회사인지 서로 다른 생각을 갖게 되는 것이다. 인생이 걸린 큰 사업이라면 정상적인 외국인 투자로 자기 이름으로 하는 것이 필수적이다.

합작과 파트너

여기서 얘기하는 합작 파트너는 중국 파트너에 한정된 이야기다. 중국에서 사업을 하는데 사업성도 확실하고 자금도 충분하고 인력과 경영에도 자신이 있다면 합작은 필요하지 않다. 합작을 해서는 안 된다. 합작이 필요한 경우는 한국 측의 자본이 부족하거나 인력이나 시장 개척 측면에서 파트너의 도움이 필요할 때뿐이다. 물론 법으로 외국인 단독 투자가 금지되어 있는 국가 기간산업은 합작이 필수적이지만 그런 건 개인사업과는 관계없는 대규모 투자 사업 이야기다.

중국 측 파트너는 중국 사업의 성패를 좌우한다. 무대는 동도주(東道主)라고 부르는 그들의 홈그라운드이기 때문이다. 그들 본거지기이기에 그들의 협력이 필요하기도 하지만 이쪽으로선 안전 취약 지대이기도 하다. 합작 후 특별한 무기가 없는 한 한국 투자가는 약자로 변할 수밖에 없다.

그래서 파트너 결정은 신중하게 따져보고 결정해야 하지만 외국인이 중국인 상대방을 파악하는 것은 참으로 어려운 일이다. 우선 무턱대고 사람을 믿지는 말아야 한다. 상대가 왜 나와 합작하려는지 확실히 파악해야 하는 것은 기본이다. 그리고 부드러운 인상에 좋은 매너, 처음 만날 때부터 펑요(朋友 · 친구), 따거(大哥 · 형님)하며 선물을 사오는 사람은 주의해야 한다. 그리고 배경을 자랑하는 상대일수록 조심해야 한다. 지금은 덜해졌지만 많은 중국 사기꾼들은 고위층들과 찍은 사진첩을 항상 갖고 다니곤 했다. 단체 모임에 참석해 한 장 같이 찍자고 부탁해 찍은 사진이 대부분이다.

사업 상대방이라면 이제 중국 남자들에게 남아일언중천금 따위는 없다고 생각해야 한다. 말로 합의하고 말로 약속하는 건 아무런 의미가 없는 사회가 되었다. 2000년 전 도원결의로 자기 인생을 맡기던 그 시절의 중국 남자들은 없어졌다. 사업하는 사람들은 그냥 장사꾼들이라고 보면 된다.

너무 적극적인 상대방도 다시 한 번 살펴봐야 한다. 정상적인 상대방이라면 어떤 새로운 사업 제안이라도 조심스레 접근한다. 사업성은 확실한지, 또 이쪽 투자자는 어떤지 자기들이 먼저 떠보고 테스트한다. 무조건 합작하자는 상대방은 조심해야 안전하다.

합작 사업은 변호사를 통하는 것이 좋다. 미리 상의도 하고 상담할 때도 같이 가고 서류도 확인하도록 하는 것이 좋다. 변호사도 사업의 흐름을 같이 알고 있는 것이 좋은 것이다. 중국어로 된 계약서나 문서에 대해서는 한국인은 까막눈일 수밖에 없다. 설사 글을 알아도 복잡한 상대방의 속내까지는 알 수 없다. 무슨 단어가 나중에 뒤통수치는 내용이 될지 지금은 도무지 알 수 없다. 내용 파악도 못하고 상대방이나 직원이 그냥 그렇다고 하면 그런 줄 알고 사인해서는 큰일 당하는 수가 있다.

중국에서 변호사를 선택할 때는 순수한 중국 변호사보다는 조선족 변호사나 한국계 법률사무소에 맡기는 것이 편리하다. 중국 변호사가 아무리 잘 해주어도 그 변호사 말을 한국인이 직접 알아듣기가 어려우면 소용이 없기 때문이다. 변호사 건으로는 나도 큰 실수를 저질렀던 적이 있다. 합작 상담 초기 고문 변호사를 정하고 변호사를 통해 일을 맡기기는 했으나 한동안 아무 일도 없자 변호사 계약을 종료시켜 버린 것이다. 비용도 아깝고 일 절차도 번거롭게 느꼈기 때문이다. 문제는 거기서부터 시작됐다. 지금도 성심껏 도와주던 그 젊은 변호사에게 미안한 마음이 든다. 상대방을 믿는 것은 믿는 것이고 변호사를 통해야 그 믿음의 결실을 볼 수 있다.

대부분의 정상적인 합작 관계를 맺을 때는 양측 모두 좋은 마음으로 잘 해 보려는 것이 인지상정이다. 그러나 시간이 지나면 달라지는 것도 사람의 마음이다. 사업에서 내 위치가 약화되거나, 자기들 혼자 할 수 있어 합작의 필요성이 없어지거나 또는 사업이 잘 돼 나누는 게 아깝게 되거나, 내가 사업을 방임해 자기들 마음대로 해도 될 거라고 생각하게 되면 배신의 마음이 싹틀 수 있다.

상황이 사람을 바꾸는 것이다. 철저한 문서화와 직접적인 관리 참여를 통해 상대방으로 하여금 다른 생각을 가질 여지를 주지 말아야 한다. 법률적인 뒷받침도 항상 확실히 챙겨놓아야 한다. 법적인 미비와 관리 소홀은 누군가를 배반자로 만들고 누군가는 배반당한 사람으로 만들게 된다. 배반자는 돈은 벌어도 평생 찜찜한 인생을 살게 되고 배반당한 사람은 사업도 잃고 인간도 잃게 된다. 모두에게 좋지 않은 것이다. 변호사 비용은 중국 사업을 위한 보험료라고 여기는 것이 좋다.

합작 사업이 항상 순조롭기는 어렵다. 그래도 모두 일상 경영은 같이 해야 한다. 따지고 싸우고 화해하면서 동고동락하는 것이 맞다. 얼굴 맞대고 핏대도 올리고 서로 풀어주려고 과음도 해보고 하는 것이 바람직한 합작관계다. 마주보고 싸우면 서로 이마에 혹이나 나고 풀면 그만이지만 믿고 맡겨 놓으면 언젠가 뒤통수를 쇠몽둥이로 내려칠 수 있다. 믿고 맡기는 것은 배신하라고 유혹하는 것과 같다는 걸 실감할 때는 이미 늦었을 때가 많다.

국영 기업과의 합작은 그 기업의 노하우와 유·무형 자산을 이용할 목적인 경우가 많다. 그리고 개인인 나와 국영기업은 어차피 파트너 사이의 힘의 균형이 기울어져 있기 때문에 회사의 경영은 중국 측이 맡게 되는 것이 일반적이다. 관건은 경영을 맡게 될 중국 측 책임자가 어떤 사람인가다.

파트너가 민간기업이나 개인일 경우 합작회사가 돈을 벌면 어차피 자기 개인 돈이 된다. 그러나 국영기업과의 합작은 그렇지 않다. 합작회사가 돈을 벌면 나라 돈이 되는 것이다. 아무리 돈을 많이 벌어도 특별한 규정이 없는 한 파견된 책임자 수입과는 관계가 없다. 어찌 보면 합작사가 돈을 벌건 손해를 보건 큰 상관이 없는 것이다. 이익은 적당히 내고 인사사고가 없고 회사 경비로 즐길 수 있으면 그만이다. 보통은 그렇게 지내게 된다.

그러나 그것도 사람에 따라 다를 수 있다. 특히 회사가 쉽게 돈을 버는 사업이나 파견된 간부직원 몇 명이 결탁하면 뒷돈을 챙길 수 있는 구조로 돼 있다면 더욱 그렇다. 그들도 유혹을 받지 않을 수 없는 것이다. 한국 투자가는 별일 없이 돈을 버는데 자기들은 일만 하고 월급만 받는다는 생각에 그런 유혹은 더욱 강해질 수 있다. 결국 작은 것부터 시도해 큰 뒷돈을 노리게 되는 경우가 있다.

나도 어떤 합작회사의 사례를 들은 적이 있다. 판매를 담당한 중국 측 직원들 얘기다. 이 직원들은 대리점에 물건을 판매하고 대금은 회사 계좌가 아닌 자기들이 만든 다른 차명 계좌로 입금을 받았다. 그리고는 일부를 떼어내고 나머지만 회사에 입금하는 것이었다. 처음에는 가끔이었으나 별 문제가 없자 나중에는 거의 관례화했다고 한다. 한국 측이 보기에 판매 가격이 너무 낮은 것 같아 확인해 봐도 많이 팔기 위해 깎아주었다는 데야 할 말이 없었다는 것이다.

그런데 우연히 대리점 사장 가운데 한 명이 한국 측과 오래된 친구였다.

물론 합작사 직원들은 두 사람의 사이를 전혀 모르고 있었는데 어느 날 그 대리점 사장이 한국 측을 찾아왔다. 합작사에 얘기해서 가격을 좀 내려달라고 부탁하기 위해서였다. 그러나 그 대리점이 공급해달라는 가격은 한국 측이 지금까지 알고 있는 공급가격보다 훨씬 높은 가격이었다. 송금 전표를 확인해보고서야 그동안의 전모가 드러난 것이다. 이런 일은 당연히 혼자 할 수 없는 일이다. 중국 측 파견 직원 모두가 연루되어 있었다.

다음날 합작사의 중국 측 책임자를 불러 그런 사실을 알고 있음을 넌지시 밝혔다. 그 책임자는 얼굴이 하얘졌다. 그리고 다음날 판매 책임자를 포함한 관련된 직원 모두가 본사로 찾아가 사표를 내고는 소리도 없이 사라져 버렸다. 대우도 좋고 평생이 보장되는 최고 국영기업을 그렇게 그만두고 도망간 것이다. 그동안 많이 벌어 놓았기 때문이다. 그들의 상관이자 합작회사의 중국 측 책임자인 동사장(합작회사의 회장)의 지휘 아래 이루어진 것이 틀림없었다. 그러나 한국 측은 거기서 그냥 덮어버렸다고 한다. 합작사의 존립이 중요했고 중국 측 본사를 시끄럽게 하는 것도 불편했기 때문이었다. 그 돈인지는 모르지만 그 친구들 모두 아파트도 사고 별장도 샀다는 이야기를 나중에 들었다고 한다.

모든 경영을 같이하지 않으면 이런 일들은 쉽게 일어날 수 있다. 그리고 합작기업의 여러 가지 리스크를 최소화하기 위해 또 필요한 것이 있다. 합작기업에 파견된 책임자뿐만 아니라 파트너인 모기업이나 파견된 책임자의 윗사람과의 관계를 긴밀하게 유지할 필요가 있다는 것이다. 그러나 역시 중국 사업은 자신만 있다면 능력 있는 현지 직원들을 채용해 독자적으로 운영하는 것이 최선이다.

직원 이야기

어디서나 직원이 중요하기는 마찬가지겠지만 특히 중국 사업의 성패는 중국 현지 직원들에게 달려있다고 해도 과언이 아니다. 중국은 인간관계의 방식이나 상관행 등이 우리와 다른 점이 너무나 많다. 때문에 중국을 잘 모르는 한국인이 자기개념과 자기방식으로만 모든 것을 고집해서는 실패하기 십상이다.

그러나 유능한 직원과 같이 일한다는 것이 마음먹은 대로 되는 쉬운 일은 아니다. 인연이 있어야 하고 서로 궁합도 맞아야 하고 능력에 상응하는 대우를 위한 금전적 부담도 감당해야 한다.

현대자동차 북경 사무소 초기에 같이 근무했던 변호사 친구가 미국으로 유학을 떠난 직후였다. 어느 날 중국 회사와 회의를 하는데 상대방이 영어 통역을 데리고 나왔다. 생글생글 웃는 모습이 예쁜 아가씨였다. 회의를 하다보면 말하는 사람도 초점을 잃고 헤매는 경우가 있는데 그럴 때마다 이 아가씨가 중간에서 잘 정리하면서 깔끔하게 통역해 주었다. 서로 할 말을 잃고 대화가 중단되면 자기가 가볍게 한마디씩 끼어들어 분위기를 살려 주기까지 했다. 정말 마음에 쏙 들었다. 저녁을 같이하고 헤어지면서 상대방에게 아가씨 칭찬을 해 주었다. 그런데 상대방의 대답이 그 아가씨는 그 회사 직원이 아니라는 것이었다. 다른 회사에 다니는데 영어를 잘해서 통역을 부탁했다는 것이다.

그럼 우리와 함께 일할 수 있느냐고 물으니 상대편 윗분도 적극 지지하고 본인도 생각해 보겠다고 했다. 그리고 며칠 후부터 근무를 시작해서 4~5년을 같이 일했다. 근무하는 동안 현대자동차의 중국 진출을 위한 중앙정부와의 연결이나 언론기관 관리 등 모든 대외활동을 매끈하게 잘 처리해 주었다. 앞에서도 잠시 언급했다시피 뱀고기도 잘 먹고, 술도 좋아하고, 성격까지 싹싹해 본사 윗분들한테 귀여움도 많이 받았다.

미국 GM이 북경에 사무소를 설치했다는 얘기를 들은 지 얼마 후 그 아가씨가 내 방에 들어왔다. GM에서 스카우트 제의가 왔다는 것이다. 현대에서 계속 일하고 싶지만 그곳 보수가 아주 높아서 가고 싶다고 했다. 나에게도 중요한 사람이었지만 조건을 물어보니 현대와는 비교할 수준이 아니었다. 잘 가라고 해줄 수밖에 없었다. 그리고 몇 년 후 TV에 인터뷰하는 모습이 나왔다. GM의 홍보담당 디렉터라고 했다. 독방 사무실에서 재잘거리는데 나이는 못 속이지만 목소리는 그때처럼 밝고 활기찼다. 지금은 VW(폴크스바겐)그룹 중국 본사의 동사(이사) 겸 부총재로 활동하시는 양미홍(楊美虹) 여사가 바로 그 싹싹하고 활기차던 아가씨다.

중국 정부가 한국 자동차를 구입할 때 기계진출구공사의 실무 담당자가 있었다. 정부 구매가 완료된 후 나를 찾아왔다. 현대에서 근무하고 싶다고 했다. 당연히 환영했다. 그 친구의 부모들도 사회적으로 대단한 위치에 있어서 우리 회사 일에 도움을 주기도 했다. 이 친구도 나에게 없어서는 안 될 정도로 많은 일을 도와주었다.

내가 사표를 쓰고 돌아오니 그동안 그 친구도 회사를 떠났다고 했다. 며칠 후 불러 얘기해 보니 보잉사 중국지사에 들어갔다고 했다. 앉기에도 비좁은 작은 사무실이었지만 나와 같이 일해 보자고 제안했다. 그 친구는 내 말이라면 따라줄 것이라고 믿었고 무슨 사업을 하건 도움이 되리라고 생각했기 때문이다. 그 친구는 시간을 달라고 했다. 그리고 며칠 후 찾아왔다. 다른 건 다 좋은데 월급은 보잉만큼 받았으면 좋겠다고 했다. 현대 지사에서 받던 수준이라면 내가 굶더라도 주겠다는 각오를 하고 있었지만 그는 이미 내 주제를 넘은 사람이 되어 있었다.

요즘은 골프장에서 가끔 지나치며 만나는 사이가 되었다. 누구나 자기 가치를 인정해 주는 곳에서 일하고 싶어 한다. 그러나 당장의 봉급 수준도 역시 중요한 것이다. 유능한 직원에게는 그에 걸맞은 대우가 따라주어야 한다. 더구나 지점장이나 사장이 며칠마다 한 번씩 수천 위안짜리 가라오케 영수증을 던져주면서도 자기들 월급엔 인색하다면 일할 맛이 날 수 없다.

　실무는 현지 직원에게 맡기는 것이 좋다. 아는 지점장 가운데 매우 열성적이고 의욕에 넘치는 분이 있었다. 성격도 남의 말 안 듣고 자기 생각대로만 밀어붙인다. 중국말 한마디 못하지만 중국 사정은 혼자 다 아는 듯 행동하기도 했다. 현지 직원이 상황을 설명하면 핑계나 게으름뱅이로 취급하기 일쑤였다. 이후로는 현지 직원들은 일손을 놓고 그냥 시키는 것만 했다. 잘 돌아갈 리 없었다. 중국 일을 중국말도 모르는 한국인이 중국인보다 더 잘 알 수도 더 잘 할 수도 없다. 방임해선 안 되지만 시시콜콜한 참견도 부작용을 만든다. 자신이 외국인이라는 것을 잊지 말아야 한다.

　현지 직원을 인격적으로 존중해야 한다는 것은 두 말할 필요도 없다. 한국인끼리도 문제가 될 때가 많은데 하물며 중국인에 대한 인격 모독은 자해행위나 다름없다. 자기가 월급을 준다고 한국 욕을 모른다고 막말하고 함부로 대하다가는 망신을 당할 수 있다. 특히 조선족 직원과 같이 일할 때 그런 경우가 더 많다. 같은 민족이라고 스스럼없이 대하다가 일이 커지는 수 있다. 조선족 직원이 중국인이란 걸 잊게 될 때가 많기 때문이다. 가끔 야단을 칠 때도 이 새끼 저 새끼 소리가 나오기 일쑤다. 한족 직원들과는 달리 친근해서 일어나는 일이지만 조심해야 한다. 지금은 똑똑한 조선족 직원 구하기가 하늘에 별 따기가 되었다. 잘 모셔야 할 정도다.

　그래도 역시 조선족 직원들과는 특별한 감정과 특별한 관계를 맺을 수밖에 없게 된다. 회사를 관두고 나올 때 자기가 먼저 나와 내 제2의 인생 시작에 도움을 주었던 미스 리도 같은 동포가 아니었다면 그런 일을 하지 않았을 것이다. 조선족 직원들이 부족하다 보니 똑똑한 조선족 직원들을 데려가기 위한 유혹도 심하다. 한번은 한국의 내로라하는 중소기업과 중국 사업을 같이 추진한 적 있었다. 그리고 그 일은 우리 조선족 여직원이 거의 도맡아 처리했다. 아가씨가 성격도 알차고 한국 대기업이 주는 장학금으로 한국 유학도 다녀온 다재다능한 인재였다. 그런데 어느 날 이 친구가 사표를 썼다. 공부를 더 하겠다는 것이다. 그러다보니 그 아가씨가 맡아서 하던 한국 회사의 프로젝트도 유야무야 종료될 수밖에 없었다.

그런데, 몇 달 후 알고 보니 그 아가씨는 그 한국 회사 본사에서 그 일을 계속하고 있는 것이었다. 그러나 그 프로젝트가 결국 실패했고 이 아가씨도 북경으로 돌아왔다. 찾아와서는 돈 때문에 어쩔 수 없었다고 미안해했다. 그러나 문제는 그 아가씨가 아니라 그 한국 업체 사장인 것이다.

한국인 직원들도 채용하게 된다. 한국에서 채용해 중국으로 불러들이기도 하고, 북경 현지에서 채용하기도 한다. 한국인이니 당연히 심복으로 믿고 많은 것을 맡기게 된다. 월급도 많으니 많은 일을 해야 하는 것도 당연하다. 그러나 중국에서 월급을 받고 일하는 거의 모든 한국 직원은 중국 사업의 꿈이 있는 사람들이다. 언젠가는 독립해 나가리란 것은 각오해야 한다.

나와 같이 일하던 한국인 직원들도 독립해 나간 친구가 꽤 많다. 이젠 자기 사업체를 갖고 사장님들이 되어 중국 전역에 퍼져서 잘 지내고 있다. 북경에서 사업하는 그 사장님들과 가끔 만나 소주 한잔씩 하면 마음이 흐뭇해지기도 한다.

현지에서 채용하는 한국인 직원은 주로 유학생 출신이거나 북경에서 자기 사업을 하다 그만둔 사람들이다. 그중 자기 사업을 실패해 들어온 직원들은 회사를 떠날 때 결과가 좋지 못한 경우가 있다. 좋게 말해 불굴의 사업가 정신 때문이다. 회사를 자기 사업의 재기를 위한 도구로 사용하는 경우가 있는 것이다. 금전적인 사취도 있을 수 있고 회사에 들어와 배운 것이나 회사 고객을 차고 나가 따로 차리는 수도 있다.

중국 사업에 있어 가장 기본이 되는 직원은 중국인, 특히 한족 직원이라는 것을 잊지 말아야 한다. 그러나 남의 나라에서 그 나라 사람을 데리고 일한다는 것이 쉬운 일은 아니다. 그러나 민족과 국적을 떠나 사람은 비슷하다. 사장과 회사만을 위해 일하는 사람도 있고 회사를 단순히 돈을 버는 장소나 도구로만 생각하는 사람도 있다.

오래전 친구 하나가 한국에 있는 일본 회사에서 일한 적 있다. 월급이나 근무 조건은 한국 대기업과도 비교할 수 없을 정도로 좋았다. 이런 회사에 파업이 끊이질 않았다. 그 친구에게 대우가 그렇게 좋은데 왜 파업을 하는지 물었다. 그 친구는 일본 회사라서 그렇다는 것이었다. 회사에서 더 받아낼수록 더 애국이라는 태도였다. 지금 우리 회사 안에도 그때의 내 친구처럼 그런 생각을 하고 있는 직원도 없지는 않을 것이다.

중국에서의 직원 얘기에 여직원 얘기가 빠질 수 없다. 수 년 전 한국 TV에서도 주재원과 현지 여직원의 위험한 관계가 보도된 적 있다. 그러나 내가 보기에도 과장이 너무 심했다. 남편을 혼자 중국에 보낸 많은 부인이 그 보도 때문에 걱정을 많이 했다는 후일담도 있었다. 누구나 외국에 나와 혼자 살다 보면 외롭고 쓸쓸해 질 때가 있게 마련이다. 실적도 오르지 않고 압력도 심해지다 보면 누군가의 위안을 받고 싶어지기도 할 것이다. 이때 자기를 헌신적으로 열심히 도와주는 여직원이나 여비서가 곁에 있다면 고맙지 않을 수 없다. 그러다가 신뢰도 생기고 정도 들 수 있는 것이다. 사랑이 별거겠는가? 그러나 문제는 사랑이 아니고 장난질이나 실수하는 경우다. 그런 종류의 실수는 회사 일도 망가뜨리고 인생도 꼬이게 할 수 있다.

운전기사 이야기

북경에서 운전기사를 두지 않고 사업을 한다는 것은 상당히 불편한 일이다. 잘 모르는 장소로 사람을 만나러 간다거나 기사 없이 나갔다가 차 세울 자리를 찾지 못해 헤맬 때면 기사의 중요성을 정말 다시 한 번 실감하게 된다. 특히 술 좋아하는 분들에게는 절대적인 존재다.

내 기사는 완전히 북경 토박이다. 그래서 업무뿐만 아니라 개인적인 북경생활에서도 기사로부터 많은 도움을 받는다. 북경의 구석구석 별의별 곳을 다 꿰고 있다. 요즘 같은 교통지옥에서도 오래된 북경 뒷골목을 사이사이 빠져나가 어딘가에 제대로 도착시켜주면 고맙기 그지없다. 그리고 북경에서 운전하다 보면 아찔할 때가 한두 번이 아니다. 갑자기 끼어들기는 기본이고 자전거와 사람이 툭툭 튀어 나온다. 보험에 드는 것이라는 생각을 하면서라도 기사를 쓰지 않을 수 없다.

기사만큼 가까운 사이도 없다. 작은 차 속, 작은 공간에서 같은 공기를 마시며 산다. 내가 언제 어디로 가고 누구를 만나고, 무엇을 샀는지, 누구와 무슨 통화를 하고 무슨 대화를 하는지 기사는 모든 것을 알고 있다. 그렇게 가깝고 다 알고 있기 때문에 기사가 더 조심스럽기도 하다. 그래서 나는 특별한 비밀이랄 건 없어도 기사만큼은 조선족을 쓰지 않는다. 다른 것은 할 수 없다고 쳐도 차 속 대화까지 다 듣고 있다는 것은 불편하기 때문이다.

기사가 골칫거리가 되는 경우도 있다. 특히 주재원의 기사가 그렇다. 언젠가 어느 대기업 지사장이 본사 귀국 발령이 났다. 그런데 무슨 일 때문인지 그 사무실 분위기가 어수선했다. 기사 때문이라고 했다. 그 기사는 항상 차분하고 모범생같이 보이는 친구였는데 이 친구가 귀임할 지사장을 협박하고 있다는 것이었다. 부인과 가족의 사적인 용도의 자동차 이용을 문제 삼는다는 것이다. 그 기사는 차분한 성격답게 그런 용도의 자동차 사용 내역을 상세하게 기록해 놓고 있었고 그것을 본사에 보고하겠다는 것이었다. 귀임 후 입지에 대해 약간의 불안감을 갖고 있던 그 지사장은 결국 돈을 내놓고 떠날 수밖에 없었다. 상당히 많은 돈이었다.

한국 기업의 기사들은 서로 회사가 달라도 서로를 잘 알고 있다. 정보 교환 역시 확실하다. 상대방 회사의 월급과 시간외 근무 수당은 어떻고, 어떻게 하면 목돈을 만들 수 있는지 뻔하게 알고 있다. 주재원들이 모이는 한국 식당들이 거의 한정돼 있어서 기사들도 그곳에서 만나 대기하며 서로 친하게 지내기 때문이다. 어느 대기업 지사는 기사가 마음에 안 들어도 바꾸지 못하고 있다. 아무도 자를 엄두를 내지 못하는 것이다. 너무 오래 근무해 자기 재임 시의 경비로 그 많은 퇴직금을 일시불로 주는 것도 부담이 되고 앞서 얘기한 지사장 같은 일을 당할까봐 두렵기도 하기 때문이다. 그래서 문젯거리는 그냥 후임자에게로 넘겨버리는 수가 많다. 이렇다보니 지사의 주인이 주재원들인지 기사인지 알 수 없게 되는 경우도 있다. 실제로 어느 기업 지사의 기사는 근무한 지 20년이 넘었다. 이 기간에 지사장은 무려 대여섯 명이나 바뀌었다.

내가 주재원 시절에도 기사를 내보낸 적 있었다. 그런데 며칠 후 이 친구가 건장한 젊은 친구들 몇 명과 함께 회사로 들이닥쳤다. 담배를 꼬나물고는 내 방으로 들어와서는 퇴직 위로금을 내라는 것이었다. 물론 퇴직금은 정당하게 지불한 다음이다.

내 방 밖 지사 사무실에는 같이 온 친구들이 사무실 직원들을 이리저리 훑으면서 노려보고 있었다. 이 친구가 카펫에 담뱃재를 툭툭 털어댔다. 침까지 뱉을 기세였다. 며칠 전까지만 해도 일하는 것도 마음에 들지 않았지만 굽실거리는 비굴한 태도가 더 보기 싫었던 친구였다. 기사는 내가 차에서 내리는 순간 사이드브레이크를 찌르륵 올리곤 바로 의자를 젖혀 취침에 들어간다. 그리고 내가 나와서 창문을 두드려야 부스스 일어난다. 나를 픽업하러 오는 데 10분 정도 늦는 건 약과지만 그때마다 비굴한 미소에 굽실거리는 모습은 정말 보기 싫었다.

기사의 협박이 시작되었다. 당신 부인이 회사 차를 개인 용도로 타고 다녔다는 걸 본사에 알리겠다는 것이다. 당신 딸 어느 학교에 다니는지도 알고 있다고 강조했다. 사실 집사람은 개인용으로 회사 차를 거의 타지 않는다. 지사원들 눈이 있는데 어떻게 그럴 수 있겠나? 나와 함께 타든가 내가 회사 일로 필요해서 선물 구입을 부탁할 때나 사용했을 뿐이다.

　도저히 안 되겠다는 생각이 들었다. 내가 나가서 지사 현관문을 안에서 걸어 잠갔다. 그리고 돌아오면서 직원에게 보안을 부르라고 지시했다. 모든 큰 건물에는 경비라고 할 수 있는 보안직원들이 있어 건물 내 사건의 일차적인 처리를 맡고 있다. 직원이 전화를 들어 보안을 불렀다. 그러자 갑자기 난리가 났다. 우선 따라왔던 친구들이 잠가 놓은 문을 여느라고 소동을 쳤다. 그리고 후다닥 뛰어 도망쳤다. 기사 놈도 당황했다. 내 방을 나가 문 쪽으로 어정어정 뒷걸음치더니 비상계단으로 뛰어 도망가는 것이었다. 내가 너희 집으로 경찰이 곧 갈 거라고 소리쳤다. 아마 이놈 오랫동안 불안했을 것이다. 사실 나도 그놈이 딸 얘기를 했던 탓에 오랜 시간 불안하기는 했다.

　과거에는 기사가 차를 갖고 출퇴근하는 경우가 많았다. 대부분의 주재원이 일찍 출근하고 아주 늦게 퇴근하는 경우가 많아 기사의 출퇴근 교통편이 여의치 않았기 때문이다. 잘 아는 지점장의 얘기가 있다. 어느 날 이 지점장이 무슨 일 때문에 기사가 오기 전 이른 아침에 외출을 다녀오고 있었다. 그런데 자기 차가 다른 사람을 태우고 다른 방향으로 가고 있는 것이었다. 나중에 알아보니 기사가 지점장 출근 전에 다른 사람을 출근시켜주는 이른바 투잡을 하고 있었던 것이다. 그래서 나중에 확인하든 말든 운전기사에게는 자동차 운행 장부를 기록하도록 하는 것이 좋다. 주행 마일리지와 주유 상황, 자동차 정비 일지 등을 적도록 하는 것이다.

　지금도 우리 정비공장에 차를 수리하기 위해 들어오는 기사들 중에는 수리비 영수증의 금액을 올려 적어달라고 부탁하는 기사들이 적지 않다. 내가 수리 담당자에게 그렇게 해주지 말라고 얘기했더니 담당자는 그러면 손님 떨어진다는 것이었다. 그렇게 해주지 않으면 그 기사는 다음부터 우리 공장에 오지 않는다는 것이다. 그래도 기사는 가장 중요한 비서이고 가장 믿을 만한 정보원이고 비밀을 감출 수 없는 동료이기도 하다. 그러나 한국말을 못 알아듣는 기사가 훨씬 편한 것만은 분명한 사실이다.

사업과 중국어

중국에서 사업을 하는데 중국어가 필요하지 않다고 단언하면 말이 안 된다. 그러나 중국어 한마디 못하면서도 사업을 잘하는 사람도 많기는 하다. 중국어 때문에 중국 사업을 포기할 필요는 없다는 것이다. 솔직히 말해 한마디도 못하는 상태로 시작해도 며칠이면 인사는 나눌 수 있다. 몇 개월이 지나면 간단한 생활회화는 저절로 가능해지기도 한다. 실제로 왕징에서는 중국어를 한마디도 하지 않고 살 수 있다. 웬만한 장사도 모두 할 수 있다.

그러나 중국 사회를 대상으로 하는 사업을 할 경우에 조선족 직원을 데리고 우리말로만 하거나 영어 하나로 의사를 전달하기에는 부족한 시대가 됐다. 영어 못하는 직원 중에도 업무에 출중한 사람이 많은데 그 친구들과 대화하기 위해서도 그렇고 자기 자신의 편리를 위해서도 중국어는 할 수 있는 것이 당연히 더 낫다.

요즘 들어서는 중국어를 적극적으로 배우려는 사람이 많다. 조기 유학을 오는 초등학생, 중고등학생은 말할 것도 없고 환갑 넘은 분 중에서도 오로지 중국어 공부만을 위해 북경에 오는 경우도 있다. 예순이 넘은 선배의 부인도 어디에 쓰려고 배우는지는 몰라도 가족을 떠나 반년이나 대학 기숙사에 묵으면서 중국어를 공부하기도 했다. 한국 학생들뿐만이 아니다. 우리 아들 영어 가르치던 미국인 젊은이도 그랬고 미국에 주재하러 간 선배의 아들 역시 중국어만을 위해 1년 동안 북경에 와 있었던 적도 있었다. 그는 하버드대를 휴학하고 왔다. 중국 사업을 염두에 두고 있는 젊은 학생들이라면 중국어 공부를 열심히 해야 한다. 중국 유학까지 왔다면 더욱 그렇다.

중국어를 이해하고 구사할 수 있게 되면 얻을 수 있는 정보의 질과 양이 달라진다. 사귀는 사람의 폭과 깊이도 달라진다. 인간관계도 사업도 그 범위와 선택의 폭이 중국인까지로 넓혀지는 것이다. 물론 중국 사회에 들어가고 중국인과 어울리려는 삶의 자세가 전제될 때에 그렇다.

나는 지금도 중국어를 잘하지 못한다. 그래도 처음에는 공부를 좀 해보려고 노력해보기는 했다. 갓 부임해서는 중국인 아르바이트 학생을 소개받아 1주일에 두세 번, 퇴근 후 한두 시간씩 공부를 했다. 그러나 성조(聲調) 공부에만 몇 주가 흘러가니 중국어 공부는 나에게는 무리이고 시간낭비 같았다. 학생은 퇴근 때쯤 사무실에 미리 와서 기다렸는데 그때마다 술자리가 있었다. 어쩌면 내가 만든 술자리인지도 모른다.

이런 일이 연속되자 퇴근 후 공부는 포기할 수밖에 없었다. 그것으로 나의 중국어 공부는 끝났다. 그러나 한 반 년 정도 지나가자 간단한 대화는 가능하게 됐다. 일상생활에 큰 불편은 없게 된 것이다. 공부해야 할 긴박성이 떨어진 것이다. 어차피 상담 같은 어려운 대화는 통역을 거치면 됐기 때문이다. 그렇게 책 없이 중국어를 배웠기 때문에 낫 놓고 기역자도 모르는 중국어가 될 수밖에 없었다. 실제로 내가 자주 사용하는 단어인데도 글자로 돼 있을 때는 무슨 말인지 모르는 경우가 아주 많다.

20년을 살았으므로 이제는 중국인과 일상대화는 가능하다. 같이 술을 마시면서 사업 얘기를 하고 농담도 한다. 그러나 역시 한계는 있다. 쉬운 단어 짧은 문장의 연결일 뿐 조금 더 나은 중국어로 발전시키지 못하고 있다. 사실 내가 중국인과의 일상 대화가 가능하다고 느끼는 것은 내 입장에서만 그렇다는 것이다. 내 중국어의 약점은 내가 잘 안다. 나와 친한 사람이거나 나에게 뭔가 필요한 사람들은 내 말을 알아듣는다. 그러나 문제는 처음 보는 사람이거나 내가 아쉬워서 얘기를 거는 경우에는 상대방이 잘 알아듣지 못하는 것이다. 어떤 이는 고향이 어디냐고 묻기도 한다. 중국어 같기는 한데 무슨 말인지 잘 모르겠다는 얘기다.

어느 날 여러 사람과 회의를 했다. 그런데 어떤 사람은 알아듣고 어떤 사람은 못 알아들었다. 그중 알아듣는 사람이 통역을 해줄 정도였다. 자기들도 궁금했는지 그 사람에게 당신은 어떻게 저 사람 말을 알아듣느냐고 물었다. 내가 대신 대답했다. "총밍런 팅더동, 부총밍런 팅부동(똑똑한 사람은 알아듣고 똑똑하지 못한 사람은 못 알아듣는다.)"는 억지소리다. 그것도 그분의 통역을 통해 듣고 다들 한바탕 웃더니 이후로는 알아듣는 척 해주었다. 그때는 그분들이 아쉬운 자리였기 때문이지만 내가 아쉬웠던 자리였다면 그분들은 그냥 일어나서 나갔을 수도 있다.

내 경우처럼 시간이 좀 지나 약간의 대화가 가능해지면 책을 잡아 새로 공부하는 것이 어려워진다. 중국어에 관심이 있는 분이라면 나같이 되기 전에 처음부터 정식으로 배우는 것이 좋다. 북경에서는 집이나 사무실로 선생을 불러 과외공부도 할 수 있고 가까운 한국인 학원이나 중국 교육기관에서 배울 수도 있다. 그런 곳에서는 등급별로 맞춰서 공부할 수 있고 클래스도 바꿔가면서 공부할 수 있다고도 한다.

학원에 다니는 많은 분이 여성이라는 데 이상하게 생각할 건 없다. 남편은 직장을 나가고 아이들을 학교를 보내고 자기도 무엇인가를 배워 보려는 노력파 주부가 많기 때문이다. 수년 전에 나의 대학 친구가 한국 중견 기업의 중국 공장 사장을 맡아 부임하기로 돼 있었다. 그러면서 회사에서 미리 중국어부터 배우라고 했다고 한다. 참 좋은 회사일 뿐 아니라 판단도 잘 한 것 같다. 이 친구는 학원에 등록해 공부를 하기 시작했는데 매일 즐거운 표정이었다. 쉰 살 넘어 새로 공부하는 즐거움도 있었겠지만 학급 인원 10여 명 가운데 자기 혼자 청일점이란다. 젊은 아줌마들이 스스럼없이 대해주고 점심도 같이 먹으러 다니니까 그렇게 좋을 수 없다는 것이다. 숙제 역시 잘 해 가게 되고, 지금은 유창한 중국어로 큰 공장을 잘 경영하고 있다.

  내 아들은 거의 완벽하게 북경 말을 한다. 그러던 녀석이 언제인가 얘기하는데 이제는 외국인 스타일의 중국어를 한다는 것이었다. 왜 그런지 묻자 중국어를 중국인처럼 하는 외국인은 환영받지 못한다는 것이다. 한국관광공사 사장인 이참 씨의 한국어보다는 일본 아가씨 사유리 씨의 한국어가 더 편한 것과 마찬가지인 것 같다. 사실 사유리 씨의 한국어 정도로 중국어를 하려면 고생을 많이 해야 할 것이다. 그분들 정도까지는 필요하지 않다고 해도 중국 파트너와 술도 마시고 둘이 따로 앉아 중요한 요지의 말 정도는 할 수 있어야 편리할 것이다. 통역을 통할 수 없는 비밀 얘기도 가끔 있을 수 있기 때문이다.

9
북경일기

중국인과 한국인

중국인과 한국인

　수천 년을 이웃으로 살아왔으면서도 중국과 한국은 아직도 편안하기만 한 이웃은 아닌 듯하다. 많은 한국인과 중국인이 서로를 가까운 이웃으로 여기고 있어도 아직 서로를 불편해할 때가 있다. 심지어 잠재적인 적국으로 생각하고 있다는 것도 부인하기 어렵다.

　미국, 중국, 남북한, 일본까지 포함하는 국제관계 안에서 옴짝달싹 못하는 서로의 입장도 있고 국가나 민족적인 자존심 문제, 역사 인식의 차이도 있다. 모두 쉽게 해결되기 어려운 것으로 보인다. 그러나 그런 어려운 환경 속에서도 양국 국민의 서로에 대한 인식은 많이 변하고 있다. 가까워지고 있는 것은 분명한 듯하다. 서로를 이해하고 좀 더 가까워지기 위해서는 상대가 나를 어떻게 생각하는지 또 나는 상대를 어떻게 생각하고 있는지 돌이켜보는 것도 의미가 있다고 생각한다. 주제 넘는 이야기가 될지는 몰라도 중국 사업을 생각하는 분들을 위해 몇 마디 적어 보았다.

중국인의 한국

앞에서 어느 관광지에서 물건 파는 아줌마에게 '샤오구어런(小國人)' 이라고 비아냥거리는 소리를 들었던 경험을 얘기한 바 있다. 실제로 땅이 작은 나라를 작다고 하는 게 무슨 문제가 있겠나. 그러나 그 아줌마의 샤오구어런은 별 볼일 없는 조그만 나라에서 온 놈이 건방지다는 뜻이었을 것이다.

지금이야 그런 비하의 표현을 대놓고 하는 사람은 없다. 실제로 깔보는 분위기도 느낄 수 없다. 가끔 인터넷에서 한국을 폄하하는 젊은이들이 있다고는 하지만 그런 일은 어느 나라에나 다 있는 현상이다. 실제로 누군가를 무시하거나 깔보고 있다면 그렇게 애써 표현하는 수고도 필요하지 않을 것이다.

내가 아는 중국인들은 한국은 작지만 대단한 나라라고 본다. 한국의 강한 생존력은 IMF 위기 때 금붙이를 들고 은행 앞에 줄을 서있던 한국인들을 보면서 다시 한 번 확인하게 된 것 같다. 금을 좋아하는 중국인들에게는 어쩌면 감동을 넘어 이해할 수 없는 행동이었을지도 모른다. 나라의 위기 앞에 일치단결하는 한국인들의 모습은 한국인을 보는 시각에 많은 변화를 줬다고 생각한다.

한류는 중국의 보통사람들이 한국을 가깝게 생각하게 하는데 큰 역할을 하고 있다. 젊은이들뿐만 아니라 중년들까지도 한국을 보다 친근한 눈으로 볼 수 있게 해 줬다. 아직 여성들, 특히 젊은 여성들이 주역이기는 하나 여성이 바뀌면 남자도 바뀌게 될 것이다. 또 젊은이들은 다 어른이 된다. 기다리면 된다. 한류는 드라마 몇 편 팔고 공연 수익 얼마 올리는 그 이상의 큰 가치가 있다. 두 나라 국민이 서로를 이해하고 좋아하게 만드는 데 큰 역할을 하고 있는 것이다. 중국에 살다보면 그런 한류의 주역들에 대해 고마움을 많이 느낄 수밖에 없다. 큰일들을 하는 것이다.

가끔 중국 TV를 돌리다 나 자신이 놀라게 될 때가 있다. 서너 개 방송사에서 동시에 한국 드라마를 방영하고 있는 것이다. 이로 인해 한때는 너무 많이 방영한다는 중국 내 불만의 목소리도 있었다. 우리나라였으면 어땠을까? 중국의 관용을 볼 때 역시 대국은 대국이다. 한류 덕인지는 몰라도 한중 간 젊은 남녀들의 서로에 대한 호감도 역시 많이 올라간 듯하다. 전에는 중국 여자는 기가 세서 같이 못 살 것이라고 지레 겁을 먹기도 했지만 내 주위를 둘러보면 중국 아가씨들과 결혼한 한국 젊은이들이 꽤 된다. 아이도 낳고 화목하게 잘산다. 하지만 이상한 것은 중국 남자와 결혼한 한국 여자가 별로 없다는 사실이다. 무슨 이유인지 모르겠다.

그러나 정치적인 이슈가 끼어들면 얘기는 달라진다. 특히 남북문제가 현안이 되면 그렇다. 중국 정부는 핵실험이나 미사일 발사를 비롯한 남북한의 정치적 이슈가 생기면 늘 북한 입장을 두둔한다. 그럴 만한 이유를 설명할 때도 있으나 가끔은 편파적이고 노골적으로 보이기도 한다. 국민도 따라간다. 한국 국민은 어떤 정치적 사안이건 믿는 편과 믿지 않는 편으로 나뉘지만 중국의 보통 사람들은 그렇지 않다. 대부분 정부 입장을 따르는 듯하다. 한중 교역 규모가 양국 경제의 큰 부분을 차지하고 서로의 왕래가 수백만 명을 넘어섰다. 이젠 서로 의지하지 않을 수 없는 사이가 된 것이다. 그래도 중국 보통 사람의 대부분은 아직도 북한 편인 듯하다. 약자를 편드는 심정도 있겠고 국제정치 역학 문제도 있겠지만 아직도 혈맹이라고 자처하고 있기 때문인 것 같다.

중국은 '항미원조(抗美援朝)' 전쟁이라고 부르는 한국전쟁에서 15만 명 이상의 젊은이들이 목숨을 잃는 희생을 치렀다. 마오쩌둥의 장남까지도 전사해 북한에 묻혀 있다. 어떻게 이런 관계를 가볍게 볼 수 있겠는가? 우리가 섭섭하다고 할 입장은 아니다. 돈 많은 새 친구가 왔다고 옛 친구를 버릴 수 없는 것 아닌가? 친구라면 잘못한 것이 있어도 한 눈 쓱 감고 편 들어줘야 하는 것이 아니겠나. 그들 사이의 관계를 우리가 이해하고 받아들일 수밖에 없는 것이 현실인 것 같다. 우리도 그런 혈맹이 있다는 것만 기억하면 되지 않을까 싶다.

가끔 남북한 사이에 일촉즉발의 분위기가 조성되고 한중 사이에 외교 문제가 발생할 때가 있다. 그럴 때마다 중국에 사는 우리로서는 불안해지기도 한다. 최악의 사태가 일어난다면 여기에 사는 우리가 어떤 대접을 받게 될까 겁도 난다. 연평도 포격 사건 때도 마찬가지였다. 그럴 때마다 주위에서 느끼는 것은 전쟁 일어나라고 기도까지 하는 것은 아닐지라도 그런 비슷한 분위기를 느낄 때가 있다. 내가 월급을 주는 직원까지도 그런 것 같다. 작은 나라가 잘난 체 하는 것이 미워서 그럴까. 하기야 내 자격지심인지도 모르겠다.

얼마 전 중국 정부 어디에선가 "소국이 대국을 함부로 침범해서는 안 된다."고 했다는 뉴스를 봤다. 댜오위다오 문제로 중일 간에 험악한 분위기다. 중국 내 일본 기업들은 큰 피해를 보았고 북경의 일본인들은 겁이 나서 외출도 하지 못했다. 우리나라와 중국도 해상 국경선에 대해 완전한 합의를 보지 못한 것으로 알고 있다. 어느 날 중국 항공모함이 이어도 근처에 정박하고 이어도는 중국 땅이라고 하면 북경에 사는 우리 가족은 어떻게 될까 하는 생각이 든다. 또 서해에서 해경이 중국 어선을 단속하다가 대형 인명사고라도 생긴다면 우리 식당 유리창들은 제대로 남아날지 걱정되기도 한다.

국가 간 힘의 균형도 중요하지만 더욱 중요한 것은 중국과 한국의 모든 사람이 상대방을 좋아하고 사랑하는 사이가 돼야 하는 것이 아닐까 싶다. 한류도, 정부의 노력도 모두 중요하고 언론의 역할도 큰 것 같다.

역사 문제도 마찬가지라고 본다. 서로 이웃나라인 덕에 우리가 한나라, 당나라 정도 알고 있는 만큼 중국인들도 고구려, 신라, 백제를 알고 있다.

리장쥔(李將軍·이순신 장군)을 아는 사람도 많다. 한중 역사의 공동의 적은 오로지 일본이었을 뿐 오랜 우방이었다는 생각에는 차이가 없었다. 과거 수백 년 양국의 지위에 대해서는 굳이 얘기하지 않지만.

그런데 최근 들어 이런 역사 얘기, 특히 고구려나 단오 같은 얘기들은 화제에 올릴 수 없는 금기사항이 된 듯하다. 나나 상대방이나 친구이며 사업상으로 가깝게 지내는 사이라 해도 그런 주제에서는 서로 양보할 수 없을 뿐 아니라 말싸움이 나면 친구, 사업 관계도 끝날 수 있기 때문이다.

간혹 서울에서 온 사람들과 같이 중국인들과 술자리를 할 때가 있다. 이럴 때면 어떤 이들은 자기 성의 시조가 누구인데 언제 한국으로 넘어왔다면서 중국인 후손 행세를 하는 사람이 있고, 또 어떤 사람은《환단고기(桓檀古記)》나 치우(蚩尤)천왕을 얘기하면서 만주는 말할 것도 없고 북경까지도 우리 땅이었다고 중국인을 가르치려는 사람도 있다. 극과 극을 달린다.

우리의 고구려와 발해가 지금의 중국 영토 일부분을 차지했던 사실은 누구나 다 안다. 우리 민족의 역사다. 그러나 고구려와 발해가 지금의 중국 땅 한 곳에 존재했던 중국 지리 속의 역사라는 것도 사실이다. 아리랑은 우리의 가장 대표적인 민요다. 하지만 중국에도 중국 소수민족인 조선족의 대표적 민요다. 그들로서도 보호할 만한 가치 있는 문화유산이다. 어쩌면 고마운 일일 수도 있다. 단오가 중국에서 기원했으나 우리에게도 중요한 문화유산이고, 자장면이 중국에서 왔으나 이제는 한국에서 더 많이 팔리는 대한민국의 국민 점심이다.

우리 두 나라는 수천 년을 같이하면서 역사적 문화적으로 뗄 수 없는 관계가 돼 버린 것이다. 공동의 역사가 있을 수 있고 공동의 문화도 있을 수 있다. 그런 공동의 역사와 문화는 전문가들이 공동으로 연구하는 것이 맞다. 매스컴부터 나서서 중국이 우리 역사를 뺏는다거나 아리랑을 자기 것으로 하려고 한다거나 하는 선정적 보도는 자제하는 것이 좋을 것 같다. 이런 자세는 양국 국민들의 감정만 건드릴 뿐이다. 우리 역사나 아리랑이 어디로 도망가겠나. 중국인들의 자장면이 중국 음식이기 때문에 한국에서는 먹지 말라고 할 수는 없는 것 아닌가.

하여튼 중국에서 살다보면 정말 세종대왕과 박정희 대통령이 고마울 뿐이다. 만약 우리가 글조차 없었다면, 우리가 이 정도로 잘 살지 못한다면 우리는 중국에 어떤 나라가 되어 있을까 상상만 해도 끔찍해진다. 고마운 얘기를 하다 보니 이명박 대통령에게도 고마운 것이 하나 있다. 서울시장 시절 서울의 중국어 표기를 '한청(漢城)'에서 '서우얼(首爾)'로 바꾸게 한 것이 그것이다. 사실 그 일은 쉬운 일이 아니었다. 중국으로서는 중국 내 모든 표기물을 다 바꿔야 하는 엄청나게 큰일이었다.

지금의 보통 중국인이 생각하는 한국은 어떤 나라일까? 누가 여론 조사를 해본 결과는 없는 듯해서 보통의 한국인이라고 여기는 내가 그들과 오랫동안 살아오면서 체험한 개인의 느낌을 나열해 본다.

대충 이렇다. 우선 중국 것을 자기 것이라고 우기는 나라다. 특히 역사와 문화에서 그렇다. 미국이 지켜주는 나라다. 또 파업을 심하게 하는 나라다. 그리고 남자들은 모두 군대 갔다 오는 나라다. 이 부분에서는 약간의 부러움이 섞여 있기도 하다. 여기에 반기문의 나라, 자기 나라 제품만 쓰는 나라(한국에 가서 건물마다 붙어 있는 선투부얼(身土不二)이라는 말이 한국 농산물만 먹자는 말이라는 것을 알고는 상당히 재미있어했다), 한글이 있는 나라, IMF의 위기에서 금을 모아 재기한 나라, 태권도의 나라, 박정희 때문에 잘살게 된 나라, 축구 때문에 열 받게 하는 나라, 대통령 끝나면 끝이 좋지 않은 나라, 드라마 잘 만들고 스타들이 잘생기고 예쁜 나라, 잘난 체하는 나라 등등이 아닐까 한다. 개인의 생각이니 그냥 그런가 하면서 흘러들으시면 되겠다.

한국 남자들이 자기 인생관을 만들어 가는데 중국의 고전만큼 큰 영향을 준 것도 사실 많지 않을 것이다. 진짜 수많은 중국의 영웅호걸들의 얘기는 우리 젊은 시절의 호연지기를 키워줬다. 감동어린 수많은 고사들은 우리 인생의 등불 같은 지침이 돼 주기도 했다. 중국 성현들의 철학과 말씀들은 우리 생활의 규범이 돼 오기도 했다. 우리는 중국의 문화에 그렇게 젖어 살아왔다. 나는 솔직히 아시아의 대표, 황인종의 대표 같은 13억 인구의 중국이 잘나가는 것이 보기도 좋고 마음이 편하다. 당연히 그래야 한다고 생각한다. 많은 한국인도 그러리라고 생각한다. 그러나 내 친구들을 포함한 대부분의 중국인은 한국에 대해 그런 마음이 없는 듯하다. 친구인 내가 잘 되는 것은 좋은데 한국이 잘되는 것은 배 아파하는 것 같다.

우리가 축구를 잘하거나 올림픽에서 금메달을 따거나 뭔가 잘되는 것이 있어도 어느 누구 하나 빈말이라도 축하해주는 사람이 없다. 2002년 월드컵 때 중국 CCTV의 축구 해설자 한 사람이 너무나 편파적이고도 감정적으로 한국 축구를 비하했던 사실은 널리 알려져 있다. 그런 사람들이 적지 않은 것이다. 한국의 정치는 중국인들에게 희화될 때가 많다. 무슨 장난하는 것같이 느껴지는 모양이다. 대통령이 구속되고, 자살하고 할 때마다 아주 재미있어 죽으려고 한다. 이명박 대통령을 리밍보, 리밍보 부르면서 대통령 그만두면 잡혀가지 않느냐고 농담인지 진담인지를 술안주로 마구 해대기도 한다.

존경 받는 이웃나라, 좋아하는 이웃나라가 되기 위해서는 우리 자신이 격조 있는 그런 나라가 돼야 할 것이라고 생각해본다.

한국인의 중국

가끔 인터넷에 중국인들이 한국을 턱없이 비하한다는 얘기가 나올 때가 있다. 그럴 때마다 한국 네티즌들은 그 황당한 내용에 열을 받곤 한다. 그러나 그런 내용 중에는 중국에 살고 있는 사람도 모르는 것이 대부분이다. 인터넷을 샅샅이 뒤지다 보면 중국 초딩들이 올리는 별것 아닌 내용도 있을 수 있고 별의별 얘기도 다 있을 수 있다. 그건 우리나라도 마찬가지가 아닌가. 문제는 그런 것들을 찾아내 자극적 제목으로 각색해 올리는 한국의 삼류 매체들이다. 그런 기사에 낚여 혈압을 올리는 일은 정말 바보 같은 일이다.

중국에 살면서도 대체로 보는 것은 한국 방송에다 한국 인터넷이다. 뉴스를 보다 보면 가끔 중국에 대해 쓸데없는 편견과 근거 없는 오해를 가지고 있구나 하는 것을 느낄 때가 있다. 주요 TV의 메인 뉴스에서조차 그런 경우가 있다. 중국산 소금이나 농수산물이 밀수입돼 국산으로 포장이 바뀌어 팔리는 경우가 많은 듯하다. 그러나 뉴스 앵커의 멘트는 밀수한 중국산 불량 소금, 또는 밀수한 유해 고춧가루가 하는 식으로 시작한다. 세관에서 잡혔으므로 밀수는 확실하겠으나 식품 검사도 하지 않고 불량인지 유해한 것인지는 아직 모르지 않은가? 솔직히 많은 도시 서민을 위해서는 적절한 수준에서의 중국 식품 수입은 꼭 필요하다. 그런데도 중국산은 모두 가짜, 불량, 유해 식품으로 매도하는 것 같다. 보도 지침이 있는 것도 아닐 텐데 천편일률적인 것이 이상할 정도다.

앞서 소개한 비철금속사업을 하는 동생이 한동안 중국에서 한국식 염전을 경영한 적 있었다. 청정 해역에서 한국식으로 장판을 깔고 한국인 기술자가 한국식 천일염을 생산했다. 소금 제조 공정이 중국인들이 먹는 소금과는 종류가 달라 전적으로 한국 시장 수출용으로 생산한 것이다. 우리 식당에도 매년 한 트럭씩 보내와 음식을 만드는 데도 쓰고 한국 손님들께 작은 봉투에 넣어 사은품으로 드리기도 했다. 남편들이 집에 가져간 소금을 맛본 사모님들이 따로 찾아와 한국 소금 맛 그대로라며 팔라고 부탁하는 사람도 많이 있었다.

그런데 얼마 후 한국 뉴스에 중국산 값싼 불량 소금을 한국에서 수입해서 포대 바꿔치기를 한다는 뉴스 화면이 떴다. 화면을 가만히 들여다보니 그 친구가 만든 브랜드가 아닌가? 값은 저렴하나 절대로 불량 소금이 아니라는 사실은 내가 잘 안다. 맛있고 깨끗한 소금이다. 그 친구는 포대갈이를 하라고 한국으로 수출한 것이 아니다. 생산 원가가 저렴하니 값싸게 수출한 죄밖에 없다. 죄라면 싸게 수입해서 포대갈이를 한 한국의 수입업자의 죄다. 그럼에도 그 친구는 결국 그 사업을 접을 수밖에 없었다. 억울한 일이었다.

사실 김치든 수산물이든 상품을 주문하고 한국으로 수입하는 것은 한국 업체들이다. 제대로 된 상품을 제값을 주고 주문하고 상품 검사도 제대로 한다면 값싼 불량식품이 수입되는 것은 상당히 막을 수 있을 것이다. 중국만 탓할 일은 아닌 것 같다.

한국의 지인들은 가짜 달걀이나 폐식용유 재사용, 가짜 술에 목숨 잃은 얘기들이 보도될 때마다 걱정을 해준다. 전 중국의 달걀과 술이 모두 가짜이고 불량식품으로 생각하는 것 같다. 그러나 그런 뉴스는 중국에서도 뉴스거리인 것이다.

물론 모든 먹거리가 문제가 없다는 것은 아니다. 나도 몇 년 전까지는 슈퍼마켓에서 구입한 가공식품에서도 심각한 불량식품을 경험하기도 했고 저렴한 식당의 주방을 들여다보고는 경악하기도 했다. 그러나 지금은 완전히 달라졌다. 위생 상태가 좋지 않은 식당은 장사를 할 수 없는 시대가 되었고 불량식품을 판매하다가는 인터넷에서 난리가 나고 공장 주인은 인생을 망치는 시대가 되었다.

인터넷에 우스개 소재로 떠돌아다니는 대륙시리즈라는 것이 있다. 가끔은 다른 나라 장면들이 포함돼 있기도 하나 대부분은 중국에서 볼 수 있는 대단하고 재미있는 장면들이다. 정말 대륙이기 때문에, 많은 사람이 여러 방식으로 살고 있기 때문에 있을 수 있는 장면들이다. 그냥 감탄하면서 즐기고 감상하면 된다. 얼마 후에는 사진첩에만 남게 될 귀한 장면들일 수도 있다. 전혀 우스꽝스럽거나 폄하할 내용들이 아닌데도 우리가 그렇게 만드는 경우가 많다.

물론 실제로도 기막힌 장면들을 대할 때가 있다. 얼마 전이었다. 우리가 탄 차 앞에 승용차 한 대가 앞서가고 있었다. 앞지를 일도 없어 그냥 뒤따라 가는데 앞 차 창문에서 끊임없이 뭔가가 밖으로 던져지는 것이었다. 먼저 포장지들이 던져졌다. 이어 잠시 후에는 음료수캔, 그 다음에는 먹다 남은 빵조각들, 그리고 최후에는 손 닦은 휴지가 줄줄이 던져졌다. 이건 좀 심한 편이었지만 비슷한 경우는 아직도 많이 볼 수 있다.

또 한 번은 중국 TV의 시사 프로그램에서였다. 도시 대로변 한쪽에서 청소부가 거리를 쓸고 있는데 옆에 서있는 어느 중년여인이 뭔가를 먹으면서 쓰레기를 아무렇지도 않게 버리고 있는 것이었다. 바로 방금 쓸어놓은 그 자리에 버리는 것이다. 그때 기자가 나타나서 물었다. "그렇게 버리면 저 사람한테 미안하지 않은가."라고. 그러자 그 여인은 아주 당당하게 대답했다. "내가 이런 것 안 버리면 저 사람 직업은 필요도 없는 것 아니냐?"고. 물론 한심한 일이기에 TV에도 나온 것이겠지만 아직도 이런 장면들은 중국에서 쉽게 볼 수 있는 살아있는 동영상들이다.

세계 인구의 5분의 1이 모여 사는 곳이기에 지구촌 얘기의 5분의 1이 중국인 얘기라고 해도 이상할 것은 없다. 별의별 얘기가 많고 그만큼 훌륭한 얘기, 감동적인 얘기도 많다. 최근에도 살신성인 버스 기사 얘기가 많은 사람을 감동시켰고, 강아지 한 마리가 한국인들의 마음까지 따뜻하게 만들어 주기도 했다. 24일 동안 사이클 선수들을 따라 티베트까지 2,000킬로미터나 달린 유기견 강아지 샤오싸(小薩)의 얘기다. 이런 뉴스를 한 번씩 접하게 되면 중국의 모든 버스기사가 훌륭하게 느껴지고 모든 중국 강아지가 사랑스럽게 느껴지게 된다. 다시 한 번 보도 매체의 역할과 사명감을 느끼지 않을 수 없다.

중국은 대륙이다. 북쪽에서 스키를 탈 때 남쪽에서는 해수욕을 하고, 남쪽에서 태풍에 물난리가 나도 위에서는 맑고 바람 한 점 없기도 하다. 중국 관련 보도를 할 때, 국가적인 정치·경제 이야기가 아닌 사건 사고의 경우에는 그것이 발생한 지방을 지목해주는 것이 바람직한 것 같다. 광동성에서 조류독감이 발생했다면 단순히 중국에서 발생했다고 하기보다는 적어도 중국 남부 지방에서 발생했다고 하는 것이 우리 여행객의 안전이나 우리의 대책을 위해서도 적절할 것으로 보인다. 적어도 중국을 동서남북 네 구역 정도로 구분해서 알려준다면 보다 정확하게 전달할 수 있지 않을까 싶다.

나라의 국제적 위상이 오르면서 중국 국민의 자긍심이 하늘을 찌를 듯하다. 가끔은 안하무인 격의 태도에 상처받는 상대방 국민도 있겠지만 자기들끼리의 그 자긍심은 애국심으로 통하고 또 체제와 정부에 대한 지지와 군인과 경찰과 공무원에 대한 존중과 배려로 통하는 것 같다. 남의 나라지만 부러운 일이다.

아침과 저녁 일출과 일몰 시간에 맞춰 실시하는 국기 게양, 하강 행사는 외국인이 보기에도 엄숙하고 멋있다. 그것을 바라보는 수많은 사람들의 마음속에 애국심이 절로 생기지 않을 수 없을 듯싶다. 우리나라 광화문 광장 그 넓은 곳에 국기 하나 게양할 자리가 없는 것일까? 우리는 우리의 모든 아들과 오빠, 동생들을 군대에 보내면서도 군과 군인에 대한 존중심이 거의 없는 듯하다. 더구나 자기 자신이 군인이었던 젊은이도 크게 다르지 않다.

얼마 전 중국의 서부 국경을 지키는 인민해방군 젊은이를 취재한 TV 방송을 본 적이 있다. 인도인지 파키스탄 국경인지는 잊었으나 히말라야 기슭 수천 미터 고지 위의 혹독한 환경 속에서 국경을 지키는 젊은 병사의 모습이었다. 편집도 잘 되었겠지만 그 친구의 믿음직함, 애국심, 충성심은 외국인인 내가 보기에도 중국 시청자들이 믿음직해 하겠다고 생각하게 만들었다.

우리 TV에도 군인 프로그램이 있다. 즐거운 병영 생활도 소개하고 엄마 만나 휴가를 가는 모습을 보면 가슴이 따뜻해지기도 하지만 한편으론 가엾고 애처로워 보이기도 한다. 우리도 든든하고 믿음직한 군인들의 여러 모습이 소개되면 좋을 것 같다. 특히 군인의 길을 직업으로 삼고 살아가는 부사관이나 장교들, 그 가족들의 얘기도 소개하면서 나라를 지키는 사람들이 딴 세상 사람들이 아니라 우리에게 중요하고 존중받아야 할 사람들이란 것을 항상 교감할 수 있도록 해 주어야 하지 않을까 생각해 본다.

아무리 중국에 오래 살았어도 외국인은 외국인이다. 하기야 내가 한국인이면서도 우리 한국인을 모르는데 내가 중국인을 모르는 것은 당연한 일이기는 하다. 아직도 많이 헷갈리는 것들이 있다. 우선 상대방이 알고 있는지 모르고 있는지 잘 모르겠다. 몰라도 아는 척하는 경우가 많고 알아도 모르는 척하는 경우도 많기 때문이다.

길을 물을 때도 많이 경험을 했지만 회사에서도 마찬가지다. 책임자를 불러 영업 부진에 대한 이유를 물어보면 수많은 이유들이 청산유수처럼 풀려나온다. 세계 금융 위기와 중국의 무슨 정치 행사의 얘기까지 끝없는 장광설이다. 처음 듣는 사람은 이 친구의 대단한 식견에 감탄할 정도다. 그러나 아무리 들어도 질문에 대한 답은 아니다. 아는 척은 하는데 실제로는 모르고 있는 경우가 많은 것이다. 그래서 회사 일을 할 때도 직원이 이 일의 핵심을 알고 있는지를 확인할 필요가 있다고 생각된다.

반대의 경우도 많이 본다. 자기와 관련 없는 일에는 절대 엮이려 하지 않기 때문이다. 회사 안에서도 모두가 누구 잘못인지 알고 있는 일도 특정인을 지적해 누구 잘못이냐고 물어보면 아무도 대답하지 않는다. "너 알지?" 하고 물어도 "워부즈다오(나는 모릅니다)."이다. 완전히 처음 듣는 듯한 멍한 표정을 짓기 일쑤다. 남의 일에 상관하지 않겠다는 의지일 것이다.

그렇다면 왜 남의 일에 연루되기 싫어하는 것일까? 구경꾼의 입장일 때는 또 달라진다. 사람이 지나다니는 곳 어디건 무슨 일만 일어나면 구경꾼들이 모여든다. 그리고 모두가 콩 놔라, 밤 놔라 하면서 인민재판의 배심원이나 재판관이 되는 것이다.

오래전이지만, 어느 날 시내를 운전하다 사거리 교차로를 지나게 됐다. 길을 잘 몰라 주저주저하는 하고 있는데, 좁은 골목 안쪽에 서 있던 교통경찰이 가까이 오라고 손짓을 했다. 서 있던 것도 아니고 뒤에 차가 밀린 것도 아닌데 오라고 하니 의아했다. 경찰이 있는 작은 길은 일방통행으로 이쪽에서는 들어갈 수 없는 길이었다. 좁은 길이고 표시도 그렇게 돼 있었다. 길목에서 우물쭈물하면서 경찰을 쳐다보니 들어오라고 다시 손짓을 했다. 가까이 가자 내리라고 했다. 차 속에서 왜 그러느냐고 물었다. 아무튼 우선 내리라고 했다.

좋지 않은 기분으로 내리자 면허증과 자동차 검사증 등의 온갖 증명서를 다 보자는 것이다. 마침 다 가지고 있었다. 벌써 주위 사람들이 몰려들고 있었다. 대여섯 명이 모이다가 나중에는 20~30명이 둘러싸는 것이었다. 그러자 경찰은 일방통행에 들어왔다고 벌금을 내고 오라는 것이었다. 당신이 오라고 해서 왔는데 무슨 소리냐고 손짓 발짓 섞어 항변을 했지만 막무가내였다.

그러자 관중의 인민재판이 시작됐다. 이제 경찰은 빠지고 모여든 사람들이 모두 한마디씩 하는 것이었다. 외국인이 중국에 왔으면 중국 법에 따라야지, 당신이 중국에 돈 벌러 왔으면 이 정도 벌금은 내야지, 빨리 내고 와라 등등의 말들이 이어졌다.

어쩔 수 없었다. 뜨거운 6월의 태양 아래 차를 그대로 세워놓은 채 경찰이 알려주는 교통대라는 곳까지 걸어가서 벌금을 냈다. 기다리고 있는 그

경찰에게 영수증을 갖다 보여주는 데까지 두 시간 이상이나 걸렸다. 놀라운 것은 그 많은 사람이 그 더위에도 그때까지 모두 기다리고 있었다는 사실이다. 영문도 모르는 새로운 사람들까지 더해져 우리를 기다리고 있었다. 딸기 봉투를 들고 처음부터 참견하던 사람부터 자전거 뒤에 손자를 태운 할아버지까지. 정말 신기할 정도였다. 본인이 엮이는 것은 안 되나 남의 일에는 정의를 구현하려는 자세인가 보다.

이 일을 회사의 중국 직원들에게 얘기했더니 내가 위반한 것은 교통경찰에 대한 괘씸죄였다고들 했다. 경찰이 부르면 무조건 차에서 내려섰어야 한다는 것이다. 지금 경찰은 교통위반 정도에는 모두 친절하게 시작한다. 결과야 어떤 처벌이 되건 간에 먼저 미소를 짓고 거수경례를 붙인다. 그런 다음 면허증을 보자고 한다. 참고로 중국에는 교통 단속 경찰에게 돈을 찔러 주는 문화는 없다.

중국이 많이 달라지고 있다. 오래전부터 중국인들의 불친절은 아주 유명했다. 상점에서 물건을 팔고 거스름돈을 내줄 때면 더러운 돈을 버리듯이 던져서 주는 것이 대표적이었다. 이때는 고객이 한 장 한 장 정리해 챙겨 넣어야 한다. 또 택시 운전사는 담배를 뿜어대면서 공짜로 태워주는 듯 위세를 부리기도 했다. 어찌 일일이 그 많은 불친절의 경험담을 나열할 수 있으랴. 줄 서서 기다리는 것은 바보였다. 새치기 때문에 줄이 줄어들지 않기 때문이다. 아주 자연스럽게 쓰윽 하고 들어와서는 천연덕스러운 표정을 짓는다. 이럴 때면 중국 사람들에 대한 온갖 정나미가 싹 떨어져 버리기도 했다.

그러나 최근에는 달라지고 있다. 모르는 사람에 대한 친절과 배려의 분위기도 많이 느껴진다. 지금은 상점 점원이든 택시기사든 친절하지 않은 사람을 보는 것이 더 어렵다. 엘리베이터를 탈 때나 줄을 설 때 양보를 받거나 길을 건널 때 차 속의 운전자가 먼저 건너라고 미소를 보내주기도 한다.

전에는 없었던 문화다. 그럴 때마다 중국인 모두가 잘생겨 보이고 중국 생활도 즐거워진다.

사실 나는 중국 생활을 처음 시작할 때 누군지도 모르는 한 행인의 친절에 깊은 인상을 받은 적 있다. 아들이 방초지 소학교에 갓 들어갔을 때의 일이다. 등교를 시작한 지 며칠 만의 일인데 아파트 관리소에서 연락이 왔다. 아파트 기사가 학교 앞에서 기다리고 있는데 아이가 오지 않는다는 것이다. 학교에서는 이미 나갔다고 하고 날은 어두워져서 모두 당황할 수밖에 없었다.

그런데 깜깜해진 후 아이가 돌아왔다. 얘기를 들어보니 기사가 보이지 않아 걸어오려고 했다는 것이다. 차만 타고 다니다 보니 가까운 줄 알았지만 걸어서 올 수 있는 거리가 아니었다. 아이가 한참을 걷다가 길을 잃었는데 아까부터 뒤따라오던 자전거를 탄 할아버지가 가까이 오더니 어디 가느냐고 묻더라는 것이었다. 그리곤 자기 자전거에 태워서 아이도 잘 모르고 본인도 모르는 곳을 헤매고 물어가면서 그 먼 아파트까지 데려다주고 돌아간 것이다. 그 일이 있은 후 내 마음속에 중국 사람은 모두 친절한 사람으로 인상이 박힐 수밖에 없었다.

중국인의 돈 벌기

거의 17~18년 전이었다. 처음 부임해 아파트를 구하기 전에 쉐라톤 호텔에서 몇 달 묵었을 때 나에게 잘 해주던 도어맨이 찾아왔다. 영어도 꽤 잘하고 빠릿빠릿하게 짐도 잘 챙겨주고, 차도 잘 잡아줘서 가깝게 지내던 사이였다. 본사 출장자들도 대부분 그 호텔에서 묵었고 사무실 바로 앞에 있다 보니 그 이후로도 계속 알고 지냈는데 어느 날부터인가 보이지 않던 친구였다.

그 친구가 날 찾아와서는 자동차를 대량으로 수입하겠다고 한다. 그래서 "너부터 한 대 사라."고 하니 자기는 벤츠를 타고 다닌다고 말했다. 그동안의 얘기를 들어보았다. 도어맨을 하는 중 호텔에 묵고 있던 어느 외국인과 친하게 되었다고 한다. 그리고 그 외국인의 소개로 거래처인 중국 회사에 들어가 그 외국인 회사 담당으로 일하게 되면서 성공하게 되었다는 것이다. 작은 일이라도 열심히 하면 성공한다는 인생역전의 얘기이기도 하지만 중국에서는 누가 어느 날 갑자기 부자로 나타날지 아무도 모른다는 걸 실감케 해 준 사건이기도 했다.

나와 비슷한 시기에 현대그룹의 다른 회사 주재원으로 나왔다가 그만두고 장사하던 친구가 있었다. 한창 어렵게 지내는 것 같더니 어느 날 갑자기 번호판도 달지 않은 BMW 최고급 차량을 몰고 골프장에 나타났다. 여러 사업을 거쳐 벨소리 다운로드 사업을 했는데 몇 개월 만에 그 사업을 중국 업체에 팔았다는 것이다. 남의 얘기라 얼마라고 밝히지는 않겠지만 넘기고 받은 돈이 한국 돈 수백억 원이었다. 단 몇 개월 사이에 생긴 일이다. 그 친구는 그 돈으로 투자 사업을 전문으로 하겠다며 서울로 들어가고, 벨소리를 인수한 중국 회사는 얼마 지나지 않아 그 사업을 접었다. 투기성 IT 사업 M&A가 한창일 때의 얘기지만 중국에서는 그렇게도 벌 수 있었다.

하루가 다르게 새로운 사업 기회들이 생겨나고 새로운 사장과 회장들이 생겨났다. 외국인들이 돈 보따리를 싸들고 들어와 파트너를 찾고 사업을 만드니 웬만한 중국 기업들은 기회가 많기도 했다. 그 10여 년 전 한국의 은행들은 중국 은행의 L/C(신용장)는 직접 받지도 않았다. 미국은행의 보증이 있어야 했다. 그랬던 한국의 은행들은 10여 년 사이 간판들을 내렸고 그때 수모 당했던 중국 은행들은 세계적인 은행들이 되었다. 중국의 대기업들도 세계적인 기업들이 되었다. 젊고 유능한 인재들은 그런 회사에서 높은 연봉에 중요한 자리를 차지하고 있기도 하고 사업 기회를 잡아 독립해서 큰 사업을 만들기도 했다. 인맥과 배경, 외국 기업과의 제휴는 성공의 날개가 되어 주었다.

한국의 IMF도 중국의 많은 사람에게 돈을 벌게 해주었다. IMF로 쓰러진 기업의 생산라인을 저렴하게 옮겨와 자기들 것으로 만들기도 했고 명퇴한 고급 기술자들을 싼값에 초빙해서 수십 년의 노하우를 단기간에 획득해 버리기도 했다. 지금도 중소 자동차 공장을 방문하면 한국인 기술자가 없는 공장이 없다.

그러나 무엇보다 부동산 개발이 최고였다. 큰 부동산 사업으로 돈 버는 경우는 우리가 알 수 없는 일이지만 일반 시민들에게도 부동산 투자는 중요했다. 부동산에 투자했는지의 여부가 부자가 되느냐 그냥 남느냐를 결정지었다. 그리고 결국 부동산 투자는 부자가 되는 가장 확실한 길이었다는 것이 증명되었다. 그 기회를 활용한 사람들은 지금 자산가로서 편안한 인생을 보장받게 되었다.

2~3년 전까지만 해도 아파트 값이 1년에 두 배로 뛰는 것은 놀랄 일이 아니었다. 중개업자 문 앞 전광판에 반짝이는 아파트 시세는 매일매일 달라졌다. 은행은 집값의 20~30%만 내면 무조건 아파트 담보 대출을 해 주었다. 우리 식당에서 10년 동안 재무를 맡아 온 50대 부인은 그런 방법으로 1~2년 사이에 아파트와 별장을 서너 채씩 마련했다. 목돈 없이도 단시일에 우리 돈으로 수십억 원의 자산가가 된 것이다. 이젠 회사도 그만두고 두 딸 모두 BMW 사주고 아파트 사주고 편히 지내고 있다. 집사람이 한번 연락했더니 해외여행 중이라고 했다.

큰 회사를 다니던 사람들은 회사에서 분배된 아파트를 거의 공짜로 분양받았다. 분양받자마자 시가로 팔 수 있으니 수억 원이 단숨에 남았다. 그 돈을 밑천으로 20~30%만 넣으면 은행에서 빌려 여러 채의 아파트를 다시 살 수 있었다. 그리고 그 아파트 값은 또다시 뛰었다.

개발 붐은 사람의 팔자를 하루 만에 바꾸어 놓기도 했다. 내가 자주 다니는 골프장 캐디 중에는 수억 원대 자산가들이 많다. 우리나라에서는 그 젊은 나이에 그만한 자산을 갖는 것은 불가능한 일이다. 대부분의 캐디들은 골프장 근처 그 동네 출신인데 올림픽 경기장이 들어서면서 농가들이 철거되고 보상금을 받았기 때문이다. 재미난 것은 헐리기 직전이다. 헐리는 농가 주택을 이층으로 올리고 타일을 붙이고 화장실도 수세식으로 바꾼다는 것이었다. 이유는 우리와 비슷했다. 집을 개조해 놓으면 개조 비용의 몇 배에 해당되는 추가 보상금이 나오기 때문이라는 것이었다. 북경 골프장엔 자기가 서비스하는 한국인 골퍼보다 부유한 캐디들이 많이 있다.

지금은 문을 닫았으나 천진 보세구역에 내가 참여한 합작회사가 하나 있었다. 당시 보세구 안에서는 직원들을 구하기 어려웠다. 그래서 북경에서 채용한 직원들을 회사 부근에 임차한 여러 채의 아파트에 묵게 했다. 그 아파트의 시세는 평방미터당 2,000위안 이하였다. 몇 년이 지난 후 한가한 시간에 직원들에게 어떻게 살고 있는지 물어봤다. 어떤 친구들은 그냥 그 아파트에 공짜로 살고 있었지만 대부분의 친구들은 회사의 보증으로 은행 융자를 받아 자기 집으로 만들어 살고 있었다. 그때는 이미 세월이 지나 집값은 10배 가까이 올라 있었다. 순간의 결정이 몇 년 후 큰 차이를 만들어 버린 것이다. 그중 한 친구는 사내 결혼으로 아이도 낳고 그렇게 아파트도 갖게 되었다. 그 회사에 근무하게 된 것을 큰 행운으로 알고 행복하다고 했다.

내 기사는 자기 차로 출근해서 우리 집에 주차시켜 놓고 내 차를 운전한다. 미국의 버스 운전사가 자가용을 타고 출퇴근한다는 어릴 때 듣던 얘기가 중국에서도 현실화된 것이다. 이 친구는 북경 토박이라 시내 중심의 오래된 집에 살고 있는데 어느 날 집값을 물어 보니 한국 돈 20억 원은 된다고 했다. 내가 주는 월급은 5,000위안, 와이프가 주유소 직원으로 버는 돈은 그보다 적었다. 그러나 자산은 수십억 원인 것이다. "너 너희 사장보다 부자구나." 했더니 시세만 그렇고 팔리지를 않는다는 것이다. 재개발 얘기가 한참 나와서 큰돈 벌 줄 알았는데 지금은 입질도 없다고 했다. 재개발이 되느냐 아니냐가 이 친구가 여생을 어떻게 지내게 될지를 결정하게 되는 것이다.

집으로 돈을 번 얘기를 반복해 소개하는 이유는 필자가 아는 중국인이 돈 버는 방법 중에서는 그래도 가장 일반적이고 합법적일 뿐 아니라 확실한 방법이었기 때문이다. 강남 개발 시기에 강남에 투자했는지의 여부가 부의 운명을 가른 것과 마찬가지일 것이다. 지난 몇 년 동안은 부동산으로 돈을 버는 것은 땅 짚고 헤엄치기였다. 20~30%의 선수금만 있으면 은행들은 무한정 대출을 해줬다. 그러나 이제는 다 지나간 얘기다. 은행 대출 규정이 엄격해지고 구입할 수 있는 아파트 수도 제한되었다.

이처럼 부동산으로 돈을 벌고도 부자들의 돈에 대한 관심은 그칠 줄을 모른다. 술친구들과 거나해지면 자기들끼리의 얘기는 늘 어떻게 하면 돈을 벌 수 있는가에 모아진다. 이 경우에는 투자 얘기가 주류를 이룬다. 지금은 무엇을 사둬야 한다, 누가 벌써 얼마만큼 벌었다, 이 비밀은 너니까 알려준다 하는 등등의 얘기가 오간다. 모두 자신만의 확신에 차 있기도 하다. 어려운 중국어인 탓에 잘 들리지 않는 것이 아쉬울 뿐이다.

중국의 유명한 술 마오타이(茅臺)는 중국의 어느 식당에서도 값이 적혀 있지 않다. 그냥 시가라고만 적혀 있다. 값을 물어보면 기다리라고 한 다음 주인한테 물어보고 와서 값을 알려 준다. 하루하루 값이 다르기 때문이다. 내려가는 일은 절대로 없다. 요즘 시세로 53도짜리라면 3,000위안 정도 하겠으나 이 책이 나오는 몇 개월 후에는 어떻게 돼 있을지 알 수 없다. 요즘은 너무 비싸 마시는 사람도 별로 없는데 왜 그럴까? 투자 대상이기 때문이라는 것이다. 술을 마시지 않는 사람도 여윳돈이 있으면 사다가 쌓아놓는다고 한다. 귀주(貴州·구이저우) 마오타이는 생산량이 제한돼 있기 때문에 오를 수밖에 없다는 것이다. 얼마 전 50년산 마오타이 한 병이 우리 돈 2억 원 이상에 팔렸다는 뉴스도 있었다.

보이차(普洱茶·푸얼차)가 한동안 또 그랬다. 천정부지로 올랐다. 동충하초도 마찬가지다. 그러나 보이차 투기는 막차 탄 사람들이 손해를 많이 봤다고 한다. 튤립 투기를 따라간 것이다. 술친구들의 말로는 지금은 옥(玉)의 시대라고 한다. 호탄옥(和田玉)이라고 신강(新疆)위구르자치구 호탄(和田)이라는 동네에서 출토되는 옥인데, 이미 몇 년 전에 비해 수십 배나 올랐다고 했다. 필자도 10그램 정도 되는 옥 조각이 있다고 하자 좋은 옥이라면 5만 위안은 될 것이라고 은근하게 부추긴다. 괜히 배불러지는 느낌이 들었다. 돈, 돈, 돈, 확실히 중국인의 돈에 대한 사랑과 감각과 노력은 대단한 면이 있다.

그러나 모든 중국인이 다 그럴 수 있는 것은 아니다. 더 많은 사람은 1년에 1만 위안을 벌기도 어렵다고 한다. 이런 사람들은 어떻게 보면 목돈을 만질 기회가 영원히 없는 듯 보이기도 한다. 누구는 한 끼 식사에 수천 위안을 쓰지만 누구는 2~3위안짜리 만두 한 봉지로 끼니를 때운다. 부모에게 물려받을 것이 없는 젊은이에겐 아파트 하나 장만하는 것은 불가능한 목표일 수도 있다. 아파트 값들이 너무 올라버려 처음부터 시작해서는 아무리 열심히 해도 아파트 값을 좇아가기 어렵기 때문이다. 우리와 똑같다.

그런데 이상한 것은 자기가 돈이 없어도 돈 많은 사람에 대한 나쁜 감정의 말을 하는 것을 들어보지 못했다는 것이다. 나만 못 들었는지는 모르지만 말이다. 우리나라 같으면 권력형 축재인데도 다들 당연하게들 받아들이는 듯하다. 이런 모습을 보면 부자와 빈자는 같은 중국 땅에서 살아도 완전히 별개 세상에서 따로 살아가는 것처럼 보이기도 한다. 중국 정치 고위층의 많은 친인척들이 막대한 부를 축적하고 있다는 소문이 그렇게 자자해도 아무도 뭐라고 하는 사람이 없다. 당연히 그 사람들은 그럴 것이라고 생각할 뿐이다. 우리나라에서라면 있을 수 없는 일이다.

북경에 올라와 일하는 지방 사람이 많다. 가정부나 막노동 같은 힘든 일은 대부분 그 사람들이 한다. 아가씨들도 많다. 우리의 60~70년대 무작정 상경했던 시골 아가씨들과 마찬가지다. 우리 식당에도 그런 친구들이 많다. 식당 주인으로서는 요즘 월급이 올라가고 보험료가 높아지는 게 부담스런 정도지만 본인들로서는 아직도 많이 낮은 수준이다. 사실 한 달 월급이라고 해봐야 자기가 서빙하는 테이블 한 개에서 몇 명이 술 한 번 마시는 수준이다. 좋은 술이라면 한 병값도 안 된다.

꽃다운 나이에 그 적은 월급을 받아 집에도 보내고 그걸로 휴대폰도 사고, 통화료를 내고, 화장품을 사고, 옷도 좀 사면 모자라고도 모자란다. 가끔씩 고향집에서 상이라도 당하면 기차 타고 버스 타고 하루 이상 걸려 도착해야 한다. 그것도 표가 없어 혼자 울고불고 할 때도 있다. 그래도 항상 웃는 낯으로 밝은 모습으로 손님들께 서비스하고 사장에게도 예쁘게 하는 걸 보면, 안쓰럽기도 하고 미안하기도 하고 대견하기도 하다. 돈 많은 좋은 사람 만나서 다들 잘 살게 되기만을 바랄 뿐이다.

돈을 번다는 것이 누구에게는 너무나 쉽고 누구에게는 너무나 고되다. 누구는 단 한 시기의 부동산 투자로 편한 여생을 보장받고 그렇지 않은 나머지는 평생 그 집값을 따라잡기 어려워 고생고생하며 산다. 가슴 아픈 얘기지만 한국이나 중국이 모두 같다.

중국인의 돈 쓰기

중국인들은 돈 많은 사람이 돈을 어떻게 쓰든 아무도 상관하지 않는다. 누가 한정판 스포츠카를 몇 대나 갖고 있든, 집이 얼마나 크고 호화스럽든,

젊은 얼나이(二奶·첩이나 애인)가 몇 명이든 모두 남의 일이다.

우리 주요 고객인 로컬 자동차 메이커를 방문했을 때의 얘기다. 수출 대수는 많으나 차량 가격은 아주 저렴한 소형차 메이커였다. 회사는 적수공권으로 성공한 오너의 개인회사였다. 직원들과 저녁을 먹다가 이 회사 오너는 무슨 차를 타고 다닐까 궁금했다. 직원의 대답은 예상했던 대로 오너는 자기네 공장에서 생산한 차를 타고 다닌다고 했다. 나는 돈 많은 거부의 근면성이 대단하다고 생각했다. 그런데 그 직원이 한마디 더 꺼낸다. 오너 아들은 다른 차를 탄다는 것이다. 그리고 며칠 전 교통사고로 그 자동차가 완전히 박살이 났다는 것이다. 부가티라는 슈퍼카인데 그중에서도 비싼 모델이라고 했다. 그러면서 그 공장에서 수출하는 차를 2만 대 이상 팔아야 그 차 한 대를 살 수 있을 거라는 것이었다. 그리고 그런 차가 사고난 차 말고도 또 더 있다는 것이다. 그냥 다른 나라의 모르는 사람 얘기인 듯 재미나게 이야기한다.

우리라면 한 갑에 300위안, 오만 원 이상짜리 담배를 피울 수 있겠나? 내가 다니던 중의사 할아버지는 그런 담배를 하루에 세 갑씩 피웠다. 자기는 골초이기 때문에 몸을 생각해서라도 좋은 담배를 피워야 한다고 했다. 같은 애연가로서 몸 걱정하는 건 수긍이 돼도 한국이라면 어떤 갑부가 감히 그렇게 얘기할 수 있을까. 담배 피우는 회사 간부의 응접 테이블 위에는 한 갑에 100위안, 200위안짜리 담배꽁초가 수북하다. 손님 접대용 명분으로 한 줌에 수천 위안하는 중국차와 함께 하루 종일 피우고 마신다.

우리 여직원이 한 번은 미국 출장을 다녀왔다. 라스베이거스 부근 아웃렛에서 가방을 하나 사왔다면서 역시 싸기는 싸다고 하는 것이었다. 3,000달러밖에 안 주었다는 것이다. 이 아가씨같이 외아들과 외동딸이 만나 사는 젊은 가정은 여유로울 수밖에 없다. 양쪽 집안 어른들이 집도 사주고 차도 사주고 용돈도 준다. 거기다 자기들 수입도 적지 않으니 부족한 게 없는 것이다. 이 아가씨에겐 3,000달러짜리는 비싼 것도 아닌 게 맞기는 맞다.

젊은이들이야 그렇다고 해도 항상 털털했던 나이 먹은 내 친구조차도 이젠 명품족이 되어버렸다. 양복도 이태리제이고 골프 복장도 모두 값비싼 수입품들이다. 양복은 해외 출장을 갈 때마다 사 온다는 데 2만~3만 위안밖에 안 된다며 대수롭지 않게 얘기한다. 물론 북경보다는 훨씬 싸지만 그게 싼 건가? 얼마 전 사무실 부근 호텔에 맞춤양복점이 생겼기에 호기심에 들어가 보았다. 이태리나 영국제 고급 천을 쓴다면서 싸게 해 주겠다고 5만 위안만 내라고 한다. 그런데도 잘 되는 모양이다.

전에는 중국 부자들은 겉모습에 돈을 들이지 않고 소박하고 편안한 옷차림을 좋아하는 줄 알았다. 그런데 달라진 것이다. 젊은 사업가는 물론이고 회사원들까지도 가능하면 명품으로 치장하고 고급음식점에 고급차에 돈을 물 쓰듯이 쓴다.

자기 돈으로 그렇게 사는 사람도 있지만 선물로 받는 경우도 있는 듯하다. 좀 지난 얘기지만 한 번은 최고급 명품점이 모여 있는 곳을 지나다가 무심코 한 상점의 쇼윈도를 들여다보았다. 가격표가 보이는데 한국에 비해 턱없이 비싸게 붙여 있었다. 도대체 다른 물건들은 얼마씩으로 붙여놨는지 들어가 보았다. 이것저것을 둘러보고 있는데 허술하게 차린 순박해 보이는 중년의 남자와 장사하는 사람이 틀림없는 젊은 사람이 같이 들어왔다. 젊은 사람이 잠시 둘러보더니 중년 남자에게 이것저것 입어보게 하고는 구두에서 양복 와이셔츠 벨트 지갑까지 완벽한 일습을 중년 남자에게 안겨주는 것이었다. 그리고 옆에 낀 목욕가방만한 손가방에서 현찰 덩어리 몇 개를 꺼내 지불했다.

한 번은 중국인들과 함께 파리를 들른 적 있었다. 한 친구가 북경에서부터 통역을 부탁해 같이 지내게 되었는데 하루는 명품 시계상점을 같이 가자고 했다. 지갑에서 쪽지를 꺼내 건네주면서 그 모델로 사달라고 했다. 직원에게 보여주니 이 모델은 방금 나온 모델이라 선불을 줘야 석 달 후 상품이 인도된다는 것이었다. 파란눈의 점원 아가씨도 이 친구를 다시 올려다 보고 나도 놀랄 정도의 믿어지지 않는 고가의 시계였다. 그 시계를 자기가 차려는 것인지 누구에게 선물하려는 것인지는 몰라도 기다려야 한다는 말에 이 친구는 크게 실망했다. 그리곤 다른 명품점에 가서는 와이프가 원하는 모든 것을 백에 쓸어 담아 주었다. 옆에 같이 있던 우리 집사람도 내색은 안 했지만 부럽기는 했을 것이다. 북경공항에서 우리와 처음 만나 출발할 때는 그야말로 시골 아줌마였는데 오늘로부터 사람이 바뀌는 것이었다. 변태하는 것이다. 돈이 있는 걸 어떻게 하랴. 쓰고 싶은데 써야지.

중국이 짝퉁 천지라고 해도 짝퉁의 주된 고객은 중국인이 아니다. 짝퉁 시장 찾는 사람의 대부분은 외국인들이고 한국인도 상당히 많다. 돈 많은 중국인은 그런 거 살 생각이 없고, 돈 없는 사람은 그런 거에 관심도 없다. 북경 대로에는 포르쉐, 레인지로버, 벤츠, 아우디, BMW가 줄지어 달린다. 우리의 대표 차종 에쿠스가 중국에서는 설 자리가 없을 정도다. 그들에게는 우리가 얘기하는 디자인 성능 품질 가격경쟁력은 관심의 대상이 아니다. 오로지 누구나 경외심을 갖고 올려다보아야 할 유럽 브랜드의 고가 대형차여야만 한다. 작은 사업을 하는 사람도 마찬가지다. 비싼 명품차를 타고 나와야 회사나 사람을 믿는 사회 분위기다.

세계 명품 한정판 자동차는 중국에서부터 팔리고 그것도 모자라 중국 VIP용이라는 말도 되지 않는 초고가 모델들이 나오고 있다. 북경엔 없는 게 없다. 우리가 상상하는 이상의 모든 것이 있다. 그걸 자랑스럽게 사는 사람이 있고 그런 걸 즐기는 사람들이 있기 때문이다. 부자들의 천국이다. 그럼 가난한 사람에겐? 그냥 그런 꿈을 꾸는 곳? 아니면 다른 세상 이야기? 남의 얘기가 아니다.

10
북경일기

가족 이야기

집사람 이야기

    나의 중국생활은 아내에게는 말할 것도 없고 양가의 부모님과 아이들까지 3대에 걸쳐 크게 영향을 미쳤다. 가장 미안하고 죄스러운 것은 재혼은 하셨어도 외로우셨던 아버님 곁을 너무 오래 떠나 있었던 것이고 마지막일지도 모른다는 불안감 속에서도 북경으로 다시 떠나게 된 것이다. 임종을 지켜드리지 못한 죄가 너무나 크다.

    집사람에게는 미안하고 고맙다. 지금까지 고생시키는 것도 미안하지만 남편 자신도 겁나고 무서웠던 제2 인생을 같이 시작하면서 어떤 불안한 내색도 없이 남편을 믿어주고 지지해주고 도와준 데 대해 너무 감사하다. 보통 여자로선 어려운 일이다.

    식당을 만들어 덜렁 던져줬어도 어떤 불평도 없이 고생길에 들어서준 희생과 용기에도 고맙다. 난생 처음 하는 장사, 특히 식당일이 쉬울 리 없었다. 수많은 관공서 문제와 시설 문제, 재료 문제, 음식 문제, 직원들 문제로 일상들이 얼마나 힘들었는지 잠시만 같이 있어도 알 수 있었다. 여기저기서 오는 수많은 전화에 일일이 대응하고 해결해야 하는 건 옆에 듣는 사람도 신경질이 나고 때려치우고 싶을 정도였다.

그래도 집에 와서 청소에다 밥하고 빨래하고 남편 뒤치다꺼리하고 아이들 돌보면서도 힘든 내색 한 번 없었다. 흔한 가정부도 없이 혼자서 다 해냈다. 이젠 여러 개 식당에 여러 명의 한국인 직원과 수십 명의 중국인 직원들을 이끌어가는 모습을 보면 대단하단 생각이 절로 든다.

그리고 그렇게 고생하고 일도 많은데 집에서 살림만 할 때보다 더 건강해지고 활기차진 것은 정말 신기하기도 하고 고맙기도 하다. 인생의 반려를 넘어 동업자로까지 같이 행복하게 건강하게 늙어갈 수 있기를 소망한다. 가끔 골프나 같이 좀 나가 준다면 정말 더 이상 고마울 게 없을 것 같다.

식당을 개업하고 얼마 지나지 않은 그날이 지금도 기억난다. 하루의 휴식도 없이 365일 식당 일에 힘들어하던 어느 날 아침 같이 출근하는 길이었다. 파란 가을 하늘이 너무나 좋았다. 집사람이 이런 날 교외나 한 번 나가면 얼마나 좋을까 하고 혼잣말을 했다. 가슴이 찡해 오고 너무나 미안했다. 그날 중요한 약속이 있었지만 다 잊기로 했다. 경순로 대로에서 왼쪽으로 핸들을 돌렸다. 내 사무실과 식당은 오른쪽 방향이다. 집사람은 이상하다는 듯이 나를 쳐다보았다. 운몽산으로 해서 화이로 호숫가를 한 바퀴 돌아서 오자고 하니 그날은 식당이 바쁜 날이라고 했다. 둘 다 몸이 아파서 출근하지 못했다고 생각하자고 했다. 아픈 것보다는 낫지 않겠는가?

오랜만에 오색 단풍이 물든 흑룡담 백룡담의 높은 산과 계곡을 지나고 파란 하늘이 내려앉은 밀운 호수 옆을 거닐었다. 모든 것을 잊고 양떼 사이에서 사진도 찍고 높은 곳에 나란히 앉아 까마득한 계곡을 내려다보기도 했다. 그렇게 돌아왔는데 댓 시간도 걸리지 않았다. 일에도 지장이 없었다. 잠깐 시간을 내면 이렇게 행복할 수 있는데 왜 이렇게 여유 없이 힘들게 살고 있었을까 반성하며 앞으로는 자주 더 왼쪽으로 방향을 틀기로 했다. 그리고 10년이 되었는데 아직 왼쪽으로 방향을 틀어보지 못했다.

아들 이야기

아들은 초등학교 3학년 때 북경에 왔다. 자신의 의지와는 관계없이 아버지의 직장 때문이다. 그리곤 중국 소학교에 입학하고 중국 초중과 고중을 거쳐 북경대학을 졸업했다. 대기업 주재원의 일반적인 경우와는 다르게 완전한 현지 과정을 이수한 것이다. 북한 대사관 바로 옆에 위치한 방초지 소학교는 북한 학생은 물론이고 대부분의 제3세계 국가의 외교관이나 그런 나라 북경 주재원들의 아이들이 다니는 곳이다. 외국인이 들어갈 수 있는 유일한 중국 소학교였는데 대부분은 미국 국제학교의 비싼 학비를 낼 수 없는 가난한 나라에서 온 아이들이 많았다.

입학하고 얼마 지나지 않았는데 중국어 실력이 하루가 다르게 진보하고 있었다. 1년 정도 지났는데 학교의 어린이 기자로 활동하면서 외부 기관을 취재한 기사가 북경시 어린이 신문에 실리기도 했다. 할아버지께 그 중국어로 된 그 신문을 보내 드리니 아주 기특해하셨다. 중국 학교에 보낸 보람이 있었다.

학교에는 북한 아이들이 많이 있었는데 모두가 대사관에 모여 살았다. 북한 아이들은 등하교 모두 모여서 줄 맞춰 대사관에서 나오고 돌아갔다. 북한 아이들은 애써 한국 아이들과 어울리지 않으려고 했지만 동심은 어쩔 수 없는 듯했다. 아들과 친한 북한 아이들도 생기기 시작했다. 서로 장난하다가 심통이 나면 "너 놀잔?("너 까불래?" 라는 뜻의 북한말)" 하고 화를 내기도 했지만 심정적으론 이미 가까운 친구들이었다.

아들 이야기를 들어보니 그 아이들이 갖고 있는 노트와 필기구가 아주 허름하다고 했다. 한국에서 많이 준비해온 고급 학용품들을 선물로 갖다

주라고 했더니 다음날 가져갔다가 다시 가져왔다. 남한 물건은 받지 못하게 되어 있다는 것이다. 그리곤 며칠 후 북한 아이가 답례라고 주었다면서 북한의 어린이 책 한 권을 가져왔다. 김일성 장군의 어린 시절 이야기였다. 어려서부터 자기보다 대여섯 살 많은 큰 아이들까지도 부하로 삼고 큰 바위에 높이 올라 지휘를 하며 항일 전쟁놀이를 하고 초능력을 발휘했다는 이야기였다.

점심식사 후에는 꼭 취해야 하는 낮잠 시간에 잠이 오지 않아 고생하던 것도 잠시뿐이었다. 옆 사람의 대변이 내 구멍 아래로 흘러가는 반재래 수세식 화장실에도 익숙해지면서 수많은 외국 아이들과 가깝게 지냈다. 키가 훤칠하던 유고슬라비아 아이, 매월 열리는 학교 외곽을 도는 마라톤에서 2등과 거의 반 바퀴 차이를 내고 앞서 달린다는 몽골 아이들은 집에도 자주 놀러 왔다. 아들을 짝사랑하던 일본 여자아이가 있었다는 건 몇 년이 지나서야 알게 되었다. 우연히 아들놈이 돈을 얼마나 넣어 갖고 다니는지 지갑을 들여다보았는데 무슨 쪽지가 있는 것이었다. 펼쳐보니 우리 커서 꼭 다시 만나자고 다짐한 예쁜 쪽지가 소중히 보관되어 있었는데 일본 여자아이 이름이었다. 나름대로 소중히 간직하고 있었던 것이다.

중학교를 여기서는 초중이라고 한다. 초중을 들어갈 때는 여러 가지 생각을 해보았다. 하남성 정주(鄭州·정저우)에 있는 소림사에 보내 1년 정도 수련시키는 것도 온 가족이 심각하게 생각해 보았다. 1년 정도 그곳에서 수련하는 것도 인생에 도움이 될 수 있을 것 같았기 때문이다. 아이도 갈 생각이 있었지만 결국 그러지 못했다. 우선 부모들이 아들과 헤어지기 싫었고 마음이 놓이질 않았기 때문이다.

결국 북경의 일반 중학교로 입학시키기로 했지만 지금도 약간은 미련이 남는 결정이었다. 좋은 학교를 알아보니 북경사범대 부속 중학교였다. 그러나 학교를 찾아가니 외국인은 받지 않는다며 입학을 거절했다. 많은 정부기관을 찾아다니며 부탁하고 노력한 끝에야 결국 입학 허가를 받을 수 있었다. 초중을 끝낸 후 같은 학교 고중으로 진학해서 6년간 중국 아이들과 동고동락하였다. 초중 졸업 후 고중에 들어가니 상급반에 한국인 학생이 와 있었다. 주재원 아들도 아닌데 부모를 떠나 혼자 자취하며 공부하는 게 대견하게 느껴졌는데 지금도 북경에 남아 사업을 훌륭하게 하고 있다고 들었다.

어느 날 정세영 회장님께서 아이들 이야기를 물으셨다. 아들이 중국인 학교에 다니고 있다고 말씀드리자 의외라고 생각하셨는지 조금은 놀라시면서 "나중에 당신 자리 물려받으면 되겠구먼."이라고 말씀하셨다. 집에 돌아와 아들 듣기 좋으라고 그 얘기를 해 주었더니, 이놈 하는 말이 "내가 왜 회사원을 해요?" 하며 도리어 화를 냈다. 자기는 사업을 해서 큰돈을 벌 겠다고 했다. 그 말이 대견하기도 했지만 한편으로는 불안하기도 했다.

아들의 경우는 중국에서 학교를 다니는 동안 회사로부터 한 푼의 학비 보조도 받지 않았다. 회사가 학비를 보조하는 최소 기준에 미치지 못했기 때문이다. 학군 배정이 아닌 타지 학생이거나 외국인 학생은 연 2만 위안 정도의 학비를 냈다. 학군대로 가는 보통 학생들에 비해서는 비교할 수 없는 거액의 학비였지만 외국인 학교의 2만~3만 달러에 비하면 아무 것도 아니었다. 그러나 과외 공부에 들어가는 비용이 만만치 않았다. 그림, 악기, 우슈를 가르치는 선생님들은 모두 대학교 유명 교수들이었고 영어회화는 미국인을 집으로 불러 가르쳤으니 매월 들어가는 과외비가 우리 돈으로 수백만 원 들었다.

중국 학교에는 교복이 없다. 사시사철 파란색 추리닝에다 빨간 스카프를 두루는 게 끝이다. 외국인도 빨간 스카프만 빼고는 예외가 없다. 며칠 전 점심 때쯤 그 학교 앞을 지나는데 노랑머리 서양 아이들이 점심을 밖에서 먹고 시간이 늦었는지 뛰어가고 있었다. 아직도 그 추리닝 차림이었다. 아들을 외국인 학생으로 처음 받고 학교에서는 여러 가지 논의가 있었던 모양이다. 우선 공산주의를 가르치는 정치 과목은 듣지 않아도 된다고 했다. 듣지 말라는 의미였을 것이다. 또한 고중 때 의무적으로 참가해야 하는 야외 군대 훈련에서도 제외되었다. 그러나 나머지 수업은 예외가 없었다.

우리 아들은 자기 수학 실력이 형편없다고 고백한다. 자기변명이겠지만 그럴 수도 있다고 생각되는 건 초중 1학년 때 수학 선생님 말씀을 전혀 알아들을 수 없었기 때문이라는 것이다. 산서성 시골 출신인데 사투리가 너무 심한 데다 글씨 자체를 아무렇게나 휘갈겨 쓰셔서 알아들을 수도 알아볼 수도 없었다고 한다. 외국인 대상이었던 방초지 소학교 선생님들은 외국인 학생을 위해 표준말로 정확히 발음해 주시고 글씨도 똑바로 써 주셨는데 내국인 학생만이 있는 초중에서는 선생님 마음대로였기 때문이다. 나의 학교생활을 뒤돌아봐도 이해가 되기는 했다. 나에게도 비슷한 선생님이 계셨으니까 말이다.

이 학교는 북경대나 청화대에도 매년 여러 명씩을 입학시키는 명문 가운데 한 곳이다. 그러나 공부에 관심 없이 어울려 노는 아이들도 상당히 많은 듯했다. 아들도 수학부터 흥미를 잃기 시작하더니 학교 수업에 점점 처지는 것 같았다. 별별 학생이 많이 있었는데 친하게 지내던 아이 중 하나는 광동성에서 발전소를 하는 집의 아들이란다. 북경에 유학을 보내면서 학교 근처에 집도 구해 놓고 살림해 주는 아줌마와 비서 겸 경호원까지 딸려 보냈다는 것이다. 고중만 졸업하고 집으로 내려가 바로 장가를 갔는데 비행기에 호텔비까지 모두 부담하면서 아들을 결혼식에 초청하기도 했다.

아들은 지금도 홍콩 출장을 가는 길이면 시간을 따로 내서 그 친구와 놀다오곤 한다. 한국과 마찬가지로 졸업한 지 오래되었어도 가장 친한 친구들은 고중 친구들인 것 같다. 북경에 있는 중국인 친구들에게도 아들은 외국인 친구가 아니라 그냥 친구다. 서른이나 되었어도 그 친구들 집에서 자고 오기도 하고 그 친구들이 우리 집에 와서 자고 가기도 한다. 밤늦게 어울리는 친구들도 대학 친구들이 아니라 그 친구들이다. 아들에게 중국 친구가 많은 건 좋은데 문제는 가까운 한국 친구들이 적은 것 같다는 것이다. 어린 시절 북경의 한국 친구들은 거의 모두 주재원 아이들이니 오래 사귈 시간이 없었다. 친해질 만하면 아빠의 귀임과 함께 한국으로 귀국해 버리고 몇 년 지나다 보면 연락도 뜸해질 수밖에 없었기 때문일 것이다. 지금의 한국 친구들은 유학생 출신들이 대부분인데 이 친구들도 군대 다녀오고 자기들 진로들 찾으면서 항상 옆에 있지는 못하는 듯하다.

아들은 초중 3학년 때 외국인의 중국어 평가 시험인 HSK 시험에서 최상위 등급인 11급을 받았다. 그때 듣기로는 역사상 최연소 기록이라고 했다. 아들을 중국 학교로만 다니게 했던 것이 아버지로서 잘한 결정인지 아닌지는 지금도 잘 모르겠지만 본인은 괜찮았다고 생각하니 다행이다. 단지 한국에서 다녔다면 당연히 많았을 한국인 친구들이 적다는 것과 외국인 학교에 다녔다면 익숙했을 구미 문화에 대한 친숙함이 떨어지는 것 같다는 것이 아쉽기는 하다.

본인이야 자기 학교라고 편하게 생각하고 다녔어도 중국 학교를 다니는 동안 힘든 때도 있었던 듯싶다. 친구들과 아무리 친한 사이라 해도 외국인은 외국인이었다. 나라의 형편에 따라 개인의 자존심에 상처를 입기도 한 것 같다. 학교에서는 점심시간이면 스피커를 통해 뉴스를 들려준다고 한다. 하루는 한국이 IMF 구제 금융을 받는 이야기가 운동장으로 퍼져 나왔다고 한다. 모든 아이들이 다 들었는데 어떤 아이도 아들에게 자세한 내용을 묻지도 않고 말도 걸지 않았다는 것이다. 아들의 눈치만 보며 슬슬 피하기만 하는데 갑자기 망한 거지 나라에서 온 아이 취급받는 것 같았다고 했다.

아들은 거친 친구들과 자주 어울렸다. 그래도 공부는 해야 했으니 내가 옆에서 지켜보아도 쉽지 않은 학창시절을 보내는 듯했다. 중국 학교에는 어떠한 체벌도 없는 대신 문제 학생의 부모를 학교로 부르는데 집사람이 몇 번씩이나 불려갔다. 그리고 북경대학에 입학했다. 외국인의 북경대 시험은 외국인끼리의 경쟁으로 별도로 치르는데 아들은 중국어 때문이겠지만 계열 외국인 수석 입학이라고 했다. 그러나 그런 증명서는 주지 않았다.

　대학을 들어가서는 자기가 너무 중국화되는 게 아닌지 걱정하는 듯했다. 여름방학 한 달 이상을 유럽여행을 다녀오고는 곧바로 서울에 들어가겠다고 한다. 자기가 서울에서 어떻게 지내든 상관하지 말라 하곤 떠나버렸다. 집도 할머니 집이 아니라 혼자 하숙하겠다고 했다. 나중에 들으니 아르바이트도 해보고 1종 운전면허도 따고 월드컵의 붉은 악마가 되어 밤거리를 헤매기도 했다는 것이다. 한국 젊은이들 속에서 같은 한국인의 피를 확인하고 싶었던 것이다. 그리고 다음해 어느 날 갑자기 군대를 가겠다고 했다. 어느 날 갑자기 자원해 군대 가는 건 아버지를 닮았다. 아마 이유도 비슷했을 것이다. 공부도 안 되고 그냥 떠나고 싶었을 것이다.

　군대 간다고 서울로 떠나는 날 공항에 바래다주고 단골 가라오케로 갔다. 대학의 대선배님들과 당시 대주교 한 분을 모시고 한잔하기로 한 날이었다. 몇 잔 들어가니 갑자기 눈물이 나오는데 나중에는 대성통곡이 되었다. 곱게 자란 놈이 갑자기 군대 간다는 데 무슨 일로 그렇게 마음고생을 했는지 가엾기도 했고 들어가는 뒷모습이 애처롭기도 했지만 꼭 그것만이 통곡의 이유는 아니었다. 내가 대성통곡한 건 사실 내 아버지 어머니 생각 때문이었다. 내가 훈련소로 떠나며 안방에서 큰절을 드리던 생각, 대청마루 끝에 나란히 서서 목멘 미소로 고개만 끄덕이며 잘 다녀 오라시던 돌아가신 부모님 생각 때문이었다. 선배님들이나 가라오케 오 마담은 아직도 내가 아들 때문에 그런 줄 알지만 사실은 그게 아니었다.

　지금도 포항 얘기만 나오면 남의 동네 같지 않다. 아들이 있었다는 것만으로도 정이 들고 친숙해졌기 때문이다. 해외에서 자원입대하면 군대에서도 많이 배려해 주었다. 부모가 해외에 있으면 휴가 기간도 1주일 정도를 더 주었다. 제대를 하고 돌아오니 오래 지속되진 않았지만 그래도 많이 의젓해져 있었다. 아들은 3년 반 만에 모든 학사 과정을 마치고 회사 일을 시작했다. 마침 홍콩의 시도상선과 시노트랜스그룹 그리고 내가 합작으로 자동차 운반선 포워딩 사업을 시작했는데 등기이사로 들어와 영업실무를 맡았다.

소학교부터 대학교까지 로컬 학교로 보낸 보람이 있었다. 중국어가 큰 자산이 되었다. 하루가 멀다고 전국 각지의 자동차 공장으로 출장을 다니고 하루에 수십 군데 자동차 회사, 포워딩 대리점들과 통화하며 한동안 열심히 일하는 모습이 보기에 좋았다. 얼마 전 당산(唐山)시에 있는 현대자동차 대리점 사장을 맡아 집을 떠났다. 한국인이라곤 없는 외딴 도시인데도 기꺼이 일을 맡아 집을 떠나는 모습이 의젓해 보였다. 이젠 좋은 사람을 만나 훌륭한 가장이 돼야 할 때가 된 듯하다.

딸 이야기

네 살 때 북경에 온 우리 딸은 앞에서도 얘기했듯이 학교 복이 많았다. 미안한 농담이지만 유치원에서 시작해 많은 학교들을 옮겨 다녔기 때문이다. 독일 유치원을 졸업하고 소학교는 오빠를 따라 방초지 소학교에 입학했다.

방초지 소학교 정문에는 얼마 전까지만 해도 다른 외국인 아이들과 함께 찍은 우리 딸의 사진이 걸려 있었다. 거의 20년 전에 찍은 학교 소개용 사진을 여태껏 걸어 놓았던 것이다. 학교를 새로 짓고 나서는 보이지 않게 되었지만 몇 년 전에 내가 학교에 가서 찍어 둔 것이 있어 다행이다. 2학년을 마치면서 오빠가 졸업하자 자기 혼자는 이 학교에 더 이상 다니지 못하겠다고 버텼다. 미국계 학교로 옮겨 달라는 것이었다. 딸은 화장실에 적응하지 못하고 등교해서 집에 돌아올 때까지 화장실을 한 번도 가지 않고 돌아온다는 것이었다. 게다가 자기 주위의 한국 친구들 대부분은 ISB라는 학교를 다니고 있었으니 그럴 만도 했다. ISB는 훌륭한 시설을 갖춘 해외에서도 알아준다는 미국계 국제 학교다.

결국 ISB로 옮기고 아이들과 어울려 깔깔대며 공부도 열심히 잘했다. 그리고 대학 갈 때까지 그렇게 다니게 되는 걸 당연하게 여겼다. 그런데 6학년 때, 아빠가 회사를 그만둔 것이다. 다음 학기를 계속 다닐 수가 없었다. IMF시절 2만 달러가 넘는 학비를 개인이 부담한다는 건 상상할 수 없는 일이었다. 딸에겐 큰 충격이었다. 울고불고 했지만 결국 딸은 아빠를 이해하고 현실을 인정해 주었다. 그리고 새로 생긴 한국 국제학교 중학교에 입학했다.

1년을 다녔는데 공부하는 걸 옆에서 보니 나 자신도 그 교과 과정이 마음에 들지 않았다. 나중에 한국으로 돌아갈 거라면 괜찮겠지만 중국어도, 영어도 제대로 배우기 어려운 것 같았다. 중국 로컬 학교로 바꿔야겠다고 생각했다. 소학교 1~2학년 때 배운 중국어도 거의 잊어가는 듯했기 때문이다. 중국어라도 다시 제대로 배우는 게 나을 듯했다. 아이에게 얘기하니 아이는 절대로 못 옮긴다고 했다. 이젠 사춘기에다 머리가 커진 거다. 너무나 완강해서 딸의 고집을 꺾지 못하는 줄 알았다. 아이의 말이 백번 맞는 말이기도 했기 때문이다. 방초지에서 ISB로 옮겨 그곳 아이들과 친해질 만하니 그만두게 하고 이제 간신히 한국학교에 적응해 친구들 좀 사귈 만하니까 또 중국 학교로 옮기라니 내가 생각해도 너무한 일이었다. 아이는 힘들고 억울해서 엉엉 울었다.

그런데 며칠 후 딸아이가 먼저 얘기를 꺼냈다. 우선 한 학기만 다녀보겠다는 것이다. 한 학기 다니고 정말 다니지 못할 것 같으면 다시 한국학교로 보내달라고 했다. 아빠도 그렇게 하겠다고 했다. 딸아이 하나 원하는 학교에 못 보내는 아버지가 아버지 자격이 있는지 자괴심에 빠지기도 했지만 그 때는 그 길이 최선이었다고 지금도 생각한다. 딸아이가 고마웠다. 그리고 이 아빠가 열심히 일하겠다, 네 학비를 댈 수 있을 만큼만 벌게 된다면 모든 걸 제쳐놓고 너부터 국제학교로 돌려보내겠다고 나 자신에게 약속했다.

딸아이는 오빠 고중에 속한 초중에 들어갔다. 고중의 오빠가 워낙 유명하다보니 들어가자마자 누구 동생이라고 소문이 퍼지고 덕분에 적응을 빨리 할 수 있게 되었다. 매일 멋을 부리고 다니던 미국학교와 한국학교를 떠나 이제는 꾀죄죄한 파란 추리닝 하나로 사시사철 모든 곳을 어울려 다니면서도 딸아이는 크게 불평하지 않았다. 나는 아들의 추리닝에는 무관심했는데 딸아이 추리닝은 볼 때마다 미안한 마음이 들었다. 그리고 한 학기가 지났다. 딸 눈치를 보고 있는데 딸아이가 그냥 계속 다니겠다고 먼저 얘기해 주었다. 정말 고마웠다

그리고 세월이 흘러 딸아이가 11학년 고2로 올라갈 때 나는 내 자신에 대한 약속을 지킬 수 있게 되었다. 그런데 ISB로 돌아가려고 하니 항상 그렇듯이 기다리는 학생들 순서가 너무 밀려 받아주기 어렵다고 했다. 며칠을 찾아가 사정을 하니 불가피해서 자퇴했던 학생에 대한 복귀 학생(Returning Student) 우대 조건이란 규정을 찾아 적용해주었다. 2만 달러 보증금과 2만 달러 학비를 일시불로 내고 딸은 ISB로 돌아왔다. 딸아이는 너무 고생이 많았다. 그동안 참아준 것 너무나 고맙다고 되뇌었다. 내가 딸한테 꼼짝 못하는 이유는 이런 사연들의 영향도 있는 것 같다.

ISB 학생 대부분은 미국 대학으로 진학하는 걸 당연하게 여기고 10학년부터는 미리 그렇게 준비를 한다. 딸아이는 다른 아이들보다 늦었고 진로 결정은 더 늦어져서 진학 준비 기간이 아주 짧았다. 미술에 취미가 있어 미술을 공부하고 그 방면의 진로를 원했지만 아빠가 경영학을 강요하다시피

권유한 탓이다. 미국 대학들은 중학교부터의 성적표를 요구하였다. 그러나 그렇게 학교들을 옮겨 다녔으니 성적이 좋을 리 없었다. 나중에 알고 보니 중국 학교에서는 외국 대학 진학용이면 손을 봐 준다고 했지만 우린 몰랐고, 때는 이미 늦었다.

그래도 단기간에 준비해서 미국 대학을 장학금을 받아 다니고 우리 집안 처음으로 서울대에서 MBA까지 마친 게 자랑스럽다. 가끔은 순진해서 썰렁할 때도 있지만, 자기 친할머니처럼 정말 천사같이 착하고 똑똑하고 용감한 내 딸이다. 이젠 세계를 상대로 큰 꿈을 펼쳐 나가길 바란다.

| 에필로그 |

"책 한 번 쓰시죠."라는 한마디에 나 자신이 구속돼 산 지 반년이나 되었다. 바쁜 가운데서도 수많은 책들을 내놓는 분들은 과연 어떤 분들인지 감탄하지 않을 수 없다. 그러나 고생은 했지만 그 몇 달은 나름대로 나의 20년 중국생활뿐만 아니라 나 자신을 정리해 보는 의미 있는 시간이 되어 주었다.

어떻게 지내왔는지, 누구 신세로 살아왔는지 잊고 살던 세월을 일깨워 주고 지난날을 반성할 수도 있게 해 주었다. 마무리를 하려니 더 하고 싶은 얘기도 있지만 가슴 속에 남겨둘 이야기는 그냥 그렇게 남겨 두는 게 좋겠다는 생각도 들었다. 여러 장에 걸친 재미난(?) 얘기들을 몇 번을 망설이며 지웠다 썼다하며 이 글을 굳이 책으로 만들어 공개할 필요가 있을까 하는 생각도 여러 번 했다. 중국에 오래 살았다는 것밖에 내세울 것 없는 범부의 신변잡기일 수도 있기 때문이다. 그러나 망설임 끝에 책을 내는 것은 그래도 세상에 남겨 놓아야 할 이야기도 있는 듯했고 내가 직접 겪어온 북경 체험담이 누군가에게는 도움이 되리란 믿음이 있기 때문이다.

한중 수교 20년을 맞으며 양국 국민이 더 많이 좋아하고 더 많이 사랑하는 그런 사이가 되길 바란다. 그리고 남북한도 화평해서 헤어진 가족들도 만나고 서로 왕래하고 휴일이면 남북한 친척집을 서로 놀러 다니는 시대가 어서 오기를 바란다. 서울 집을 갈 때도 북경서 차를 몰고 신의주 평양을 거쳐 황해도 장연에서 며칠 쉬고 그렇게 가고 싶다.

북경일기

어느 한국인 가족의 북경 생활 20년 분투기!

초판 1쇄 인쇄 | 2013년 1월 20일
초판 1쇄 발행 | 2013년 1월 30일

지은이 | 송훈천
펴낸이 | 김정동
펴낸곳 | 서교출판사
등록번호 | 제 10-1534호
등록일 | 1991년 9월 12일

주소 | 서울시 마포구 합정동 371-4 덕준빌딩 2F
전화번호 | 3142-1471(대)
팩시밀리 | 3142-8225
이메일 | seokyodong1@naver.com
홈페이지 | http://blog.naver.com/seokyobooks
ISBN | 978-89-88027-92-9 13320

잘못된 책은 구입처나 본사에서 교환해 드립니다.
책값은 뒤페이지에 있습니다.

> 서교출판사는 독자 여러분의 투고를 기다리고 있습니다. 특히 중국 관련 원고나 아이디어를 환영합니다. 원고나 아이디어가 있으신 분은 seokyobooks@naver.com으로 간략한 개요와 취지 등을 보내주세요. 출판의 길이 열립니다.